Fritz Molden:
Fepolinsky & Waschlapski
auf dem berstenden Stern
Bericht einer unruhigen Jugend

Deutscher
Taschenbuch
Verlag

Ungekürzte Ausgabe
Juli 1991
Deutscher Taschenbuch Verlag GmbH & Co. KG,
München
© 1976, 1987 Albert Langen · Georg Müller Verlag GmbH,
München · Wien
ISBN 3-7844-2147-4
Umschlaggestaltung: Celestino Piatti
Gesamtherstellung: C. H. Beck'sche Buchdruckerei,
Nördlingen
Printed in Germany · ISBN 3-423-11413-4

Inhalt

1. Kapitel: Der Elefant Jakob 11
2. Kapitel: Osterleitengasse. 19
3. Kapitel: Ein gutes Nußjahr 62
4. Kapitel: Ein Volk, ein Reich, ein Führer 105
5. Kapitel: Die »Liesl« 130
6. Kapitel: Schütze Arsch 147
7. Kapitel: Herrgott in Frankreich 162
8. Kapitel: Obergefreiter Sedler 172
9. Kapitel: Treffpunkt Marconi 197
10. Kapitel: Die heile Welt mit Rösti und Kaffee 206
11. Kapitel: Monika ruft Dampfschiff 230
12. Kapitel: Geheimkommando für Anfänger 261
13. Kapitel: Meisterplan mit Hindernissen 285
14. Kapitel: Finale Piazzale Loreto 314
15. Kapitel: Leutnant Horneck und die Euphorie 325
16. Kapitel: Ganze Arbeit – kein Geschrei. 339
17. Kapitel: Land der Erbsen, Land der Bohnen 373

Register 385

In diesem Buch habe ich Erlebnisse und Beobachtungen, auf Grund eigener Erfahrungen und Erinnerungen, aufgezeichnet. Handlung und Geschehnisse entsprechen den Tatsachen. Da ich nur zum geringen Teil über Notizen oder Tagebuchaufzeichnungen aus jener, dreißig und mehr Jahre zurückliegenden Zeit verfüge, mußte ich mich im wesentlichen auf meine Erinnerung und auf die glücklicherweise weitgehend erhaltene Dokumentation stützen. In Teilen konnte ich mich an die Erzählungen von Zeitgenossen und Weggefährten halten. Die Aufzeichnungen erfolgten sorgfältig und nach bestem Wissen und Gewissen; jedoch sind Erinnerungsfehler nicht ausgeschlossen. Für das etwaige Auftreten solcher Errata bitte ich schon jetzt den Leser um gütige Vergebung.

Die Namen der Akteure sind in den allermeisten Fällen unverändert wiedergegeben. Den Zeitläufen entsprechend trugen zahlreiche im Buch auftretende Personen »noms de guerre«, bei einigen davon waren und sind mir die richtigen Namen nicht bekannt. Bei einigen anderen Personen wollte ich die wirkliche Identität, dem Wunsche der Beteiligten folgend oder in Anbetracht ihrer jetzigen Lebensumstände, nicht lüften. Vereinzelte Negativ-Figuren habe ich nicht mit ihrem wirklichen Namen genannt, da es keineswegs die Intention dieses Buches sein soll, ein Menschenalter nach den Ereignissen auf Revanche auszugehen.

Dieses Buch wurde in den Jahren 1974 und 1975 verfaßt und erschien erstmals 1976. Jetzt, 1991, zum Zeitpunkt des Erscheinens als Taschenbuchausgabe im Deutschen Taschenbuch Verlag sehe ich keine Veranlassung zu Textänderungen. Allerdings sind in den vergangenen fünfzehn Jahren einige der Akteure, darunter mir so nahestehende wie Neda Kukavina, Ulli Rüdt von Kollenberg und meine Tochter Andrea, verstorben.

Wien, im Mai 1991   F. M.

Ihr Freunde, einsam liegt der alte Strand.
Asphaltne Städte haben uns verschlungen,
Der jungen Feuerseelen Loderbrand,
Vom kühlen Leben ward er längst bezwungen.
Doch greift hinauf ins ehrbar schlichte Haar,
Das salzige Stürme nimmermehr zerwühlen,
Ihr werdet dort für heut und immerdar
Den Kronreif unsrer starken Jugend fühlen.

Paula von Preradović

1. Kapitel
Der Elefant Jakob

»Fepolinski und Waschlapski – wo ist die Hand! Heute mittag ermahne ich dich schon zum drittenmal. Ich sehe schwarz für den Elefanten Jakob.« Papas Stimme war leicht erhoben, denn er begann sich langsam über mich zu ärgern. Eine der Grundregeln des täglichen Mittagessens, daß die Hände auf den Tisch gehörten, war von mir – und wir hatten die Suppe noch nicht einmal zu Ende gegessen – bereits mehrmals verletzt worden. Ich begann die angedrohte Strafe zu fürchten, denn heute war der Tag, an dem der Brief des Elefanten Jakob angekommen war. Ich hatte ihn bereits aus Papas Rocktasche herauslugen gesehen: Etwa fünfzehn bis zwanzig maschingeschriebene Seiten, die regelmäßig am Anfang jedes Monats eintrafen. Der Brief kam aus Indien, denn der Elefant Jakob wohnte in Indien; der Brief hatte einen langen Weg hinter sich, mit dem Schiff durch den Suezkanal, wahrscheinlich über Triest nach Wien zum Döblinger Postamt in die Dollinergasse und schließlich zu uns in die Osterleitengasse 7. Die Briefe vom Elefanten Jakob waren ein ganz wesentliches Ereignis im Leben, und die Gefahr, daß Papa einen dieser Briefe etwa nicht vorlesen könnte, schien mir wie eine dunkle Wolke über der frühlinghaften Osterleitengasse zu schweben.

Mama zupfte mich: »Fepolinski, was ist denn heute mit dir los. Jetzt sind die Hände schon wieder unterm Tisch!« »Ja, leider scheint der Waschlapski wieder einmal die Oberhand zu gewinnen«, sagte Papa mit ernstem Gesicht. »Ich bin nur gespannt, wer schließlich siegen wird. Wenn es Waschlapski ist, dann, mein Lieber, wirst du im Sommer halt in Wien bleiben, es sind nur noch sechs Wochen bis dahin. Wir fahren dann alle nach Lans, und du bleibst da. Den Waschlapski und den Fepolinski müssen wir der Erna oder der Mitzi geben, die können dann auf euch aufpassen.«

Papa schien keineswegs zu scherzen. Es pflegte in diesen Tagen allerdings auch viel zu passieren. Die Geschichte mit dem Religionslehrer etwa, die in meiner Erinnerung eine ganze Serie von Unglücksfällen einleitete.

Der Religionslehrer war ein Karmeliterpater aus dem Kloster in der Silbergasse. Er war sehr nett und freundlich und versuchte immer wieder, den Unterricht persönlich zu gestalten. Vor ein paar Tagen, als in der Stunde eine Mitschülerin von der Primiz ihres jungen Onkels erzählte, fragte der gute Pater, wer denn sonst noch Verwandte im geistlichen Stande hätte: einen Pfarrer, einen Kaplan, Klosterschwestern, Patres in einem Kloster, Barmherzige Brüder. Zwei Mitschüler hatten aufgezeigt. Einer war glücklicher Besitzer einer Tante, die Klosterfrau bei den Ursulinen war. Ein anderer hatte eine Schwester, die mit dem Bruder eines Kaplans die Klasse besuchte. Da war ich nicht mehr zu halten, konnte ich doch wesentlich Höheres berichten. Eifrig meldete ich mich zu Wort. Auf die Frage des Karmeliters, was ich denn so dringlich sagen müsse, schmetterte ich die sensationelle Nachricht hinaus: »Mein Ururgroßvater ist Papst!«

Der Religionslehrer hörte augenblicklich auf, nett und freundlich zu sein. Er gab mir eine Ohrfeige und schrieb einen Brief an Mama. Mit Ausnahme von zwei frühreifen Mitschülern, die ganz fürchterlich zu lachen begonnen hatten, begriff niemand in der Klasse die Ungeheuerlichkeit meiner Aussage. Auch mir selbst wurde erst viel später klar, was ich da herausgerufen hatte.

Zunächst verstand ich die Welt nicht mehr. Mama hatte mir doch so oft von der schönen Urgroßmama Pave erzählt, deren Bild in unserem Salon hing und deren Vater oder Großvater Papst gewesen war. Was verhielt sich an dieser für mich bisher so wunderbaren Tatsache plötzlich als so schandbar, daß es mit Ohrfeigen zu ahnden war?

Mittags überreichte ich der Mama eher trotzig den Brief des Religionslehrers. Sie verbiß sich das Lachen und klärte mich liebevoll auf. Vor den Porträts der lieblichen Pave und des feschen Pero, deren Mann und meinem Urgroßpapa, bekam ich Nachhilfe in Familiengeschichte: Nun erfuhr ich, daß jener von mir als Urgroßpapa annektierte Papst der berühmte Pius IX., »Pio Nono«, gewesen war. Dieses aus Sinigaglia stammende Oberhaupt der Christenheit hatte im Laienstande Graf Giovanni Mastai Ferretti geheißen und eine Schwester besessen, die einen Herrn de Ponte heiratete. Aus dieser Ehe stammte die schöne Pave. Und im übrigen, meinte Mama, wäre es gut, wenn ich in Zukunft bei dem hochwürdigen Herrn von den Karmelitern – und auch sonst – korrektere Auskünfte über die Genealogie der Familie geben würde.

Die Unglücksfälle, die die Verlesung des Briefes vom Elefanten Jakob gefährdeten, fanden knapp nach der Karmeliteraffäre eine Fortsetzung. Es war Frühling, schon recht warm, und die Kastanienbäume in unserem Garten standen in voller Blüte. Im hinteren Teil des großen Gartens war mein Bruder Otto gemeinsam mit einigen großen Buben damit beschäftigt, eine Hütte zu bauen. Ich war damals acht, Öttchen um sechs Jahre älter, und er und seine Freunde wußten einen Respektabstand zwischen sich und mich zu legen. Ich durfte etwa beim Bau besagter Hütte nicht gestaltend eingreifen, allenfalls wurde ich zu Hilfsdiensten herangezogen. Ich blickte verehrungsvoll zu den vierzehn bis fünfzehn Jahre alten auf, und kurzfristig zählte zu meinen Heroen nicht nur Otto, sondern auch sein Freund Hansi Gries, der im Haus neben dem Idealkino wohnte. Die Kinonähe lieh ihm einen Hauch von Verruchtheit. Und Heldenrang nahm auch Rupert Sacken ein, der ums Eck oberhalb des Kasinos Zögernitz zu Hause war.

An jenem Nachmittag also – ich erinnere mich, als wäre es gestern geschehen – sagte Hansi Gries so nebenbei zu Otto: »Weißt du übrigens, ich bin jetzt ein Nazi«, nahm ein Hakenkreuz aus der Rocktasche und steckte es sich an den Rockaufschlag.

Zeitpunkt dieser Szene war der Mai 1932.

Sacken war nicht sehr beeindruckt. »Auch keine großartige Sache. Ich geh' zum Jung Vaterland, dort nehmen sie uns jetzt schon mit vierzehn.« Aber Otto regte die Mitteilung von Hansi Gries sehr auf, und er begann wild mit ihm zu debattieren: »Wie kannst du ein Nazi werden, das ist doch unmöglich! Du als Schottengymnasiast wirst Nazi, das ist doch unglaublich! Weißt du überhaupt, was die Nazis sind? Letztklassig, widerlich! Warum wirst du nicht Heimatschützer?« Hansi lachte abfällig: »Heimatschützer, das ist gar nichts. Nazi, das ist gut. Du hast ja keine Ahnung, was die für tolle Sachen haben. Die kriegen schon mit sechzehn Motorräder. Und gratis kannst du nach Deutschland fahren! – Na überhaupt, du wirst schon sehen, wenn erst der Hitler an die Macht kommt!«

Mir leuchtete die Argumentation des Hansi Gries ein, und

ich sagte zu Otto: »Du, Otto, ich bin auch ein Nazi!« Wusch, schon hatte ich eine Ohrfeige, und noch eine, und noch eine. Hansi wollte Otto zurückhalten, sie begannen sich fürchterlich zu prügeln, bis Rupert Sacken die beiden trennte.

Die Sache hatte für mich ein Nachspiel. Otto, der mich sonst nie verpetzte, erzählte Papa beim Abendessen von meinem Entschluß, Nazi zu werden. Es war Papas freier Abend, er hätte in meinen Augen so viel besser genützt werden können, als mit der Erörterung des nachmittäglichen Zwischenfalls. Beispielsweise hätte Papa eine Geschichte erzählen können. Aber eine dumpfe Ahnung sagte mir, daß daraus zunächst nichts werden würde. Papa blickte auf, kaute seinen Bissen zu Ende und meinte dann zu mir: »So, Fepolinski, und warum bist du so plötzlich Nazi geworden, kannst du mir das erklären?« Ich stotterte etwas herum und gab schließlich die Motorräder als hauptsächlichen Beweggrund preis. Die übrigen Gründe würde ich mir von Hansi Gries noch einmal sagen lassen. Papa meinte abschließend, er sei beruhigt, noch sei die Glaubenslehre Hitlers nicht unausrottbar in Feppchens Inneres gedrungen, und man könne ihn auf die richtige Bahn zurückbringen. Alle lachten über mich. Ich kam mir eher blöd vor. Erst als ich im Bett lag und Mama neben mir stand, gerieten die Dinge wieder ins Lot. Jeden Abend sang Mama mein Schlaflied:

> Liegst im Bettchen,
> rein und weiß gekleidet,
> wirst von allen Tieren sehr beneidet,
> auch vom armen, kleinen Hasi-Mandili.

Wobei auf das Wort »Hasi-Mandili« die ganze Betonung kam, und wenn das Hasi-Mandili ausgesprochen wurde, sprang Mama in die Höhe, ich in meinem Bettchen ebenfalls. Und nur Hasi-Mandili-Spezialisten können ermessen, wie traumlos und geborgen dann ein Kinderschlaf ist.

Damals pflegten brenzlige Situationen meist noch einen glücklichen Ausgang zu nehmen. Und ich hörte natürlich auch am Tag der mehrfachen »Wo-ist-die-Hand«-Mahnung doch noch den Brief des Elefanten Jakob: »Fepolinski, komm ins Herrenzimmer. Ich lese dir den Brief vor.« Das war ein Zauberwort, der Schlüssel zu einer ganz geheimen Papa-Fepolinski-Welt.

Papa hatte in seiner Jugend nach Beendigung seiner Studien als Dozent am Eötvös-Kollegium der Universität Budapest Neuere Geschichte gelesen. Er war ein bißchen einsam in Budapest, weil er dort so gar nicht zu Hause war. Eines Tages kam er auf seinen Wanderungen auch in den Zoologischen Garten, und da war, wie es sich für zoologische Gärten gehört, ein Elefant – eben der Elefant Jakob. Papa fand Gefallen an dem Elefanten Jakob, der Elefant Jakob wiederum schätzte den Papa ungemein, was sehr verständlich war, denn beide waren ja Ausländer. Die Schicksalsgenossen befreundeten sich auf das innigste, die vielen Ungarn wurden bedeutungslos. 1914 brach der Krieg aus, Papa mußte einrücken, und auch das Leben des Elefanten Jakob wurde trister. Für einen indischen Elefanten gab es nicht genug zu essen. Der Ärmste magerte daher schrecklich ab. Es kam das Jahr 1918, die Mittelmächte verloren den Krieg, auch in Ungarn mußte man den Gürtel noch enger schnallen, und der Elefant Jakob, der ja königlicher Staatsbeamter gewesen war, wurde pensioniert. Er bekam eine kleine Pension in Pengö ausbezahlt, und da entschloß er sich, in seine Heimat Indien zurückzukehren, wo er mit seiner Pension ganz gut leben konnte.

Der treue Elefant Jakob wollte jedoch den Kontakt zu seinem Freund, dem Papa, nicht abreißen lassen, konnte aber keine Briefe schreiben, denn Finger hatte er ja keine, und alle Versuche, mit dem Rüssel zu schreiben, mißlangen. Das Problem wurde mit Hilfe des Affen Jaromir gelöst. Der Affe Jaromir war ein Verwandter aus einer verarmten Linie, jung, nett und begabt. Ihn schickte der Elefant Jakob zunächst in eine Maschinschreibschule nach Bombay. Als er ordentlich schreiben konnte, wurde eine Schreibmaschine angeschafft, und einmal im Monat diktierte nun der Elefant Jakob dem Affen Jaromir seine Briefe an den Papa.

Ich habe diese Briefe selbst gesehen, Papa las sie mir ja jeden Monat vor. Die Briefe waren ungefähr fünfzehn bis zwanzig Maschinschreibseiten lang und ziemlich eng getippt. Es waren ausnahmslos aufregende Geschichten vom Elefanten Jakob und seinen Abenteuern im Dschungel. Von seinem furchtbaren Streit mit der Klapperschlange, der nur durch das tapfere Dazwischentreten des Affen Jaromir im letzten Augenblick noch gut ausging. Von der Krokodilfamilie, deren Oberhaupt Krokomax hieß und fünf Söhne hatte, Krokodal, Krokodel, Krokodil, Krokodol und Krokodul. Ziemlich spät wurde ihm eine Tochter, Krokodella, geboren. Und aus diesem Anlaß wollte die glückliche Familie den Affen Jaromir als Dessert verspeisen, was wiederum nur vom Elefanten Jakob verhindert wurde.

Jeden Monat schrieb der Elefant Jakob, nur ein einziges Mal kam kein Brief an. Papa kam nach Hause und sagte: »Stellt euch vor, der Brief des Elefanten Jakob ist leider ausgeblieben, aber ich habe ein Telegramm von ihm.« Und er zog ein Papier aus der Tasche und las vor: »Affe Jaromir hat sich die linke Hand verstaucht stop Daher diesen Monat leider kein Brief stop Viele Grüße Dein Elefant Jakob stop.« Ich war beruhigt, wenn auch betrübt, daß ich die neueste Geschichte aus Indien nicht erfahren würde.

Erst Jahre später wurde mir klar, daß die ›Briefe des Elefanten Jakob‹ Papas Manuskripte für eine allmonatliche Sendung im österreichischen Radio – ›Ein Monat Weltgeschehen‹ – waren. Und jenes einzige Mal, wo statt eines Briefes ein Telegramm verlesen wurde, gab es auch kein Manuskript für die Sendung. Es muß im Frühjahr 1934 gewesen sein, denn damals hatte der deutsche Gesandte in Wien bei der österreichischen Regierung interveniert, Papa solle seine Vorträge weniger antinazistisch halten. Hierauf erklärte Papa dem dafür zuständigen Unterrichtsminister, daß er, wenn er seine Vorträge nicht so halten könne, wie er es für richtig finde, er sie lieber gar nicht halten werde. Worauf ein Vortrag entfiel. Da schaltete sich der damalige Bundeskanzler Engelbert Dollfuß ein und bat Papa, seine Vorträge fortzusetzen; man könne sich doch von einer fremden Macht nicht vorschreiben lassen, wie der eigene Rundfunk zu führen sei. Die Sendung wurde wiederaufgenommen, und damit normalisierte sich auch die Korrespondenz des Elefanten Jakob.

Der Elefant Jakob und »Fepolinski und Waschlapski aus der fernen Walachei« waren Zeitgenossen. Sie sind innig mit der frühen Bubenzeit verbunden. Die Genesis meines für die gewissen beiden Seelen in jedes Menschen Brust geschaffenen Doppelnamens ist nur mehr mühsam zu rekonstruieren. In der Urform war es der Anfang eines Gedichts von Heinrich Heine. Fest steht, daß ich die Namen zunächst nicht mochte, mich aber schließlich an sie gewöhnte, wie meine gesamte Familie. Fepo, Feppchen oder Fepolinski entstand ohne Frage aus der Zusammenziehung meiner beiden Taufnamen Fritz und Peter. Der Waschlapski gesellte sich im Lauf der Zeit hinzu und ist unschwer auf die weniger heldenhaften Phasen meiner Kleinkinderzeit zurückzuführen, da er nämlich direkt von Waschlappen abgeleitet war. »Aus der fernen Walachei« aber war mein »vulgo«. Von dort kamen nämlich letzten Endes die Moldens her. Allerdings muß man, um die Herkunft meiner Generation zu erklären, noch einige Ecken der alten österreichisch-ungarischen Monarchie hinzufügen. Denn die Vorfahren meiner Mutter kamen väterlicherseits aus Kroatien, Dalmatien und Venetien und mütterlicherseits aus Ungarn und aus Krain. Die Familie meines Vaters stammt mütterlicherseits aus Tirol, dem Gasteiner Tal und aus Oberösterreich. Der Vater meines Vaters kam aus Österreichisch-Schlesien, jenem Zipfel Land um Bielitz, das österreichisch geblieben war, als Maria Theresia nach dem Siebenjährigen Krieg das übrige Schlesien an Preußen abtreten mußte. Dies wird mit ein Grund gewesen sein, daß man in unserem Hause vom Alten Fritz nur als »Friedrich von Preußen, fälschlich der Große genannt«, zu sprechen pflegte. Ehe die Moldens jedoch in Bielitz ansässig wurden, kamen sie aus der Walachei.

Ich wußte vom Lande meiner Ahnen nicht viel, es lag weit im Osten, irgendwo beim Schwarzen Meer, hinter dem Buchenland, dort gab es einen Fluß namens Pruth, an dessen Ufern ein Land lag, das Moldau hieß und zur Walachei gehörte. Von dort kamen die Moldens, die ursprünglich Moldauer geheißen hatten. Die Walachei war das Land meiner geheimsten Träume. Dort besaß ich wilde Pferde, vollführte Heldentaten, hauste in schier undurchdringlichen Wäldern, und bis weit in die Mittelschule ließ ich manchmal den Fepolinski und den Waschlapski hinter mir und wurde »der aus der Walachei«.

Langsam kam der Name Fepolinski und Waschlapski aus der Mode. Nur die Eltern verwendeten ihn später noch, manchmal streng und mahnend, meistens aber zärtlich und ein wenig wehmütig. Und zweimal wurde er noch nach dem Krieg gebraucht. Einmal im Mai des Jahres 1951, als meine Mutter in der Privatklinik lag und es mit ihr zu Ende ging. Sie war schon zweimal operiert worden und wurde immer zarter und schwächer. Sie war unendlich lieb und zärtlich. Manchmal bat sie uns, ihr vorzulesen: Rilke, den sie sehr liebte und verehrte und den sie gut gekannt hatte. Oder Hans Carossa. Und manchmal las Papa, nur er, aus ihren eigenen Gedichten.

Einmal war ich allein bei ihr. Sie gratulierte mir zu einem Leitartikel, der am selben Tag in der ›Presse‹ erschienen war. Sie bat mich, ihn ihr noch einmal vorzulesen, und als ich fertig war, lächelte sie mich ganz zärtlich an und sagte: »Fepolinski und Waschlapski – ich bin so stolz auf dich. Jetzt schreibst du selber Leitartikel. – Aus der fernen Walachei bis in die Redaktion der ›Presse‹.« Eine Woche später war sie tot.

Das letzte Mal wurde der Name Fepolinski und Waschlapski von einem Berechtigten und Autorisierten zwei Jahre später gebraucht, als mein Bruder Otto in der Burgkapelle in Wien heiratete. Seine Braut Laurence und er wurden von einem alten Freund der Familie, Monsignore Dr. Karl Rudolf, getraut. Papa stand während der ganzen Trauung mit ernstem und gefaßtem Gesicht in der ersten Bankreihe. Nach der Hochzeit nahm mich Papa am Arm, wir gingen die Treppe von der Hofburgkapelle zum Schweizer Hof hinunter, und Papa sagte in seiner ruhigen Art, mit ganz sacht erhobener Stimme: »Fepolinski und Waschlapski, jetzt bist du erwachsen. Jetzt mußt du anfangen, auf andere aufzupassen. Niemand wird es dir abnehmen können; du wirst es dir auch nicht abnehmen lassen, versprich mir's.« Er nahm meine Hand, was er, Feind von großen Worten und Gesten, nie zu tun pflegte, und schüttelte sie. Ich verstand ihn nicht ganz, war etwas verwirrt und nickte. »Du kannst dich auf mich verlassen, ich werde aufpassen.«

Kaum zwei Monate später lag auch Papa draußen, in dem schönen Grab am Zentralfriedhof, das die Stadt Wien für Mama zur Verfügung gestellt hatte.

Und mit den Eltern waren auch Fepolinski und Waschlapski verschwunden, denn außer diesen beiden Toten hatte ja niemand die siamesischen Zwillinge aus der fernen Walachei wirklich gekannt. An ihrer Stelle gab es nun nur noch einen erwachsenen Mann, der sich so wie halt andere Leute auch, durchs Leben schlug.

Bubentage in Döbling am Ende der zwanziger Jahre waren eine aufregende Geschichte. Die Schule in der Vormosergasse war ein ebenerdiges Gebäude und hatte genau vier Klassenzimmer für die vierklassige Volksschule. Der Bau stammte aus jener Zeit, da Döbling noch ein Dorf war. Die kleine Kanzlei des Direktors, ein Lehrerzimmer, zwei Klos, eines für Buben, eines für Mädeln – und diese Klos rochen nach einem ganz bestimmten Öl, einem schwarzen Öl, mit dem sie gereinigt wurden. Danach roch die ganze Schule, und so rochen, glaube ich, alle österreichischen Schulen von Galizien bis Venetien seit den Tagen der alten Monarchie. Für die Qualität jenes von der Firma Beetz in Wien erzeugten Produktes spricht die Tatsache, daß es sich noch etliche Dezennien nach dem Untergang Kakaniens großer Beliebtheit zu erfreuen schien. Der Beetzsche Geruch des Pissoirs, die hohen Wände des Klassenzimmers mit dem Kruzifix, der Katechet von der Kirche in der Silbergasse, sie gehören zu den Erinnerungen aus den frühen Bubentagen.

Döbling war ein Universum, da war der halbstädtische Kern zwischen dem Gürtel und etwa der Hofzeile; das proletarische Viertel mit seinem eben fertiggestellten Prunkstück in Heiligenstadt, dem Karl-Marx-Hof, stolzes Sinnbild des roten Wien der zwanziger Jahre unter seinem Bürgermeister Seitz und dem berühmten Finanzstadtrat Breitner, und schließlich die Dörfer an den Weinhängen des Wienerwaldes. Jenseits der Hofzeile, jenseits des Rudolfinerhauses, schmiegten sie sich an die Hügel, Sievering, Grinzing, Heiligenstadt, Kaasgraben, Nußdorf und Kahlenbergerdorf, getrennt durch Obstgärten, Weingärten, Weinberge und hie und da sogar noch Getreidefelder.

Heute, fast fünfzig Jahre später, ist es kaum vorstellbar, daß Ende der zwanziger Jahre noch mehr Pferdewagen als Autos durch Döbling fuhren. Zwar gab es bereits zwei, drei Taxistandplätze. Einen kannte ich gut, denn von diesem aus nahm einmal im Jahr eine Reise ihren Anfang. Wenn wir in die Sommerfrische fuhren, bestiegen wir in der Gatterburggasse, Ecke Döblinger Hauptstraße, ein Taxi und fuhren entweder zum Westbahnhof oder zum Südbahnhof. Es gab zwei Arten von Taxis, solche mit einem Grundtarif von 50 Groschen und ganz feine, gewöhnlich Marke Austro-Daimler, die einen Grundtarif von 80 Groschen hatten. – Aber die Lastfahrzeuge waren in der Mehrzahl noch Pferdewagen. Ich erinnere mich noch genau an die »Kabskutscher«, die, fluchend und ihre Peitschen spielen lassend, lange Kolonnen von zweirädrigen Karren kommandierten, die schwer beladen mit Pflastersteinen aus den Steinbrüchen von Mauthausen von den Landeplätzen der breiten, hölzernen Donauplätten am Donaukanal in Heiligenstadt in die Stadt ratterten.

Ich begann meine Döblinger Karriere – es muß etwa im Herbst 1927 gewesen sein – im berühmten Kindergarten der Frau Professor Matura auf der Hohen Warte. Es war ein äußerst lustiger, für damalige Zeiten unendlich progressiver Kindergarten, der nach irgendwelchen schweizerischen pädagogischen Prinzipien geführt wurde; bei den zahlreichen Tanten, den vielen Schwestern der Großmama, erregte er Schrecken und trug Mama stete Vorwürfe ein. Ich war besonders gerne dort, nicht zuletzt deshalb, weil einmal in der Woche eine Aufführung eines Puppentheaters stattfand. Der Mann unserer Frau Matura, richtiger Professor und Autor aller Stücke, war selbst auch der Puppenspieler und im übrigen ein Meister des Stegreiftheaters. Alles, was die Puppen erlebten, war greifbare Wirklichkeit, bis zu jenem Augenblick, da am Rande der Wirklichkeit die dicken Füße des Herrn Professors Matura ins Blickfeld gerieten.

Jeden Tag wanderte ich an der Hand des strengen, aber netten Kindermädels Erna nach Hause. An Ernas anderer Hand ging meine schwarzbezopfte Freundin Monika. Der erste Krach, der sich mir eingeprägt hat, brach vor dem Portal der altehrwürdigen Bäckerei Stumpf auf der Döblinger Hauptstraße aus. Monika war damals bereits eine sehr selbständige junge Dame und wollte nicht nach Hause gebracht werden. Ihr Pech war, daß sie vis-à-vis von uns wohnte, Osterleitengasse 10, und die pflichtbewußte Erna nicht abzuschütteln vermochte. Alles mögliche wurde erfunden, eines Tages etwa, daß sie noch rasch zu ihren Großeltern in die Pokornygasse müsse, gleich ums Eck. Monikas Großvater war der berühmte Anatom Professor Hochstätter. Er hatte einen langen weißen Bart, trug stets einen halbsteifen, großen, runden, schwarzen Hut, ein schwarzes Mascherl, einen schwarzen Anzug zu einem blütenweißen Hemd und einen wunderschönen Stock. Auf seinen täglichen Spaziergängen begleitete ihn manchmal mein Großvater, der ebenfalls einen langen weißen Bart und ebenfalls einen schwarzen Anzug trug, aber nie einen steifen Hut aufhatte. Großvaters Hut war schwarz und weichkrempig und erinnerte an die Hüte, wie man sie zu Bismarcks und Karl Mays Zeiten getragen hatte.

Erna blieb unerbittlich, Monika müsse mit uns in die Osterleitengasse gehen. Monika wurde immer störrischer, nein, sie würde zu den Großeltern laufen; die Auseinandersetzung wurde heftiger, Monikas Freiheitsbestrebungen intensiver, Ernas Hand unnachgiebiger. Da beugte Monika den Kopf, daß die Zöpfe flogen, und biß die arme Erna vor Wut in den Daumen. Blut floß, wir erreichten mit letzter Kraft das Spielzeuggeschäft der Frau Schlegel, und der Erna wurde ein Notverband angelegt.

Monika bekam einige Ohrfeigen, zuerst von Erna, dann von ihrer Mutter, der lieben Tante Miez, einer wunderschönen Dame, die, solange ich denken konnte, weiße Haare hatte.

Manchmal aber wurde der Weg zum Kindergarten zu einem besonderen Erlebnis, wenn die Mama mich hinführte oder abholte. Dann tat sich eine wunderbare Welt auf, denn Mama erzählte Geschichten, von denen ich nicht weiß, ob und wieweit sie wahr waren. Wahrscheinlich wurden sie jeweils aus der Stimmung geboren. Ich jedenfalls war glücklich und zufrieden, wenn ich an ihrer Hand und zum Klang ihrer Stimme durch die großen Gärtnereien wanderte, die sich von der Hohen Warte bis zur alten Vorortslinie hinzogen, oder wenn wir durch den Wertheimsteinpark nach Hause in die Osterleitengasse gingen.

Zu Hause war »die Mia«. Auch wenn sie gerade nicht da war, eigentlich war und ist sie immer da. »Die Mia«, Kinderglück aller Moldens, betreute bereits Onkel Richard, den jüngeren Bruder Papas, später Otto und mich, sie umsorgte meine Töchter Gabriella, Sascha und Andrea, die Kinder meines Bruders, Peter und Paula, und heute noch habe ich das Glück, meine kleinen Buben Ernst und Berthold jauchzen zu hören, wenn sich das Gartentor öffnet, und mit kleinen behenden Schritten und nur leicht gebeugtem Rücken Mia erscheint.

Zu meiner Zeit lebte »die Mia« in einem seltsamen, verschnörkelten, überfüllten, wunderbaren Haus inmitten von Weinbergen, auf halber Höhe des Kahlenbergs. Ein einziges anderes Haus war noch in der Nähe, die winzige Gastwirtschaft des Herrn Neunteufel, »Zur schönen Aussicht«, voll von Hunden, Katzen, Ziegen und Kaninchen. Wer kann das Glück ermessen, wenn wir Kinder übers Wochenende gar oder nach der Schule zur Mia durften, mit diesem Paradies zu Füßen.

Die Mia hatte auch einen Mann, der von alters her bei allen Moldenkindern der Einfachheit halber nur »der Mia-Mann« hieß. Er war Heizer in der Nußdorfer Brauerei gewesen, und als diese infolge der großen Krise Ende der zwanziger Jahre zugesperrt worden war, hatte sich der Mia-Mann antiquarisch ein Monosradl angeschafft und war sozusagen selbständig geworden. Monosradln gibt es auch nicht mehr. Es waren komische Fahrzeuge, hinten wie ein Motorrad mit zwei Sitzen, vorne hatten sie zwei Räder nebeneinander und darauf war ein großer Kasten. Es war also eine Art Minilastwagen, den der Mia-Mann wie ein Unternehmer betrieb. Er fuhr Zeitungen aus, und weil die Mia unsere Mia war, fuhr er natürlich die ›Neue Freie Presse‹ aus, bei der Papa damals stellvertretender Chefredakteur war.

Am Wochenende bekam das Monosradl für uns Kinder ungeheure Bedeutung. Da kam der Moment, wo der Mia-Mann uns Buben mit zwei Griffen in die Kiste des Monosradls beförderte, die Mia setzte sich hinter ihn, und so fuhren wir über Nußdorf und Klosterneuburg nach Weidling und weiter in ein kleines Seitental, wo Mias Schwager ein Schrebergartenhäusl mitten im Wald hatte. Dort gab es nicht nur Kaninchen, dort gab es auch echte Rehe; man mußte aus einem Brunnen das Wasser pumpen; aß Schnitzel und Erdäpfelsalat aus dem Glasl. Sonntag abends, wenn ich müde im Bett in der Osterleitengasse lag, mußte ich so lange überlegen, was eigentlich das Schönste gewesen war, bis ich darüber einschlief.

Das Haus meiner Kindheit wird heute – noch fast unverändert – von meinem Bruder und seiner Familie bewohnt. Ich kann daher nicht mit Bestimmtheit sagen, welche Eindrücke aus meiner frühen Kindheit stammen und woran ich mich im Laufe der Jahrzehnte einfach gewöhnt habe. Meine Eltern bezogen die Wohnung in der Osterleitengasse 7 im

Jahre meiner Geburt, 1924. Das Haus stammt etwa aus dem Jahre 1740 und war als ebenerdiges Gebäude errichtet, um 1800 umgebaut und 1835 noch einmal etwas erweitert worden. Seit damals steht das große, einstöckige Wiener Vorstadthaus nahezu unverändert da, ein Domizil einer gutbürgerlichen Familie von Kaufleuten oder Handwerkern.

Daneben steht heute noch eine Weinkellerei, auf der anderen Seite befanden sich große Stallungen, daneben und gegenüber wieder ordentliche Bürgerhäuser, mit Gärten, wie sie in die heile Welt des Biedermeiers gepaßt haben. Auch hinter unserem Haus war ein großer Garten, ziemlich ungepflegt, mit vielen Fliederbüschen, kleinen Wegen und dem Bruchstück einer ehemals prächtigen Allee. Früher einmal führte diese Allee von der Donau hinauf zum Maria-Theresien-Schlößl, und die Kaiserin selbst soll sie benützt haben, wenn sie, per Schiff aus der Stadt gekommen, von Heiligenstadt zu ihrem kleinen Schlößchen ritt. Die zehn prächtigen alten Kastanienbäume verliehen unserem wilden Garten in unserer Phantasie kaiserlichen Glanz. Was uns nicht hinderte, die immer noch erkennbare Straße zwischen den Bäumen als Zentrum für unsere Indianerkämpfe oder als Fußballplatz zu benützen.

Wir bewohnten fast den ganzen ersten Stock des alten Hauses. Heute noch, wenn ich mich an einem warmen Frühlingsabend aus den Fenstern mit den weißen Tupfbatistvorhängen beuge, glaube ich das friedliche warme Licht der sieben oder acht Gaslaternen zu sehen, das die sichere Welt der Osterleitengasse erhellte. Eines Tages, es muß 1934 oder 1935 gewesen sein, wurden die Gaslaternen ausgerissen und durch große elektrische Bogenlampen ersetzt. Mama hat darüber in ihrer Empörung ein Gedicht geschrieben, das ich sehr liebe.

> Vorzeiten, da durfte im Dunkel
> Zur Nacht mein Zimmer sein.
> Der Milchstraße altes Gefunkel
> Stäubte gelassen herein.
>
> Jetzt haben sie mir vor die Scheiben
> Eine Bogenlampe gehängt.
> Die will mir die Nacht vertreiben,
> Die hat mir die Sterne verdrängt.

Mit leblos weißem Geschmetter
Umgrellt sie das schlafende Haus.
Nicht Tücher und nicht Bretter
Sperren die Gottlose aus.

O Herr, wirf die Götzen nieder,
Erbarme Dich dieser Zeit!
Deinen Sternhimmel gib uns wieder
Und Deine Dunkelheit!

Das größte und vornehmste Haus in der Osterleitengasse gehörte dem imposanten Herrn Schlesinger, Generaldirektor der Phoenix-Versicherung, um die es als Nachspiel der großen Krise, als auch die Creditanstalt wackelte, einen Skandal gab. Ich erinnere mich noch an diesbezügliche Gespräche der Eltern, von denen wir Buben allerdings nicht viel verstanden haben.

Jeden Mittag brachte Papa der Mama aus der Redaktion der ›Neuen Freien Presse‹ die Welt ins Haus. Mama hörte aufmerksam zu und stellte Fragen, und insgeheim freute sich Papa, glaube ich, darüber, daß er praktische Dinge, wie Kabinettskrisen, politische Änderungen und Eisenbahnfahrpläne erläutern mußte. Da wußte Mama, die große Weise der Familie, nicht Bescheid.

Ihre Domäne waren die Grundlagen, die sie, seit sie irgendwann in meinen Kleinkindertagen zum Glauben zurückgefunden hatte, auch uns Buben zu vermitteln vermochte. Papa erzählte mir später, daß Mama mit sich gerungen hatte, ehe sie zu dem modernen, unkomplizierten Katholizismus fand, der ihr so große Sicherheit verlieh, und den sie nicht nur ihren Kindern, sondern auch an ihren Mann weiterzugeben vermochte. Für Papa, der aus einem liberalen Haus stammte, war diese Auseinandersetzung mit der Metaphysik ein gewaltiger Schritt. Sein Vater war Atheist gewesen und hatte sich in vielen seiner Bücher mit der Existenz Gottes auseinandergesetzt.

Ein grundgütiger Mensch übrigens, der Großvater. Uns Kindern blieb er trotzdem immer etwas fremd und fern. Ich glaube, er war streng, ohne es zu wissen. Obwohl er mich liebte, hatte ich stets großen Respekt vor ihm. Jahre später, es war 1942, fand ich ihn tot auf der Straße liegen. Er war aus dem zweiten Stock seines Hauses in der Döblinger Hauptstraße gestürzt, und wir wissen nicht, ob der damals neunzig Jahre alte Hofrat Berthold Molden sich zu weit vorgebeugt hatte, um nach dem Wetter zu sehen, oder ob er freiwillig aus dem Leben geschieden ist. Als ich ihn liegen sah, klein und zart, ohne äußere Verletzungen, trotz seines Alters und seines weißen Bartes wie ein Kind, da stellte sich zum erstenmal das tiefe Gefühl von Zärtlichkeit für den Großvater ein, das zu empfinden ich bei seinen Lebzeiten nie wirklich gewagt hatte.

War die Welt der Osterleitengasse in meinen Kleinkindertagen auch friedlich, die Welt draußen war es schon damals nicht mehr, und manchmal drang ihr Feuerschein bis zu uns nach Döbling. Es war im Jahre 1927, als die Köchin, die dicke Julie, mich plötzlich an der Hand nahm, mit mir die Treppe zum Dachboden hinauflief und dort meinen kleinen Bubenkopf durch die Luke hinaussteckte. Über das Dach des Krünes-Hauses hinweg sahen wir Flammen und sehr viel Rauch. Später erklärte mir unsere Gemüsetandlerin, die fesche Frau Maceovich, ich hätte damals – im Sommer des Jahres 1927 – den Brand des Justizpalastes gesehen. Die erste Vorahnung von Bürgerkrieg und der ganzen fürchterlichen Entwicklung der kommenden Jahrzehnte stand in den Flammen des brennenden Justizpalastes über Wien.

Als wir in die Sommerfrische fuhren, war der Spuk vergessen, und wir Kinder wußten nichts mehr vom Ernst der politischen Lage. Manchmal blieb Papa weg oder mußte früher abreisen oder kam später an, warum, darüber machten wir uns keine Gedanken.

Die Eltern hatten in diesem Jahr für die Sommermonate eine Villa in der Prein gemietet, einem kleinen Sommerfrischenort, etwa achtzig Kilometer südlich von Wien, am Südrand der Alpen, unweit des Semmerings, neben der hohen stolzen Rax, dem Hausberg der Wiener. Die Prein war damals ein kleines Dörfchen, und unsere Villa lag direkt neben der Kirche und besaß eine fabelhafte Attraktion, sie hatte ein flaches Dach! Auf diesem flachen Dach konnte man spazierengehen, es hatte ein Gitter rundherum. Das Gitter war engmaschig, sogar ich als kleiner Bub durfte mich dort aufhalten.

Es gab eine Menge Spielgefährten in der Prein. Otto war natürlich da, und unser Vetter Niki Preradović, der Sohn von Onkel Ivo, dem ältesten Bruder von Mama. In der Prein gründeten Otto und Niki den Zirkus Nikotto, der zunächst nur aus dem beachtlich attraktiven Namen und einem Plakat bestand, das die beiden an der Gemeindetafel anschlugen: »Der Zirkus Nikotto gibt heute abend eine große Vorstellung. Eintritt 20 Groschen, Beginn 7 Uhr.« Pünktlich erschienen bei uns im Garten etliche Sommerfrischler, die an den Zirkus geglaubt hatten, und Niki und Otto, die beiden erstaunten Zirkusdirektoren, begannen ein Programm aus dem Boden zu stampfen. Ich war der einzig verfügbare Star und wurde als Mehrzweckartist eingesetzt, ich sollte der Löwe sein und das Pferd, auf dem sie ritten. Ich wehrte mich und wurde verprügelt. Das war damals häufig mein Schicksal. Am Schluß der Vorstellung mußte ich absammeln.

In der Prein wurde mein Prügelknabendasein von Lori Possanner geteilt. Lori, später schlank, schön und unerhört damenhaft in Mailand herrschend, war im Sommer 1927 ein kugelrundes kleines Mädchen, ob ihres Babyspecks von Otto und Niki ganz fürchterlich geneckt und Gegenstand argen Schabernacks. Den Höhepunkt ihres Martyriums erlitt Lori auf dem Himbeerschlag über dem Dorf. Otto, Niki und ich schleppten Lori auf die halbe Höhe des steilen Hanges, dann liefen die großen Buben mit mir zurück und ließen die recht unbewegliche, weil allzu runde Lori zurück. Stundenlang saß die Ärmste heulend in den Himbeeren und zerkratzte sich Haut und Kleid. Erst gegen Abend wurde sie von ihrer Mutter und Mama vermißt und nach langer Suche schließlich gefunden. Diesmal gab es die Prügel für Otto und Niki.

Das war die Prein, mit ihrem Waldduft, dem Schwimmbad, in dem wir manchmal tote Ratten fanden, und mit Wochenendbesuchen von Papa, die wegen der ernsten politischen Lage recht spärlich waren.

Zwei Sommer verlebten wir auch in Osttirol, in Arnbach bei Sillian, ganz knapp an der Südtiroler Grenze. Neben dem Dorf lag Weitlambrunn, ein kleines Heilbad. Das Dorf bestand aus etwa dreißig Bauernhäusern und einer Kirche. Papa hatte uns in einem dieser Bauernhäuser eingemietet, in dessen unmittelbarer Nähe die junge Drau vorüberfloß. Dort herrschte unvorstellbarer Friede; außer einem einzigen klapprigen Taxi gab es keine Autos. Für größere Ausflüge benützten wir geräumige Landauer, mit denen wir ins Südtirolische fuhren, nach Innichen und nach Sexten, oder hinauf in die einsamen Villgrathner Bergdörfer auf der Osttiroler Seite. Otto fischte in der Drau, einmal gelang es ihm, eine tote Forelle mit der Hand herauszuholen. Jeden Sommer kam ein kleiner Zirkus nach Sillian, der für mich der fabelhafteste Zirkus auf Gottes weiter Welt war, aufregender noch, als alle jene Zirkusse, die wir mit Papa – einem großen Zirkusliebhaber – je vorher oder nachher besucht hatten; in dem Wanderzirkus in Sillian gab es nicht nur einen Clown und einen Bären an einer langen Kette, es gab ein Kalb mit zwei Köpfen, eine Sensation, die nicht zu schlagen war.

Es gab noch andere Sommerfrischen, von denen bruchstückhafte Erinnerungen geblieben sind. Lans in Tirol, wo ich mich noch an die kleine Dampftramway erinnere, die von Innsbruck zum Mittelgebirge hinaufführte; an einen köstlichen Ausflug mit Papa zum Mieminger Plateau; und an Tante Amalie, die mit etlichen eleganten Hutschachteln zu einem Besuch anreiste und in einem kleinen Landgasthaus abgestiegen war, dem »Wilden Mann«, dem damals niemand vorausgesagt hätte, daß die große Frau Schöpf aus ihm das beste Tiroler Gasthaus machen würde.

Es gab einen Sommer im Landschulheim Hochkreit der Gräfin O'Donnell, hoch über dem Traunsee. Otto hatte dort einmal seiner Lunge wegen ein ganzes Jahr zugebracht, und ich verlebte meine ersten elternlosen Ferien bei den O'Donnells. Zunächst war ich sehr einverstanden, denn ich war in einem Alter, in dem man sich gerne von den Eltern emanzipiert. Außerdem herrschte auf Hochkreit die Sitte, der Reinlichkeit und der Bequemlichkeit wegen den Kindern die Köpfe kahlzuscheren. Auch meine langen Locken, Mamas ganzer Stolz und mein großer Kummer, fielen unter der gräflichen Schere. Eines Abends, wir lagen bereits alle in den Betten, wurde das Licht für einen späten Besucher angedreht, der die lange Reihe der halb schlafenden Glatzköpfe abschritt. »Papa«, schrie ich glücklich und dann immer ängstlicher, da es schien, als ob er wieder ohne mich fortgehen würde: Er hatte mich ohne meine Lockenpracht nicht erkannt.

Später kamen die Sommer an der Adria. Mama war in Pola aufgewachsen, Tochter des kaiserlich und königlichen Marineoffiziers Dušan von Preradović. Tochter der Piraten, wie sie sich selbst in den ›Seeräubern‹, einem ihrer schönsten Gedichte, einmal nannte. Sie war voll Liebe für Dalmatien, für Istrien, für die Macchia der adriatischen Landschaft. Jugend am Meer war einer ihrer glücklichsten Lebensabschnitte, ›Jugend am Meer‹ heißt auch ein Zyklus ihrer Gedichte. Der Jugend am Meer wollte sie eine große Romantrilogie widmen, die zu schreiben ihr aber nicht mehr vergönnt war. Und eine Jugend am Meer sollten ihre Buben haben, wenigstens ein kleines Stück der Seligkeit, die sie selbst erlebt hatte.

Mama reiste fast jedes Jahr in das ferne Dalmatien oder zumindest nach Istrien. Sie hatte viele Verwandte und Freunde dort, ihren geliebten Bruder Ivo; in Agram, der kroatischen Hauptstadt, lebte ihr Bruder Peter. Irgendwo unten, in Solitudo bei Ragusa oder in Divulje oder den Sette Castelli bei Ivo, saß sie am Meer, wanderte am Strand oder durch die Macchia, konnte denken, träumen und vor allem schreiben. Manchmal begleitete sie Papa. Später hat sie auch uns Buben mitgenommen. Unvergeßlicher Sommer in den Sette Castelli, zwischen Spalato und Trogir, in Castel Stari. Wir wohnten in einem feinen Hotel. In dem benachbarten Divulje, dem Flugstützpunkt der königlich jugoslawischen Marine war Onkel Ivo Kommandeur. Vornehm ging es damals zu, Ivo verfügte über ein eigenes Motorboot, hatte einen Chauffeur und einen Ordonnanzoffizier und trug eine wunderschöne, schneeweiße Uniform. Onkel Ivo war damals mein unbestrittener Held, ich verehrte ihn rasend.

Einmal durfte ich zwei Tage lang auf seinem Kriegsschiff mitfahren. Er kommandierte den einzigen Kreuzer, den die Jugoslawen hatten, die ›Dalmatia‹. Einige Sommer später waren wir in Jelsa, auf der Insel Hvar, als der schneidige, unübertreffliche Onkel Ivo gar mit einem Wasserflugzeug in unserer Badebucht landete. Tagelang standen wir im Mittelpunkt des Interesses. Wer ermißt meinen Stolz, als Onkel Ivo mich in das Flugzeug setzte, nicht etwa um in die Lüfte zu steigen, wie gewöhnliche Flugzeuge es tun, sondern um auf den Kufen des Amphibienfahrzeugs über das Meer zu brausen.

Die Intensität der dalmatischen Sommer war ungeheuer, noch heute kann ich sie fast greifen. Die Hitze, die Zikaden, Mamas heiteres, glückliches Gesicht; die kleinen Fläschchen, die man mit Meerwasser anfüllte, um sie nach Wien zurück mitzunehmen. Die schweren Gewitter, der Onkel Ivo, die Fischer, die einen manchmal mit aufs Meer nahmen, um Sgombri zu fischen.

Während der südlichen Sommer in den dreißiger Jahren

gingen mir auch die Augen für die Mädchen auf. Bis dahin hatte es eine einheitliche Kategorie von schwestern- oder cousineartigen Monikas, Justines, Loris oder Hegner-Mädeln gegeben, deren Gesellschaft weder besonders erstrebenswert, noch besonders ablehnungswürdig war. Man stand ihnen indifferent gegenüber, sie waren eine Tatsache des Lebens. Mit einer Ausnahme: Lucie Hahn. Mit ihr ging ich in die Volksschule in der Vormosergasse und war ihr derart verfallen, daß ich ihr sogar einmal von meinem Taschengeld einen Eislutscher kaufte. Ich glaube, der Eislutscher kostete 10 Groschen. Sie hatte mir dafür einen Kuß versprochen und löste ihr Versprechen ein, wenn auch recht oberflächlich. Immerhin, ich ging stolzgeschwellt von dannen – da sah ich, kaum fünf Minuten später, wie die Lucie einem anderen Buben meinen Eislutscher schenkte.

Das war der Moment, wo ich mich innerlich von den Mädchen abwandte, um sie erst wieder – wenn auch mit gewisser Distanz – in Dalmatien zu betrachten. Die Dalmatinerinnen waren auch besonders hübsch. Für gewöhnlich hatten sie schwarze Haare und blitzende Augen. Wenn sie von ihren dalmatischen Jünglingen zum Tanz aufgefordert wurden – was von uns zwar aus der Ferne, aber mit größter Aufmerksamkeit verfolgt wurde –, so sagten die Herren »Isvolite«, was auf deutsch so viel heißt wie »ist's gefällig?«. Daher nannte Mama sie die »Isvolite-Mädchen«.

Der Sommer 1937 bescherte mir eine erste unerfüllte Leidenschaft. Ich war damals bei den Pirquets in Rindbach am Traunsee eingeladen. Die Pirquets, Freunde von Mama und Papa, waren im Besitze eines jener wunderschönen Häuser, halb aus Holz, halb aus Stein, immer etwas feucht, nach Äpfeln und altem Holz duftend, die man an den Ufern der Salzkammergutseen heute noch finden kann. Wer damals, in den schwierigen Zeiten der Wirtschaftskrise, ein solches Haus sein eigen nannte, hatte auch »paying guests«, um die mißliche Lage etwas zu verbessern.

»Paying guests« waren in der Mehrzahl Engländer oder Holländer, die einen Hauch von großer, weiter Welt in das verarmte und verelendete Österreich brachten und ihrerseits den letzten Glanz von Salzburger Festspielsommern und heiterem Ferienleben der Sommer vor dem Anschluß genießen wollten. Mein Idol war die Engländerin June, eine kühle Brünette mit Pfirsichhaut, fünf Jahre älter als ich, die unnahbar in einem Kreis von Verehrern in Rindbach hofhielt und mich nicht einmal bemerkte. Während Papa und Mama, manchmal auch Otto und seine Freunde, nach Salzburg fuhren, um die Welt des Theaters und der Musik um den großen Max Reinhardt in ihrer Apotheose vor der langen Dunkelheit zu genießen, litt ich stumm und war fast glücklich, als der Sommer zu Ende ging und ich wieder nach Wien zur Schule mußte.

Der Donner einer sich nähernden böseren Welt war schon lange vorher in mein Bubenzimmer gedrungen. Im Winter 1933/34 besuchte ich die Neulandschule; Mama hatte mich aus der Volksschule der Vormosergasse herausgenommen, vor allem, weil sie fand, daß ich dort zuviel Dialekt lernte. In dieser Hinsicht erwies sich die Wahl der Neulandschule im Kaasgraben als Fehlplanung, denn waren die Schüler in der Vormosergasse vor allem bürgerliche und jüdische Kinder aus dem Döblinger Villenviertel, so wurde die betont katholische Neulandschule vor allem von armen Kindern aus den proletarischen Vierteln Döblings, der Krim und dem Barawitzkagassenviertel besucht. Man mußte kein Schulgeld bezahlen, die bedürftigen Kinder konnten im Halbinternat bleiben und bekamen umsonst das Mittagessen. Das kostenlose Mittagessen war für viele Familien in den dreißiger Jahren eine so große Erleichterung, daß sogar brave Sozialdemokraten über ihren Schatten sprangen und die Kinder in eine katholische Schule einschrieben.

Am 12. Februar 1934 saß ich neben meinen Freunden Karli Speta, Sohn eines Baupoliers aus der Barawitzkagasse, auf der Schulbank, vor mir mein anderer Intimus Richard Jicha, als plötzlich das Licht ausging. Es muß in der zweiten Stunde gewesen sein. Wenig später erschien die Direktorin der Schule, Anna Ehm, und teilte dem Professor mit, er solle uns sofort nach Hause schicken, es gebe Generalstreik. Karli Speta und ich verließen vergnügt über die unerwarteten Ferien das Schulhaus und wanderten zur großen Straßenbahnremise auf der Billrothstraße. Die Züge fuhren nicht aus, die Straßenbahner standen an den Toren: Generalstreik. Wir gingen weiter, der Tag hellte sich ein wenig auf, das graue Februarwetter wurde freundlicher, und Karli und ich beschlossen, auf die Hohe Warte zum Sportplatz zu gehen.

Der Sportplatz auf der Hohen Warte, Heimat und Stätte glanzvoller Siege des Fußballclubs »Vienna«, dessen Anhänger schon mein Vater in seinen Studententagen gewesen war und zu dessen glühenden Fans auch ich gehörte. Fußballnachmittage auf der Hohen Warte, Länderspiele des Wunderteams. Namen wie Rainer, Schmaus, Hiden, Hofmann, Machu, Smistik und wie sie alle geheißen haben; Jerusalem, Sindelar, der berühmte Papierene, und Fritz Gschweidl von der Vienna, sie waren die Helden der großen Nationalleidenschaft der zwanziger und dreißiger Jahre, sie waren die Helden des Fußballs. Damals interessierten sich die Österreicher, zumindest die meisten Wiener im Grunde nur für Fußball, wie heute für den Skisport. Die Leidenschaft war groß, jeder Klub hatte Zehntausende Anhänger. Ganz gewöhnliche Spiele verzeichneten Zuschauerzahlen von dreißig- und vierzigtausend. Es waren die bitteren Zeiten der Massenarbeitslosigkeit: Selbst an Wochentagen – etwa wenn ich nach der Schule auf die Hohe Warte ging, um mir irgendein Meisterschaftsspiel anzusehen, wurden dort allein zehn- bis zwanzigtausend Arbeitslosenkarten verkauft. Fußball war der Sport der kleinen Leute in Österreich, und die Arbeitslosen ließen lieber eine Mahlzeit aus, als daß sie ein großes Match versäumten.

An jenem Februarmorgen trabten also der Karli Speta und ich hinüber zur Hohen Warte, um dort am Trainingsplatz ein wenig Fußball zu spielen. Der Jugendtrainer der »Vienna« kannte uns, wir sollten ja auch bald in die Schülermannschaft aufgenommen werden, und er ließ uns manchmal trainieren. Heute stand er mit einigen Spielern bei dem kleinen Türl, das zum Trainingsplatz führte. Als er uns kommen sah, fuhr er uns an: »Schauts, daß weiterkommts, Buam, aber schnell, rennts ham, hier wird gleich g'schossen.«

Wir verstanden nicht, was er uns sagen wollte – plötzlich sahen wir oben auf der Hohen Warte neben der Meteorologischen Station Militär stehen. Soldaten und Heimwehrleute waren da; einer von den Heimwehrleuten war ein Freund meines Bruders. Er erkannte mich und rief mir zu, ich sollte schleunigst nach Hause laufen, auf der Straße hätte ich heute nichts verloren.

Ich begleitete erst einmal Karli Speta nach Hause in die nahe Barawitzkagasse. Immer noch hatten wir nicht begriffen, was eigentlich vorging. Plötzlich hörten wir Schüsse aus der Richtung des etwas unter uns liegenden Karl-Marx-Hofes. Erschrocken liefen wir zu Karlis Haus, einem großen, grauen Zinshaus aus der Zeit der Jahrhundertwende, das mich immer schon wegen seiner Bassena, dem Klo am Gang, und der hervorragend kochenden und freundlichen Frau Speta angezogen hatte. Auch Karlis Mutter war aufgeregt und schickte mich postwendend nach Haus, meine Mutter würde in größter Sorge um mich sein.

Ich lief zur Heiligenstädter Straße hinunter, am Wertheimsteinpark vorbei und wollte die zur Weilgasse hinaufführende Stiege erklimmen, aber ich hatte Pech, die wurde bereits umkämpft. Unten waren einige Heimwehrleute postiert, von dem oben gelegenen sozialdemokratischen Arbeiterheim, in dem sich Schutzbündler verschanzt hatten, wurde geschossen.

Einer von der Heimwehr schnauzte mich an: »Schau, daß d' nach Haus kommst, Lausbua du!« Mit klopfendem Herzen rannte ich zur Radlmayergasse, und hier endlich kam ich via Döblinger Hauptstraße ungeschoren nach Hause. Mama empfing mich in Tränen aufgelöst. Sie hatte mich bereits in den Straßenkämpfen des Bürgerkrieges verbluten gesehen.

Die Schüsse und der Kanonendonner des Februar-Aufstandes gehörten für die Osterleitengassenbewohner bald zur Tagesordnung. Gar nicht weit von uns wurde der Karl-Marx-Hof beschossen, in weiterer Entfernung hörten wir das Artilleriefeuer von der Donau, wo der Goethehof heftig umkämpft wurde. Zwei Nächte lang ging noch das Gewehrfeuer in der Weilgasse weiter, bis das Arbeiterheim endgültig erobert war. Vier Tage später war der Bürgerkrieg zu Ende. Bundeskanzler Dollfuß, für uns Buben bisher nur die Zielscheibe von Scherzen, die sich auf seine körperliche Kleinheit bezogen, hatte den Bürgerkrieg gegen die Arbeiterschaft gewonnen. Aber es war ein Pyrrhussieg, wie sich bald herausstellen sollte. Dollfuß hatte die Demokratie zerstört, um Österreich vor dem Nationalsozialismus zu retten; es war ein Versuch mit untauglichen Mitteln und mit falschen Methoden. Fünf Monate später fiel Dollfuß unter den Schüssen von Otto Planetta und dessen nationalsozialistischen Terroristen. Die gesamte westliche Welt hatte Dollfuß verurteilt, als er den Aufstand der Arbeiter im Februar 1934 blutig niederschlug. Als der kleine Kanzler fünf Monate später selbst einem Mord zum Opfer fiel, war der Westen wesentlich weniger erschüttert.

Ich erinnere mich, wie gerne Papa in das Haus seines Vetters und engen Freundes, des Dr. Karl Straubinger, damals junger Sektionschef im Landwirtschaftsministerium, nach Klosterneuburg fuhr. Wir Buben durften manchmal mitkommen, um mit der Cousine Herta zu spielen. Im Herrenzimmer saß eine Runde von Männern, die über Politik diskutierten, neben dem Hausherrn der Papa, dann der damalige Landwirtschaftsminister und spätere Bundeskanzler Dr. Engelbert Dollfuß, manchmal der niederösterreichische Landeshauptmann Reither und der Dichter Guido Zernatto, Generalsekretär des Heimatschutzes und ab 1936 Generalsekretär der »Vaterländischen Front«.

Ich war mit Mama in Tirol, als Dollfuß ermordet wurde. Wir befanden uns mit einigen Freunden der Eltern in dem wunderschönen Jagdschloß des Kaisers Maximilian im Kühtai, fast zweitausend Meter hoch in den Bergen zwischen Sellraintal und Ötztal gelegen. Onkel Oskar und Tante Gabriele Negedly – die jüngste Schwester meiner Großmutter, nur wenige Jahre älter als Mama und aufs engste mit ihr befreundet –, Dr. Karl Rudolf, einer der Gründer des Neulands, und der Prediger Otto Mauer waren da; ich war schon in einem Alter, in dem man mithören durfte – und die Gespräche dieses Kreises von fabelhaften Menschen fand ich höchst aufregend. Ich ging aber auch mit meinen Freunden, den Buben des Grafen Stolberg, dem das Schloß gehörte, auf Murmeltierjagd oder in eisigen Gletscherseen baden.

Papa war in Wien, als Dollfuß ermordet wurde. Nach stundenlangen Versuchen gelang es ihm, uns in Kühtai anzurufen. Er würde nicht nach Tirol kommen, teilte er Mama mit, der Dollfußmord stürze das Land in einen neuen Bürgerkrieg, man erwarte den Einmarsch der Deutschen.

Otto war in Zell am See bei Freunden gewesen, und sofort nach dem Attentat auf Dollfuß hatte er sich beim dortigen Heimatschutz zum Dienst gemeldet. Nun stand er also vor irgendeiner Kaserne Wache, um die Nazis an der Machtübernahme im Salzburgischen zu hindern.

Der Schatten Hitlers fiel über Österreich. Ich begriff die politischen Zusammenhänge damals natürlich noch nicht, aber eines wußte ich: die Nazis sind böse.

Am 1. Mai 1934 hatte Dollfuß vor etwa vierzig- oder fünfzigtausend Mädeln und Buben im Wiener Stadion in sehr eindrucksvoller Weise den Widerstandswillen Österreichs gegen den Nationalsozialismus proklamiert. Mir und vielen Tausenden Kindern hatte Dollfuß nie sehr viel bedeutet, aber der kleine Mann von fast zwergenhaftem Wuchse, der den Mut hatte, gegen den mächtigen fernen Hitler aufzustehen, beeindruckte uns doch sehr. Und drei Monate später hatten ihn die Nazis umgebracht.

Immerhin hatte der Nationalsozialismus seine erste schwere Schlappe erlitten. Die Machtübernahme in Österreich war schiefgegangen.

Schon im Herbst 1933 war Papa eines Tages mit Otto und mir in die Innere Stadt gefahren. Am Hof, in einem modernen Gebäude, war das Hauptquartier einer neuen Organisation untergebracht, die sich »Vaterländische Front« nannte. Papa war lange Zeit Vizepräsident des österreichisch-deutschen Volksbundes gewesen, einer überparteilichen Vereinigung, der Sozialdemokraten wie Renner, Christlich-Soziale wie Seipel und Liberale wie der Bundespräsident Hainisch angehört hatten. Im Sommer 1933 war Papa, tief erschüttert von der Machtergreifung Hitlers in Deutschland, von seiner Funktion als Vizepräsident dieser großdeutschen Vereinigung zurückgetreten und hatte sich entschlossen, in die »Vaterländische Front« einzutreten. Er war der Meinung, man müsse alle Kräfte zusammenfassen, um Hitler zu bekämpfen; die Mittel hingegen, welche bei der Niederwerfung des Arbeiteraufstandes angewendet wurden, lehnte er schärfstens ab. Aus diesem Grunde kam Papa in gewissen Konflikt mit Dollfuß, obwohl er mit ihm befreundet war, und später auch mit dessen Nachfolger, mit Schuschnigg. Dollfuß hatte die »Vaterländische Front« als Kampforganisation für Österreichs Selbständigkeit gegründet.

Im Gebäude der »Vaterländischen Front« ging Papa mit uns in das Büro des damaligen Generalsekretärs der »VF«, der mir ein dreieckiges Abzeichen in den Farben Rot-Weiß-Rot überreichte, mit Eichenlaub verziert und mit der Aufschrift »Seid einig«. Ich war tief beeindruckt, doch die Ereignisse der dreißiger Jahre wurden mir damals dadurch nicht verständlicher. Aber das Mitanhören der Gespräche, die Papa mit seinen Freunden führte, oder auch was Otto mit nach Hause brachte, vermittelte frühes, sicheres Wissen, daß mit den Nazis etwas Grundlegendes nicht in Ordnung war, und half mir dann, die Jahre 1938 bis 1945 zu überstehen.

Österreich war damals ein völlig zerrissenes Land. Es ist heute nicht mehr vorstellbar, in welchem Maße die Menschen politisiert waren, das reichte tief, auch unser Bubenalltag blieb nicht davon verschont. Zehnjährige Knaben prügelten sich wegen politischer Meinungsverschiedenheit blutig. Es verging kaum eine Woche, in der es in unserer Klasse, einer vierten Volksschulklasse, nicht zu bösen Schlägereien zwischen Nazis und Schwarzen, also Dollfuß-Schuschnigg-Anhängern, gekommen wäre. In anderen Schulen gab es Schlachten zwischen den Nazis und den Sozis oder zwischen den Sozis und den Schwarzen. Diese Politisierung ging durch alle sozialen Schichten und alle Altersklassen. Jeder in Österreich mußte sich zu einer politischen Auffassung bekennen, ob er wollte oder nicht. Um so schwerer fiel es den Leuten im Jahre 1938 – für viele galt dies bereits ab 1934 –, den Mund halten zu müssen. Der politische Fanatismus, der das Land als Folge des verlorenen ersten Weltkrieges aufwühlte, hatte seine guten Gründe.

Durch sechshundert Jahre war Österreich eine Großmacht gewesen, um plötzlich im Jahre 1918 als lebensunfähige, blinddarmartige Fortsetzung dazustehen, zu einem Überbleibsel zu werden. »Der Rest ist Österreich«, sagte Clemenceau, als er im Jahre 1919 den Friedensvertrag von St. Germain unterzeichnete. Der Rest des großen Reiches, des zweitgrößten Europas, der alten österreichisch-ungarischen Monarchie, war eine kleine Wurst vom Bodensee zum Neusiedler See, deren knapp sechs Millionen Menschen nicht wußten, warum sie plötzlich einen Staat bilden sollten. Waren doch die andern fünfzig Millionen der alten Monarchie in den Nachfolgestaaten derselben untergekommen; sie hatten das Schlagobers am Kaffee; dem neuen, kleinen Österreich blieben die Schulden, die Lasten, alles was nach einem verlorenen Krieg bleibt. Kein Wunder, daß die Österreicher mit ihrem Los unglücklich waren und nicht mit ihm fertig geworden sind. Es war ein Schicksal, das jene, die noch im alten Österreich aufgewachsen waren, in seiner ganzen Tragweite weder verstehen noch bewältigen konnten.

Als Folgeerscheinung des Ersten Weltkrieges kam es zu einer Polarisierung der politischen Kräfte, wie sie bis dahin in Österreich trotz allem Fanatismus der Weltanschauungen, der Religionen und der verschiedenen nationalen Lager nicht möglich gewesen war. Das Band, das alles noch zusammengehalten hatte, das gemeinsame Herrscherhaus, war nicht mehr. Die alte Armee, in deren Lager Österreich war, hatte aufgehört zu existieren.

Übriggeblieben waren Hunderttausende von Beamten, deren Arbeitgeber, das alte Reich, verschwunden war, für die aber das neue Österreich Pensionen und Gehälter zahlen mußte.

Übriggeblieben waren Zehntausende Offiziere und Unteroffiziere, die gewohnt waren, ein Weltreich zu verteidigen und für die Monarchie auf den Schlachtfeldern Europas zu kämpfen, und die plötzlich arbeitslos, verschmäht und beschimpft, durch die Straßen ziehen mußten.

Übriggeblieben war das Chaos; die politischen Gegensätze zwischen den verschiedenen Lagern, der Haß zwischen den Roten und den Schwarzen, zwischen den Klerikalen und den Antiklerikalen.

Und geblieben waren die Träume eines Ritters von Schönerer vom großdeutschen Vaterland. Wieviel logischer mußte es doch im Jahre 1919 den Menschen scheinen, das offenbar lebensunfähige Österreich in Deutschland zu integrieren, als den hilflosen »Blinddarmfortsatz« allein vegetieren zu lassen.

Wir hatten das Glück, einen Vater zu besitzen, der fernab von politischen Leidenschaften stand. Die Leitfäden seines Lebens waren der Liberalismus, die Gerechtigkeit und in der zweiten Hälfte seines Lebens sein Glaube. Mein Vater war nie Mitglied einer Partei gewesen und hatte sich die Gabe bewahrt, die Dinge objektiv zu sehen. Das war in den dreißiger Jahren in Österreich eine seltene Eigenschaft und keineswegs hochgeschätzt. »Willst du nicht mein Bruder sein, dann schlag ich dir den Schädel ein«, hieß die politische Parole, übrigens nicht nur in Österreich. Papa wollte und konnte sie nie akzeptieren und hat immer versucht, uns Buben so zu lenken, daß wir die Welt mit seinen Augen sahen.

Die Welt meines Elternhauses brachte es mit sich, daß für Otto und mich politische Begriffe wie Nationalsozialismus, Vaterländische Front, Ständestaat Österreich, Kleine Entente, Westmächte, Abessinien, der Duce, der Führer, geläufig waren wie das kleine Einmaleins. Es wurde täglich zu Hause über all dies gesprochen, was ein Glück war, denn es half uns, die Welt auch später, als sie zusammenzubrechen schien, zu verstehen.

Auch in der Schule wurde ständig politisiert. Es wurde überhaupt immer politisiert, wohl gerade deshalb, weil es seit 1933 verboten war. In den Gasthäusern hingen Plakate

»Trink Dich voll und iß Dich dick, sprich nicht viel von Politik«. Und andere, wie »Der größte Lump im ganzen Land, das ist und bleibt der Denunziant«.

Der politische Witz feierte fröhliche Urständ. Heute sind politische Witze spärlich, das bringt wohl die parlamentarische Demokratie mit sich. Wenn sich das politische Geschehen in breiter Öffentlichkeit abspielt, im Parlament, in der Presse, in den Massenmedien, bis ins kleinste Detail beleuchtet wird, wächst der Witz nicht so gut. Die Diktatur ist dafür ein besserer Nährboden, ist doch der Witz dort die einzige Form der freien, unkontrollierbaren Meinungsäußerung. Also mußte er in Österreich ab dem Jahre 1933, als der autoritäre Staat unter Dollfuß und Schuschnigg seinen Anfang nahm, eine Renaissance erleben, wie sie Österreich seit dem Vormärz und seiner strengen Zensur nicht mehr erlebt hatte. Selbst während des Ersten Weltkrieges, im sogenannten Vielvölkerkerker Österreich-Ungarn, konnte die ›Fackel‹ erscheinen, und vor dem Ersten Weltkrieg gab es keine Zensur im alten Österreich. Jetzt jedoch war sie da, zuerst im Staate des Milli-Metternich, Dr. Engelbert Dollfuß, dann unter dem wohlmeinenden, damals aber humorlosen Dr. Kurt von Schuschnigg, der die Welt angesichts der Schwere seiner Aufgabe in den dreißiger Jahren durch eine düstere Brille sah, und der erst durch seine Leidenszeit nach dem Anschluß wahre Größe erlangte und die köstliche Gabe des Humors gewann, die er dann bis zu seinem Tode in so hohem Maße besaß.

Der politische Witz also ging auch uns Buben leicht ins Ohr. Er wurde in den Schulen geflüstert, man mußte nachsitzen, wenn man dabei erwischt wurde, wie man einem Freund das Neueste von der Witzbörse auf einen Zettel kritzelte. Was gab es da für köstliche Geschichten: Dollfuß ist in Verlust geraten. Wieso, um Gottes willen, ist er geraubt worden? Nein, der Ministrant in der Schottenkirche hat irrtümlich das Meßglöckchen auf den im Gebet vertieften, knienden Kanzler gestellt. Man hat ihn bei der nächsten Morgenmesse gefunden.

Oder: Dollfuß fliegt nach Rom, um seinen Freund Benito Mussolini zu besuchen. Während sie über die Steiermark fliegen, bittet der Kanzler den Piloten, das Fenster zu öffnen. (Damals gab es sehr langsame Propellermaschinen, deren Fenster man öffnen konnte.) »Ich möchte meinen lieben

Steirern etwas hinunterwerfen, was ihnen Freude macht.«
Der Pilot öffnet das Fenster, Dollfuß wirft eine Bibel hinunter. Sie fliegen weiter, als sie über Kärnten sind, fragt der Kanzler den Piloten, ob man nun nicht etwas hinunterwerfen solle, das den Kärntnern Freude machen würde. »Bitte sehr«, sagt der Pilot, öffnet die Tür und wirft Dollfuß hinaus.

Ein Sozialdemokrat steht vor Gericht und soll wegen eines Sprengstoffattentats verurteilt werden. Sein Verteidiger, der berühmte Wiener Advokat Dr. Sperber, dem der vielgeliebte Friedrich Torberg in seinem Buch ›Die Tante Jolesch‹ ein Denkmal gesetzt hat, tritt lautstark für den Angeklagten ein. »Hohes Gericht«, erklärt er, »verzeihen Sie doch meinem Klienten, er hat nicht gewußt, daß Weihwasser das einzige in Österreich gestattete Sprengmittel ist.« Nach 1938 wurden die Zeiten härter und die Witze gepfefferter, doch davon später.

Im Jahre 1935 trat ich der Jugendbewegung »Neuland« bei. Das »Neuland« war eine katholische Organisation, die – von zwei jungen Wiener Geistlichen, Dr. Michael Pfliegler und Dr. Karl Rudolf, als liturgische Initiative gegründet – sich zu einer stark weltanschaulich orientierten, modernen katholischen Bewegung entwickelte. In der Jugend hatte der bündische Gedanke zwischen den beiden Weltkriegen eine große Renaissance gefeiert. Tausende junge Menschen flüchteten in die Welt, die 1913 am Hohen Meissner in Deutschland ihren Anfang nahm und auch weiterlebte, als 1914 Zehntausende von Studenten in der Schlacht von Langemarck in Flandern mit bündischen Liedern auf den Lippen in den Tod gingen.

Auch in Österreich gab es Dutzende bündischer Jugendgruppen; es gab ein »DJ 1. 11.«, das hieß »Deutsche Jugend vom 1. 11. 1919«, es gab zeitweise, sehr früh, eine nationalsozialistische bündische Gruppe, die aber mit der späteren Hitlerjugend nichts zu tun hatte; es gab evangelische Jugendgruppen des bündischen Lagers, es gab natürlich auch den »Wandervogel«. Im katholischen Lager gab es schließlich die bündisch geführte Neulandbewegung. In den zwanziger Jahren gegründet, feierte sie ihren ersten großen Erfolg, als es Anna Ehm, dem Mentor Dr. Karl Rudolf und einigen anderen Freunden der Bewegung gelang, den Bau der Neulandschule durchzusetzen.

Das Schulhaus war modern, nach einem Entwurf von Professor Clemens Holzmeister erbaut. Die Schüler, Lehrer und Erzieher nannten einander beim Vornamen und duzten sich. Es wurden regelmäßig »Fahrten« unternommen, unvergeßliche, oft tagelang dauernde Wanderungen durch das weite Land.

Wir trieben außerordentlich viel Sport, gingen jeden Morgen gemeinsam zur Messe; die Gottesdienste wurden liturgisch, das heißt gleichzeitig lateinisch und deutsch gelesen, was durchaus als revolutionäre Neuerung galt. In der Kapelle der Neulandschule stand damals schon der Altar in der Mitte des Raumes, und der Priester zelebrierte die Messe versus populo. Dieser frische Wind mußte junge Menschen anziehen, denen im Grunde der recht verknöcherte Klerikalismus des alten Österreich und der herrschenden Kirche nichts zu geben hatte. Der Kreis der Neuländer war in den ersten zehn Jahren numerisch nicht sehr groß, aber qualitativ hochwertig. Dann vergrößerte sich die Zahl der Neulandgruppen rasch, und am Anfang der dreißiger Jahre war die Neuland-Jugendbewegung auf einem Vormarsch, den man sich heute in Anbetracht des völligen Desinteresses der Jugend der siebziger Jahre an aktiven Jugendgruppen irgendwelcher Art kaum mehr vorstellen kann.

Die Voraussetzungen für das Engagement von jungen Menschen für Ideen aller Art waren damals freilich unvergleichlich besser. Unsere Energie wurde nicht durch das Fernsehen verbraucht. Niemand besaß die Mittel, um mit dem Auto oder dem Flugzeug in die Welt zu reisen. Schon das Skifahren war für die meisten unerschwinglich, vor allem die Bahnfahrt in die Berge. Der junge Mensch des Jahres 1930 ging zum Fußball und allenfalls in ein städtisches Freibad schwimmen. Vieles war noch nicht erfunden, was uns heute selbstverständlich ist, und vieles war selbstverständlich, das heute niemand mehr kennt.

Das Kino erlebte ich noch in seiner ersten Phase, im Stummfilm. Bald aber war »Mein Süßer macht beim Tonfilm die Geräusche« der Schlager der Saison und wurde in den Kaffeehäusern gespielt. Ich erinnere mich noch an das kleine, gewöhnlich aus zwei bis drei Musikern bestehende Orchester, das in meinen Jugendtagen vor der Leinwand des Ideal-Kinos in Döbling postiert war und die stummen filmischen Geschehnisse musikalisch untermalte.

Das Radio jener Tage bestand aus einem kleinen schwarzen Kasten, auf dessen Skala man die Tonstärke einstellen konnte, und mit dessen Kopfhörern man die einzig mögliche Station empfing, die »Ravag«, die österreichische Rundfunkanstalt, die bis 1938 existierte. Mit Hilfe jenes als Detektor bezeichneten Geräts wurde meine Scharlacherkrankung, die mich im Alter von fünf Jahren ereilte, und die wegen der strengen Quarantäne meine arme Mutter auf eine harte Geduldsprobe stellte, zum unvergeßlichen Erlebnis. Mit atemloser Spannung lauschte ich den durch Krachen und Quietschen unterbrochenen Darbietungen und war von dem neuen Medium restlos eingenommen.

Erst viel später, zu Weihnachten 1937, schenkte Papa der Familie einen Radioapparat, einen richtigen Empfänger mit Lautsprecher, mit dem man mehrere Sender bekommen, und dem mehrere Leute gleichzeitig zuhören konnten. Das Geschenk nahm keinen großen Platz in unser aller Leben ein, erst nach dem Einmarsch Hitlers in Österreich wurde es aus dem Eck des Herrenzimmers, in dem es sein ungeliebtes Dasein geführt hatte, befreit und zum Mittelpunkt des Tagesgeschehens, denn es war für uns nun das Tor zur Welt. Radio Beromünster, am Anfang noch Preßburg, Budapest, später London, eine Zeitlang noch Paris, schließlich die »Stimme Amerikas«, trotz hoher Gefängnisstrafen, die auf Abhören von Feindsendern standen, tönten sie Tag für Tag aus den Apparaten und machten diese zu den geheimen Zentren Tausender Haushalte.

In der Osterleitengasse spielten Tageszeitungen immer eine wichtige Rolle. In großer Zahl lagen sie in der ganzen Wohnung verstreut umher. Ende der zwanziger und Anfang der dreißiger Jahre erschienen in Wien zeitweise zwanzig bis dreißig Tageszeitungen. Es gab Morgenblätter, Mittagblätter, Nachmittagzeitungen, Abendblätter und Nachtausgaben. Es gab zwei oder drei täglich erscheinende Sportzeitungen. Das ›Sporttagblatt‹ und der ›Sporttelegraph‹, auf grünem Papier, befriedigten das gewaltige Informationsbedürfnis von uns fußballbegeisterten Buben.

Es gab auch viele färbige Kinderzeitungen, eine hieß ›Papagei‹ und wurde von einem Invaliden bei der Straßenbahnstation des 38er am Schottentor ausgerufen. »Eine Kinderzeitung zehn Groschen, der ›Papagei‹ zehn Groschen, eine Kinderzeitung zehn Groschen«, noch heute klingt mir die heisere Stimme des Ausrufers im Ohr, wenn ich am Wiener Schottentor vorbeikomme.

Ein anderes jener versunkenen Wunder für Kinder war die »Laterna magica«, ein großer Apparat, mit dem Papa manchmal an Sonntagnachmittagen Vorstellungen gab, indem er Glasbilder auf eine weiße Wand projizierte. Aufgeregt saßen wir im verdunkelten Zimmer und sahen zu, mit Spannung und Gewißheit jenen Augenblick erwartend, wo zum Ärger des Papa der Apparat heißlief und nicht mehr funktionierte. Mit der Technik stand mein Vater nie auf gutem Fuß. Anfang der dreißiger Jahre schenkte ihm jemand einen Projektionsapparat für Filme. Da er keine Kamera besaß, wurde mit einem von Freunden ausgeborgten Gerät die Familie in mühevoller Kleinarbeit gefilmt, und endlich kam der Tag, wo wir den Film sehen sollten. Aber nach wenigen Minuten explodierte der Projektionsapparat, der Film fing Feuer, und um ein Haar wäre das Osterleitengassenhaus abgebrannt. Papa legte seine Funktion als Heimfilmer mit den Worten »ich bin halt kein Techniker« resignierend nieder.

Das Angebot an Freizeitgestaltung für den jungen Menschen war also im Vergleich zur heutigen Zeit limitiert, was lag daher näher, als geistige Interessen zu intensivieren und sich – bei der Politisierung des Alltagslebens – frühzeitig einer politischen Gruppe anzuschließen. Wir fanden es völlig normal, daß man spätestens im Alter von fünfzehn politisch engagiert war, ob für die Sozialdemokraten oder die Nazis. Oder innerhalb des Oberbegriffes »Schwarze«, für die Heimatschützer, Sturmschärler und Freiheitsbündler; alle zusammen im politischen Jargon der dreißiger Jahre auch die »Vaterländischen« genannt, die sich freilich voneinander unterschieden und einander bekämpften: Der Heimatschutz war die stärkste und militanteste dieser Organisationen, mit einer deutlichen Anlehnung an den Faschismus italienischer Prägung, die »Ostmärkischen Sturmscharen« waren eine Art Konkurrenzorganisation des autoritären Flügels der Christlichsozialen, der Freiheitsbund dagegen eine uniformierte Organisation der christlichen Gewerkschaften mit deutlicher Ablehnung des Faschismus. Es gab noch andere Gruppen, etwa die Kommunisten, die allerdings in Österreich nie von Bedeutung waren, oder aber die zahlenmäßig starken Zionisten.

In Wien gab es damals zweihunderttausend Juden, die nahezu ausnahmslos dem intellektuellen, geistig aktiven und politisch und wirtschaftlich interessiertesten Teil der Bevölkerung zugerechnet werden konnten. Die Wiener Juden waren in zwei, einander auf das heftigste bekämpfende, Richtungen gespalten: in die Zionisten und in jene, die sich assimilieren wollten. Letztere waren zwar zum Teil gläubige orthodoxe Juden, zum Teil katholisch oder auch protestantisch, manche waren liberale Agnostiker, aber ihnen allen war der Assimilationsgedanke gemeinsam, das heißt, sie wollten bewußt nichts anderes sein als Österreicher – oder Deutsche. Ihre Auseinandersetzung mit den Zionisten gehörte durch nahezu zwei Generationen zu den Aspekten der politischen und geistigen Wiener Szene.

Ich hatte einige jüdische Mitschüler, zwei davon waren Zionisten, sie sind mit ihren Eltern im Jahre 1938 sofort nach Palästina ausgewandert. Zwei weitere gehörten Familien an, die längst assimiliert und seit Generationen in Wien ansässig waren, und denen der Gedanke, als Bauern verkleidet in den Wüsten Palästinas zu vegetieren, lächerlich erschien. Die Väter meiner Schulkollegen waren Frontoffiziere im ersten Weltkrieg gewesen, einer war sogar gefallen. Diese Familien konnten sich auch später nach dem Anschluß nicht entschließen, wegzugehen, sie sind allesamt in Auschwitz oder Theresienstadt umgekommen. Einer meiner Freunde konnte flüchten, erreichte Italien und wurde im letzten Moment von den Amerikanern befreit und hat es überstanden. Er lebt heute in Amerika. Auch den hübschen Hegner-Töchtern aus dem eleganten Schlesinger-Haus ist der Absprung zur rechten Zeit geglückt, sie sind beide heute in Südamerika verheiratet.

Aber vielen, die in Österreich zu tief Wurzeln geschlagen hatten, wurde ihre Vertrauensseligkeit zum Verhängnis. Während die Zionisten bereits in den frühen dreißiger Jahren anfingen, Österreich nur noch als Durchreisestation zu betrachten, wußten viele Assimilierte nicht einmal mehr, daß sie von Juden abstammten. Es war bis zum Jahre 1938 so völlig ohne Bedeutung gewesen.

Auch mein Bruder Otto und ich erfuhren erst bei der Erstellung des im Dritten Reich verlangten Ariernachweises, daß wir unter unseren Vorfahren auch Juden hatten. Der Urgroßvater Wilhelm Molden aus Bielitz war Pelzhändler gewesen. Jeden Winter fuhr er mit dem Pferdeschlitten von

Bielitz nach St. Petersburg auf den Pelzmarkt. Seinem Sohn Berthold, meinem Großvater, hatte er zur Matura einen wunderschönen Biberpelz geschenkt, den noch mein Vater trug, und der trotz seines biblischen Alters von über hundert Jahren in kalten Wintern ehrfürchtig von mir getragen wird. Solche Geschichten wußten wir wohl vom Urgroßvater Molden, aber daß er, obzwar getauft, seiner Abstammung nach Jude war, wußten wir nicht. Papa hat es sicher gewußt, aber es hat ihn nicht beschäftigt. Kennt man die Welt, in der Ernst Molden lebte, dann wird man verstehen, daß es erst einem Hitler gelang, meinen Vater mit Rassenfragen zu befassen.

Kurz nach dem Ersten Weltkrieg war Papa in die Redaktion der ›Neuen Freien Presse‹ eingetreten. Er hatte ursprünglich Geschichte studiert und war nach Erlangung seines Doktorats im Institut für österreichische Geschichtsforschung tätig gewesen. Sein Lehrmeister war damals der große Historiker Friedjung, dem er seine frühe Liebe zu Metternich verdankte, und dem er auch seine ersten Publikationen gewidmet hat. 1912 berief man ihn an das Eötvös-Kollegium an der Budapester Universität, wo er bis zum Ausbruch des Ersten Weltkrieges als Dozent für Geschichte wirkte. Zu diesem Zeitpunkt wurde sein Vater Berthold Molden zum leitenden Hofrat der Presseabteilung im Ministerium des Äußeren berufen. Als solcher zählte er übrigens zu den ersten »Kriegsverbrechern«.

Berthold Molden gehörte nämlich einem Kreis an, der von Erzherzog Franz Ferdinand zur Beratung herangezogen wurde. Franz Ferdinand, der Thronfolger Österreich-Ungarns, der mit seiner Frau am 28. Juni 1914 in Sarajewo ermordet wurde, hatte im Wiener Schloß Belvedere eine Art Schattenregierung eingerichtet. Es gibt noch ein altes Dokument, das Großvater Berthold am 7. Juli 1914 dem österreichischen Außenminister Graf Berchthold überreichte, und das die Basis für das österreichische Ultimatum an Serbien darstellte. Auch ein Beitrag zum Ersten Weltkrieg. Der Großvater hatte während der Kriegsjahre Anteil an der publizistischen und bis zu einem gewissen Grad wohl auch der politischen Entwicklung am Ballhausplatz. So wurde er als »Kriegsverbrecher« von den siegreichen Alliierten propagandistisch attackiert.

Papa rückte zum Wiener Traditionsregiment, dem k. u. k.

Infanterieregiment Nr. 4, Hoch- und Deutschmeister, ein. Er kam zur Ausbildung nach Kiralyhida, bei Bruck an der Leitha, damals zu Transleithanien, also zu Ungarn, gehörig. Kurzfristig wurde er in das Universitätslazarett nach Wien abgestellt, wo er übrigens meine Mutter kennenlernte, die als freiwillige Krankenschwester tätig war. Im Frühjahr 1915 sollte Papa mit einem Ersatzbataillon seines Regiments an die Front nach Galizien. Zum selben Zeitpunkt fiel sein jüngerer Bruder Richard, Student der Rechte und Kadett der kaiserlichen Armee, bei einer der großen russischen Offensiven, die von den Österreichern unter schwersten Verlusten an den Karpatenpässen aufgehalten wurden.

Im südöstlichen Teil des Wiener Zentralfriedhofes befindet sich der Kriegerfriedhof der Gefallenen der alten Armee. Unter den Tausenden namenlosen Gräbern sind nur wenige bezeichnet. Auf einem verkündet ein kleines Marmortäfelchen, daß hier Richard Molden, Student und Kadett, gefallen 1915 im einundzwanzigsten Lebensjahr, begraben liegt. Papa mußte nach dem Tode seines Bruders nicht an die Front.

Es gab damals ein Gesetz, wonach der letzte überlebende Sohn einer Familie nicht an der Front Dienst tun mußte. Papa wurde kurz darauf ins Außenministerium berufen und 1916 als Attaché der österreichischen Botschaft in Kopenhagen zugeteilt. Von dort aus nahm er an den Verhandlungen, die den Frieden von Brest-Litowsk zwischen Rußland und den Mittelmächten vorbereiteten, teil. Ehe er nach Kopenhagen übersiedelte, hat er meine Mutter, Paula von Preradović, geheiratet. In Kopenhagen wurde im März 1918 auch mein Bruder Otto geboren.

Papa wurde bei Kriegsende nach Den Haag in das neutrale Holland versetzt, dann vom damaligen Staatssekretär für Äußeres Otto Bauer nach Wien berufen, um als Mitglied der österreichischen Delegation an den Friedensverhandlungen von Saint Germain teilzunehmen. Es kam zu Meinungsverschiedenheiten mit Otto Bauer. Papa schied aus dem Dienst des Auswärtigen Amtes aus. Es hat offenbar die Moldens nie lange im Außenministerium gehalten; 25 Jahre später verließ auch ich nach kurzer Dienstzeit im Außenministerium den Ballhausplatz. Man bot Papa eine Professur für neue europäische Geschichte an der Universität in Peking an. Er hätte gern angenommen, aber nicht nur der Erste Weltkrieg war verloren, sondern mit ihm auch das Vermögen der Familie.

Sowohl Berthold Molden, Hofrat und Journalist, als auch Dušan Preradović, der Vater meiner Mutter, kaiserlicher Marineoffizier und Forscher, hatten 1914 ihre gesamten Ersparnisse in Kriegsanleihen angelegt und nun alles verloren.

Niemand hatte Geld, zwei Familien mußten ernährt werden. Der als Kriegsverbrecher angegriffene Berthold Molden konnte erst ein Jahr später wieder als Leitartikler bei der ›Volkszeitung‹ in Wien Fuß fassen. Papa konnte den Ruf nach Peking nicht annehmen, so hart es ihn traf. Sein Traum, als Wissenschaftler in die Welt zu ziehen, war rasch ausgeträumt, und zeit seines Lebens erfüllte ihn leise Wehmut, wenn von China die Rede war.

In diesem Augenblick erschien Moriz Benedikt auf der Szene. Der legendäre Moriz Benedikt, brillanter Selfmademan, dessen Familie irgendwoher aus Mähren oder Galizien nach Wien eingewandert war, und der zusammen mit seinem Kollegen Bacher seit den neunziger Jahren als ungekrönter Herrscher die öffentliche Meinung Österreich-Ungarns kontrollierte. Der Name Moriz Benedikt war gleichbedeutend mit der ›Neuen Freien Presse‹.

Die ›Neue Freie Presse‹ gründete ihre Existenz auf den Diebstahl der Abonnentenlisten der alten ›Presse‹, jenem Kind der Revolution von 1848, das unter dem Motto »gleiches Recht für alle« auf dem besten Wege war, einen gewaltigen Marktanteil zu gewinnen. Zwanzig Jahre lang lagen sich Bestohlene und Diebsgesellen in den Haaren, bis schließlich Mitte der achtziger Jahre der Gründer der alten ›Presse‹, der Großunternehmer, Bankdirektor, Gemeinderat und Zeitungsherausgeber Zang starb und die Streitenden fusioniert wurden.

Die ›Neue Freie Presse‹ war in den neunziger Jahren des 19. Jahrhunderts und in der ersten Dekade des 20. Jahrhunderts nicht nur die wichtigste Zeitung Österreichs, sie war eine der bedeutendsten Zeitungen der Welt. Ganz egal, ob es um den russisch-japanischen Krieg ging oder um ein Treffen des französischen Präsidenten mit dem Zaren in der Bucht von St. Petersburg, die Korrespondenten der ›Neuen Freien Presse‹ waren im eigenen Pullmanwaggon der Transsibirischen Eisenbahn oder in der eigenen Yacht im Finnischen Meerbusen mit dabei und berichteten nach Wien. Es ging die Sage, und sie scheint gestimmt zu haben, daß ein Ministerpräsident zuerst seine Ernennung von Seiner Majestät dem

Kaiser in Schönbrunn entgegenzunehmen hatte, um sich anschließend in der Fichtegasse im ersten Wiener Bezirk dem Chefredakteur der ›Neuen Freien Presse‹ vorzustellen.

An Moriz Benedikt sind viele gescheitert, von Ministerpräsidenten bis zu Redakteuren. Einer der letzteren war Theodor Herzl, dessen Konflikt mit Benedikt Amos Elon in seinem Buch ›Morgen in Jerusalem‹ hervorragend dargestellt hat. Das Schicksal Herzls, des Gründers des Judenstaates, kann gar nicht erzählt werden, ohne die ›Neue Freie Presse‹ einzubeziehen.

Benedikt also hatte von Papa gehört. Er lud ihn zu einem Gespräch ein und bot ihm eine Position in der Zeitung an, zunächst als Leitartikler. Papa brachte einen neuen Geist in die ›Neue Freie Presse‹, der dort bisher nicht sehr stark vertreten gewesen war, nämlich den patriotisch-österreichischen, ohne die Vorbehalte einer großbürgerlichen, jüdisch-liberalen Welt. Die Moldens waren keine Großbürger, aber sie waren schon immer fanatische Österreicher gewesen. Großvater Berthold war durch Zufall Augenzeuge der Schlacht bei Königgrätz geworden. Seine Eltern hatten ihn 1866 aus dem gefährdet erscheinenden Bielitz zu Anfang des Krieges zwischen Preußen und Österreich – Berthold war damals noch nicht 16 Jahre alt – zu Freunden in das scheinbar völlig sichere, im Hinterland befindliche Königgrätz abgeschoben. Dort sah er dann vom Dach einer Scheune das Geschehen der Schlacht und die österreichische Niederlage. Dieses Ereignis muß sehr früh in ihm eine große Liebesfähigkeit für sein Land erweckt haben. Die bedingungslose Treue zu Österreich wußte er seinem Sohn weiterzugeben.

Papa entbehrte jenen spritzigen intellektuellen Sinn, der die Redakteure der ›Neuen Freien Presse‹ auszeichnete. Er kam aus der Welt der lang Nachdenkenden, aus der Welt jener, in deren stillem Lager Österreich war. So hat er es anfangs sicher nicht leicht gehabt in dieser schwierigen, brillanten Redaktion. Aber schon Ende der zwanziger Jahre, als Moriz Benedikt gestorben war und dessen Sohn Ernst Benedikt die ›Neue Freie Presse‹ übernommen hatte, war sein Einfluß so gewachsen, daß er als stellvertretender Chefredakteur de facto die Redaktion leitete.

Ernst Benedikt selbst wollte eigentlich nie Journalist werden, er war Biologe, Botaniker, Musiker, ein Allroundgenie, aber Journalist und Zeitungsherausgeber war er nur mit halbem Herzen. Sein Vater hatte ihn mit Brachialgewalt gezwungen, in die Zeitung einzutreten. Als er schließlich anfangs der dreißiger Jahre genötigt war, die Anteile an der ›Neuen Freien Presse‹ zu verkaufen, und als ihr Herausgeber zurücktreten mußte, hat ihn dies keineswegs gebrochen. Ernst Benedikts Nachfolger als Herausgeber war Dr. Stephan von Müller, der beim Einmarsch der Nazis im Jahre 1938 Selbstmord beging. Von 1930 bis 1938 leitete Papa die Redaktion. Es war eine wichtige Zeit in seinem Leben, die ›Neue Freie Presse‹ war immer noch – obwohl wirtschaftlich bereits gefährdet – die erste politische Stimme des Landes, und er konnte mit seinen Leitartikeln und Kommentaren das Geschehen beeinflussen.

Die Gefahr, in der Österreich schwebte, war ihm seit 1933 klar; gerade ihm, der wie so viele andere österreichische Patrioten Großdeutscher gewesen war, und der im österreichisch-deutschen Volksbund ein geeignetes Mittel gesehen hatte, mit gleichgesinnten Freunden aus dem Reich eine gemeinsame lebensfähige Basis für das deutsche Mitteleuropa zu schaffen. Mit der Machtergreifung Hitlers war dieser Traum zu Ende, der österreichisch-deutsche Volksbund löste sich auf und Papa wurde zu einem Fanatiker des österreichischen Überlebens. Seine Vorträge, ›Ein Monat Weltgeschehen‹, die er allmonatlich in der »Ravag«, dem damaligen österreichischen Rundfunkinstitut, hielt, gehörten nach der Gleichschaltung der deutschen Presse und des deutschen Rundfunks auch draußen im Reich zu den meistgehörten Sendungen. Kein Wunder, daß Papa auf der schwarzen Liste der Nazis stand.

Wir Buben erlebten die letzten Jahre vor dem Anschluß wahrscheinlich ähnlich wie russische heranwachsende Kinder die letzten Jahre vor der großen Revolution von 1917 erlebt hatten, nämlich unbefangen, die Zeichen an der Wand noch nicht erkennend. Wir hatten die bürgerkriegsähnlichen Zustände in unserer Umgebung zur Kenntnis genommen, wir hörten Schüsse, sahen Telephonzellen in die Luft fliegen; es wurden Attentate verübt, Eisenbahnanlagen gesprengt, der Druck vom Norden her, der Druck des großen Deutschland auf das kleine Österreich wuchs. Wir wischten diese Eindrücke ab, wie man sich nach dem Regen abtrocknet, und gingen zur Tagesordnung über. Eigentlich empfanden wir es als normal, weil wir nichts anderes kannten.

Das Leben zu Hause war immer noch das einer bürgerlichen, intellektuell interessierten österreichischen Familie; ähnlich hätte es sich wahrscheinlich 1910 abgespielt. Wir hatten eine Köchin und ein Stubenmädchen; solange wir ganz klein waren, auch ein Kindermädchen. Wir wohnten in großen, hohen Räumen, wie sie heute nicht mehr gebaut werden, weil man es als Platzverschwendung ansehen würde. Wir fuhren mit Sack und Pack für zwei Monate in die Sommerfrische. Aber wir besaßen kein Auto. Papa hatte ein Dienstauto zur Verfügung, das ihn vormittags abholte, mittags wieder nach Hause brachte und nachmittags ins Büro führte. In der Nacht kam er mit dem Nachtautobus nach Hause. Das Dienstauto wurde nie, solange ich mich erinnern kann, für private Zwecke benützt. Papa hätte das erstens unvertretbar gefunden, zweitens kam er gar nicht auf die Idee. Wenn es notwendig war, benützte man ein Taxi und normalerweise ausschließlich die Straßenbahn und den Nachtautobus, für weitere Strecken die Eisenbahn oder das Schiff. Mit einem Flugzeug ist mein Vater zum erstenmal im Zweiten Weltkrieg geflogen und erst nach dessen Ende hat er sich ein eigenes Auto angeschafft.

Unser Lebensstil war nicht gerade das, was man mit dem Worte behaglich bezeichnen würde. Der Tagesablauf war auf den Herrn des Hauses ausgerichtet. Mittags kam Papa spät zum Essen, das ergab sich aus der Erscheinungsweise der ›Neuen Freien Presse‹. Das Abendblatt erschien um etwa zwei Uhr nachmittags, Papa kam erst um halb drei nach Hause, dann aß die Familie zu Mittag. Um fünf Uhr trank er noch mit Mama Tee, da waren wir Kinder nicht dabei. Um sechs Uhr war er wieder in der Redaktion und blieb dort bis Mitternacht. Normalerweise war er an Wochentagen nie vor ein Uhr nachts zu Hause. Es gab allerdings den berühmten und geliebten freien Abend, gewöhnlich Dienstag oder Mittwoch; und Sonntag abends gehörte Papa nur seiner Familie, denn Montag früh erschien keine Zeitung.

Auch Mamas Arbeitstag unterlag einer festen Routine, aber sie schrieb ausschließlich zu Hause, sie war also für uns Buben immer erreichbar. Es gab natürlich Stunden, in denen sie nicht gestört werden durfte; nie jedoch hatten wir das Gefühl, daß ihre Zeit knapp, ihr Tagesprogramm zu gedrängt für eine kleine Geschichte, oder ihre Verpflichtungen zu groß wären, um nicht am Abend noch das Hasi-Mandili zu erzählen. Mama, die mit ihrem Mann so außerordentlich glücklich war und ihn so gut ergänzte, schenkte uns Buben die leichte, heitere Welt, die andere Hälfte des Universums Elternhaus.

Sie fühlte sich im Mittelmeerraum zu Hause; Dalmatiens Inseln, die istrianische Küste, die Seeleute und das Meer, die elegante Gesellschaft Venetiens, das war ihre Heimat.

Die einst große und mächtige Republik Venedig war schon 1797 zusammengebrochen: Napoleon hatte sie mit einem Federstrich von der Landkarte gewischt. Nach dem Wiener Kongreß kamen Venedig und die sogenannte »terra ferma« zu Österreich; der Besitz der Republik von San Marco auf dem Festland, das war Venetien: das Land zwischen den Flüssen, die von den Alpen hinunter, durch die Ebene zur oberen Adria fließen; das Land am Isonzo, an der Piave, am Tagliamento und an der Livenza; kleine fröhliche Städtchen, geruhsames Leben. Erst 1915–1918 bekamen diese Namen ihren schrecklichen Klang, als zwischen diesen Flüssen innerhalb von drei Jahren die größte und schrecklichste Serie von Schlachten tobte, die der Erste Weltkrieg gesehen hatte, die zwölf Isonzo-Schlachten.

Aus dem gottgesegneten und fruchtbaren Landstrich zwischen den Alpen und der Adria stammt die Familie de Ponte, die verwandtschaftliche Beziehungen hinüber in die Lombardei, nach Bergamo und nach Mailand besaß; eine Familie, die seit Jahrhunderten Ärzte, Advokaten und Kaufleute gestellt hatte. Das reizende Mädchen Pave de Ponte verliebte sich während eines Aufenthaltes im Sommerhaus der Familie auf der Insel Lukoran Hals über Kopf in den jungen kaiserlichen Offizier Petar von Preradović. Petar war der Sohn einer Grenzerfamilie, aus einem jener Geschlechter, die durch Generationen die alte kaiserliche Militärgrenze, die sich quer durch Kroatien, Slavonien und das westliche Serbien bis hinüber zur Donau nach Siebenbürgen zog, bewacht hatten; eine Geschlechterfolge von Wehrbauern, Soldaten, Offizieren und wiederum Wehrbauern. Aus dieser jahrhundertealten Tradition einer harten, der Erde, dem Tod und der kaiserlichen Armee verbundenen Welt kam Petar Preradović. Seine Eltern waren früh gestorben, und er wurde in einer Kadettenschule und nachher in der alten Maria-Theresianischen Militärakademie in Wiener Neustadt ausgebildet. Als junger Mann und heranwachsender Offizier hatte er die kroatische Sprache fast vergessen. Aber in seiner ersten Garnison irgendwo bei Gospić und Karlovac entdeckte er seine Muttersprache aufs neue und lernte sie lieben. Innerhalb weniger Jahre wurde er zum prominentesten Dichter der illyrischen Bewegung und wird heute noch als kroatischer Nationaldichter gefeiert. In jeder Stadt Kroatiens gibt es eine Preradovićstraße, und in Zagreb, der Hauptstadt, steht sein Denkmal. Dieses Preradović-Denkmal lernte ich als Zehnjähriger an der Hand meiner Mutter kennen, als Zagreb noch Agram genannt wurde; ehrfürchtig sah ich zu dem bronzenen alten Herrn auf, der im Uniformrock der alten österreichischen Armee, mit dem hohen Offizierskragen, barhaupt auf dem Agramer Blumenmarkt stand.

Jahre später, es war anno 1951, als ich das erste Mal nach dem Kriege wieder nach Kroatien kam, besuchte ich Agram, spazierte durch die alte Stadt und machte dem Urgroßvater auf seinem Marktplatz eine Visite. Zu meinem Schrecken mußte ich feststellen, daß die politischen Umstürze auch an Kroatiens Nationaldichter nicht spurlos vorübergegangen waren: man hatte des armen Urgroßpapas hohen Kragen mit den Generalssternen der kaiserlichen Armee demontiert. Geblieben war der elegante, schmale Rock, der schöne Kopf, und dazwischen ragte ein dünnes Eisenstäbchen hervor, um welches sich früher der Kragen gewölbt hatte. Petar von Preradović sah recht kläglich aus mit seinem gerupften Geierhälschen.

Ich war damals unterwegs nach Belgrad, um Marschall Tito zu interviewen. Tito, damals gerade auf dem Höhepunkt seiner Macht angelangt, empfing mich eines Nachmittags in seinem Amtssitz. Zunächst wurde die Konversation über einen Dolmetsch abgewickelt, plötzlich aber wurde der Marschall leutselig und begann sich mit mir in jenem alten k. u. k. Armeedeutsch zu unterhalten, das vom General bis zum letzten Soldaten in der alten österreichischen Armee gesprochen wurde; einer Armee, deren zwölf verschiedene Nationalitäten sich auf die Kommandosprache Deutsch einigen mußten und dieses Deutsch kräftigen Variationen unterworfen hatten, so daß es mit der Sprache Goethes, Schillers und Grillparzers nicht mehr viel gemeinsam hatte.

Tito fragte mich nach Wien und Wiener Neustadt, wo er gedient hatte, zeigte proösterreichische Sentiments und gab der Hoffnung Ausdruck, die Beziehungen zwischen Österreich und Jugoslawien würden sich bald besser gestalten. Als meine Audienz dem Ende zuging, fragte er mich plötzlich, ob ich nicht ein Urenkel des Petar Preradović sei. Ich bejahte und er meinte: »Sie sind ja fast ein Landsmann, kann ich etwas für Sie tun, haben Sie irgendeinen Wunsch?« Ich dachte kurz nach, dann fiel mir plötzlich der kragenlose Urgroßpapa ein. Ich erzählte Tito vom kläglichen Zustand des Petar Preradović auf dem Agramer Platz, worauf Tito schallend lachte, einige Verse aus Petar Preradović' berühmtesten Gedicht ›Putnik‹ (zu deutsch ›Der Reisende‹) zitierte und sagte: »Ich werde die Sache in Ordnung bringen, verlassen Sie sich auf mich.«

Ich bedankte mich und ging. Auf dem Rückweg in Agram erzählte ich Freunden und Verwandten von meiner Unterhaltung mit Tito. Sie alle meinten, ich solle mich keinen Illusionen hingeben, nichts würde sich ändern, der Haß des neuen jugoslawischen Regimes auf das alte Österreich sei so unüberwindlich, daß er auch vor einem Standbild nicht haltmache.

Doch einige Monate nach meiner Rückkehr erschien Cousine Neda in Wien. Das erste, was sie mir berichtete, betraf das Agramer Denkmal: »Dein Urgroßpapa hat seinen Kragen wieder.« Tito hatte also meinen Wunsch erfüllt – daß die Generalssterne nicht wieder angebracht wurden, würde sicher auch der General Preradović als legitime Konzession an die neue sozialistische Gesellschaft betrachten.

Zurück zu Pave de Ponte und ihrem Pero, den sie trotz der Schwierigkeiten, die einem kaiserlichen Offizier in jener Zeit bei seiner Eheschließung gemacht wurden, heiraten durfte. Die Klippe der Kaution für die Heiratserlaubnis wußte Pero zu umschiffen. Er war arm wie eine Kirchenmaus, in seinem Besitz befand sich nichts, außer seinen Gedichten. Aber mit Hilfe einiger einflußreicher Freunde im Kriegsministerium standen Pave und Pero schließlich vor dem Traualtar.

Sie hatten drei Kinder, von denen mein Großvater Dušan und seine Schwester Milica überlebten. Dušan wuchs in den Garnisonen seines Vaters auf und meldete sich früh zur Marine-Kadettenschule in Pola. Er folgte damit einer alten halbvergessenen Familientradition. Im siebzehnten und achtzehnten Jahrhundert hatten Seeräuber aus dem südslawischen Stamme der Uskoken die nördliche Adria von Senji aus unsicher gemacht. Ein Preradović-Vorfahr, dem das

Grenzerleben in den Bergen der Lika nicht mehr behagte, soll sich vom berühmten Räuberturm von Ljubać aus als Piratenhauptmann bei der Jagd auf reiche Venetianerfracht besonders hervorgetan haben. Auf jeden Fall wurde er schließlich gefangen und in die berüchtigten Bleikammern des Dogenpalastes von Venedig gebracht. Laut Onkel Ivo wurde dieser abenteuerlustige Urahne schließlich auf dem Markusplatz enthauptet, während Mama dieses blutige Ende in das Reich der Fabel verwies. In Wahrheit, meinte sie, sei der Familien-Seeräuber zu guter Letzt auf Intervention des fernen Kaisers in Wien von den Venetianern begnadigt und zu den grünen Hängen seiner likanischen Heimat zurückgeschickt worden. – Dušan wollte also Marineoffizier werden und wurde es auch mit ganzem Herzen. Für einen Mann seiner Zeit war er weitgereist, als Marineur besuchte er Brasilien, Ostasien und erlebte unzählige Abenteuer, die nicht bloß in mündlicher Überlieferung in der Familie erhalten blieben. Zumindest eines seiner Erlebnisse steht auch heute noch greifbar in Form eines hölzernen Sessels in der Osterleitengasse:

In den späten achtziger Jahren des vorigen Jahrhunderts war Großpapa Dušan als Kommandant eines Kriegsschiffes im Rahmen einer Südamerikareise auch in einen brasilianischen Hafen eingelaufen. Der damalige Kaiser von Brasilien, Dom Pedro, stattete dem Schiff einen Besuch ab. Der Ankunft des hohen Gastes auf dem Linienschiff »Kronprinz Rudolf« gingen hektische Vorbereitungen voraus, in letzter Minute entdeckte man, daß es keine eines Kaisers würdige Sitzgelegenheit gab. In der Not nahm man einen sportlichnüchternen Sessel aus Großpapas Kajüte, eine Art Deckstuhl, und verlieh demselben mit Hilfe eines attraktiven Teppichs imperiales Gepränge. Der Kaiser erschien, besichtigte das Schiff, schien sehr beeindruckt und verteilte huldvoll Orden – nicht zuletzt an den Kommandanten. Sodann wurde ihm eine Erfrischung angeboten, er nahm leutselig auf dem für ihn präparierten Pseudothronsessel Platz – und schon krachte dieser samt seiner erhabenen Last zusammen. Dem fülligen Monarchen wurde auf die Beine geholfen, er war keineswegs böse, sondern trug die Angelegenheit mit Humor. Seit jener Zeit hält die Familie den »Dom-Pedro-Sessel« in hohen Ehren.

Dušan Preradović hatte später in seiner Karriere großes

Pech. Im Jahre 1906 war er nahe daran, in das Flottenkommando nach Wien berufen zu werden, vielleicht wäre er später sogar Flottenkommandant geworden. Als er jedoch mit seinem Schiff von einer großen Auslandsreise, die bis nach China geführt hatte, heimkehrend den Kriegshafen Pola anlaufen wollte, geriet SMS »Maria Theresia« in der Nacht vor der Ankunft in der Nähe der Insel Krk auf ein Riff.

Am Tag vorher hatte Großpapa den großen k. u. k. Kriegshafen in der Bocche di Cattaro angelaufen; die »Bocche« liegt am südlichsten Ende des österreichischen Küstengebietes Dalmatien – heute heißt Cattaro Kotor und gehört zum jugoslawischen Bundesstaat Montenegro. Er hatte mit seinen Kameraden von der Marinestation Wiedersehen gefeiert und war nach wenigen Stunden Aufenthalt in Richtung Pola weitergefahren. Den ganzen Tag stand er auf der Kommandobrücke des damals einzigen Panzerkreuzers der k. u. k. Kriegsmarine; erst spät abends übergab er – es war klares, schönes Wetter – seinem ersten Offizier das Kommando, um sich vor den bevorstehenden Begrüßungsfeierlichkeiten in Pola etwas auszuruhen.

Eine Stunde später unterlief dem Steuermann ein für Dušan Preradović schicksalhafter Fehler, das Schiff lief auf das Riff – und Großpapas Karriere war beendet. Der Tradition der alten Monarchie gehorchend, derzufolge die Verantwortung im öffentlichen Dienst selbstverständlich in erster und letzter Linie von den Männern an der Spitze getragen wurde, hatte der Kommandant eines gescheiterten Schiffes aus dem aktiven Dienst auszuscheiden. Die Schuldfrage war bedeutungslos; der Offizier, der an Deck gewesen war, als das Unglück passierte, wurde nicht zur Rechenschaft gezogen, aber Großpapa sah sich völlig unerwartet und verzweifelt am Ende einer Laufbahn, von der er noch so viel zu erwarten gehabt hätte.

Da geschah ein kleines österreichisches Wunder. Das Marinekommando und der Erzherzog-Thronfolger Franz Ferdinand, der den Großpapa sehr schätzte, nahmen sich seines Falles an: Dušan wurde zum Leiter der Meteorologischen Anstalt der k. u. k. Kriegsmarine in Pola ernannt. Das war zwar ein Zivilposten, aber de facto ermöglichte er – wenn auch an der Peripherie der Seefahrt – die Fortsetzung seines bisherigen Lebens.

Dušan Preradović profitierte schließlich indirekt durch

den Ausbruch des Ersten Weltkrieges. Noch in der Nacht der Kriegserklärung an Serbien wurde er reaktiviert. Wer einmal pensionierte Marineure wehmütig an einem Molo stehen gesehen hat, wo sie sehnsüchtig den auslaufenden Schiffen nachblicken, der wird ermessen, was dieser Ruf zu den Waffen für den begeisterten Seemann bedeutete. Er wurde zunächst Linienschiffskapitän und erhielt später sogar ein wichtiges Kommando in Pola; knapp vor Kriegsende avancierte er schließlich auch noch zum Admiral. Diese späte berufliche Erfüllung muß für den liebenswerten, feinfühligen Großpapa von großer Bedeutung gewesen sein. Im Alltag war der stille Gelehrte – er hat sich intensiv mit Meeresforschung und Meteorologie befaßt – seiner robusten Gattin Helene nämlich nicht immer gewachsen.

Helene Falke-Lilienstein, Tochter des Johann Freiherrn von Falke-Lilienstein, Sektionschef im k. u. k. Ministerium des kaiserlichen Hauses und des Äußeren, war die Älteste von sieben Kindern und eine kräftige Natur. Energisch und sachlich packte sie das Leben an, wie ihre Vorfahren es getan hatten, die seit acht Generationen kaiserliche Beamte und Offiziere gewesen waren. Für die dichterische Ader, die von Petar Preradović auf Dušan gekommen war, hatte sie kein Verständnis. Ihre Aufgabe war es, die Familie fortzuführen, sie womöglich zu Wohlstand zu bringen und dafür zu sorgen, daß die Kinder anständig erzogen wurden. Den sentimentalen Schwärmereien ihrer Kinder stand sie verständnislos gegenüber.

Lasen etwa ihre Kinder aus eigenen Gedichten vor, so schlief sie ein. Klavierspielen, das ging noch allenfalls, das gehörte in guten Häusern zum guten Ton. Aber dichten, malen oder gar Theater spielen? All das hielt sie für überflüssig und lehnte derlei Firlefanz kategorisch ab. So hatte sie es recht schwer mit ihren Kindern: Paula schrieb Gedichte, Peter Theaterstücke und die Jüngste, Jela, spielte Theater.

Großmama Helene ist fast neunzig Jahre alt geworden, sie verbrachte die letzten Jahrzehnte ihres Lebens – das heißt ab 1919, seit ihr Mann gestorben war – in meinem Elternhaus. Sie war hart im Geben, aber auch hart im Nehmen. In den letzten Wochen des Krieges, als Papa und Mama im Gefängnis waren und Otto und ich im Untergrund, hat sie unser Haus in der Osterleitengasse allein verwaltet, hat Marodeure und Plünderer in die Flucht geschlagen. Selbst als das halbe

Haus durch einen Bombentreffer zerstört worden war, blieb Großmama gelassen und sogar in bester Stimmung.

Großmama hatte zwei Brüder, Hans und Lajos, beides elegante, feine alte Herren; der eine war noch k. u. k. Generalkonsul in Konstantinopel gewesen, der andere lebte als Richter in Graz und hat dort etliche Nachkommen hinterlassen. Dann gab es die fünf Schwestern der Großmama: Tante Gisela, eine liebe, sanfte Dame, die nur selten in den Gesichtskreis von uns Buben trat, war Klosterschwester bei den Englischen Fräulein in St. Pölten, wo meine Mutter ihre Pensionatszeit verbracht hatte. Zwei andere, Amalie und Rosa, hatten nicht geheiratet und lebten immer noch in der riesigen alten Wohnung der Familie Falke-Lilienstein im sogenannten »Habsburgerhof« in der Ungargasse im dritten Bezirk. Dort durften wir sie häufig besuchen.

Tante Amalie war groß und dick, muß aber in ihrer Jugend, lange vor dem Ersten Weltkrieg, eine *Beauté* gewesen sein. Von anderen ebenso schönen Standesgenossinnen ihrer Zeit unterschied sie sich einerseits dadurch, daß sie zweimal jährlich einen erfolgreichen Roman unter dem geheimnisvollen »nom de plume« einer »Baronesse Falke« publizierte und daß sie andererseits eine höchst unkonventionelle Beziehung zu einem ungarischen Magnaten, der es sogar zum Ministerpräsidenten brachte, unterhielt. Der transleithanische Feudalherr war der Tante Amalie sehr ergeben, wovon etliche kostbare Schmuckstücke zeugten, die den in späteren Jahren allzu üppigen Busen der lieben Tante schmückten.

Die andere, im »Habsburgerhof« domizilierende Schwester, Tante Rosa, war winzig klein und dünn. Sie besaß einen köstlichen Humor, obwohl sie bis zu ihrem Lebensende an der unerfüllten Leidenschaft litt, Schauspielerin zu werden; ein Berufsstand, den ihre Familie verabscheute und den zu ergreifen man der armen Rosa daher strengstens untersagte. Sie betreute statt dessen in rührender Weise ihre Mutter, die uralt geworden ist und der Mama in ihrem Gedicht ›Lied der Neunzigjährigen‹ ein Denkmal setzte.

Die jüngste Schwester der Großmama war die Tante Gabriele, heiß geliebt von uns allen, vom lieben Gott mit unendlichem Charme, Witz und einer starken Persönlichkeit bedacht; auch sie war klein und zartgliedrig; ihre behutsame Stärke und ihr weises Menschenverständnis machten sie durch Jahrzehnte zum Mittelpunkt unserer Familie. Tante

Gabriele hatte sehr früh geheiratet, einen jungen Mann aus guten Verhältnissen, der auf den urösterreichischen Namen Dr. Oskar Negedly Edler von Savenegg hörte. Das Schicksal des Onkels Oskar und die Geschichten, die man sich von ihm erzählt, hätte Herzmanovsky-Orlando erfunden haben können, wären sie nicht wirklich und wahrhaftig passiert.

Onkel Oskar war ein fescher, fröhlicher junger Mann und diente in der Starei – so nannte man, etwas spöttisch, die Regierungsbehörden der Kronländer, die dem k. k. Innenministerium unterstanden, nämlich die Statthaltereien.

Er wurde relativ früh Bezirkshauptmann von Prachatitz im Böhmerwalde, einem kleinen Städtchen am Ende einer Stichbahn. Er führte ein geruhsames und beschauliches Dasein, fuhr mit seiner lieben Frau Gabriele, Ele genannt, jeden Sommer auf einige Monate nach Traunkirchen, wo man in einer Villa ein Stockwerk zu mieten pflegte, ansonsten war er um die Belange seiner Bezirkshauptmannschaft und des Städtchens Prachatitz bemüht.

Eines Tages erreichte ihn eine aufwühlende und folgenschwere Nachricht: Seine Majestät der Kaiser würden im Anschluß an die in Südböhmen stattfindenden Herbstmanöver der k. u. k. Armee geruhen, der Stadt Prachatitz einen Besuch abzustatten. Onkel Oskar erschrak und teilte schon zu Mittag, als er vom Büro nach Hause kam, seiner lieben Gabriele mit: »Da kann nix Gutes dabei herausschaun, das gibt nur Schererein«, bemühte sich aber im übrigen mit dem Bürgermeister von Prachatitz um eine gebührende Vorbereitung des Empfanges Seiner Majestät des Kaisers und Königs.

Einige Wochen später war es soweit. Ganz Prachatitz erstrahlte in neuem Glanze, der Bahnhof war noch schnell ausgemalt worden, überall hingen Girlanden. Die Musik des Landwehrbataillons, dessen Kommando in Prachatitz lag, hatte tagelang die Kaiserhymne geübt, alle Honoratioren waren in neuen Uniformen oder Anzügen auf dem Bahnhof angetreten, an ihrer Spitze selbstverständlich der ranghöchste Beamte des Bezirkes, der Bezirkshauptmann Dr. Oskar Negedly Edler von Savenegg. Langsam rollte der Hofzug ein. Dem Salonwagen des Kaisers entstieg zuerst der Oberst-hofmeister Fürst Alfred Montenuovo, dann Seine Majestät; der Kaiser schritt zur angetretenen Reihe der Würdenträger, und Montenuovo stellte seinem kaiserlichen Herrn vor: »Der Bezirkshauptmann von Prachatitz, Dr. Oskar Negedly

Edler von Savenegg.« Onkel Oskar stand längst Habtacht.
Seine Majestät reichte ihm freundlich die Hand: »Sagen Sie,
lieber Negedly, kennen wir uns nicht?«

Onkel Oskar stand noch strammer und sprudelte hervor:
»Zu Befehl, Majestät, hatte 1878 bei der Okkupation von
Bosnien die Ehre, als Flügeladjutant des 2. Korps im Hoflager Eurer Majestät Dienst tun zu dürfen.« Kaiser Franz Joseph blickte auf, ein Schein des Erinnerns ging über sein
Gesicht: »Ja natürlich, lieber Negedly, das war's; ja, ja, lieber Freund, wir werden alt.« Onkel Oskar stand nochmals
Habtacht und rief dienstbeflissen: »Und blöd, Majestät.« –
Eine kurze Stille trat ein. Der Kaiser wandte sich dem nächsten der angetretenen Herren zu. Der Besuch nahm seinen
planmäßigen Ablauf und Seine Majestät verließen am Nachmittag mit dem Hofzug die Stadt Prachatitz.

Onkel Oskar war sich im klaren, daß dieser – bei seiner
Loyalität für den allerhöchsten Herrn selbstverständlich auf
sich selber bezogene – Ausspruch unter Umständen mißverstanden worden sein könnte. Das Abendessen im Hause des
Bezirkshauptmannes verlief gegen jede Gewohnheit unfriedlich. Tante Gabriele machte Onkel Oskar Vorwürfe, daß er
sich nicht besser vorbereitet hätte. Onkel Oskar meinte, er
sei hingerissen gewesen von der Liebenswürdigkeit seines
Obersten Kriegsherrn; natürlich habe er die Blödheit auf
sich selber bezogen, aber doch nicht auf Seine Majestät. Außerdem habe doch der Kaiser merken müssen, daß er, Negedly, gar nicht so blöd sei, daß es sich doch nur um einen
Scherz gehandelt habe. Tante Gabriele war dessen nicht so
sicher.

Es verging eine Woche, man begann, sich im Zuge der
üblichen Herbstjagden auf den verschiedenen Gutsbesitzungen im Bezirk Prachatitz wieder wohl zu fühlen und den
Staatsbesuch des Kaisers zu vergessen. Doch plötzlich traf
ein kaiserlicher Kurier in Prachatitz ein und lieferte beim
Bezirkshauptmann einen versiegelten Brief ab. Onkel Oskar
betrachtete den Brief mit Schreck und Mißtrauen, der Absender war das k. u. k. Obersthofmeisteramt.

In diesem kurzen Brief, gezeichnet vom Obersthofmeister
Fürst Montenuovo, stand zu lesen, daß Onkel Oskar sich
am kommenden Freitag um acht Uhr früh zur Audienz beim
Obersthofmeister in Schönbrunn einzufinden habe. Onkel
Oskar, pflichtbewußt, wie nun einmal kaiserliche Beamte

waren, packte sein Köfferchen, bestieg den beschleunigten Personenzug der Kleinbahnstrecke Prachatitz–Budweis, stieg dort in den Eilzug nach Wien um, nahm sich am Wiener Franz-Josephs-Bahnhof einen Einspänner und fuhr in das höheren Beamten aus den Kronländern im allgemeinen vorbehaltene »Hotel Wandl« am Petersplatz, ging in's »Meißl & Schadn« abendessen, traf dort einige Kollegen, darunter den jungen Grafen Ezdorf, den späteren letzten österreichischen Landespräsidenten der Bukowina und alten Freund der Familie, dem ich diese Geschichte verdanke, und ging dann schließlich, wie es sich gehörte, früh schlafen.

Am nächsten Morgen, pünktlich um sechs Uhr, ließ er sich wecken, wusch sich kalt, weil sich ja auch Seine Majestät stets kalt zu waschen pflegte und dies daher Maxime für hohe Beamte der Monarchie war, nahm sich diesmal einen »Unnumerierten«, einen als vornehm geltenden Zweispänner, und fuhr nach Schönbrunn hinaus, wo er zwei Minuten vor acht im Vorzimmer seiner Exzellenz des Obersthofmeisters Fürst Montenuovo eintraf. Dieser bat ihn kurz darauf in sein Büro, begrüßte ihn freundlich, ersuchte ihn, Platz zu nehmen und meinte:

»Weißt, lieber Negedly, da war doch diese kleine Geschichte draußen, der Zwischenfall in Prachatitz, vor vierzehn Tagen. Sag einmal, war doch ein bisserl unangebracht, deine Bemerkung, bisserl kompliziert, die Situation. Weißt, Seine Majestät haben darüber nachgedacht und haben gefunden, in dem Fall wäre es günstig, wenn einer von den betroffenen Herrn in Pension gehen würde. Und Majestät haben gefunden, bei dir ist's einfacher.«

Onkel Oskar verstand die Lage, erhob sich, erklärte, postwendend um seine Pensionierung ansuchen zu wollen, und verabschiedete sich.

Damit war die Karriere des Bezirkshauptmannes Negedly Edler von Savenegg beendet. Das Ehepaar kehrte nach Wien zurück. Tante Gabriele bewohnte bis zu ihrem Tod im Jahre 1961 – Onkel Oskar war schon früher verstorben – das wunderschöne Renaissancehaus in der Wiener Bäckerstraße. Onkel Oskar war für uns ein nie versiegender Quell altösterreichischer Geschichten, die er in unnachahmlichem Tonfall und ohne sich je zu wiederholen, zu erzählen wußte.

Onkel Oskar und Tante Gabriele gehörten zur Welt der Mama. In Pola hatte Mama die Marineschule besucht, die für

Angehörige der Kriegsmarine reserviert war, und kam dann nach St. Pölten zu den Englischen Fräulein. Damals begann Mama zu schreiben. Obwohl sie selber immer deutsch geschrieben hat und nie in der Sprache ihres Vaters, die sie sehr gut beherrschte, erschienen ihre ersten Gedichte 1912 in einer kroatischen Ausgabe. Schon ab dem Jahre 1908 wurden ihre Gedichte laufend in den verschiedensten Wiener Zeitungen publiziert, zum Teil in literarisch so anspruchsvollen Blättern wie etwa der ›Neuen Freien Presse‹ oder dem Münchner ›Simplicissimus‹. Nach Beendigung ihrer Schulzeit wurde Mama – wie das damals viele Mädchen aus guter Familie taten – im berühmten Wiener Rudolfinerhaus des großen Professors Billroth als Krankenschwester ausgebildet. Bei Kriegsbeginn meldete sie sich freiwillig als Rotkreuzschwester.

Papa lernte sie im Krieg kennen, und von diesem Augenblick an begann sich eine Welt zu formen, die nur diese beiden Menschen bauen konnten – auf Grund ihres inneren Reichtums, ihrer besonderen Geistigkeit, ihrer Zugehörigkeit zu ganz verschiedenen Gebieten des alten Kaiserreichs, des schon berstenden und doch noch glänzenden Sterns –, sie bauten das, was für uns die Welt der Osterleitengasse werden sollte. Es war eine sichere, heile Welt, doch stets offen für fremde Ideen, Eindrücke und Impulse. Die Eltern waren gesellige Menschen, wenn es auch Papas Beruf mit sich brachte, daß die Geselligkeit in Grenzen blieb.

Die Ausrichtung auf die Literatur und verwandte Gebiete in meinem Elternhaus schuf von selbst eine Auslese. Die Eltern und mit der Zeit auch wir Buben sahen hauptsächlich Schriftsteller, Journalisten, Schauspieler. Ina Seidel, Thomas Mann, Ernst Lothar, Stefan Zweig, Raoul Auernheimer und Josef Weinheber, Ernst Scheibelreiter und Egon Caesar Conte Corti, Paula Grogger und Felix Braun kamen und gingen; Max Reinhardt war Gast in unserem Hause; mit einigen der großen Schauspieler des Wiener Burgtheaters und der Josefstadt verband die Eltern eine herzliche Freundschaft, etwa mit Raoul Aslan, mit Maria Eis und mit Albin Skoda. Die deutsche Schriftstellerin Juliane von Stockhausen war eine der engsten Freundinnen von Mama, ebenso wie Mauricette St. Genois und Enrica Handel-Mazzetti.

Damals begannen die Eltern einen Kreis von jungen Leuten um sich zu sammeln, junge literarische Talente, die sich mit Mama beraten wollten, oder junge Publizisten, die Papa neben seinen alten Freunden Richard Charmatz oder Heinrich und Grete von Kralik gerne um sich sah. Zum erstenmal tauchten Leute wie Fernando Cles, Louis Barcata, Fritz Kessler, später auch Dr. Otto Schulmeister und Adam Wandruszka in meinem Gesichtskreis auf, um ihn viele Jahrzehnte nicht zu verlassen. Sie alle sollten nach 1945 beim Aufbau der ›Presse‹ mitwirken. Milan Dubrovic war in späteren Jahren so viel um meinen Vater, daß ich nicht mehr weiß, wann ich ihn das erste Mal seine witzigen Geschichten mit dem legendären »Blum, blum« einleiten hörte. Hans Mauthe, nach 1945 der Nestor des innenpolitischen Journalismus, war gleichfalls schon vor dem Krieg mit Papa befreundet.

Ab 1937 spielte die Politik in meinem Bubenleben eine zunehmende Rolle. Mein Bruder Otto war damals schon einer der Führer des »Freikorps«, einer »vaterländischen« Mittelschüler- und Studentenorganisation. Unmittelbar vor dem Anschluß wurde es dem »Sturmkorps« unterstellt, einer von Schuschnigg persönlich ins Leben gerufenen und von dessen Stabschef Alexander aufgestellten militanten Truppe zur Bekämpfung nationalsozialistischer Untergrund- und Terrorgruppen. Das führte dazu, daß Otto und seine Freunde fast täglich im Einsatz gegen irgendwelche Nazianschläge oder Nazidemonstrationen standen. Ich war für diese Art von kämpferischer Tätigkeit noch zu jung, in meiner Altersgruppe spielte sich die Auseinandersetzung mit dem Nationalsozialismus noch auf anderer Ebene ab.

Der Kampf um die Burgruine Hoheneck im Dunkelsteiner Wald, zu Pfingsten 1937 etwa, wurde für uns Buben zum Ventil für politische Gegensätze. Durch viele Jahre hindurch war die Ruine Hoheneck vom ›Neuland‹ für seine Fahrten und Veranstaltungen benutzt worden. Etwa im Jahre 1936 spaltete sich das ›Neuland‹ in einen nationalsozialistischen Flügel und in das von Fritz Hansen-Löwe geführte antinazistische Erste Regiment. Eine dritte, ebenfalls antinationalsozialistische Splittergruppe des Neulands schloß sich dem Freikorps an.

Als Mitglied des letzteren fuhr ich mit etwa 150 Buben unter dem Kommando von Fritz Neeb nach Hoheneck, wo wir das große Pfingsttreffen vorbereiten wollten. Das nazistische Korps der Neuländer hatte jedoch ebenfalls beschlossen, seine alten Rechte auf die Ruine wahrzunehmen. Auf dem Donaudampfer, der um zehn Uhr abends von Wien wegfuhr und in den frühen Morgenstunden in Aggsbach anlegte, und den die beiden feindlichen Armeen benützen mußten, um zu ihrem heißersehnten Ziel Hoheneck zu gelangen, kam es zu ersten, heftigen Zusammenstößen, die noch unblutig verliefen. In den nächsten Tagen jedoch tobte ein erbitterter Kampf um die Ruine. Es ist schließlich dem Freikorps gelungen, sie zu halten, aber etliche Angehörige beider Jugendgruppen verbrachten die letzten Tage des Pfingstfestes auf der Ambulanz des St. Pöltner Krankenhauses.

Dieses Ereignis bewegte die Gemüter wohl vor allem wegen des romantischen Schauplatzes etwas mehr, war aber für das politische Klima des Jahres 1937 keineswegs atypisch. »Schlachten« dieser Art waren an der Tagesordnung. Im Herbst 1937 wurde das Heim unseres Freikorpsfähnleins »Walter Flex«, das sich in der Panzergasse in Unter-Döbling befand, mindestens viermal von nazistischen Neulandgruppen oder Hitlerjugend überfallen. Wir blieben nicht ungerächt. Im selben Herbst haben wir unsererseits etwa ein halbes Dutzend Überfälle auf illegale, in einem leeren Schuppen des Wertheimsteinparkes stattfindende, HJ-Treffen verübt. In allen Fällen kam es zu prächtigen Schlägereien. Doch langsam begann es riskant zu werden, in der Uniform unserer Jugendgruppe am Abend allein nach Haus zu gehen.

Per saldo haben es alle Beteiligten mit heiler Haut überstanden, denn was waren wir im Grunde anderes, als harmlose junge Burschen. Die Halbwüchsigen, die sich damals in den Straßen Wiens prügelten, trugen sicher keine finsteren Pläne im Herzen, hüben wie drüben. Bösartig hingegen waren die Drahtzieher, die auf der Naziseite am Werke waren, das sollten wir bald alle deutlich zu spüren bekommen. Die friedliche Welt der Osterleitengasse 7 ging schlimmen Zeiten entgegen.

3. Kapitel
Ein gutes Nußjahr

Der Winter 1937/38 war eine aufregende und zunächst sehr fröhliche Zeit. Sogar bis an meine Bubenohren drang aus den Gesprächen der Erwachsenen die Meinung – und eigener Augenschein schien dies zu bestätigen –, daß die schwere Wirtschaftskrise langsam nachließ und die Arbeitslosigkeit zurückging. Man spürte auch einen neuen Auftrieb im Kunst- und Kulturleben, nicht zuletzt durch neue Impulse, die von aus Deutschland vertriebenen Künstlern ausgingen. Zu Hause gab es viele Einladungen; Otto war ja bereits auf der Universität: Es verkehrten viele junge Leute im Hause, seine ersten Flirts tauchten auf, und Mama beschloß, jetzt wäre die Zeit gekommen, um das gesellschaftliche Leben wiederum zu intensivieren. Ich wurde in die Tanzschule Elmayer geschickt, was mich eher mit Horror erfüllte, da ich ja von jugendbewegten Gedanken beseelt war und daher eigentlich nur in kurzen Hosen und mit Stutzen durch die Straßen eilen wollte, aber es war dann nicht so schrecklich; man gewöhnt sich bekanntlich an alles, sogar ans Tanzen. Otto war im Winter am Arlberg, machte eine Skilehrerprüfung und kehrte hochbeschwingt von den dort angetroffenen französischen und englischen Mädchen nach Wien zurück. Verbreitet war das Gefühl, das Ärgste liege hinter uns, ja man glaubte schon, Hitler beginne manierlich zu werden.

Dies änderte sich plötzlich im Februar 1938. Zur allgemeinen Verblüffung erfuhren wir, daß Schuschnigg zu Hitler auf den Obersalzberg gefahren war. Nach dem 15. Februar merkte man, daß dort offenbar entscheidende Absprachen stattgefunden hatten. Denn es gab eine Amnestie für alle NS-Vergehen, und Arthur Seyß-Inquart – ein Mann, der zum »nationalen Lager« gehörte – wurde Innenminister. An allen Ecken und Enden regten sich wieder die Nazis und traten auch öffentlich ungeniert auf. Hitler hielt eine Reichstagsrede, die – zum erstenmal – im österreichischen Radio zu hören war und in der von einem »deutschen Frieden« die Rede war. Vier Tage später antwortete Schuschnigg mit einer Rede im Parlament. Mir ist sie unvergeßlich, denn wir Jungen marschierten auf den Heldenplatz und den Ring, um sie zu hören: Unser Schlachtruf war »Rotweißrot bis zum Tod«. Erstaunlich war, daß in diesen Tagen Mitschüler aus bekannten sozialdemokratischen Familien plötzlich für die Sache Österreichs begeistert waren. Später erfuhr ich, daß Schuschnigg in dieser Richtung versucht hatte, die Türen zu öffnen. Man war sich im klaren darüber, daß es jetzt zu irgendeiner Entscheidung kommen müsse.

In der Schule lernten wir alle fast nichts mehr. Alles konzentrierte sich auf die entscheidenden Ereignisse, die sich zwischen Ballhausplatz und der Reichskanzlei in Berlin abspielen sollten. Auf den Straßen kam es zu erbitterten Auseinandersetzungen. Die Nazis veranstalteten offen Kundgebungen und die »Vaterländischen«, aber auch hie und da schon die »Roten«, demonstrierten dagegen.

Am 9. März verkündete Schuschnigg, daß vier Tage später, am 13. März, eine Volksabstimmung über die Zukunft Österreichs stattfinden solle; die Österreicher würden darüber abstimmen, ob sie ein unabhängiges, freies Österreich wollten oder nicht. Diese letzte oder besser gesagt vorletzte Schuschnigg-Rede hörten wir alle im Radio. Eine euphorische Stimmung begann sich auszubreiten. Jedermann hatte das Gefühl, die Abstimmung würde gut ausgehen und Hitler Österreich in Ruhe lassen müssen; eine große Illusion, wie sich schon innerhalb von Tagen herausstellen sollte.

Man verteilte Zettel, marschierte bei Aufmärschen mit, prügelte sich mit nazistischen Demonstranten und ähnliches mehr. Es waren nur drei Tage, doch in der Erinnerung erscheinen sie mir wie Monate. Am Freitag, dem 11. März zu Mittag – ich war aus der Schule ganz einfach davongelaufen –, befand ich mich mit meinem Fähnlein zwischen Freyung und Hof, um das Haus der Vaterländischen Front zu schützen und zu einem Aufmarsch vor dem Bundeskanzleramt anzutreten. Wir waren etwa tausendfünfhundert junge Burschen vom Freikorps und ihm nahestehenden Studentengruppen.

Plötzlich, wir hatten bis dahin patriotische Lieder gesungen und Sprechchöre geübt, kam die Weisung, alle unter sechzehn müßten sofort nach Hause gehen, es könne zu blutigen Zusammenstößen kommen, und wir hätten sofort die Innere Stadt zu verlassen. Jene, die älter als sechzehn waren, wie mein Bruder und seine Freunde, sollten Waffen erhalten. Man erwartete den Ausbruch von Kämpfen und fürchtete stündlich den Einmarsch der deutschen Truppen. Ich fuhr schweren Herzens mit dem 38er nach Döbling und wanderte dann in Richtung Osterleitengasse, als ich plötzlich zu meinem grenzenlosen Erstaunen vor dem Magistratischen Bezirksamt in der Gatterburggasse etwa zweihundert SA-Männer in voller Uniform sah, die nationalsozialistische Lieder sangen und Richtung Döblinger Hauptstraße und Innere Stadt abmarschierten. Am Gehsteig standen mehrere Polizisten und taten nichts. Ich traute meinen Augen nicht, denn alle hatten Hakenkreuzbinden um den Arm! Ich rannte nach Hause, berichtete Mama von meinen Beobachtungen und von der Tatsache, daß Otto mit den bewaffneten SK-Einheiten abgezogen sei.

Eine halbe Stunde später rief uns Papa aus der Fichtegasse, dem Büro der ›Neuen Freien Presse‹, an und teilte uns mit, die Volksabstimmung sei plötzlich abgesagt, man wisse nicht, was passieren würde, das Schlimmste sei zu befürchten Er rechne mit einem Rücktritt der Regierung Schuschnigg und mit der Machtübernahme durch die Nationalsozialisten innerhalb von Stunden. Er werde sich bemühen, nach Hause zu kommen. Papa traf etwa eine Stunde später bei uns zu Hause ein. Wir saßen alle, außer Otto, der ja noch im Einsatz war, im Salon und warteten auf eine Ansprache Schuschniggs, die angekündigt war. Endlich kam sie. Schuschnigg teilte mit, daß er dem Druck und dem Ultimatum des Deutschen Reiches nicht mehr standhalten könne und daß er auf keinen Fall deutsches Blut vergießen wolle. Aus diesem Grund werde er dem deutschen Einmarsch keinen Widerstand entgegensetzen. Die Ansprache war ganz kurz und endete mit den Worten: Gott schütze Österreich.

In diesem Augenblick habe ich Papa zum erstenmal in meinem Leben weinen gesehen. Es dauerte nicht sehr lange, ein oder zwei Minuten, dann hatte er sich wieder in der Hand, küßte Mama und mich und ging zurück in die Redaktion. Er befahl uns, unbedingt zu Hause zu bleiben und, falls Otto anrufen sollte, ihm zu sagen, er möge nicht in die Osterleitengasse kommen, sondern bei der Tante Gabriele in der Bäckerstraße Zuflucht suchen. So geschah es auch, Otto rief zwei Stunden später an. Seine Einheit war aufgelöst worden, noch bevor es zu irgendwelchen Kämpfen gekommen war. Er fand dann in der Bäckerstraße Nr. 3 Asyl zusammen mit einigen Freunden vom SK. Tante Gabriele und Onkel

Oskar nahmen sie bei sich auf. Sie blieben einige Tage dort versteckt, während noch am Abend des 11. März eine HJ-Kolonne in der Osterleitengasse erschien. Mit dem schönen Lied: »Haut's die Juden, stellt's die Pfaffen an die Wand« wurde uns der Auftakt für das Tausendjährige Reich gesungen und völlig überflüssigerweise das gar nicht abgesperrte Tor unseres Hauses aufgebrochen, um Otto zu verhaften. Aus Ärger, daß er nicht da war, durchwühlten die jungen Helden Ottos Zimmer, zertrampelten seine Sachen und verließen die Walstatt siegreich.

Tiefen Eindruck machte mir das Verhalten einer großen Zahl von Nachbarn und Mitbewohnern der Osterleitengasse, die noch einige Tage zuvor mit dem Abzeichen der Vaterländischen Front herumgegangen waren und uns devot gegrüßt hatten, jetzt aber der HJ zujubelten und wegschauten, wenn ein Mitglied der Familie Molden auch nur am Fenster sichtbar wurde. Aber das ist offensichtlich der Lauf der Welt. Seit damals habe ich mindestens ein dutzendmal ähnliche Fälle erleben dürfen; es ist jedesmal eine höchst interessante Erfahrung.

Papa kam an diesem Abend nicht nach Hause, er blieb über Nacht in der Redaktion der ›Neuen Freien Presse‹, die von einem SA-Kommando besetzt worden war. Am nächsten Tag am Vormittag erschien er zu Hause und berichtete, daß die gesamte Redaktion der ›Neuen Freien Presse‹, mit Ausnahme von zwei Redakteuren, die illegale Nazis gewesen waren, entlassen worden sei: Zwei von insgesamt vierundvierzig – allerdings muß man bedenken, daß von den vierundvierzig Redakteuren der ›Neuen Freien Presse‹ damals etwa achtunddreißig Juden waren. Papa hatte immer den Spitznamen »der Paradegoj«. Wenige Stunden später drangen Angehörige der »Österreichischen Legion« bei uns ein. Die Legionäre waren Nazis, die in den Jahren vor dem Anschluß nach Deutschland geflohen und dort in SA-Uniformen gesteckt, kaserniert und militärisch ausgebildet worden waren. Nun waren sie im Gefolge der deutschen Truppen zurückgekommen und terrorisierten – viele später als Gestapoleute – die Gegner Hitlers. Die Legionäre holten Papa zu einem langen Verhör ab. Die zweite Nacht nach der Befreiung durch »unseren geliebten Führer« Adolf Hitler verbrachten Mama und ich wiederum allein. Schließlich kam in den frühen Morgenstunden Papa vom Verhör zurück.

Dieser Sonntag, der 13. März, war der Geburtstag meines Bruders. Wir gaben uns – wie so oft in den darauffolgenden Jahren – falschen Hoffnungen hin. Diesmal jener, daß man Otto ja schon am 11. März hatte verhaften wollen und ihn jetzt wohl in Ruhe lassen würde. Es wurde also im Familienrat beschlossen, Otto solle, wenn auch im Schutz der Dunkelheit, gegen Abend nach Hause kommen, da wir annahmen, daß sich alle Wiener Nazis auf dem Ring befinden würden, um den »geliebten Führer« zu feiern. Denn Hitler war gerade von Linz nach Wien unterwegs, wo er dann im Ringhotel Imperial abstieg. Otto kam nach Hause, wir feierten seinen Geburtstag zu viert und ohne viel Getöse und hatten das Gefühl, daß es bald nicht mehr viel zu feiern geben würde. Aber wir waren froh, daß wir alle beieinander waren.

Gegen Mitternacht, wir waren alle schon schlafen gegangen, läutete es an der Tür, es kamen Legionäre im Stahlhelm, um Otto abzuholen. Zum erstenmal erlebte ich mit meinen dreizehn Jahren was es heißt, wenn jemand verhaftet wird, wenn eine Frau, nämlich Mama, geprügelt wird. Einer der Legionäre gab Otto einen Tritt, um ihn zur Eile zu veranlassen. Mama fuhr dazwischen und wollte ihn aufhalten. Der Legionär holte aus und stieß Mama nieder, sie fiel auf einen Stuhl; der feine SA-Mann nahm seinen Gummiknüttel und ließ ihn genießerisch über Mamas Rücken sausen. Ein anderer Legionär, wohl der Anführer, hielt ihn aber zurück: »Hör auf mit solchen Sachen, wir wollen den Sohn verhaften, nicht die Frau schlagen.« Der Schläger blickte verblüfft auf. »Wie du willst, aber Systemschweine gehören niedergeprügelt.« Mama sagte später, sie habe kaum etwas gespürt, sie sei nur grenzenlos erstaunt gewesen, daß solch ein Verhalten überhaupt möglich wäre.

Für mich Dreizehnjährigen bestand damals überhaupt keine Gefahr, aber was mit Otto geschehen würde, wußten wir nicht. Er wurde weggebracht, und die Legionäre grinsten breit, als Mama fragte, wann er wohl wiederkommen würde. Er ist relativ bald wiedergekommen; er blieb damals nur zweieinhalb Wochen eingesperrt. Nach einigen Wochen wurde auch Papa wieder in die ›Neue Freie Presse‹ zurückgeholt, denn die SA-Leute, die die Zeitung übernommen hatten, konnten sie weder redaktionell noch sonstwie bewältigen, und man mußte daher auf die bisherigen Redakteure zurückgreifen, vor allem auf die wenigen, die keine Juden waren. Selbst einige der jüdischen Kollegen von Papa wurden noch bis zum Herbst 1938 – etwa bis zur Kristallnacht, mit der die Judenverfolgung in aller Härte begann – beschäftigt. Die ›Neue Freie Presse‹ hat dann bald ein unrühmliches Ende genommen. Zuerst stritten sich die Reichsaußenminister Ribbentrop und der Reichswirtschaftsminister Funk um die ›Neue Freie Presse‹, denn jeder wollte sich ein im Ausland gelesenes Organ verschaffen, das unterschwellig in der Welt draußen NS-Propaganda machen konnte. Der Kampf zwischen Ribbentrop und Funk schenkte dem Blatt noch einmal ein Jahr lang das Leben. Schließlich siegte Funk. Die ›Neue Freie Presse‹ sollte als das führende deutsche Wirtschaftsorgan weiterexistieren und vor allem in Südosteuropa wirksam sein.

Dies alles ging so lange gut, bis Ende Jänner 1939 Hitler zu einem Besuch nach Wien kam und wieder im Hotel Imperial abstieg. Am Morgen verlangte Hitler nach Zeitungen; einer seiner SS-Adjutanten ging zum Portier des Hotels, um sie zu holen. Im Hotel Imperial lag auch in jenen Tagen jedoch nur die ›Neue Freie Presse‹ auf, nicht aber der ›Völkische Beobachter‹, das Organ der NSDAP. So nahm der Adjutant die ›Neue Freie Presse‹ und brachte sie dem Führer. Hitler bekam einen Tobsuchtsanfall, als er sah, daß dieses Blatt, das er mindestens ein Dutzend Male in ›Mein Kampf‹ schärfstens angegriffen und als eine der Hauptquellen jüdisch-plutokratischer Volksverdummung hingestellt hatte, noch erschien. Er befahl die sofortige Einstellung und darüber hinaus die Zerstörung des Archivs der ›Neuen Freien Presse‹, das als bestes Zeitungsarchiv in Mitteleuropa galt, sowie den Verkauf der Druckmaschinen außerhalb von Österreich – vielmehr der »Ostmark«, wie es damals so schön hieß. Der Befehl des Führers wurde prompt ausgeführt, die Zeitung eingestellt, die Maschinen nach Oberschlesien verkauft und, was eigentlich das allerschlimmste war, das Archiv verbrannt. Papa war damit ab Februar 1939 arbeitslos.

Einige seiner Protektoren, die ihm seit 1938 das Leben erleichtert hatten, machten sich daran, ihn weiter zu schützen und zu fördern. Einer davon war Dr. Rudolf Fischer, den der Wirtschaftsminister Funk nach Österreich geschickt hatte, um die ›Presse‹ gleichzuschalten. Fischer war ein außerordentlich intelligenter und im Herzen keineswegs fanatischer Nationalsozialist, der froh war, eine solche Aufgabe zu erhalten, die es ihm ermöglichte, nach Wien zu kommen. Er hatte bald begriffen, daß die Zeitung nicht ohne einige erfahrene Männer geführt werden konnte, und war daher bemüht, Papa weiterhin in der Redaktion zu halten. Dies war gar nicht so einfach, denn Papa hatte beträchtliche Mängel in seinem Ariernachweis, und es war im Dritten Reich völlig unvorstellbar, daß ein mit einem jüdischen Großvater behafteter Mann als Redakteur einer Tageszeitung herumlaufen konnte. Der jüdische Großvater hat uns auch in der Folgezeit einiges aufzulösen gegeben. Er brachte zwar einige kleine Vorteile, beispielsweise mußte man nicht der Hitlerjugend oder irgendeiner Naziorganisation beitreten, aber auch viele Nachteile, etwa die, daß man weder Mitglied der Reichsschrifttumskammer, die für die Mama zuständig gewesen wäre, noch der Reichspressekammer, der der Papa, um arbeiten zu können, hätte angehören müssen, werden konnte.

Mit Hilfe von Rudolf Fischer ist es aber gelungen, Papa als Archivar zuerst in der ›Neuen Freien Presse‹, dann in einer Wirtschaftswochenzeitung namens ›Südostecho‹ und schließlich, als er seit 1940 Ostmarkverbot hatte, also nicht mehr in Österreich tätig sein durfte, bei einer Wirtschaftszeitung in Holland mit dem Namen ›Europakabel‹ unterzubringen.

Es sei übrigens zur Ehre des sonst keineswegs besonders zu schätzenden Dr. Seyß-Inquart gesagt, daß, als er am 11. März 1938 für drei Tage österreichischer Bundeskanzler wurde, er Papa – mit dem er studiert hatte – sofort anrief und ihm sagte, er werde sich darum kümmern, daß ihm und seiner Familie nichts geschehe. Er hat auch später als »Reichsstatthalter« im Rahmen seiner Möglichkeiten sein Wort gehalten; doch schon 1939 verlor er seinen Posten in Österreich. Man hielt ihn in Berlin für zu weich, eben für einen ostmärkischen Schlappschwanz. Ende September wurde er dann stellvertretender Generalgouverneur von Polen. Später erhielt er – nach der Besetzung Hollands durch die deutschen Truppen 1940 – das Amt des Reichskommissars in den Niederlanden. Was immer Seyß-Inquart Böses getan haben mochte, Papa hat er geholfen und wahrscheinlich unserer Familie das Überleben möglich gemacht. Er hat die Stellung Papas als Archivar bei der deutschsprachigen Wo-

chenzeitung ›Europakabel‹ in Amsterdam nicht nur geduldet, sondern sogar gefördert. Er hat sowohl Mama wie mir
mehrfach Einreisegenehmigungen nach Holland verschafft
und ließ auch noch, als ich 1941/42 in Wien vor Gericht
stand und zuerst im Landesgericht und dann in der Strafan-
stalt Liesing einsaß, für mich intervenieren und hat wohl
auch dazu beigetragen, daß ich vorzeitig aus dem Gefängnis
zur Wehrmacht entlassen wurde.

In den März- und Apriltagen 1938 mußten wir alle um-
denken, wir, die noch in einer Art Fortsetzung der alten
österreichisch-ungarischen Monarchie aufgewachsen waren,
in einem Zwischenzustand, der von Not, Bürgerkriegen und
ähnlichen Erscheinungen auf der einen Seite, auf der anderen
Seite aber noch vom letzten Glanz des alten Österreich erfüllt war. Aus dieser Epoche sind wir plötzlich über Nacht
in das Dritte Reich hineingeworfen worden. Es dauerte eine
Zeit, bis die Menschen im damaligen Österreich überhaupt
erfaßten, daß sie nicht mehr in ihrem eigenen Staat, sondern
in Großdeutschland zu Hause waren.

Man hatte zunächst geglaubt – und bei uns zu Hause war
natürlich von diesen Dingen häufig genug gesprochen worden –, daß es nicht einen »Anschluß«, sondern ein Nebeneinander zweier deutscher Staaten geben werde, etwa mit
Hitler als gemeinsamem Staatsoberhaupt. Papa hatte oft ge-
meint, daß der »nationale Katholik« Dr. Arthur Seyß-Inquart eine solche Lösung vertrete.

In der Regierung Seyß-Inquart gab es noch zwei Freunde
meines Vaters, auch sie gewiß keine fanatischen Nationalsozialisten, aber eben doch »betont Nationale«, wie man damals die unentwegt Großdeutschen nannte: Der erste war
Dr. Edmund Glaise-Horstenau, k. u. k. Generalstabsoberst,
Schriftsteller und Historiker, Minister unter Schuschnigg
(als Vertreter der »Nationalen«) und Vizekanzler unter
Seyß-Inquart. Im Zweiten Weltkrieg spielte er noch eine
kleine Rolle als »deutscher General bei der Regierung Kroatiens« und endete 1946 in Nürnberg durch Selbstmord.

Der zweite war Dr. Wilhelm Wolf, erster und letzter Außenminister des Kabinetts Seyß-Inquart. Dr. Wolf ist Ende
Juni 1939 tödlich verunglückt, und man kann eigentlich nur
froh darüber sein, denn sicher wäre er, der aus dem katholischen Lager kam und schon in den ersten Monaten nach dem
Anschluß mit Schrecken gesehen hatte, was aus Österreich

unter Hitler zu werden begann, in furchtbare Gewissens-
konflikte geraten.

Es hat viele Menschen gegeben, unter ihnen so bedeutende
wie den Historiker Heinrich von Srbik oder den Wiener
Bürgermeister Neubacher, die als »Großdeutsche« auf Hitler hereinfielen. Vielleicht war es sogar Seyß-Inquart nicht
anders ergangen. Und aus dem fahrenden Zug abzuspringen,
mochte dann schwer gewesen sein.

Sofort nach dem Anschluß wurden über siebzigtausend
Menschen verhaftet. Jeden Tag fehlten mehr Leute aus unserem Verwandten- und Bekanntenkreis. Natürlich holten die
Nazis hohe und niedere Funktionäre des Schuschnigg-Re-
gimes in die Konzentrationslager. Aber es traf auch viele, die
in der Politik keine Rolle gespielt hatten, sondern Prominente in Kultur, Wirtschaft und Wissenschaft gewesen waren
oder sich auch nur als Beamte bei den Nazis unbeliebt gemacht hatten.

Die Gemüter waren verwirrt; für viele, sehr viele galt Hitler als ein Befreier, fast als ein Messias; ich erinnere mich nur
zu gut, wie damals gerade Frauen völlig vom »Führer« fasziniert schienen, die von seiner Politik gewiß nichts begriffen
hatten. Später, als ich dann in den Gefängnissen, bei der
Wehrmacht und im Ausland Menschen aller Schichten besser kennenlernte, erfuhr ich auch, daß die illegalen Sozialdemokraten in Gegensatz zu den im Februar 1934 ins Ausland
geflüchteten Parteiführern geraten waren: Otto Bauer, der
unbestrittene Ideologe der Partei hielt den Anschluß für ein
positives, historisch wichtiges und nicht mehr rückgängig zu
machendes Ereignis. In Österreich selbst strengten sich die
Nazis anfangs auch noch an, die Sozialdemokraten zu gewinnen. So stellten sie in der Gemeinde Wien Hunderte
Schutzbündler, die nach dem Februar 1934 entlassen worden
waren, wieder ein.

So kam es, daß zunächst die Sozialdemokraten dem Hit-
lerregime abwartend gegenüberstanden, weil ja auch das Bekenntnis zu Großdeutschland stets zu ihrem Programm gehört hatte. Absolut ablehnend verhielt sich nur das Lager,
das hinter Schuschnigg gestanden war: Christlichsoziale,
Heimatschutz, Ostmärkische Sturmscharen, Monarchisten,
also die Konservativen und dazu noch die Anhänger der
christlichen Gewerkschaften. Es waren ja auch diese Gruppen – und mit ihnen junge Menschen wie mein Bruder

Otto – gewesen, die bis 1938 die ganze Last des Kampfes gegen den übermächtigen Nationalsozialismus getragen hatten. So gab es krasse Gegensätze in der Haltung gegenüber dem Anschluß.

Dazu kam, daß Nationalsozialisten und Sozialdemokraten nicht selten in derselben Zelle eines Gefängnisses oder derselben Baracke eines Anhaltelagers des Ständestaates gesessen waren, woraus sich eine oft jahrzehntelang nachwirkende Kameraderie ergab.

Diese Gegensätze verschwanden teilweise erst, als der Krieg anfing, für das Dritte Reich nicht mehr so gut zu gehen und immer schärfere Sicherheitsmaßnahmen von der Geheimen Staatspolizei ergriffen wurden. Damit aber wuchs auch die Zahl der illegalen »Revolutionären Sozialisten«, die in die Gefängnisse und die Konzentrationslager kamen. Nun ergab sich plötzlich eine neue Kameraderie, diesmal nicht mehr zwischen den roten und braunen Opfern des autoritären Systems Schuschnigg, sondern zwischen den schwarzen und roten Opfern des Naziregimes.

In den Wochen zwischen dem 13. März und dem 10. April 1938, jenem Tag, an dem die Österreicher und die Reichsdeutschen von Hitler zu einer nachträglichen Abstimmung über den bereits vollzogenen Anschluß aufgerufen worden waren – gab es in Österreich ein interessantes naturwissenschaftliches Phänomen. Es blühten die sogenannten »Märzveigerln«, die Märzveilchen, die plötzlich über Nacht ihre nationalsozialistische Gesinnung entdeckt hatten. Es war faszinierend zu sehen, wie plötzlich aus der durchaus sozialdemokratisch und proletarisch denkenden böhmischen Hausmeisterin unseres Vis-à-vis-Hauses eine überzeugte und gläubige Nationalsozialistin wurde, die im schönsten böhmischen Wienerisch »von unserem gelibten Fiehrer« sprach. Ebenso erging es aber auch hochgestellten Leuten; berühmte Professoren, die in unserer Gasse wohnten, Notare, Ärzte, alle waren über Nacht zu Nationalsozialisten geworden; man hatte das Gefühl, daß jeder in Wien, der nicht gerade Jude oder mit dem Schuschnigg-System verbunden war, einen plötzlichen Wandlungsprozeß durchgemacht hatte, den man noch wenige Wochen vorher nicht einmal vorausahnen konnte. Plötzlich war jeder illegal, jeder erklärte, bereits seit Jahren bei der NSDAP oder einer ihrer Gliederungen gewesen zu sein. Es begann ein unbeschreiblicher

Wettlauf zur neu geschaffenen Gauleitung, zu den Kreisleitungen, jeder versuchte, ein Parteiabzeichen zu erlangen, und wenn das nicht gleich möglich war, steckte er sich zumindest ein Hakenkreuz in mehr oder weniger geschmackvoller Garnierung an den Rockkragen. Die Herren der Schöpfung waren hier keineswegs die Spitzenreiter, sondern die österreichischen Frauen, die plötzlich zu treudeutschen Wotansanhängerinnen geworden waren, übertrafen sie noch bei weitem. Wie häufig in der Geschichte – erinnern wir uns nur an die Französische Revolution – haben die Frauen in jenen Wochen der Begeisterung und des Umschwunges bewiesen, daß sie sich noch weit schneller wandeln können als ihre männlichen Artgenossen.

Diese wundersame Wandlung der Menschen zeigte die große Fähigkeit des Österreichers und besonders des Wieners, sich neuen Umständen anzupassen und in kürzester Frist sogar zu glauben, daß man voll Überzeugung und Begeisterung immer so gedacht habe. Ich merkte dies in meiner Schule; bis zum 11. März 1938 hatten wir vier Buben in der Klasse gehabt, die sich mit großer Ehrlichkeit zu Hitler bekannten, mit denen wir uns prügelten, mit denen wir auch wiederum befreundet waren und deren Väter offensichtlich schon illegal bei der NSDAP gewesen waren. Am 14. März, als ich wiederum in die Schule ging, stellte sich heraus, daß nun nur noch vier der zweiunddreißig Buben der vierten Klasse kein Hakenkreuz trugen. Also auch hier eine erstaunlich schnelle Wandlung, die fast an biblische Wunder erinnerte. Die Folgen dieses biblischen Wunders blieben auch nicht aus. Die vier Buben, die nicht Nationalsozialisten sein wollten, die keine Hakenkreuze trugen, wurden in Acht und Bann getan.

In diesen ersten Stunden der Begeisterung wurde auch von der Schulleitung nicht das geringste getan, um diese Acht- und Bannstellung zu verhindern. Lediglich die Direktorin Anna Ehm versuchte, die zu Parias und Volksfeinden gewordenen Nichtnazis zu schützen. Für mich hatte das zur Folge, daß meine Mutter nach einem langen Gespräch mit Anna Ehm beschloß, mich aus der Neulandschule zu nehmen und in das Schottengymnasium zu stecken. Das Schottengymnasium, ein altehrwürdiges Wiener Relikt fast noch aus der Babenbergerzeit, ist eine der Eliteschulen Österreichs. Mein Bruder hatte den größten Teil seiner Gymnasialzeit dort verbracht. Ich fand mich wenige Tage später zum erstenmal bei »den Schotten« in einen Kreis von Schülern aufgenommen, dem man gleich ansah, daß es unter ihnen kaum Nationalsozialisten gab; wenn ich mich richtig erinnere, hatten wir nur zwei oder drei großmäulige Nazis in der Klasse, die übrigen waren entweder politisch desinteressierte Knaben oder solche, die von vornherein mit »Heil Österreich« grüßten.

Der Gruß »Heil Österreich« war einer jener – vergeblichen – Versuche des Schuschnigg-Staates, dem Nazismus Wind aus den Segeln zu nehmen. Er war, wie die zum Treueschwur erhobene Grußhand, eine Konzession an den Geist des totalitären Denkens, der ja auch im faschistischen Italien Mussolinis seine Ausdrucksformen gefunden hatte. Dollfuß und Schuschnigg glaubten sich anpassen und wohl auch dem Heimatschutz entgegenkommen zu müssen, um die jungen Menschen, die zunehmend für solche Gesten anfällig wurden, auf ihre Seite zu ziehen. Solche Dinge geschahen aber nicht nur in Österreich, sondern in fast ganz Europa. Denn der alte Kontinent hatte damals so etwas wie eine »autoritäre« Epoche. Italien, Deutschland, Spanien, Ungarn, Jugoslawien, Polen, Rumänien, Griechenland, Portugal: überall gab es Regime der starken Hand, überall war die parlamentarische Demokratie in Mißkredit geraten.

Das österreichische autoritäre System von 1933–1938 hatte freilich Schwierigkeiten, seine Eigenständigkeit zu erweisen; das war mit ein Grund dafür, daß die Jugend in so großer Zahl dem Rattenfänger von Braunau auf den Leim gegangen ist. Das Land war Opfer einer schweren Wirtschaftskrise, die ausweglos schien. In den dreißiger Jahren gab es sechshunderttausend Arbeitslose, fünfundzwanzig Prozent der arbeitenden Bevölkerung. Österreich schien lebensunfähig. Die Großmächte hatten das Land aufgegeben. Österreich war lediglich ein passives Objekt der Politik anderer. Menschen, die den Ersten Weltkrieg noch miterlebt und mitangesehen hatten, wie man 1918 Offizieren die Sterne und Kokarden herunterriß, um wenig später gepredigt zu bekommen, daß Begriffe aus dem Ersten Weltkrieg wie Vaterlandsliebe, Offiziersehre, Tapferkeit doch etwas Heiliges seien, solche Menschen konnten sehr wohl völlig verwirrt werden und schließlich zwangsweise falschen Propheten nachlaufen.

Die Auswirkungen der Wirtschaftskrise der dreißiger Jahre sind heute kaum vorstellbar. Ich erinnere mich, wie wir jede Woche zweimal ein Kind bei uns zum Mittagstisch hatten, ein Kind arbeitsloser Eltern, das uns von einer Fürsorgeorganisation, die die Fürstin Fanny Starhemberg ins Leben gerufen hatte, ins Haus gebracht worden war. Ich erinnere mich auch noch eines Witzes, den wir Buben uns damals kichernd und schon halb verstehend erzählten: Die Fürstin Fanny war die Mutter des Heimwehrführers Ernst Rüdiger Starhemberg, über dessen amouröse Abenteuer viel geredet wurde. Ihre »Winterhilfe« warb mit dem Schlagwort: »Nehmt hungernde Kinder zum Mittagstisch«. Fürst Ernst Rüdiger – so ging der Witz – habe eine Aktion gegründet: »Nehmt frierende Mädchen ins Bett«. Über den Fürsten Starhemberg, den »Bundesführer des österreichischen Heimatschutzes«, wußte ich schon einiges. Bruder Otto war ja in der Jugendorganisation des Heimatschutzes »Jung Vaterland« gewesen. Anfang der zwanziger Jahre hatte Starhemberg in Oberschlesien im Freikorps Oberland Schulter an Schulter mit Nationalsozialisten gekämpft. Aber in den folgenden Jahren entpuppte er sich als überzeugter Gegner Hitlers.

Starhemberg war mit Benito Mussolini befreundet. Er und sein Heimatschutz hatten überhaupt erst die Regierungen Dollfuß und Schuschnigg möglich gemacht. Er wurde Vizekanzler, Frontführer, Sportführer; alles wartete, daß er mit seiner Heimwehr die »Macht im Staate« übernehme, aber irgendwie fehlte es ihm dann stets am letzten Ehrgeiz. So ließ er sich 1936 von Schuschnigg widerstandslos ausschalten und begnügte sich damit, eine wunderschöne Burgschauspielerin, Nora Gregor, höchst unstandesgemäß, aber mit päpstlichem Dispens zu heiraten.

Die Familienangehörigen der Arbeitslosen mitgerechnet, befanden sich Mitte der dreißiger Jahre wahrscheinlich mehr als eine Million Menschen in äußerster Not. Neben den Empfängern der Arbeitslosenunterstützung gab es noch die sogenannten »Ausgesteuerten«, jene Leute, die länger als ein Jahr arbeitslos waren und daher keine Unterstützung mehr erhielten. Diese Not, die einen wesentlichen Teil der sechs Millionen Einwohner Österreichs betraf, mußte sich auf das ganze Land auswirken. Ein Großteil der Industrie lag still. Fuhr man etwa von Wien nach Süden, so konnte man links und rechts der Triester Straße oder der Südbahn Dutzende stillgelegte und schon verfallende Industrieanlagen sehen. In den Industriegebieten herrschte echter Notstand. Das schlimmste war der Winter, denn Holz und Kohlen waren für »Ausgesteuerte« unerschwinglich. Menschen verhungerten und erfroren. Zehntausende waren auf Mildtätigkeit angewiesen, auf die Klostersuppen, Spenden des Winterhilfswerkes oder ähnliche Notmaßnahmen.

Am auffälligsten war die große Zahl der Bettler.

Bei uns in der Osterleitengasse, also einer stillen Gasse, wo es kaum Durchgangsverkehr gab, läutete es am Tage mindestens zehn- bis fünfzehnmal: Bettler standen vor der Türe. Sie bekamen immer etwas zu essen, eine Suppe, Brot oder Knödel. Mama hatte von Papa einen Betrag erhalten, den sie verteilen durfte, so daß sie den Bettlern auch eine Kleinigkeit in Geld geben konnte.

Papa als Chefredakteur der ›Neuen Freien Presse‹, damals der wichtigsten Zeitung des Landes, verdiente 2000 Schilling monatlich. Neben dem Gehalt bei der ›Neuen Freien Presse‹ verdiente Papa noch monatlich 300 Schilling für seine einstündigen Vorträge ›Ein Monat Weltgeschehen‹ im österreichischen Radio. Wir hatten also insgesamt 2300 Schilling zur Verfügung, das waren ungefähr 1600 Friedens-Reichsmark. Davon mußte aber eine große Familie ernährt werden, denn auch meine Großmutter und Mamas jüngste Schwester Jela lebten bei uns in der Osterleitengasse. Es gab dann noch etliche Tanten und alte Onkel, die von Papa mehr oder weniger miterhalten wurden, so daß insgesamt etwa zehn Personen von diesen 2300 Schilling lebten. Es ging ganz gut, weil Papa außerdem immer wieder in ausländischen Blättern Artikel schrieb und dadurch noch etwas dazu verdienen konnte.

Wir lebten keineswegs in Saus und Braus, aber ordentlich. Wir konnten uns Hauspersonal leisten, was damals finanziell keine große Rolle spielte, da die Löhne (60 bis 120 Schilling) sehr niedrig waren. Wir hatten zwar kein Auto, fuhren aber jeden Sommer alle zusammen auf Sommerfrische und hatten das Gefühl, daß es uns, verglichen mit der Umwelt, eigentlich noch sehr gut ging. Deshalb auch das Prinzip der Eltern, daß kein Bettler ohne Gabe weggeschickt werden durfte. Häufig kamen ganze Orchester anmarschiert, die im Hof musizierten. Man warf den »Hofmusikanten« aus den Fenstern Münzen zu. Diese Musikanten waren ein gewohntes

Erscheinungsbild unseres Lebens. Dann kamen die Scheren-schleifer, die Verkäufer von Lebensmitteln, so etwa die »Burgenländerinnen«, die jede Woche Butter, Honig, Eier, Geflügel und andere Köstlichkeiten aus dem Burgenland brachten. Jeden Tag fuhr auch ein Pferdewagen mit Obst und Gemüse vor, ferner ein großer Wagen mit Eis, das in die Eiskästen befördert wurde, denn es gab bei uns noch keinen elektrischen Frigidaire, wie Eiskästen damals hießen. Alle Leute, die ich kannte, hatten solche Eiskästen, in denen mit Hilfe großer Eisblöcke Lebensmittel frischgehalten wurden. Gefrorenes wurde auch erzeugt, und zwar in einer kübelför-migen Maschine, in deren Mitte sich eine Eisbombe befand. Dort wurde die flüssige Creme hineingegossen, dann wurde rundherum zerstoßenes Eis gelegt und die ganze Maschine mit einer Kurbel in Bewegung gesetzt. Nach stundenlangem Drehen bildete sich dann ein köstliches Speiseeis. Es war ein besonderes Privileg, wenn einer von uns Buben diese Eisma-schine betätigen durfte, wobei natürlich immer wieder ver-sucht wurde, wenn gerade kein Erwachsener in der Küche war, die Bombe schnell aufzuschrauben und mit dem Finger ein bißchen Halbgefrorenes herauszuholen.

Auf den Sportplätzen, in den Kinos, in der Straßenbahn, überall gab es billigere Karten für Arbeitslose. Es gab auch öffentliche Küchen, in denen man billig und gut essen konn-te. Das österreichische Bundesheer fuhr mit Pferdewagen durch die Straßen und verteilte aus großen Gulaschkanonen Suppe an die Bedürftigen. Eine weitere Erscheinung im Stra-ßenbild waren die vielen Invaliden des Ersten Weltkriegs, die an Hauseingängen, bei Geschäften und an Straßenecken standen oder saßen. Ich weiß nicht, wie viele Invaliden es damals gegeben hat, aber man hatte den Eindruck, es müß-ten allein auf den Wiener Straßen ständig Tausende unter-wegs sein. Das Bettlerproblem, das nach dem Zweiten Welt-krieg vollkommen aus dem Bewußtsein des Westeuropäers verschwunden ist, war damals eine Selbstverständlichkeit des Alltags. An allen Türen hingen Tafeln »Achtung! Bettler kein Einlaß«, »Hausieren verboten«, »Vagabundieren ver-boten«, »Mitglied des Vereins gegen Verarmung« und ähnli-ches mehr.

Aber auch jene, die nicht unmittelbar von der Krise be-troffen waren, lebten in bescheidenen Verhältnissen. Ich erinnere mich beispielsweise an ein Wiener Restaurant im zweiten Bezirk. Da hing an der Tür die Speisekarte mit dem täglichen Menü: »Leberreissuppe, Rindfleisch mit zwei Beilagen, Buchteln mit Vanillesauce.« Dann stand zu lesen: »Das Menü kostet einen Schilling«, und dahinter in Klammern: »Statt der Suppe – man kann telephonieren.« Nicht allzu viele Leute hatten ein eigenes Telefon und hatten sie eines, so häufig ein halbes oder Vierteltelefon, das an der Wand hing und einen Minutenzähler hatte. Ein Gespräch konnte da nie länger als fünf Minuten dauern, dann schnappte es ab. Es war auch sehr häufig besetzt, weil zwei oder vier Personen an einem Anschluß hingen. Solche Vierteltelefone gibt es freilich in Wien auch heute noch.

Laut den Versprechungen Adolf Hitlers sollte ab 13. März 1938 schlagartig alles anders werden. Als Beweis für die Fähigkeit des Dritten Reiches, alle Probleme zu meistern, erschien vorerst der berühmte Hilfszug Bayern in Wien. Das war eine motorisierte Einheit der bayrischen NSV (Nationalsozialistische Volkswohlfahrt), um in Notstandsgegenden oder bei Naturkatastrophen die Bevölkerung mit Lebensmitteln zu versorgen. Dieser Hilfszug Bayern kam nach Wien und fuhr durch die Straßen, um die angeblich verhungernde Bevölkerung zu ernähren. Gewiß gab es auch noch 1938 genug Arme, die gerne umsonst gespeist hätten, aber das, was da vorgesetzt wurde, paßte niemandem. Es gab nämlich »Eintopf«, eine Speise, die in den kommenden Kriegsjahren zur täglichen Erscheinung auf den Speisekarten aller Gasthäuser werden sollte, die aber damals dem heiklen Wiener – und beim Essen ist selbst der Wiener Arbeitslose stets heikel gewesen – keineswegs munden wollte. Das »G'schlader« wurde auch bald zurückgewiesen, was sogar zu ersten Reibungen zwischen deutschen und österreichischen Nationalsozialisten führte.

Die Wirtschaft lief dann wirklich sehr schnell an, es wurden Rüstungsaufträge in großer Zahl auf österreichische Industriebetriebe überschrieben, es wurde der Bau der Autobahn Salzburg–Wien und auch der Seitenstrecke in Richtung Villach noch vor Kriegsbeginn begonnen, die Umfahrung von Salzburg sogar noch unter Hitler fertiggestellt und große Bahnprojekte in Angriff genommen. Hitlers Fürsorge galt besonders seiner Wahlheimatstadt Linz, wo er Großbauten in seinem Weißwürstel-Allee-Stil, benannt nach dem Münchener »Haus der deutschen Kunst«, aufzuführen wünschte. Wien wurde weit weniger freundlich behandelt als Linz. Wien war ja eine Stadt, die Hitler, in Erinnerung schlimmer Jugendtage, haßte: Denn in Wien war er erfolglos geblieben, war weder als Maler noch als Bauarbeiter zum Zug gekommen. Er hatte die Stadt zutiefst verärgert und deprimiert verlassen, seine Reise nach München war in jeder Hinsicht – nicht nur vor dem Militärdienst – eine Flucht gewesen.

Das merkten die Wiener – und auch die Funktionäre der NSDAP – sehr bald, obwohl Hitler einmal sagte, Wien sei »eine Perle«, der er die richtige Fassung geben werde. Hitler hatte zur Durchführung des Anschlusses den Gauleiter Bürckel nach Wien geschickt, der sich schon in gleicher Funktion im Saarland bewährt hatte. Natürlich besaß Bürckel alle Macht, und der »Reichsstatthalter« Seyß-Inquart war nur eine Marionette. »Bierleiter Gaukel«, wie die Wiener sehr treffend den »Reichskommissar« nannten, wollte die »ostmärkischen Schlappschwänze mal kurz auf Vordermann bringen«. Die Wiener haben ihm diese Aufgabe gewiß nicht leichtgemacht.

Jedenfalls ging damals folgender Witz um: Die Wiener Parteifunktionäre beklagen sich bei Bürckel, daß »der Führer« Wien gegenüber Berlin und München, ja sogar gegenüber Linz und Graz – der »Stadt der Volkserhebung« – benachteilige. Bürckel fährt darauf nach Berlin zum Führer. Bei seiner Rückkehr erwarten ihn die Parteibonzen auf dem Asperner Flugfeld: »Nun, Gauleiter, was wird mit Wien geschehen?« Darauf Bürckel triumphierend: »Beruhigt euch, Parteigenossen! Ich habe lange mit dem Führer gesprochen. Wien bleibt nicht nur Wien, Wien bleibt sogar Schnellzugstation.« Diese und ähnliche Witze der ersten Monate nach dem Anschluß zeigten die Unsicherheit der österreichischen Nationalsozialisten und der deutschen Reichsstellen gegenüber der Entwicklung.

Österreich war eben auch außer dem kleinen Saarland das erste Gebiet, das an das Reich angeschlossen wurde. Es mußten neue Erfahrungen gesammelt werden, und diese mußten sich auf den verschiedensten Gebieten auswirken. Im negativsten Sinn für jene, die das Pech hatten, von den neuen Machthabern eingesperrt zu werden, im positiven für die Nutznießer der Macht. Nämlich für jene Tausende Reichsdeutsche, die kurz nach den Truppen des Dritten Reiches in Wien einrückten, um hier führende Positionen zu übernehmen, und für die Legion österreichischer Illegaler, die jetzt das Gefühl hatten, nach getaner Arbeit sei gut feiern, und auf die Belohnung für ihre Verdienste warteten. Es gab genügend Möglichkeiten, mehr oder weniger verdienstvolle Illegale zu belohnen, gab es doch in Wien Tausende von jüdischen Unternehmungen, Geschäften, Industrien, Advokatenkanzleien, Arztordinationen und ähnliches mehr, die man an »alte Kämpfer« verteilen konnte.

Es wurde auf breiter Front arisiert. Kommissarische Leiter wurden in den Industrien eingesetzt, und ein Großteil dieser kommissarischen Leiter hat sich dann auch des Eigentums an diesen Betrieben, Kanzleien, Wohnungen und Häusern bemächtigt. Es gab sicher auch eine ganze Reihe von Ausnahmen, die allerdings wie gewöhnlich die Regel bestätigen. Es gab außerordentlich faire und korrekte Leute und vor allem eine große Anzahl von Angestellten ehemals jüdischer Betriebe, die die Unternehmungen quasi für ihre ehemaligen Besitzer weitergeführt und ihnen nach dem Krieg wohlbestallt und, den Umständen angemessen, in gutem Zustand übergeben haben. Ein Beispiel für solche Haltung war die Creditanstalt-Bankverein, die größte Bank des Landes. Der Direktor des Unternehmens bis zum Jahre 1938, Hofrat Dr. Franz Rottenberg, war Jude. Sein österreichischer Adlatus, der spätere Generaldirektor Dr. Josef Joham, und der aus dem »Altreich« nach Wien entsandte Direktor der Deutschen Bank, Dr. Hermann Abs, sorgten für ihn in fairster Weise. Rottenberg wurde in Baden bei Wien eine Villa mit Park zur Verfügung gestellt, die den ganzen Krieg hindurch von der SS bewacht wurde, aber nicht um Rottenberg gefangenzuhalten, sondern um ihn vor irgendwelchen Belästigungen zu schützen.

Mit Ende des Krieges konnte Rottenberg in die Creditanstalt zurückkehren.

Aber in einer großen Zahl von Fällen war es nun leider ganz anders, und es wurde flott arisiert. Unter dem Motto »die Juden müssen raus«, war es sehr angenehm, sich auch gleich eine schöne Firma zu eigen machen zu können.

Neben den Ariseuren kamen schließlich auch noch jene Brüder aus dem Altreich, die ganz einfach in Österreich die noch vollgefüllten Geschäfte leerkaufen wollten. Deutsche Einkäufer, die mit riesigen Taschen durch die Wiener Straßen schritten und zehn Pfund Butter in einem Geschäft nach dem anderen einkauften oder dreißig Dosen Tee bei Meinl erwarben oder, wenn sie noch mehr Reichsmark zur Verfügung hatten, bei den Wiener Schneidern viele Dutzend Meter Stoff aufkauften, waren keine Seltenheit und wurden bald für die Wiener zu Witzfiguren. Über Nacht entstand der Spitzname »Piefke« für die Reichsdeutschen, die nach Österreich kamen, oder auch »Mogsiekaner«, weil sie keiner mochte, andere wieder nannten sie die »Ruabnzuzler«, weil sie so gern Rüben aßen, oder »Marmeladinger«, weil alsbald Marmelade an Stelle von Butter trat. Gleichzeitig mit den Spitznamen entstanden schon wenige Wochen nach dem Anschluß die ersten Naziwitze, zum Teil mögen sie aus dem Reich importiert worden sein, zum Teil waren sie original Wiener Erfindungen.

Hitler wurde zuerst Schicklgruber genannt, wie ja sein Vater – ein uneheliches Kind – tatsächlich geheißen hatte, später hieß er »Gröfaz«, nämlich »Größter Feldherr aller Zeiten«, während Göring zuerst der »Eiserne Hermann« und dann ganz einfach »Maier« genannt wurde. Maier deshalb, weil Hermann Göring in den ersten Monaten des Zweiten Weltkrieges bei einer großen Ansprache im Berliner Sportpalast erklärt hatte: »Ich will Maier heißen, wenn es einem feindlichen Flugzeug jemals gelingt, das deutsche Reichsgebiet zu erreichen.«

Die grotesken, geschmacklosen Formen der Begeisterung – ob spontan oder organisiert – fielen damals sogar mir Vierzehnjährigem auf. Als Hitler im Hotel Imperial abstieg, brüllten Tausende bis zum Irrsinn Begeisterte stundenlang Sprüche wie: »Lieber Führer, Ostmarks Sohn, komm heraus auf den Balkon.« Was der Ostmarksohn denn auch reichlich tat.

Etwas später kam der dicke Hermann, Feldmarschall Göring, nach Wien, um sich anzusehen, was er da eingefädelt hatte, denn Göring war für die Durchführung der »Operation Otto«, des Anschlusses, verantwortlich gewesen. Auch er stieg im Hotel Imperial ab. Und sogleich marschierten die Jubelchöre auf: »Lieber Hermann, sei so nett, zeige dich am Fensterbrett.« Hermann, in einer seiner Phantasieuniformen, zeigte sich!

Schließlich, knapp vor der Abstimmung am 10. April, kam auch der Reichspropagandaminister Dr. Joseph Goebbels.

Ich hörte ihn in der Wiener Nordwestbahnhalle sprechen: Goebbels war ein phantastischer Redner, mit sehr viel Emotion und Kraft. Jedenfalls jubelten auch ihm die NS-Chöre zu: »Wir wollen nicht nach Hause gehen, sondern unsern Doktor sehen.«

Hitler kam vor dem 10. April drei- oder viermal nach Wien, und ich habe ihn zweimal aus einer Entfernung von wenigen Metern bei seinem Eintreffen oder Weggehen vom Hotel Imperial gesehen, er wirkte damals sehr kräftig und frisch, und das einzige, was mir auffiel, war sein stechender Blick, während die meisten anderen Österreicher, die dort um mich herumstanden, fast auf die Knie fielen, wenn dieser »Größte aller Ostmärker«, wie ihn der ›Völkische Beobachter‹ täglich bezeichnete, einige Schritte auf der Wiener Ringstraße machte. Was mir damals nicht auffiel, aber mir heute in der Erinnerung plötzlich als höchst bemerkenswert erscheint, ist die Tatsache, daß Hitler eigentlich kaum bewacht war. Er ging mit einigen Adjutanten und irgendwelchen Großkopferten des Dritten Reiches über die Ringstraße in Richtung Oper. Es wäre leicht gewesen, ein Attentat auf ihn durchzuführen. Es war dies eines jener Rätsel, die uns dann später im Lauf des Krieges viel zu denken gaben: Wieso brachten es eigentlich der deutsche Widerstand oder auch die verschiedenen antinationalsozialistischen Organisationen im besetzten Europa nie fertig, Hitler umzubringen?

Zwei Phänomene beschäftigten uns: Einmal die magische Anziehungskraft Hitlers auf Millionen Menschen und ferner, wieso ein vernünftiger und anständiger Mensch Nationalsozialist sein konnte. Es gab damals den berühmten Witz, der mir außerordentlich typisch erscheint: Der liebe Gott hat den Menschen drei Eigenschaften gegeben: Intelligenz, Anständigkeit und Nationalsozialismus. Aber wie es nun einmal ist, kann jeder Deutsche nur zwei dieser drei Eigenschaften besitzen. Daraus ergibt sich: Entweder ist ein Deutscher intelligent und anständig, dann kann er kein Nationalsozialist sein, oder er ist anständig und ein Nationalsozialist, dann kann er nicht intelligent sein, oder aber schließlich er ist intelligent und ein Nationalsozialist, dann kann er unmöglich anständig sein. Und mit diesen drei Begriffen konnte man im Grunde genommen wirklich fast alle Menschen im Dritten Reich klassifizieren. Denn intelligente und anständige Nationalsozialisten konnte es spätestens nach dem

Sommer 1939 nicht mehr geben. Zu diesem Zeitpunkt hätten auch dem letzten Naiven die Augen aufgegangen sein müssen. Das Erstaunliche war aber, daß die Augen vielen höchst anständigen Menschen nie aufgegangen sind, daß es solche anständige Deutsche und Österreicher gegeben hat, die erst im Jahre 1945 und manche, die auch noch viel später nicht gemerkt hatten, wie fürchterlich sie vom Nationalsozialismus und seinen verantwortlichen Vertretern hineingelegt worden waren. Das ist um so verwunderlicher, als die Nicht-Nazis keineswegs intelligenter oder anständiger als ihre nazistischen Mitmenschen waren, aber doch sofort gemerkt hatten, was mit Hitler eigentlich los war.

Nun hat sicher bei meiner Familie und bei vielen unserer Freunde mitgespielt, daß wir aus einer dem Nationalsozialismus nicht konformen Umgebung und Welt kamen, daß wir in einer katholischen, betont österreichischen Familie aufgewachsen sind, daß in unserem persönlichen Fall Papa eben Chefredakteur einer liberalen Zeitung war; das alles zusammen hat natürlich dazu beigetragen, uns von vornherein eher skeptisch zu stimmen. Als dann im März 1938 sowohl Papa wie Otto verhaftet wurden, als Mama von Männern der »Österreichischen Legion« geschlagen wurde, war begreiflicherweise mein Immunisierungsprozeß schon zu Beginn des Dritten Reiches abgeschlossen. Uns konnte man nichts mehr erzählen, und so ging es sicher sehr vielen anderen.

Der Tag der Volksabstimmung kam immer näher. Wenn man den deutschen Zeitungen und dem allgegenwärtigen deutschen Rundfunk Glauben schenken durfte, würde der 10. April über das künftige Schicksal Österreichs und ganz Großdeutschlands entscheiden. Natürlich war es jedem Menschen, der auch nur fünf Gramm Hirn im Kopf hatte, klar, daß es sich um eine Farce handelte. Österreich war seit dem 12. März von deutschen Truppen total besetzt, die Gegner des NS-Regimes waren im Kerker oder im KZ. Der Anschluß war durchgeführt. Die Erfüllungsgehilfen des nazistischen Systems, an der Spitze der Sicherheitsdienst der SS, die Geheime Staatspolizei und die SS selber, aber auch die Funktionäre der deutschen Wirtschaftsministerien und Wirtschaftsorganisationen hatten Österreich mit einem engen Netz von Verbindungsgräben zum Altreich durchzogen. Eine Volksabstimmung, wie immer sie ausgehen würde, konnte nichts an den Fakten ändern. Es war aber auch ganz klar, daß Hitler schon aus psychologischen Gründen und aus Gründen seiner Position gegenüber der übrigen Welt eine Volksabstimmung brauchte, die ihn mit neunundneunzig Prozent bestätigte. Deshalb wurde die Farce bis zum bitteren Ende durchgezogen, die Show mit einem Propagandaaufwand abgespielt, von dem sich jede politische Wahlkampagne in den sechziger oder siebziger Jahren dieses Jahrhunderts in Mitteleuropa einiges absehen könnte. Natürlich war es relativ einfach, denn die Gegner saßen im Gefängnis und konnten daher unschwer karikiert und negativ dargestellt werden. Die theoretisch noch »Neutralen« beeilten sich, Zustimmungserklärungen abzugeben: von Kardinal Theodor Innitzer bis zu dem früheren Staatskanzler Dr. Karl Renner. Da blieb keiner zu Hause, wagte keiner, der freundlichen Aufforderung der Machthaber des Dritten Reiches zu widerstehen, eine Wahlempfehlung abzugeben.

Ganz Wien war mit Plakaten überschwemmt, Flugzettel wurden gestreut, so wie in den guten alten demokratischen Zeiten vor 1933, an die ich mich gerade noch erinnern konnte. Die letzten Nationalratswahlen demokratischer Struktur fanden in Österreich im Jahre 1930 statt, dann gab es in Wien noch 1932 Gemeinderatswahlen, und ich erinnere mich noch an die unzähligen Flugzettel, die damals ein Hauptbestandteil der Wahlwerbung waren. Da gab es die Sozialdemokratische Partei, die Christlich-Soziale Partei, ferner den Schoberblock, der verschiedene Mittelgruppen vereinigte, nämlich die Großdeutsche Partei und den Landbund, in dem sich die nichtklerikalen Bauern zusammengeschlossen hatten, und da gab es noch den Heimatblock sowie regionale Parteien in den verschiedenen Ländern, es gab eine Monarchistische Partei Österreichs, die nie mehr als tausend Stimmen auf ihre Liste buchen konnte, und es gab auch die winzige Kommunistische Partei, die es ebenfalls nie fertigbrachte, auch nur in die Nähe eines Mandates zu kommen. Nunmehr im März 1938 sah alles anders aus. Es gab wiederum Flugzettel, aber auf allen stand dasselbe: »Sieg Heil; Ein Volk, ein Reich, ein Führer. Wählt Adolf Hitler, wählt die NSDAP, wählt das Großdeutsche Reich am 10. April.« Mehr war auf den Zetteln kaum zu lesen, manchmal wurde eine Wahlrede von Göring, Goebbels, Seyß-Inquart oder gar vom Führer selbst angekündigt. Es gab riesige Plakate und eben jene Wahlempfehlungen, die großflächig von den Wänden herunterblickten, mit der Unterschrift des Kardinals Innitzer oder Dr. Karl Renners. Wir wußten damals nicht, wie man Innitzer und Renner erpreßt hatte, und wir wissen heute noch nicht genau, inwieweit es eine Erpressung war oder inwieweit die beiden Männer glaubten, im besten Sinne für ihre Gesinnungsgenossen zu handeln. Sicher ist eines, daß sowohl Renner wie Innitzer niemals Nationalsozialisten waren. Beide aber haben wohl im Frühjahr 1938 die Grenze dessen überschritten, was noch zu verantworten gewesen ist, beide haben, wenn auch sicher im besten Glauben, schwere Fehler begangen. Denn sie haben es Hunderttausenden Menschen in Österreich, Katholiken und Sozialdemokraten, wahnsinnig schwergemacht zu erraten, wo eigentlich Gott oder die sozialistische Überzeugung zu finden seien. Und deshalb war der Schritt Innitzers und war auch die Unterschrift Renners ein Unglück für Österreich, denn die Nazis konnten jahrelang ihr großes Märchen weiterspinnen: »Was wollt ihr eigentlich, der katholische Kardinal und der große Kanzler der Sozialdemokraten, beide sind doch für den Führer.« Daß es in Wirklichkeit anders war, konnte man erst viele Jahre nach dem Krieg in zeitgeschichtlichen Publikationen lesen.

Für die Österreicher des April 1938, die keine Nationalsozialisten waren, waren diese beiden Wahlempfehlungen ein schwerer Schlag; sie haben sicher zu einer zusätzlichen Verunsicherung geführt. Für viele wurde es allerdings auch zu einer guten Ausrede; wenn man ihnen vorwarf, sie wären der NSDAP beigetreten, konnten sie leicht sagen, ja, aber der Renner und der Innitzer haben damals auch gesagt, man solle für Hitler sein. Für diejenigen aber, die gar nicht daran dachten, der NSDAP beizutreten, wurde durch diese beiden Erklärungen die Verzweiflung noch vergrößert, man fühlte sich noch verlassener und niedergeschlagener.

Die Volksabstimmung vom 10. April selbst war im übrigen auch eine eindeutige Fälschung. Ich kann mich noch genau erinnern, daß mein Vater und mein Bruder mit »Nein« stimmten. Doch am nächsten Tag konnte man im ›Völkischen Beobachter‹ lesen, daß der Wahlsprengel Oberdöbling mit dem Wahllokal in der Pyrkergasse hundertprozentig mit »Ja« gestimmt habe, es hätte keine Nein-Stimmen gegeben. Also irgend etwas muß da wohl nicht gestimmt haben. Ähnliche Wahlresultate bekamen wir auch von anderen Freunden berichtet. Auch in ihrem Wahlsprengel gab es Personen, die erklärten, mit »Nein« gestimmt zu haben, und auch in deren Wahlsprengel gab es offiziell angeblich keine einzige Nein-Stimme. Im ganzen Bezirk Döbling gab es nach offizieller Lesart von 38.416 abgegebenen Stimmen nur 131 Nein!

Sicher hätte auch bei einer freien Wahl am 10. April 1938, also einen Monat nach dem Anschluß, bereits eine Mehrheit der Österreicher für den Anschluß gestimmt. Die Szene hatte sich verändert, die Arbeitslosigkeit war vorbei. Die Stimmung war euphorisch, von der großdeutschen Sentimentalität ganz zu schweigen. Es wäre wohl auch ohne Erpressungen und Fälschungen zu einer deutlichen Mehrheit für Großdeutschland gekommen.

Warum die Nazis die Neunundneunzig-Prozent-Stimmen-Show abspielen mußten und sich damit – wie es uns schien – lächerlich und unglaubwürdig machten, war damals für uns nicht ergründbar. Dieselbe Show wurde ja auch bis 1989 in allen Oststaaten Jahr für Jahr abgespielt. Auch dort gab es nur Wahlergebnisse mit neunundneunzig Prozent, obwohl solche mit fünfundachtzig Prozent doch viel überzeugender wären. Offensichtlich sind diktatorische Regime nicht in der Lage, auch nur einen kleinen Anteil von kritischen und gegnerischen Stimmen dulden zu können. Vielleicht würden die fünfzehn Prozent geistige Zentren des Widerstandes bilden, könnten sich organisieren, würden verlangen, »wir wollen auch eine Vertretung haben«.

Nach der Wahl begann der Alltag wieder, wenn es auch ein neuer brauner Alltag war. Ich ging zur Schule, Otto, der in den ersten Apriltagen aus dem Gefängnis entlassen worden war, besuchte wieder die Universität, Papa war damit befaßt, die ›Neue Freie Presse‹ noch über die letzten Hürden – bis zu ihrer endgültigen Beerdigung durch den Führer – zu bringen. Mama las die Fahnen ihres Romans ›Pave und Pero‹, der im Herbst 1938 erscheinen sollte. Sonst schien sich auf den ersten Blick nicht sehr viel geändert zu haben. Oder doch? Da waren die Schlesingers, im Haus vis-à-vis. Sie sprachen schon davon, daß sie auswandern würden, dasselbe taten auch die Hegners. Bei uns in der Osterleitengasse, im Erdgeschoß, wohnte Dr. Werber, langjähriger Vizepräsident des Wiener Fußballverbandes, ein jüdischer Wiener Anwalt. Er beschloß, das Land zu verlassen, solange es noch möglich war. Andere jüdische Freunde jedoch erklärten, sie dächten gar nicht daran, wegzugehen. Sektionschef Rappaport, ein alter Freund des Großvaters, meinte, er wäre doch hochdekorierter Offizier des Ersten Weltkrieges gewesen, und seine Familie lebe seit Generationen in Wien. Es falle ihm nicht im Schlaf ein, wegzugehen.

Auch Großonkel Heinrich, der als pensionierter Direktor einer Papierfabrik in Oberösterreich in Linz lebte, kam nach Wien auf Besuch, um sich mit Großvater und Papa zu beraten. Auch er war Offizier im Ersten Weltkrieg gewesen, auch er hatte die Tapferkeitsmedaille, auch er hatte erst vor wenigen Jahren erfahren, daß er nach den Nürnberger Gesetzen Jude sei. Was sollte er tun?

Der Vater von Großonkel Heinrich und von Großvater war jüdischer Herkunft gewesen. Über die Abstammung der Mutter wußte man nicht genau Bescheid, geklärt wurde es erst nach Kriegsende. Als wir da erfuhren, daß die Mutter von Großvater als Christin geboren worden war, war der Arier-Spuk vorbei. Da Onkel Heinrich auch nicht mit einer »Arierin« verheiratet war – er war Junggeselle – wurde er daher als Jude bezeichnet und hatte die Konsequenzen zu tragen. Sie schienen ihm sehr fernzuliegen, denn alle seine Bekannten in Oberösterreich waren nach wie vor freundlich zu ihm, er verkehrte in denselben Kaffeehäusern wie vorher und sah keinerlei Veranlassung, sein Leben zu verändern. Die Dummen-Jungen-Streiche der HJ, die da durch die Straßen zog und antisemitische Sprechchöre brüllte, würden ja bald wieder aufhören. Man meinte, auch in Deutschland, im »Altreich«, habe sich der Antisemitismus ad absurdum geführt; es gäbe doch sehr viele Juden, die noch in Stellungen in der Wirtschaft, als freischaffende Künstler, Ärzte oder Rechtsanwälte tätig seien. Man konnte also wieder zur Tagesordnung übergehen, wenn man nicht zu jenen vorsichtigen oder weitblickenden Menschen gehörte, die bereits den Donner der bevorstehenden Katastrophe hörten und sich rechtzeitig absetzten.

Bei uns im Schottengymnasium merkte man nicht viel vom Anschluß. Die Professoren waren in der Mehrzahl Patres, geistliche Herren, und daher schon von vornherein keine Nazis, und auch die Laien waren – mit wenigen Ausnahmen – über den Verdacht des Nationalsozialismus erhaben. Unter den Schülern war die Zahl der Nazis, wie ich schon berichtete, relativ gering. Wir spielten Fußball, interessierten uns für alle möglichen Dinge, insbesondere für den in Spanien tobenden Bürgerkrieg, und warteten im übrigen auf die großen Ferien. Ein Vorteil des Anschlusses würde sich ja jetzt zeigen, man konnte nach Deutschland fahren, man konnte dieses Land, das angeblich so großartig war, endlich selber kennenlernen.

Auch Papa empfahl eine Deutschlandreise, womöglich für beide Söhne. Mama war der Meinung, Otto sollte lieber nach Italien fahren, wer weiß, wie lange man noch ins Ausland reisen könne. Schließlich wurde ein Kompromiß getroffen. Ich würde den Sommer bei Freunden der Familie, Ferdinand und Jannerl Gatterburg, in deren Schloß im Odenwald verbringen, sollte aber vorher mit Mama kurz nach Norditalien fahren, wo sie auf den Schauplätzen ihres eben fertiggestellten Romans im Venezianischen, in Motta di Livenza, und dann auch in Dalmatien wandeln wollte. Otto würde mit Freunden aus der Jugendbewegung, also ganz im bündischen Geiste, per Anhalter nach Italien reisen; das ferne Reiseziel war sogar Afrika, Libyen, damals noch italienische Kolonie.

Vorerst wollten wir Buben uns mit gleichgesinnten Freunden treffen, um einmal festzustellen, welche Möglichkeiten es gäbe, um sich auch im Dritten Reich so zu verhalten und zu betätigen, wie wir es bisher getan hatten. Es wurde nach einer möglichst einsamen Hütte Ausschau gehalten, und Freunde aus dem natürlich auch aufgelösten Tiroler »Freikorps« empfahlen eine Almhütte im Montafon, bei Parthenen, die noch dazu den Vorteil hatte, daß sie sich ganz nahe der Schweizer Grenze befand. Es fand sich ein Kreis von etwa zwanzig jungen Burschen zusammen, wie Clemens von Klemperer, Wilfried Ussner, René Josef, Hugo Ostermann, Much Staudinger, Harald Innerhofer, Luigi Parisini, Hans Unterrainer und etliche andere Freunde aus den Tagen des Freikorps. Wir beschlossen, nach Beginn der Ferien, Anfang Juli, möglichst in ganz kleinen Gruppen von zwei oder drei und möglichst unauffällig nach Vorarlberg zu reisen und uns in Parthenen zu treffen. Einige wollten von Parthenen dann direkt in die Schweiz und in den freien Westen gehen, ohne sich der Mühe zu unterziehen, einen offiziellen Grenzposten zu passieren, schon deshalb nicht, weil sie über keine Ausreisevisa verfügten. Im Grunde genommen war uns gar nicht bewußt, daß wir hier – wenige Monate nach dem Anschluß – den ersten Keim einer aktiven Widerstandsgruppe bildeten. Aber das sollten wir schon noch rechtzeitig merken, vor allem durch die Reaktion der Gestapo. Wir waren damals alle noch sehr naiv und hatten keine Ahnung, mit welchen Gefahren und Risiken wir eigentlich spielten.

Eines Tages verkündete Mama freudestrahlend, Onkel Max Bleyleben, ein entfernter Vetter und guter Freund, sei aus Brünn, in dessen Nähe er mit seiner Familie auf einem kleinen Schloß lebte, zu Besuch nach Wien gekommen. Onkel Max war eines jener Überbleibsel des alten Österreich, die mir geradezu repräsentativ für eine Welt erschienen, deren letzte Ausläufer ich gerade noch hatte erahnen dürfen. Ich liebte Onkel Max und seine Erzählungen, seine lustigen Geschichten und seine fröhliche, sympathische und ungezwungene Art des Herrn alter Schule.

Zu den lustigsten Geschichten des Onkel Max gehörte eine über seinen Vater. Oktav Bleyleben hatte sehr früh Karriere gemacht, mit fünfunddreißig Jahren war er als Landespräsident in die Bukowina, das östlichste Kronland der österreichisch-ungarischen Monarchie entsandt worden. Baron Bleyleben reiste also nach Czernowitz, der Hauptstadt der Bukowina, des Buchenlandes, fern an der Grenze des russischen Kaiserreiches. Die Honoratioren des Kronlandes kamen, ihm ihre Aufwartung zu machen. Es kamen die Bischöfe der orthodoxen Kirche, es kamen die katholischen Bischöfe, es kamen die protestantischen Pfarrer und natürlich die Vertreter der Israelitischen Kultusgemeinde: geführt vom Oberrabbiner von Czernowitz erschienen zwölf Herren, Rabbiner und sonstige geachtete Gemeindemitglieder. Oktav Bleyleben empfing die Herren jovial und freundlich. Der Oberrabbiner von Czernowitz begann seine Ansprache: »Wir danken Exzellenz Bley für die gnädige und freundliche Aufnahme, die Sie uns gewährten.« Onkel Oktav unterbrach freundlich und sagte: »Entschuldigen Sie, mein Name ist Bleyleben.« »Selbstverständlich«, sprach der Oberrabbiner, »also, wir möchten uns erlauben, Exzellenz Bley zu bitten...« Wiederum unterbrach Onkel Oktav und sagte: »Ich möchte nochmals darauf hinweisen, mein Name ist Bleyleben.« »Natürlich«, meinte der Oberrabbiner, und begann von neuem: »In diesem Sinn bitten wir Exzellenz Bley...« Da war es nun dem guten Bleyleben zu dumm, er sprang auf und sagte: »Bitte, meine Herren, ich habe Ihnen schon dreimal gesagt, mein Name ist Bleyleben!« »Gott soll abhüten«, sagte der Oberrabbiner, »nie würden wir uns gestatten solche Vertraulichkeit.« Für jene, die das alte Österreich, daher auch den Jargon der Juden nicht kannten, sei hinzugefügt, daß die Zufügung »leben«, wie Mammeleben, Tateleben, das Zeichen von enger Verwandtschaft und vertraulicher Beziehung im jüdischen Deutsch der alten Monarchie war. Den Landeschef »Bleyleben« zu nennen, schien den Juden von Czernowitz ein Eindringen in die Intimsphäre der angesprochenen Exzellenz.

Oktav Bleyleben ist dann schnell weitergestiegen in der Hierarchie der alten Doppelmonarchie, er wurde Statthalter von Mähren, hat als solcher den berühmten mährischen Ausgleich – der eine Lösung des Nationalitätenproblems bedeutete – erfolgreich durchgeführt, eine große Leistung, die bekanntlich in Böhmen und anderswo nicht geglückt ist. Auf Grund seiner Erfolge wurde er dann Statthalter von Niederösterreich, oder Österreich unter der Enns, wie das Land damals noch hieß. Sehr häufig waren nicht Beamte Statthalter von Niederösterreich, sondern Hocharistokraten, Feudalherren. Aber Kaiser Franz Joseph hatte eine Vorliebe für Beamte, war er doch selbst in seiner Seele viel eher Beamter als ein großer Feudalherr, und so suchte er sich den Baron Bleyleben für dieses Amt aus. Der Statthalter von Niederösterreich war Herr über das Kernland Österreichs und über die Haupt- und Residenzstadt Wien. Bleyleben blieb bis zum Zusammenbruch der Monarchie Statthalter und ging dann ohne viel Bitterkeit in Pension.

Von Onkel Oktav Bleyleben handelt noch eine andere Geschichte: Als Kaiser Karl nach dem Tod von Kaiser Franz Joseph das schwere Amt des Herrschers der an allen Fronten kämpfenden und innerlich schon halb zerfallenen Monarchie übernahm, hatte er einen großen Verschleiß an Ministerpräsidenten: Koerber, Clam-Martinic, Seidler, Hussarek, Lammasch. Eines Tages – so wird erzählt – kam Kaiser Karl auf die Idee, Oktav Bleyleben zum Ministerpräsidenten zu machen. Der Statthalter von Niederösterreich wurde zur Audienz nach Baden, in das Kriegshauptquartier Seiner Majestät des Kaisers und Königs, gerufen. Der Kaiser empfing ihn huldvollst und bot ihm nach einem langen Gespräch das Amt des Ministerpräsidenten an. Unter allen möglichen

Vorwänden bemühte sich Bleyleben, einer klaren Stellungnahme auszuweichen. Es gelang ihm eine Weile, dann aber
fragte Kaiser Karl ganz direkt, ob er nun das Amt annehmen
wolle. Der Statthalter lehnte ab. Als Kaiser Karl nach seinen
Gründen fragte, meinte Bleyleben, er wolle lieber als Statthalter von Niederösterreich denn als Liquidator von Österreich-Ungarn in die Geschichte eingehen. Der Kaiser soll
den Baron Bleyleben dann eher kurz und nicht sehr gnädig
entlassen haben. Wenige Monate später ging die Befürch-
tung Bleylebens in Erfüllung, viel schlimmer, als er sie wohl
je geahnt hatte.

Der Sohn dieses bemerkenswerten Mannes nun, der Onkel Max, der im Sommer 1938 aus dem noch freien Brünn zu
uns auf Besuch kam, im Vollbesitz aller ihm dort – nämlich
in der Tschechoslowakei – noch zur Verfügung stehenden
Meldungen und Nachrichten, warnte uns alle, insbesondere
aber Papa und Otto, in Österreich zu bleiben. Er befürchtete
sehr ernstlich, daß es bald zu einem Krieg kommen würde.
Max Bleyleben glaubte, die Tschechoslowakei werde keineswegs kampflos dem Druck der deutschen Machthaber nachgeben, daß aber andererseits die Nationalsozialisten kaum
mehr zu bremsen sein würden. Fast alle seine Prophezeiungen gingen innerhalb eines Jahres in Erfüllung, lediglich den
Zeitpunkt des Kriegsbeginns hatte er falsch eingeschätzt.
Nicht im September 1938, sondern erst September 1939
marschierten die deutschen Soldaten nach Polen und kam es
so zum Zweiten Weltkrieg. Uns schienen Onkel Max' Warnungen recht unwahrscheinlich, obwohl es – hätte man nur
alles richtig zusammengezählt – genug Hinweise gab. Jedenfalls fuhr Max Bleyleben unverrichteter Dinge zurück nach
Brünn. Seine Söhne Alfred und Karl-Anton zählten in späteren Jahrzehnten zu unseren besten Freunden.

Mit der Familie Bleyleben waren wir auf Umwegen über
den Urgroßvater, Petar von Preradović, verwandt. Er hatte
etliche Jahre nach dem Tod seiner geliebten Pave noch einmal geheiratet, und zwar eine verwitwete Baronin Bleyleben, die ihrerseits in erster Ehe mit dem Großvater von
Onkel Max verheiratet gewesen war. Mit diesem Petar Preradović sollte ich mich gerade im Sommer 1938 relativ viel
beschäftigen. Ich begleitete in diesem Sommer Mama nach
Italien, in das ehemals österreichische Venetien, die dort
Verwandte aufsuchen, in Archiven stöbern und nochmals

den Hintergrund ihres Romans ›Pave und Pero‹ in Augenschein nehmen wollte. Ihrem Roman lag im wesentlichen der Briefwechsel zwischen ihrem Großvater Petar Preradović und ihrer Großmutter Paula de Ponte zugrunde. Mama und ich fuhren mit der Südbahn bis Udine und von dort dann mit einer kleinen Bahn weiter, in Richtung Triest, nach Motta di Livenza, ein Städtchen auf ungefähr halbem Weg von Venedig nach Triest, etwa zwanzig Kilometer von der Adriaküste entfernt gelegen, am Ufer des Flüßchens Livenza. Es war eine Stadt, wie man sie in Norditalien hundertfach heute noch finden kann, mit einem Campanile, einem kleinen Zentrum und dann, in der weiten Ebene zwischen Kanälen und Alleen, langsam dürftiger werdenden Häusern und Siedlungen. Dort lebte im Jahre 1938 noch immer die Familie de Ponte, die Cousins zweiten und dritten Grades von uns waren. Sie nahmen uns sehr gastfreundlich auf und fanden es aufregend, daß Mama einen Roman über die gemeinsamen Vorfahren schrieb. Ich hatte auf diese Weise Gelegenheit, noch ein bißchen österreichisch-italienische Vergangenheit zu empfinden. Denn das Motta di Livenza von 1938 war nicht viel anders als das Motta di Livenza von 1866. Nach dem Krieg von 1866 wechselte dieses kleine Städtchen den Besitzer: ganz Venetien, das bis dahin noch österreichisch gewesen war, wurde damals samt der Hauptstadt Venedig dem neuen Königreich Italien zugeschlagen.

Als Urgroßpapa Petar Preradović seine Pave auf der dalmatinischen Insel Lukoran kennenlernte und sich mit ihr verlobte, war jedoch Pave eine Österreicherin, ihre Eltern waren beliebte und hochangesehene Bürger in einer österreichischen Provinzstadt. Sie waren natürlich der Nationalität nach Italiener, und im Jahr 1848 spielte der italienische Nationalismus schon eine sehr dramatische Rolle. Für Pero, den österreichischen Offizier und illyrisch-kroatischen Dichter und Nationalisten war das Nationalgefühl der Italiener etwas Bewundernswertes, etwas, dem die Kroaten nacheifern sollten. Er selber aber kämpfte gegen die Piemontesen – die die Einigung Italiens erringen wollten – auf den Schlachtfeldern Oberitaliens. Er ist mit der siegreichen Armee des großen Feldmarschalls Radetzky in Mailand eingezogen. Doch derselbe Petar Preradović verfaßte im gleichen Jahr die ersten wesentlichen Gedichte in kroatischer Sprache, einen Zyklus, genannt ›Der Reisende‹ – auf kroatisch

›Putnik‹ –, der die Reise eines Menschen zu seiner Heimat, zu seiner Nation widerspiegelt.

Urgroßvater Preradović erreichte fast alles, was er nur erhoffte. Er wurde nicht nur ein berühmter Dichter, sondern er brachte es auch zum k. u. k. General. Das einzige, was Pero nicht fertigbrachte, war, seine schöne, zarte italienische Frau, seine geliebte Pave, glücklich zu machen. Für sie war er zu streng, für sie war er zu weit weg, ihre Sorgen konnte er nicht verstehen, daran mußte sie scheitern. Deshalb ist sie nach dem Tod ihres dritten Kindes, das früh nach einer Krankheit in Motta verstorben ist, in den Fluß Livenza gegangen, weil sie nicht wußte, wie sie es ihrem geliebten Mann beibringen sollte, daß sie ihm ein Kind verloren hatte.

Unten in Motta di Livenza verbrachten wir einige Tage, fuhren dann nach Triest. Die Hafenstadt war 1938 schon eine tote Stadt. Zwanzig Jahre früher war es noch der wichtigste Hafen der großen österreichisch-ungarischen Monarchie gewesen, in dem der Österreichische Lloyd, die viertgrößte Handelsschiffahrts-Gesellschaft der Welt, beheimatet war. 1938 war es zur kleinsten italienischen Provinz geworden. Venedig, Genua, Neapel, ja selbst Livorno und Bari hatten es längst überflügelt. Der Hauch der großen weiten Welt war jedoch in Triest noch zu spüren, zumindest für mich. Nicht nur der Hafen erinnerte noch an eine größere Zeit, die ganze Stadt sah aus wie ein Teil von Wien, die Zweierlinie und ein Stück des dritten Bezirks ans Meer verlegt. Das Theater, das Rathaus, die großen Paläste der Schiffahrtsgesellschaften, alles war österreichisch und alles hatte denselben Stil, dieselbe Atmosphäre, wie sie zu Hause herrschte, in Wien, in Graz, in Laibach, in der Bukowina, in Lemberg, in Agram und in Budapest – zumindest bis 1918.

Nach zwei Tagen fuhr Mama weiter nach Süden. Ich hingegen bestieg wieder die Eisenbahn und reiste zurück über Laibach und Villach nach Tirol, verbrachte einen Tag bei unseren Innsbrucker Verwandten, bei der Tante Milli, deren Mann Anton Edlinger ein Verleger gewesen war. Er hatte in Innsbruck eine Zeitung besessen und einen Buchverlag – der erste Verleger in unserer Familie –, der wunderschöne Reiseführer durch die Tiroler Berge publizierte, aber auch historische Werke und ein ganz berühmtes Kochbuch, das Kochbuch einer Frau von Rokitansky. Diese Dame muß eine großartige Küchenchefin gewesen sein, denn ihr Buch wurde in allen gutbürgerlichen Haushalten der großen österreichisch-ungarischen Monarchie zu Rate gezogen.

Dann ging es weiter nach Bludenz, dort traf ich Bruder Otto und die Freunde vom Freikorps. Wir wanderten durch das Montafon nach Schruns, fuhren dann mit einer kleinen Werksbahn, die Baumaterialien für den Bau des Montafoner Kraftwerks herbeibrachte, bis Parthenen, einem winzigen Dorf, noch keineswegs für den Fremdenverkehr entdeckt. Von dort marschierten wir an der Trasse einer Standseilbahn entlang. Wir durften aber in der Seilbahn nicht mitfahren, sondern mußten den Berg hinaufklettern: es war ein großer Tschoch. Schließlich wanderten wir über weite Almen bis zu unserem Ziel. Das war eine Almhütte, wie sie im Büchl steht, ganz nieder, aus rohen Steinen, mit einem Holzschindeldach und einem einzigen Raum drinnen, in dem ein offenes Feuer brannte, und dahinter ein zweiter Stallraum, wo die Schafe und die Rinder bei schlechtem Wetter Unterstand fanden und wo sie gemolken wurden.

Wir waren ungefähr zwanzig Burschen zwischen vierzehn und dreiundzwanzig Jahren, fast alle von uns kamen aus dem Freikorps, einige aus dem Neuland, manche hatten beiden Gruppen angehört: ursprünglich dem Neuland und später dem Freikorps. Wir verbrachten fünf oder sechs Tage dort oben. Es wurde wie in guten alten bündischen Zeiten, wie auf Fahrt gelebt; wir kochten selbst und bestanden die Härteübungen, die uns vom Neuland her eine Selbstverständlichkeit waren. Aber diesmal ging es um etwas anderes: um ernsthaftere und wichtigere Dinge als bloßfüßig über einen Gletscher zu gehen oder einen heißen Teller über dem Feuer in der Hand zu halten, rechtzeitig aufzustehen, um zur Morgenmesse ins Dorf zu laufen, drei Stunden hinunter und dann wieder drei Stunden hinauf auf den Berg. Das alles gehörte nicht mehr zum Wesentlichen.

Plötzlich wurde uns zum ersten Mal klar, daß es um Politik ging, um höhere Werte, die wir uns noch nicht genau erklären konnten, aber die eben mit nicht mehr wegzuwischender Realität vor uns standen. Einige der älteren in unserem Kreis, wie mein Bruder, waren schon im Gefängnis gewesen, der Führer des Freikorps, der von uns allen heißgeliebte Helmut Jörg, saß im Konzentrationslager Dachau, und wir wußten nicht, ob er jemals von dort zurückkommen würde. Es ging sehließlich darum, daß Clemens Klemperer, der beste Freund meines Bruders Otto und mein großer Schutzherr in den Straßenschlachten der letzten Schuschnigg-Monate, hier von Parthenen aus gar nicht mehr nach Wien zurückkehren, sondern gleich über die nahe Schweizer Grenze, die kaum zwei Kilometer von der Hütte entfernt bei einem Hochjoch verlief, gehen wollte.

Jung und optimistisch wie wir waren, glaubten wir mit allen Problemen irgendwie schon fertig zu werden, selbst mit dem übermächtigen Diktator Hitler und seinem Dritten Reich, das wir nun schon seit ein paar Monaten erlebten. Im Augenblick fühlten wir die unbedingte Notwendigkeit, uns dem Gegner zu stellen und zur Aktion zu schreiten, zu zeigen, daß wir auch noch auf der Welt waren. Die Innsbrucker Freunde Hugo Ostermann, Jürg Staudinger, Hans Unterrainer und andere berichteten von ersten Versuchen in Tirol, sich gegen die Nazis zur Wehr zu setzen. In Tirol hatte es unter den jungen Leuten und den Intellektuellen besonders viele Nazis gegeben, weil man hoffte, mit Hilfe Hitlers Südtirol zurückgewinnen zu können. Die illegale NSDAP in Österreich und besonders in Tirol hatte das Problem Südtirol stets ausgenützt, um die guten Beziehungen zwischen Dollfuß und später Schuschnigg und dem italienischen Faschismus als einen Verrat an Südtirol anzuprangern.

Noch in der Nacht vom 11. auf den 12. März 1938 sind die Innsbrucker Nationalsozialisten mit dem Andreas-Hofer- und dem Südtiroler-Lied zu den ersten großen Fackelzügen marschiert. Unmittelbar nach dem Anschluß mußte Hitler aber für die stillschweigende Zustimmung Mussolinis zur Annexion Österreichs zahlen. Und er zahlte mit der Anerkennung der Brenner-Grenze und erklärte, die Südtiroler hätten nur zwei Möglichkeiten: entweder ins Großdeutsche Reich auszuwandern oder in Südtirol zu bleiben, dann aber die völlige Italienisierung zur Kenntnis zu nehmen. Diese Reaktion Hitlers kam vollkommen unerwartet und wirkte für die Tiroler Nationalsozialisten wie ein Schlag ins Gesicht. Die Nichtnazis in Tirol befanden sich plötzlich im Besitze einer ganz vorzüglichen Waffe, um die Verlogenheit und die Unehrlichkeit des gesamten nationalsozialistischen Systems, wo es ja angeblich immer um Blut, Volkstum und Boden ging, zu beweisen. Man mußte also aus unserer Sicht sofort in die Kerbe schlagen. Wir hielten uns für berufen, in dieser Sache etwas zu tun: Unsere politischen Führer waren ja alle verhaftet, saßen in Gefängnissen oder KZs. Jene, die wieder freigekommen waren, standen unter strenger Überwachung durch die Gestapo. Also war es an uns, Taten zu setzen, uns zu bewähren.

Nach Beendigung der Tage in Parthenen zogen wir daher in kleinen Gruppen über das Paznauntal hinunter in Richtung Landeck und Innsbruck; zum Teil zu Fuß, zum Teil per Autostop kamen wir in die Tiroler Hauptstadt. Ich wohnte wiederum bei Verwandten und hatte die Chance, mit den Innsbrucker Freikorps-Freunden und unserer Parthenen-Gruppe die erste Aktion des Widerstands mitzumachen. In der Kanzlei des Innsbrucker Stadtpfarramtes, wo sich auch die Büros des eben neu bestellten Weihbischofs von Innsbruck, Dr. Rusch, befanden, gab es eine Abziehmaschine. Auf dieser Abziehmaschine konnten wir in viertausend Exemplaren den Text eines Gedichts vervielfältigen, das zu der Melodie des Horst-Wessel-Liedes, der Hymne der Nationalsozialisten, gesungen werden sollte:

Im tiefsten Schlaf, die Fenster fest verschlossen,
so fuhrst du durch das deutsche Südtirol,
du letzter Hoffnungsstrahl von hunderttausend
    Volksgenossen.
Verräter Südtirols, oh, fahre wohl!

Es sank die Hand, die schon zum Gruß erhoben,
doch nicht der Mut, der ewig uns beseelt,
als wir erfuhren, daß auf dem deutschen Brenner
    droben
die Grenze bleibt, die Saint Germain bestellt.

Mag der VB auch die Geschichte fälschen,
wir Söhne Hofers halten treue Wacht.
Uns bringt kein schöner Trinkspruch über zu den
    Welschen,
und keine Achtzig-Millionen-Macht.

Wir arbeiteten etwa fünf oder sechs Stunden, begannen nach Einbruch der Dunkelheit, waren etwa um ein oder zwei Uhr nachts fertig und sehr stolz auf unsere Tätigkeit. Am nächsten Tag steckte jeder einige hundert Flugblätter in den Rucksack. Wir verbrachten den Tag am Lanser See oberhalb Innsbrucks, und nachdem es am Abend dunkel geworden war, gingen wir durch die Straßen der Stadt oder fuhren mit der alten Innsbrucker elektrischen Tramway von Wilten bis Hall und streuten von den offenen Plattformen der Straßenbahn Flugzettel auf die Straße. Das Ergebnis war hinreißend. Niemand hatte zu diesem Zeitpunkt in Innsbruck oder sonstwo in Österreich eine aktive Widerstandsaktion erwartet. Die Tiroler Gestapo alarmierte sofort die Spitzen des Reichssicherheitsdienstes, der Wiener Reichsstatthalter Seyß-Inquart, gerade noch halb im Amte, erschien prompt in Innsbruck, ebenso auch Vertreter von Himmler und anderen Reichsbehörden. Es wurde eine Superrazzia gemacht, man nahm an, daß hier eine aktive Organisation tätig gewesen sei und, was wir allerdings in keiner Weise einkalkuliert hatten, etwa vierhundert Tiroler wurden in diesen Tagen unter der Beschuldigung, eine solche Aktion durchgeführt und geplant zu haben, verhaftet. Unter diesen Vierhundert war kein einziger von uns, denn niemand war auf die Idee gekommen, daß vierzehn- bis achtzehnjährige Lausbuben, noch dazu zum größten Teil aus anderen Gebieten des Landes, eine solche Aktion durchgeführt haben könnten.

Ich weiß heute nicht mehr genau, ob Bischof Rusch aktiv mit von der Partie war. Ich weiß nur eines, daß er plötzlich am Abend, während wir mit dem Abziehen des Textes beschäftigt waren, in der Pfarrkanzlei erschien und jedem von uns ein liturgisches Meßbuch mit einer Widmung von ihm schenkte. Mein Exemplar besitze ich heute noch. Uns hatte die ganze Aktion psychologisch in einer ganz unerwarteten Weise geholfen. Wir hatten plötzlich das Gefühl, daß wir uns zur Wehr setzen, etwas tun konnten. Wir begannen unsere Kraft bei weitem zu überschätzen. Im ersten Moment reagierten wir noch relativ vernünftig. Otto, mein Bruder, und diejenigen seiner Freunde, die mit ihm auf die große Fahrt des Sommers 1938 nach Afrika gehen wollten, reisten noch in der Nacht über den Brenner nach Italien und waren längst verschwunden, als die Gestapo aktiv wurde. Die Jüngeren in unserer Gruppe – ich glaube, ich war überhaupt der Jüngste – blieben noch zwei Tage in Innsbruck als harmlose Sommertouristen und setzten sich dann in verschiedene Gegenden ab.

Ich fuhr mit der Bahn von Innsbruck nach Deutschland und verbrachte wie vorgesehen den Sommer bei Graf und Gräfin Gatterburg im alten Schloß Eberstadt im Odenwald.

Jannerl Gatterburg, die Schriftstellerin Juliane von Stockhausen, war eine Jugendfreundin der Mama, der Onkel
Ferdl Gatterburg, österreichischer Militärakademiker und
junger Offizier des Ersten Weltkrieges, hatte zur letzten
Garde des Kaisers Karl gehört, denn die Kadetten hatten
Schönbrunn bewacht, bis der Kaiser Wien verlassen mußte.
Beide waren, als sehr national und vielleicht sogar nationalsozialistisch eingestellte Österreicher, schon vor dem Jahre
1934 aus Österreich weggegangen und hatten sich im Odenwald auf dem Gut von Tante Jannerls Familie niedergelas-
sen. Jetzt, im Jahre 1938, waren sie und ihre Söhne Egi und
Hunold rührend um mein Wohl bemüht, nahmen mich einen ganzen Sommer auf und schützten mich damit auch vor
irgendwelchen Zugriffen der Gestapo. Ebenso hatten sich
vor dem Jahre 1938 Papa und Mama um die Angelegenheiten
der Gatterburgs im damaligen für sie feindlichen Schusch-
nigg-Österreich bemüht. Diese Kooperation von politisch
verschieden denkenden Freunden, die einander halfen, hat
übrigens zu den ganz wenigen positiven Erscheinungen jener Zeit gehört. Man konnte Nationalsozialist oder Nicht-
nationalsozialist sein und sich trotzdem menschlich nahese-
hen. Im Prinzipiellen jedoch gab es keine Brücke.
Ich war vierzehn Jahre alt und verbrachte einen Buben-
sommer in einem mir fremden Land und vergaß auf die
Politik, auf Hitler und auf die Geheime Staatspolizei. Schloß
Eberstadt war ein herrliches Spielgelände, rundherum besaß
die mit Gatterburgs verwandte Familie Rüdt-Kollenberg eine ganze Anzahl von Burgen und Schlössern. Jeden zweiten
Tag waren wir woanders eingeladen. Wir durften mit auf die
Jagd gehen und hatten es herrlich. Außerdem fiel mir auf,
daß in Eberstadt, überhaupt in Baden, dem alten Großher-
zogtum Baden, der Nationalsozialismus lang nicht so heiß
gekocht und gegessen wurde wie bei uns in Österreich. In
dem kleinen Nest Eberstadt gab es noch jüdische Geschäfte,
die Juden gingen ganz normal ihren Angelegenheiten nach,
wurden von der übrigen Bevölkerung freundlich behandelt
und es schien niemandem aufzufallen, daß sie gar nicht mehr
präsent sein sollten. Es wurde auch viel weniger »Heil Hitler« gesagt. Es gab kaum Hakenkreuze oder Hitler-Bilder zu
sehen. Für mich, der aus der eben »befreiten« Ostmark kam,
ein erstaunliches Faktum. Die Familie Gatterburg war sehr
katholisch, am Sonntag ging man zur Kirche, der Pfarrer

spielte eine durchaus beherrschende Rolle im Dorf, lauter Dinge, die in Österreich nicht mehr vorstellbar gewesen wären. Egi Gatterburg, der älteste Sohn der Familie, und ich beschäftigten uns mit Fragen, die fernab von Hitlers politischen Zielen lagen: was für Flugzeuge gebaut wurden, wo im Spanischen Bürgerkrieg die Fronten verliefen, welche Mannschaft in der nunmehr vereinigten deutsch-österreichischen Fußball-Liga an die Spitze kommen würde.

Als ich im September 1938 nach Wien zurückkehrte, war alles wieder anders. Die Lage hatte sich spürbar verschärft, eine ganze Reihe von Freunden der Eltern war in der Zwischenzeit verhaftet worden. Drei Tage nach meiner Heimkehr erschien auch Otto aus Afrika, wurde am nächsten Tag von der Gestapo abgeholt und in das Wiener Gestapo-Gefängnis am Morzinplatz, das ehemalige Hotel Metropol, eingeliefert. Er wurde beschuldigt, sich aktiv gegen das Regime betätigt und an Widerstandsaktionen in Wien und Tirol teilgenommen zu haben. Also war die Tiroler Geschichte doch aufgeflogen. Ganz genau wissen wir es nicht, denn Otto wurde nach etwa drei Wochen wieder entlassen, wobei ihm nahegelegt wurde, sich so schnell wie möglich zur Wehrmacht zu melden, sonst werde sein Dasein als freier Mensch in Wien nicht mehr von langer Dauer sein. Otto beriet sich mit Papa und einigen Freunden und meldete sich; Anfang Dezember 1938 wurde er zu einem Krad-Schützen-Bataillon der zweiten Panzerdivision einberufen. Sein erster Garnisonsort war Kritzendorf an der Donau, unweit von Klosterneuburg bei Wien.

Vom Herbst 1938 an besuchte ich eine neue Schule. Das Schottengymnasium war in der Zwischenzeit von den Behörden des Dritten Reiches gesperrt worden. Katholische Schulen und Institute waren nicht mehr erlaubt, die Schottenpatres mußten sich anderer Betätigung zuwenden. Ich kam in das Döblinger Gymnasium in der Gymnasiumstraße und setzte damit eine alte Tradition fort, denn mein Vater war bereits in den späten neunziger Jahren dort zur Schule gegangen. Er kam allerdings von dort wegen mangelnder Schulerfolge bald wieder weg, ein Schicksal, das auch Otto und mir nicht erspart blieb.

Das Döblinger Gymnasium im Herbst 1938: Wiederum neue Schulkollegen, manche gute Bekannte noch vom Freikorps her, Harald Innerhofer in derselben Klasse, neu Lolo

Laroche, ein Schweizer, dessen Vater in Wien eine Firma hatte, mit dem ich mich bald befreundete, Harald Frederiksen, ein Däne amerikanischer Staatsbürgerschaft, dessen Vater ebenfalls in Wien gelebt hatte und der hier zurückgeblieben war. Er sollte später eine große Rolle im Widerstand spielen.

Ich war kaum drei Wochen in der Schule, als wir hörten, daß die Mädeln und Buben der Wiener Pfarren aufgefordert seien, an einem der nächsten Abende – ich glaube es war eine Rosenkranz-Feier – auf dem Stephansplatz zu einer gemeinsamen Andacht zu erscheinen. Wir gingen an diesem Abend des 7. Oktober 1938 alle hin, und zwar in kleineren Gruppen, und sammelten uns erst im Stephansdom. Dort erwartete uns eine Überraschung. Ich hatte angenommen, daß vielleicht dreihundert junge Leute da sein würden. Es waren – nach Schätzungen der Gestapo – mindestens acht- bis zehntausend. Die Kirche war völlig überfüllt, und es standen viele Menschen noch außerhalb der großen Portale auf dem Stephansplatz. Es predigte Kardinal Innitzer. Anschließend fand eine Andacht statt, dann wurden Lieder gesungen und schließlich strömten alle auf den Stephansplatz. Plötzlich ertönten neben den liturgischen Liedern auch Lieder der Jungenschaft und schließlich patriotische österreichische Lieder. Ich glaubte Augen und Ohren nicht trauen zu können, als plötzlich Tausende von jungen Leuten, Buben und Mädeln, mit dem alten Österreichgruß, mit erhobener Schwurhand das ›Lied der Jugend‹, das dem im Juli 1934 von den Nazis erschossenen Bundeskanzler Engelbert Dollfuß gewidmet war, anstimmten:

> Ihr Jungen, schließt die Reihen gut,
> Ein Toter führt uns an.
> Er gab für Österreich sein Blut,
> Ein wahrer deutscher Mann.
> Die Mörderkugel, die ihn traf,
> Die riß das Volk aus Zank und Schlaf.
> Wir Jungen stehen bereit,
> Mit Dollfuß in die neue Zeit!

Dann erschien der Kardinal noch einmal auf dem Balkon des Erzbischöflichen Palais und segnete die Menschenmenge. In dieser Schlußphase tauchten vom Graben und von der Schulerstraße kommend HJ-Streifendienstgruppen auf. Es kam vereinzelt zu Schlägereien und zu Handgemenge, insbesondere beim »Heidentor« der Stephanskirche, wo einige geschlossene Freikorps- und Neulandgruppen beisammen waren, die sich den HJ-Streifen entgegenstellten. Gruppen der katholischen Studentenverbindungen CV waren bei dem Seelsorginstitut an der hinteren Seite der Stephanskirche versammelt, und auch dort kam es zu Schlägereien. Aber die HJ war in der Minderheit und hat sich daher relativ schnell wieder zurückgezogen. Angeblich wurden vierhundert Leute verhaftet, ich weiß nicht, ob diese Zahl stimmt. Von meinen Freunden waren etwa ein Dutzend festgenommen worden. Auf jeden Fall betrachteten wir diesen Abend als einen ganz großen Sieg und als einen Wendepunkt. Zum erstenmal – nach sechs Monaten nationalsozialistischer Herrschaft in Österreich – hatten sich in Wien öffentlich Tausende junge Menschen zum Katholizismus, zu Österreich und zu ihrer dem System widersprechenden Auffassung bekannt. Wir hatten eine Kundgebung am Stephansplatz durchgeführt; siegestrunken und singend zogen wir durch die Stadt und schließlich nach Hause.

Am nächsten Tag in der Schule sagte uns ein HJ-Führer, der in unsere Klasse ging, er sei schon in den frühen Morgenstunden verständigt worden, daß an diesem Abend eine Großkundgebung am Stephansplatz stattfinden werde, um die »Schmach« des Vortages zu tilgen, die Schmach, daß junge Menschen sich öffentlich getroffen und antinationalsozialistische Lieder gesungen hätten. Die Rache werde furchtbar sein. Meine Freunde und ich beschlossen, uns am Abend in die Gegend des Stephansplatzes zu begeben, um zu sehen, was dort passieren würde. Es war etwa halb acht Uhr, als wir vom Graben her zum Stephansplatz kamen. Es waren dort schon einige tausend Hitlerjungen versammelt, alle in Uniform, unterstützt von SA-Trupps, die aus riesigen Autobussen ausgeladen wurden, aufgeputscht durch dröhnende Lautsprecherwagen und offensichtlich nach einem sehr genau vorgeplanten System. Im Verlauf des Abends wurden zuerst antiklerikale Lieder gesungen, es wurden dann Sprechchöre wie »Unser Glaube ist Deutschland« und »Innitzer nach Dachau« veranstaltet, schließlich wurde das Erzbischöfliche Palais am Stephansplatz von Hitlerjugend gestürmt, die Kapelle des Kardinals entweiht und die Einrichtung des Palais zertrümmert. Der Domkurat Krawarik wurde aus dem Fenster des ersten Stocks geworfen, er blieb mit zerschmetterten Beinen auf der Straße liegen. Den Kardinal selbst hatten seine Getreuen in einem Dachkammerl des Erzbischöflichen Palais versteckt.

Für Innitzer, der noch im März 1938 eine Erklärung abgegeben hatte, daß er für den Anschluß stimmen werde, der im Hotel Imperial Hitler besucht hatte, muß wohl dieser Abend eine besonders harte Demonstration der wahren Lage gewesen sein. Auf jeden Fall hatte er das Vertrauen der Katholiken Österreichs zurückgewonnen.

In dieser Nacht wurde nicht nur das Ordinariat ausgeräumt und gestürmt, es wurden auch mindestens fünfhundert junge Teilnehmer der Demonstration vom 7. Oktober in ganz Wien verhaftet.

Meine Freunde und ich hatten uns am Abend des 8. Oktober zurückgehalten, wir wurden aber am Rückweg auf dem Kohlmarkt von einer Gruppe Hitlerjugend gestellt und auf die Rossauer Lände gebracht. Dort wurden diejenigen, die noch nicht sechzehn Jahre alt waren, dazu gehörte auch ich, nach einem mehrstündigen Verhör nach Hause geschickt, die Älteren wurden festgenommen und der Geheimen Staatspolizei am Morzinplatz, ins Hotel Metropol überstellt. Damals im Oktober 1938 hatte ich zum erstenmal Bekanntschaft mit der Polizei und mit einem Gefangenenhaus gemacht, aber es waren nur ein paar Stunden und sie blieben ohne unmittelbare Folgen, weder in physischer noch in psychischer Hinsicht. Die zwei Abende im Oktober 1938 waren aber für uns ein Sieg. Wir hatten das Gefühl, ernst genommen zu werden, die Gestapo, die HJ mußte sich mit uns auseinandersetzen, der Nimbus, daß die SA allein die Welt beherrschte, war plötzlich ins Wanken geraten, es gab auch andere, es gab auch noch uns.

Eine Folge dieser Ereignisse des Oktobers 1938 war, daß Tausende von österreichischen Katholiken, die geglaubt hatten, gleichzeitig Nationalsozialisten sein zu können, eines Besseren belehrt wurden. Jetzt hieß es Farbe bekennen, entweder man war Nationalsozialist oder man war Katholik, beides war nicht mehr möglich. Eine heilsame Selbsterkenntnis begann im Lande um sich zu greifen. Per saldo war es eine gute und rechtzeitige Warnung.

Die Sensationen wollten aber im Herbst 1938 nicht abreißen. In der Außenpolitik hatte sich eine weitere Erfolgsserie des Dritten Reiches eingestellt. Hitler war es gelungen, mit einigen großen Bluffs und mit den Münchener Verhandlungen Chamberlain und Daladier hineinzulegen und die sudetendeutschen Gebiete, ohne einen Schuß abgeben zu müssen, von der Tschechoslowakei der Herren Masaryk und Beneš zu erben. Die Tschechen mußten klein beigeben. Sie wären bereit gewesen zu kämpfen, aber Frankreich und England erklärten ihnen, daß sie nicht auf ihre Unterstützung rechnen könnten. Chamberlain rief triumphierend, als er nach London zurückkehrte: »Der Friede ist für unsere Zeit gesichert«. »Unsere Zeit« sollte in diesem Falle nur zwölf Monate dauern.

Natürlich hatten diese Erfolge des Dritten Reiches Folgen im Inland. Die Gegner Hitlers sahen sich enttäuscht, die Euphorie der Nationalsozialisten stieg ins Grenzenlose. Als nächstes kam es zur »Reichskristallnacht«: Anfang November 1938 wurde ein deutscher Diplomat in Paris von einem jüdischen Emigranten erschossen. Dieses Attentat wurde vom Dritten Reich als willkommener Anlaß genommen, mit den Juden nunmehr endgültig aufzuräumen. Am Abend des 9. November begann die besagte »Reichskristallnacht«. In allen größeren deutschen, österreichischen und sudetendeutschen Städten wurden die Synagogen zerstört, jüdische Geschäfte geplündert, jüdische Privathäuser gestürmt, Juden, wo man sie nur finden konnte, verprügelt, geschmäht und verhaftet.

Am Morgen des 10. November ging ich wie jeden Tag zur Schule. Schon in der Döblinger Gatterburggasse sah ich aus der nahen Dollingergasse Rauchwolken aufsteigen. Die Döblinger Synagoge brannte noch, auf der Gasse standen ein Dutzend SA-Leute und Hitlerjungen. Einige ältere jüdische Männer und eine alte Dame wurden gerade auf ein Lastauto verladen. Sie hatten anscheinend versucht zu löschen. Die alte Dame blutete aus einer Kopfwunde. Ein SA-Mann lachte auf: »Hör auf zu weinen, Judensau, bist eh bald hin!« Einer der HJ-Führer erkannte mich: »Molden, verschwind, sonst kannst' gleich mit denen mitfahren.« Ich drehte um und ging zur Schule. Die Synagoge gloste noch den halben Tag. In den darauffolgenden Tagen mußten die Juden dann noch den von den Nazis in ihren Häusern und Geschäften angerichteten Schaden selbst wieder aufräumen und in Ordnung bringen. Es kamen die Tafeln auf, die an Eingängen von Parks oder öffentlichen Lokalen standen und auf denen zu lesen war: »Juden unerwünscht« oder »judenrein«. Die Juden durften nicht mehr in Geschäften tätig sein, die jüdischen Schüler wurden aus den Schulen entfernt. Innerhalb von wenigen Tagen war die jüdische Bevölkerungsgruppe zu Untermenschen degradiert. Und es dauerte auch nicht mehr lange – bis zum Herbst 1941 –, bis alle Juden auf ihrer Kleidung den gelben Stern tragen mußten.

Nunmehr begannen auch jene Juden, die bis dahin geglaubt hatten, im Dritten Reich ob ihrer Verdienste um das Deutschtum oder ob ihrer Tapferkeit im Ersten Weltkrieg sich behaupten zu können, einzusehen, daß es allerhöchste Eisenbahn sei, Deutschland zu verlassen. Gleichzeitig wurde es aber immer schwieriger, aus dem Dritten Reich auszureisen. Es gab zwar jüdische Organisationen oder internationale Gruppen, wie die Quäker, die versuchten, den Juden Pässe, Reisemöglichkeiten und Einreisevisa in Überseestaaten, die gewöhnlich die Grundvoraussetzung für die Ausreise waren, zu verschaffen. Für zwei Menschen, die uns nahestanden, kam alle Hilfe zu spät, Großonkel Heinrich wurde 1941 nach Theresienstadt und Sektionschef Rappaport nach Auschwitz deportiert. Dort sind sie umgekommen. Eine Spätfolge der »Reichskristallnacht«.

In den Gehirnen der führenden Männer des Dritten Reiches scheint aber zu diesem Zeitpunkt bereits der Gedanke an die »Endlösung« entstanden zu sein. Denn etwa Ende 1938 hörte man mit dem aktiven Bemühen, das bis dahin ohne Zweifel vorhanden gewesen war, die Juden aus Deutschland herauszulassen und sie zur Auswanderung zu zwingen, auf. 1939 begann die Planung der Aussiedlung der Juden, aber nicht ins Ausland, sondern aus dem deutschen Reichsgebiet in von der deutschen Wehrmacht besetzte Gebiete. Ab März 1939 stand dafür die Tschechoslowakei zur Verfügung und ab September auch Polen. Einer der ersten Plätze, die man ausgewählt hatte, war Theresienstadt, ehemals eine Festung der alten österreichisch-ungarischen Monarchie. Diese Entwicklung nahm mit der »Reichskristallnacht« ihren Anfang und in den darauf folgenden Monaten konnte man auch als relativer Außenseiter merken, daß beispielsweise Wien »judenrein« zu werden begann. Die Juden wurden aus ihren Wohnungen vertrieben und in den 2.

und in Teile des 9. Bezirkes umgesiedelt, nämlich in Massen-
quartiere und verschiedene dazu freigemachte Spitäler und
Altersheime, wie etwa in der Seegasse in der Nähe des Franz-
Josephs-Bahnhofs. Mit der Zeit schränkte man den jüdischen
Lebensraum immer weiter ein, und schließlich waren die
letzten Juden aus Wien weg. Was übrig blieb, waren sogenannte »Ehrenarier« und Juden, die mit Christen verheiratet
waren, alles zusammen wahrscheinlich nicht mehr als etwa
1,5 Prozent der früher in Wien lebenden Juden. Ich kann mir
nicht gut vorstellen, daß es Leute geben konnte, die nie gemerkt hätten, daß man die Juden verfolgte. Nach dem Krieg
habe ich allerdings verblüfft festgestellt, daß große Teile der
Bevölkerung behaupteten, nie davon gehört zu haben, daß
den Juden im Dritten Reich irgend etwas Arges passiert sei.
Das war nun wieder eines jener merkwürdigen Phänomene,
die sich in dieser Zeit immer wieder abgespielt haben, und für
die eine Erklärung so außerordentlich schwer ist.

Gute fünfundzwanzig Jahre später habe ich dann auf der
Frankfurter Buchmesse einen Mann getroffen, der weise genug war, schon vor der »Reichskristallnacht« dem Frieden
nicht zu trauen. Dr. Hajek, ein weiser und grundgütiger
Mensch, in späteren Jahren Leiter der Wiener Library in
London, berichtete, daß er im September 1938 in Basel gelandet sei, um auf ein Visum nach Übersee zu warten. Er war
verzweifelt, eine Katastrophe war der anderen gefolgt. Noch
ein halbes Jahr vorher friedlich in Prag installiert, war er jetzt
nach der Gleichschaltung Österreichs und des Sudetenlandes
als gehetzter Flüchtling unterwegs. Ein Weltkrieg stand vor
der Tür, wie würde alles enden? Was war doch dieses Jahr
1938 für ein verfluchtes Jahr, dachte sich Hajek jeden Morgen, wenn er sich aufmachte, um bei irgendeinem arroganten
Konsul anzufragen, ob sein Visum schon eingelangt war.

An einem solchen grauen Spätherbstmorgen berichtete ihm
seine Basler Zimmerfrau aufgeregt, Radio Beromünster habe
soeben gemeldet, in ganz Deutschland seien Synagogen, jüdische Geschäfte und Wohnhäuser geplündert, zerstört und
angezündet worden. Die »Reichskristallnacht« hatte stattgefunden. Verstört lief Hajek zum nächsten Zeitungskiosk und
kaufte sich die erstbeste Basler Tageszeitung, um Näheres
über das furchtbare Spektakel zu erfahren. Er nahm die ›Basler Nachrichten‹ zur Hand; die Überschrift auf der ersten
Seite des Blattes lautete: »1938 – Ein gutes Nußjahr!«

4. Kapitel
Ein Volk, ein Reich, ein Führer

Die Familie saß um den runden Biedermeiertisch mit der gehäkelten Decke im Salon, im weißen Kachelofen brannte ein warmes Feuer. Otto, im grauen Rock der deutschen Wehrmacht auf einem seiner Wochenendurlaube, berichtete, wie es bei den Soldaten sei. Er war nun schon drei Monate eingerückt. Es war im Spätwinter Anfang des Jahres 1939.

Es sei alles nicht so schlimm, meinte Otto, die meisten Ausbildner wären nette Burschen aus dem Reich, die sich mit den Österreichern schon angefreundet hätten. Die Rekruten kamen nämlich fast alle aus dem Wiener Raum. Sie hätten prima moderne Motorräder zur Verfügung und würden entsprechend der Heeresdienstvorschrift durch die Auwälder der Donau bei Kritzendorf, wo die Kompanie lag, gehetzt und geschliffen. Aber Otto fand dies alles angenehmer als im Gefängnis zu sitzen, nichts tun zu können oder zu warten, bis die Gestapo wieder zuschlagen würde. Mit einigen seiner Mitrekruten hatte er sich schon angefreundet, so mit Robbi Baier, mit dem er später den ganzen Frankreichfeldzug verbringen sollte. Nun wartete er gespannt, wann seine Truppe, die zur Zweiten Panzerdivision, einer der Elitedivisionen des deutschen Heeres gehörte, Richtung Tschechoslowakei in Bewegung gesetzt würde.

Es war ein offenes Geheimnis, man konnte es täglich nicht nur zwischen den Zeilen des ›Völkischen Beobachters‹ lesen, daß die Frage der Tschechoslowakei bald gelöst werden würde. Schon waren psychologisch-propagandistische Eröffnungsmanöver für die Eroberung eines dem Dritten Reich benachbarten Landes angelaufen. Zeitungen und Rundfunk meldeten: Verzweifelte deutsche Bürger seien vom minderwertigen Mob der Tschechen verprügelt worden, hätten sich in den Schutz des Reiches flüchten müssen, milde Proteste der Reichsführung wären von der arroganten, plutokratisch-jüdisch versippten tschechischen Regierung abgewiesen worden. Was würde nun dem friedliebenden Deutschen Reich wohl übrigbleiben, als hier zum Schutz der eigenen Volksgenossen einzugreifen?

Niemand zweifelte daran, daß es in wenigen Wochen oder Monaten die Tschechoslowakei nicht mehr geben würde. Nach dem kläglichen Verhalten der Engländer und Franzosen in München im September 1938 konnte man nicht erwarten, daß sie sich im Frühjahr 1939 anders verhalten würden. Ein weiterer Alliierter der Westmächte würde von Hitler geschluckt werden. Die Tschechoslowakei hatte auch gar keine Chance sich zu verteidigen. Ihre Festungen und Bunkerlinien, die eine wirksame Verteidigung des böhmisch-mährischen Raumes gestattet hätten, waren ja bereits im Herbst 1938 bei der Abtretung des Sudetenlandes vom Deutschen Reich übernommen worden. Die Rest-Tschechoslowakei war eine dünne Wurst, die an einigen Stellen in knapp zwei bis drei Panzerstunden durchschnitten werden konnte.

Über seine Offiziere und Unteroffiziere wußte Otto Interessantes und für uns Neues zu berichten. Die Mehrzahl von ihnen sei keineswegs nationalsozialistisch eingestellt. Es wären junge Leute, die natürlich dem erfolgreichen Vaterland dienen würden, die bemüht seien, als deutsche Soldaten ordentlich ihre Pflicht zu tun. Aber vom nationalsozialistischen Fanatismus, den man an den jungen Nazis Österreichs des Jahres 1938 kennengelernt hatte und den wir ganz selbstverständlich von den meisten jungen Deutschen erwartet hatten, spürte Otto in diesem Kader einer Elitedivision der deutschen Wehrmacht nur wenig. Er hatte, ganz im Gegenteil, das Gefühl, daß einige der Offiziere dem Nationalsozialismus eher kritisch gegenüberstanden, wenn sie sich auch begreiflicherweise hüteten, das unbekannten jungen Rekruten auf die Nase zu binden.

In Wien waren die Reichsdeutschen zu einer alltäglichen Erscheinung geworden, man konnte sie kaum mehr von den Österreichern, die jetzt Ostmärker hießen, unterscheiden. Übrigens schaffte Hitler 1942 auch den Begriff Ostmark ab. An seine Stelle trat der Ausdruck »Donau- und Alpengaue«. Das ehemalige Österreich verschwand auch als Verwaltungseinheit; nun gab es nur mehr die Reichsgaue Niederdonau (Niederösterreich plus dem nördlichen Burgenland), Wien, Steiermark (dazu das südliche Burgenland und – nach der Besetzung Jugoslawiens – die südsteirischen Gebiete samt Teilen von Krain), Kärnten (mit Osttirol und Teilen von Oberkrain und dem Kanaltal), Salzburg, Oberdonau

(Oberösterreich, nach der Besetzung der Tschechoslowakei auch Teile Südböhmens) und schließlich Tirol-Vorarlberg. Die Reichsgaue waren alle unmittelbar von Berlin abhängig. An ihrer Spitze standen je ein Gauleiter und Reichsstatthalter. Als einziges Traditionsgut, das man zu schätzen wußte, wurde die militärische Geschichte Österreichs übernommen. Ein moderner Kreuzer wurde »Prinz Eugen« genannt und Traditionsregimenter wie die »Hoch- und Deutschmeister« gaben ihren Namen an Einheiten der deutschen Wehrmacht weiter.

In den Schulen wußten die Professoren nicht genau, wie sie Geschichtsunterricht erteilen sollten, deswegen pflegte man ihn am liebsten mit dem Ende des Ersten Weltkrieges zu beenden, eine liebe Übung, die auch in der Zweiten Republik noch lange beibehalten wurde, da auch nach dem Jahre 1945 die verschiedenen Professoren nie genau wußten, wie man eigentlich die Erste Republik, die Schuschnigg-Ära, das vom Dritten Reich angeschlossene Österreich bis zum Jahre 1945 und dann die Phasen der Besatzung bis zum Jahre 1955 beurteilen und darstellen sollte. Da Bürgerstolz vor Fürstenthron bekanntlich nie eine besonders beliebte Einstellung in Österreich war und man stets Vorsicht walten ließ, hat man eben die letzten fünfzig Jahre in Geschichte am besten gar nicht unterrichtet. Die österreichischen Mittelschüler lernten dafür wesentlich mehr über die alten Griechen und Kelten als über das Geschehen in Österreich in den zwanziger und dreißiger Jahren. Begonnen hat es mit den Nazis, die die Geschichte des alten Österreich umgestalteten, beispielsweise wurden die Habsburger in eine höchst negative Ecke gestellt, und auch die Rolle der katholischen Kirche sollte nun in einem neuen Licht erscheinen. Die Protestanten waren jetzt natürlich gern gesehen und wurden positiv beurteilt, die Gegenreformation hingegen war allen Unglücks Anfang.

Ich hatte das Glück, in meiner Schule, dem Döblinger Gymnasium, einen sehr vernünftigen Geschichtsprofessor, Dr. Polterauer, zu haben, der eine österreichische Geschichtslinie weiterführte, während unser Deutschprofessor Dr. Müller, der übrigens bei Kriegsende von irgendwelchen aus den Gefängnissen zurückkehrenden Naziopfern auf der Straße entdeckt und umgebracht wurde, uns ganz in die Glaubenswelt des guten alten Wotan entführen wollte. Er marschierte mit uns an Tagen von Schulausflügen in den

Wienerwald und suchte geeignete Eichenhaine. In diesen angelangt, hielt er uns Vorträge über die Götterwelt des Germanentums, um uns zum Neuheidentum zu bekehren. Er hatte in der Klasse keine großen Erfolge. Ich glaube, es ist kein einziger beigetreten, was ihn kränkte. Persönlich war Müller im übrigen ein anständiger Mensch; so hat er mich meine verschiedenen Webfehler in keiner Weise fühlen lassen, mich immer sehr freundlich behandelt und mir sogar gute Noten gegeben.

Vom Direktor unserer damaligen Schule konnte man ähnliches nicht behaupten; er tat alles, um die nichtnazistischen oder sonst in irgendeiner Form belasteten Schüler spüren zu lassen, daß er ein überzeugter Nationalsozialist sei, sie dagegen eher zu den Untermenschen zählten. Er hat sich redlich bemüht, uns allen, die wir keine Nationalsozialisten waren, das Leben so schwer wie möglich zu machen. Kurz nach dem Krieg traf ich ihn einmal auf der Straße, da hätte er mich fast umarmt und war außerordentlich erstaunt, daß ich diese begeisterte Wiedersehensszene nicht in gleicher Weise zu schätzen wußte.

Ein Bildersturm ohnegleichen hatte eingesetzt und in seiner Folge kam es häufig zu grotesken Situationen. Beispielsweise war das Wiener Theater- und Zeitungsleben zu einem großen Teil von Juden beherrscht worden. Dasselbe galt übrigens auch für die Wiener Ärzteschaft und die Anwaltskammer, ein Faktum, das ganz wesentlich zur Verbreitung des Antisemitismus in Österreich beigetragen hatte. Für weite, nichtjüdische Kreise schien es schwer, sich auf diesen Sektoren des kulturellen und wirtschaftlichen Lebens durchsetzen zu können. Es war keineswegs so, daß ein Geheimbund der Juden, etwa die von Hitler so häufig zitierten »Weisen von Zion«, beschlossen hatte, in Wien dürften nur Juden Ärzte, Zahnärzte, Rechtsanwälte, Notare, Theaterdirektoren und Journalisten werden, aber es hatte sich nun im Zuge der Einwanderung der Ostjuden aus dem polnischen, rumänischen, slowakischen und ungarischen Raum ein sehr starker Druck von begabten, ehrgeizigen und vor allem sehr fleißigen Leuten ergeben, die seit dem letzten Drittel des 19. Jahrhunderts die Stadt Wien zum Ziel ihrer beruflichen und privaten Träume auserkoren hatten.

Diese Menschen, die aus den Ghettos von Galizien und aus allen Ecken und Enden des osteuropäischen Raumes kamen, wußten nur eines: sie wollten Erfolg haben. Ihre größten Gegner waren übrigens die alteingesessenen Wiener Juden selbst, die bis dahin ein friedliches, beschauliches und geachtetes Dasein geführt hatten und sich nunmehr einerseits in der Gefahr sahen, von den Neuankömmlingen aus dem Osten überholt zu werden und andererseits befürchten mußten, mit diesen Leuten in einen Topf geworfen zu werden. Es ist kein Wunder, daß in diesem letzten Drittel des 19. Jahrhunderts Persönlichkeiten wie Schönerer und Lueger in Wien groß wurden und mit ihnen jene Wiener Form des Antisemitismus, die sich aus wirtschaftlichem Neid und althergebrachten religiösen Vorurteilen zusammensetzte.

Faktum ist, daß die wesentlichen Exponenten des künstlerischen Schaffens dieser Epoche in einem weit über ihren Anteil an der Bevölkerung hinausgehenden Maß jüdischer Herkunft waren. Es war daher im Jahre 1938 für die Machthaber des Dritten Reiches sehr schwierig, der Öffentlichkeit klarzumachen, daß ein Großteil der Schriftsteller, die bis vor wenigen Wochen noch als das Beste vom Besten gegolten hatten, nunmehr als Juden unfähig, schlecht und widerlich geworden oder gar schon immer gewesen seien. Arthur Schnitzler, Hugo von Hofmannsthal, Franz Werfel, Stefan Zweig, Karl Kraus, Raoul Auernheimer, um nur einige der Schriftsteller und Dichter zu nennen.

Es war peinlich, daß in Wien, einer Stadt, in der die Musik und die Literatur eine besonders große Rolle spielen, plötzlich ein Großteil jener Werke, die man bisher in den Theatern, in der Oper und in den Konzertsälen aufgeführt hatte, als minderwertige Produkte einer Asphaltkultur abgetan werden mußten. Ein besonders komischer Fall war der von Johann Strauß, in dessen Adern einiges jüdisches Blut geflossen war. Die Wiener Kulturgewaltigen zusammen mit Dr. Goebbels wußten diesen Fehler zu verstecken, da der geliebte Führer niemals in die furchtbare Lage versetzt werden sollte zu erfahren, daß auch der von ihm so verehrte Walzerkönig zu jenem Kreis gehört hatte, der laut ›Mein Kampf‹ unfähig war, echte künstlerische Leistungen zu vollbringen.

Das plötzliche Verschwinden eines wesentlichen Teils der Kulturschaffenden hinterließ natürlich Lücken, die entweder gar nicht oder nur mit großen Schwierigkeiten durch

Künstler zu füllen waren, die den Ariernachweis erbringen konnten.

Niemand wußte übrigens so ganz genau, was ein Arier sei. Die arischen Herrenmenschen waren nach den Thesen Alfred Rosenbergs und der anderen Vertreter des Rassismus groß, blond, blauäugig und in jeder Beziehung die Nachfolger germanischer Göttergeschlechter. Bekanntlich ist nun weder die Mehrzahl der Deutschen noch der Österreicher groß, blauäugig, breitschultrig, schnell wie Windhunde und hart wie Kruppstahl, noch konnte man diese Erscheinungsformen eines arischen Äußeren auch nur bei einer Minderheit der Führungsschicht des Großdeutschen Reiches feststellen. Weder Hitler noch Göring, weder Goebbels noch Alfred Rosenberg und am allerwenigsten der berüchtigte Gauleiter Streicher von Nürnberg, der das antijüdische Hauptorgan ›Der Stürmer‹ publizierte, ähnelten im entferntesten jenen germanischen Heldengestalten, denen gemäß sich das deutsche Volk zu entwickeln hatte.

Gab es jedoch dieses nordische Wunderwesen nicht in natura, so wollte man doch wenigstens die Kinder durch germanische Namen aufnorden: Die Söhne von Nationalsozialisten wurden plötzlich nicht mehr Karl, Leopold, Ludwig, Franz oder Fritz genannt, dafür gab es in den Schulen auf einmal ABC-Schützen, die als Hagen Kratochwil, Siegfried Vondracek und Rüdiger Papocnik ihre Karriere als deutsche Volksgenossen begannen. Auch auf der weiblichen Seite mangelte es nicht an entsprechenden germanischen Namen. Gudrun und Sieglinde waren hochgeschätzte Vornamen, die Wiener Ortsgruppenleiter oder Klagenfurter NS-Warte gern ihren Töchtern mit auf den Lebensweg gaben. Die Geschichte hatte auch ihre Nachteile, denn als sich das Kriegsglück später wendete, wäre man die germanischen Vornamen gern wieder losgeworden. Das erwies sich dann jedoch als schwierig, und so kann man denn noch Jahrzehnte später an den Vornamen feststellen, ob wohl die Eltern dem Tausendjährigen Reich angehangen sind oder nicht.

Es war also eine recht hoffnungslose Aufgabe für die armen Rassenforscher des Tausendjährigen Reiches, eine rein arische, germanische Rasse zusammenzustellen. Ein großes Hindernis bei der Schaffung dieser Retortenrasse waren – wie wir schon gesehen haben – die vielen nichtdeutschen Namen, insbesondere im österreichischen und da wiederum im Wiener Raum. Bekanntlich kann man das Wiener Telefonbuch seitenweise lesen, ohne auf einen einzigen deutschen Namen zu stoßen.

Es ist eine Ironie der Geschichte, daß gerade immer wieder führende Repräsentanten des deutschnationalen politischen Flügels schon in der alten österreichisch-ungarischen Monarchie und später der nationalsozialistischen Bewegung in Österreich, nichtdeutsche Namen führten. Schon in der alten Monarchie hatte es den Spottvers gegeben: »Ein teutsches Wort mit Donnerhall von Podlesak und Vymetal«, wobei zu sagen ist, daß Podlesak und Vymetal Abgeordnete der Großdeutschen Partei waren.

Im Dritten Reich gab es Gauleiter und ähnliche Spitzenfunktionäre, die Globocnik, Jury, Tavs, Ostrobic oder Zalesak hießen. Stets waren sie bemüht, sich um so treudeutscher, um so germanischer zu geben, je böhmischer, polnischer oder ungarischer ihre Vorfahren waren. Am allerbesten war es natürlich, wenn man seinen Namen ändern konnte. Und siehe da, so mancher, der mit einem ordentlichen braven tschechischen, ungarischen oder slowenischen Namen seine Karriere in den dreißiger Jahren begonnen hatte, hatte dann plötzlich einen eingedeutschten Namen, in der Hoffnung, es damit in der SS, bei der SA oder auch nur als politischer Leiter weiterzubringen.

Die Zahl der politischen Witze nahm in dieser Zeit in einem bis dahin unvorstellbaren Maße zu. In den Diktaturen müssen sich politische Witze vermehren, weil es keine anderen Möglichkeiten, keine anderen Ventile für eine Äußerung der Kritik oder einer abweichenden Meinung gab. Man erzählte im Zusammenhang mit der Vertreibung der Juden eine Geschichte, die sich in Tirol abgespielt haben soll: In der alten Zillertaler Eisenbahn – eine kleine Bahn, die von Jenbach im Inntal nach Mayerhofen im Zillertal führt – sitzen in einem Coupé zwei alte Tiroler einander gegenüber, beide in Lederhosen, beide im Lodenrock, beide mit großen Trachtenhüten und langen Federn dran, beide rauchen ihre Pfeifen. Der eine liest die Zillertaler Lokalzeitung und sagt nach einer Weile zum anderen: »Mei, was die Nazi alles machen mit den Juden, daß die all die Juden vertreiben. Na ja, ob's dem Herrgott recht ist, weiß ich nicht. Aber die Juden sind auch blöd. A so a Jud – der schaut doch aus wie unsereiner, wie wir Tiroler, die schauen uns doch ganz ähnlich, haben auch so lange Nasen, haben dunkle Haar'. Also wenn ich so ein alter Jud wär', ich tät' ins Zillertal reisen, möcht mir ein Tiroler G'wandl anziehen und so an Hut, wie wir ihn haben, und a Lederhosen, und dann möcht' keiner merken, daß ich a Jud bin. Möchten mich alle für an Tiroler halten.« Sagt der andere alte Tiroler. »Nebbich, mit ihre Etzes bin ich versorgt.«

Oder eine andere Geschichte, die sich mit den gestörten Beziehungen zwischen der katholischen Kirche und dem Dritten Reich befaßte. Die Relationen zwischen dem Vatikan und der Reichsregierung verschlechtern sich ständig. Schließlich läßt Hitler Göring kommen und befiehlt ihm, sofort nach Rom zu fahren und dort, koste es was es wolle, mit dem Papst zu einer Regelung zu kommen. Göring nimmt den Befehl zur Kenntnis und reist ab. Zwei Tage später erhält Hitler ein Blitztelegramm aus Rom folgenden Inhalts: »Reichsgau Vatikan angeschlossen. Kardinalskollegium gleichgeschaltet. Papst auf der Flucht erschossen. Tiara paßt glänzend. Heil Hitler. Hermann I., Pontifex Maximus.« Das Telegramm war nach Inhalt und Ton durchaus dem Geist der Zeit entsprechend.

Im März des Jahres 1939 ist Otto mit seiner Einheit Richtung Südmähren, das damals schon zu Niederdonau gehörte, in die Gegend von Znaim abgerückt. Er hat an der Besetzung des Restteils der Tschechoslowakei teilgenommen und ist schließlich in Mährisch-Weißkirchen gelandet. Aus der Tschechoslowakei wurde das Reichsprotektorat Böhmen und Mähren, in dem eine tschechoslowakische Marionettenregierung unter Hacha die Befehle des deutschen Reichsprotektors auszuführen hatte. Der erste Reichsprotektor war der frühere Reichsaußenminister Freiherr von Neurath. Sein Nachfolger war dann der SS-Obergruppenführer Heydrich, der von tschechischen Patrioten, die aus England kommend, mit Fallschirm in der Nähe von Prag abgesprungen waren, ermordet wurde.

Im Zusammenhang mit der Ermordung Heydrichs ist das tschechische Dorf Lidice dem Erdboden gleichgemacht und sind seine Bewohner umgebracht worden. Es hat in der Tschechoslowakei im Krieg eine ganze Reihe von ähnlichen, wenn auch nicht so publik gewordenen Bluttaten gegeben, und die Tschechen, die sich von vornherein immer wieder gewehrt hatten, an das Dritte Reich angeschlossen zu werden, haben sicher unter Hitler Furchtbares mitgemacht. Andererseits muß gesagt werden, daß die Tschechen es besser gehabt haben als andere, von den Deutschen unterworfene Völker, was nicht gegen sie sprechen soll.

Denn während beispielsweise die Österreicher und natürlich auch die Sudetendeutschen – und ebenso die deutschsprachigen Bewohner des »Protektorats« – nach dem Anschluß an das Großdeutsche Reich zur Wehrmacht eingezogen wurden, mußten die Tschechen bis Kriegsende keinen Militärdienst leisten. So blieben ihnen die furchtbaren Blutopfer, die die kriegführenden Völker bringen mußten, erspart. Auch mit Bombardements ihrer Städte mußten sie kaum rechnen, während etwa Österreich von den alliierten Bombern nicht besser behandelt wurde, als die Masse der deutschen Städte. Auch da mußten die Österreicher bitter dafür büßen, daß ihr geliebter Führer Adolf Hitler seine eigene Heimat ins Reich »heimgeholt« hatte.

Die Staaten, die im Verlauf des Krieges von den deutschen Truppen besetzt wurden, wie Polen, Norwegen, Holland und Belgien, Frankreich, Jugoslawien, Griechenland, Rußland hatten schon durch die Kampfhandlungen furchtbar zu leiden. Ich denke an die Bombardierung von Warschau, von Rotterdam, von Belgrad, die Kämpfe um Leningrad oder gar die Behandlung der polnischen und russischen Bevölkerung, denen gegenüber die deutsche Herrschaft in der Tschechoslowakei bis Lidice relativ harmlos erscheinen mußte. Die Tschechen wurden von den Deutschen bis zur Ermordung Heydrichs gut behandelt, man wollte dort einen ruhigen Punkt haben; und auch nach der Ermordung Heydrichs war man noch bemüht, Böhmen und Mähren als das – offensichtlich von den Alliierten nicht zum Bombenziel ausersehene – Herzstück des Reiches zu schonen.

Es ist den Tschechen nie angekreidet worden, was man den Österreichern von 1938 bis 1945 über jede alliierte Radiostation nicht zu Unrecht vorgeworfen hat, nämlich, daß sie sich beim Anschluß nicht gewehrt hatten. Bereits im Juli 1940 bildete sich eine tschechische Exilregierung, die der frühere Staatspräsident Edvard Beneš mit großem Geschick durch den Krieg hindurchführte. Daß Beneš sich dann nach dem Kriege gegenüber den Sowjets nicht genügend zur Wehr setzen konnte und die Tschechoslowakei schließlich den Weg der anderen kommunistisch besetzten Staaten im Osten gehen mußte, ist eine andere Sache.

In den Jahren nach 1939 waren auf jeden Fall für den Durchschnittsbewohner des Großdeutschen Reiches die böhmischen und mährischen Gebiete ein fernes Paradies. Man wußte, daß es dort genug zu essen gab, man wußte, daß die Bewohner nicht zum Wehrdienst einrücken mußten, und jeder hoffte, einmal unter irgendeinem Motto eine Sondergenehmigung zur Einreise in das Reichsprotektorat Böhmen und Mähren zu bekommen. Mir selbst ist das erst im Jahre 1942 und dann noch einmal im Jahre 1944 gelungen. 1942, als ich aus Rußland zurückkam, blieb mein Militärsonderzug in Prag stehen, und ich bekam von einem freundlichen Feldwebel der Bahnhofstreife in Prag einen Stempel auf meinen Sonderausweis, der mich berechtigte, zweiundsiebzig Stunden in Prag zu verbleiben. Ich habe das mit größtem Vergnügen getan und erstmals die schönste Stadt Mitteleuropas zu Gesicht bekommen. Ich erinnere mich noch, daß ich durch die Straßen der Kleinseite und der Altstadt gewandert bin und mir zum erstenmal klar wurde, wie sehr Prag eigentlich in einem ganz anderen Sinne als es die Machthaber des Nationalsozialismus wahrhaben wollten, eine deutsche Stadt war, oder, wenn man es umgekehrt haben will, wie sehr der böhmische, der tschechische Raum auf die Geschichte des deutschsprachigen Mitteleuropa Einfluß genommen hat. Oder schließlich zum Dritten, wie sehr die Symbiose zwischen Slawen und Deutschen in Prag trotz aller Widerstände und Schwierigkeiten durch Jahrhunderte das Stadtbild geprägt und damit eine Atmosphäre geschaffen hat, wie sie anderswo nicht denkbar gewesen wäre.

Das zweite Mal war ich 1944 in Prag, dann schon mit falschen Papieren als Feldwebel Steinhauser, als ich von Wien nach Berlin fuhr und durch einen Bombenalarm in Prag aufgehalten wurde. Auch damals gelang es mir, in einem Beisel noch ein ordentliches Essen und ein Glas gutes Pilsner Bier zu bekommen.

Die Stimmung im von den Deutschen okkupierten Prag war allerdings eine völlig andere, als ich sie aus dem ›Soldaten Schwejk‹, der trotz Verbot noch bei uns zu Hause in Wien in der Bibliothek stand, gekannt hatte. Es war eine düstere Stimmung, es war nicht mehr jene ironisch-sarkastische Behendigkeit, mit der die Tschechen sich mit der alten kaiserlichen Herrschaft in Böhmen auseinandergesetzt haben, nichts mehr von der Geschicklichkeit, mit der sie durch kleine Streiche das Hofrat-Regime ad absurdum geführt haben. Es war eine unheimliche Stille, es war eine Abwehr, wie man sie sich deutlicher eigentlich gar nicht vorstellen konnte, obwohl aktiv nichts davon zu spüren war. Es sind mir aus dieser Zeit zwei kleine Geschichten in Erinnerung, die recht deutlich zeigen, wie die Situation im Prag dieser Zeit war.

Die eine spielt auf der Wenzelsbrücke, im Herzen von Prag. Ein Mann beugt sich zu weit vor, fällt ins Wasser. Er schreit verzweifelt auf deutsch: »Hilfe, retten Sie mich, ich ertrinke.« Oben steht ein anderer Herr, schaut freundlich hinunter und ruft ihm im schönsten böhmakelnden Deutsch zu: »No, hätten's lieber schwimmen gelernt als deitsch.«

Die andere Geschichte spielt ebenfalls in Prag, ebenfalls im Zweiten Weltkrieg. Eine Prager Straßenbahn fährt durch die Stadt und nähert sich dem Museum. Nun muß man wissen, daß in der Zeit der deutschen Besatzung alle Straßenbezeichnungen, alle Ortsbezeichnungen, alle Geschäftsbezeichnungen doppelsprachig sein mußten und so wurden auch die Stationen der Prager Straßenbahn in beiden Sprachen ausgerufen. Die Straßenbahn kommt zum Museum und der Schaffner ruft die Station aus: »Museum, Museum, zweites is deitsch.«

Es war ein sehr bitterer Humor, ein Galgenhumor. Wehmütig blickte man auf die Welt des Kaiserreiches zurück. Ich habe das auch in Brünn erlebt, als ich einmal dort einen Tag verbrachte. Mindestens jeder dritte Satz, den man damals von einem Tschechen zu hören bekam, lautete etwa: »Ach, hätten wir 1918 die Monarchie nicht zerschlagen. Wieviel besser ist es uns damals gegangen. Wie wenig Ahnung hatten wir, als wir vom ›Völkerkerker‹ der österreichisch-ungarischen Monarchie sprachen, wir Tschechen, die wir im Reichsrat saßen, die wir wie alle anderen unseren Anteil am Staat und an der Verantwortung hatten. Wegen ein paar Sprach- und anderen Streitereien glaubten wir, uns in einem Kerker zu befinden, was ein Kerker ist, haben wir jetzt im Dritten Reich zum erstenmal wirklich gelernt.«

Nie wieder hat es im Balkan- und Donauraum eine so lange und friedliche Periode gegeben, wie unter österreichischer Herrschaft, wenn auch manchmal durch Schlamperei und allzu reaktionär-konservative Auffassungen der Regierenden behindert oder durch Streitereien der verschiedenen Volksgruppen aufs Spiel gesetzt, aber doch dann immer wieder saniert, eine Zeit kulturellen, wirtschaftlichen und auch politischen Aufschwunges.

Im Jahre 1914 besaß Österreich eine funktionierende Demokratie, eine Demokratie, die auf jeden Fall unendlich repräsentativer und funktionierender war, als sie heute in irgendeinem der Oststaaten, der sogenannten Nachfolgestaaten des alten österreichisch-ungarischen Reiches, zu finden ist.

Im alten Österreich war es eine völlige Selbstverständlichkeit, daß zumindest die mittlere und höhere Beamtenschaft unbestechlich war. Aber auch der Gendarm im kleinen Dorf, am Lande, also der kleinste Beamte, den man sich vorstellen kann, war im allgemeinen nicht korrupt. Korruption galt als etwas außerordentlich Abzulehnendes. Ein höherer Beamter, der bei einem Akt der Korruption erwischt wurde, mußte nicht nur mit absoluter Sicherheit mit der Ausstoßung aus dem Beamtenkorps, sondern selbstverständlich mit der Verurteilung zu einer schweren Freiheitsstrafe rechnen, vor allem aber konnte er sicher sein, von der Gesellschaft ausgestoßen zu werden. Es war selbstverständlich, daß die hohen Beamten und auch die politischen Funktionäre, Mitglieder von Landesregierungen oder gar der Regierung in Wien für ihre Taten und für ihre Ressorts auch die volle Verantwortung zu tragen hatten. Der Gedanke, daß etwa nach einem schweren Zusammenstoß auf einer der Bahnlinien der österreichischen Reichshälfte der alten Monarchie der zuständige Generaldirektor der jeweiligen Bahn und auch der Verkehrsminister nicht zurücktreten würden, wäre jedermann grotesk erschienen.

Der Architekt Eduard van der Nüll, der zusammen mit Siccardsburg die Wiener Oper gebaut hatte, brachte sich um, weil er erkannte, daß er sich in seinen Berechnungen geirrt und die Oper um einige Meter zu tief gebaut hatte, wodurch optisch ein großer Teil ihrer Wirkung verlorenging. Als man Kaiser Franz Joseph zum erstenmal die neu fertiggestellte Oper zeigte, deren Bau und Erhaltung damals und bis zum Jahre 1918 ebenso wie das Burgtheater er aus seiner Privatschatulle bezahlte, merkte er so wie jeder andere auch, daß die Oper nicht in der richtigen Position stand und gab seinen kritischen Gedanken darüber auch Ausdruck.

Van der Nüll hat sich dann wenige Tage später das Leben genommen. Dies hat den alten Kaiser furchtbar getroffen, er hatte plötzlich das Gefühl, daß er am Tode dieses Mannes durch seine Bemerkung mit schuld war und hat von diesem Augenblick an nie wieder bei irgendwelchen öffentlichen oder künstlerischen Veranstaltungen irgendeine wertende Meinung abgegeben. Er sagte lediglich: »Es war sehr schön, es hat mich sehr gefreut.«

Kaiser Franz Joseph und seine Welt bilden den Hintergrund einer Unzahl von Anekdoten, die dieses alte Österreich zeichnen und vor allem zeigen sollen, wie ahnungslos der Kaiser angeblich praktischen, finanziellen und wirtschaftlichen Belangen gegenüberstand. Da gibt es zwei Anekdoten:

Im Jahre 1878 war der Feldzeugmeister Freiherr von Galgoczy zum kommandierenden General bei der Okkupation der ehemals türkischen Provinzen Bosnien und Herzegowina durch österreichisch-ungarische Truppen ernannt worden. Um diesen Feldzug im Herzen des Balkans durchführen zu können, hatte man dem General zur Abrechnung zuerst einmal von seiten des Finanzministeriums einen Betrag in Höhe von zehn Millionen Gulden, das war für damalige Zeiten unendlich viel Geld, zur Verfügung gestellt. Galgoczy besetzte Bosnien und die Herzegowina. Die Operation war erfolgreich abgeschlossen. Aber Galgoczy tat nichts, um irgendeine Abrechnung dieses Betrages zu legen.

Schließlich ersuchte der Finanzminister persönlich den Feldzeugmeister, doch endlich eine Abrechnung zu erstellen. Acht Tage später bekam er mit dem Kurier aus Sarajewo ein Briefkuvert des Feldzeugmeisters Galgoczy, in dem die Abrechnung enthalten lag. Es war ein einziges Blatt Papier, auf dem zu lesen stand:

»Erhalten für Feldzug 10 Millionen Gulden, ausgegeben im Feldzug 10 Millionen Gulden, wer's nicht glaubt, ist ein Trottel, gezeichnet Galgoczy, Feldzeugmeister.«

Der Finanzminister, empört über diesen Abrechnungsmodus, begab sich nach Schönbrunn, wo er vor Wut fast platzend, der kaiserlichen Majestät den Wisch auf den Tisch legte und dringend um eine entsprechende Bestrafung des

Feldzeugmeisters bat, der offensichtlich nicht nur den Finanzminister, sondern auch die ganze kaiserliche Verwaltung vor den Kopf stoßen wollte. Der Kaiser nahm das Blatt, schaute es lange an, kratzte sich am Kopf und sagte: »Ja, wissen's, das ist halt ein schwieriger Fall. So ist er halt, der Galgoczy. Wenn ich es mir überleg', ich sag' Ihnen was, ich glaub's.«

Der Finanzminister zog wieder ab und Feldzeugmeister Galgoczy blieb ungerügt.

Es gibt da noch eine andere kleine Geschichte: Der Obersthofmeister des Kaisers, der Fürst Montenuovo, hatte beim Hofjuwelier Köchert für seine Frau zum Namenstag eine wunderschöne Brosche mit herrlichen Steinen günstig erstanden. Als der Fürst am Nachmittag in der Hofburg bei der Majestät vorsprach, erinnerte er sich plötzlich an das Schmuckstück in seiner Tasche. Um den Kaiser von irgendwelchen unerfreulichen Dingen abzulenken, nahm er die kleine Schmuckschatulle aus der Tasche, öffnete sie und sagte:

»Majestät, ich habe heute diese wunderschöne Brosche für meine Frau gekauft. Ich wollte sie Majestät zeigen, denn es war ein sehr günstiger Kauf.«

Der Kaiser sah den Schmuck an, bewunderte ihn gebührend und fragte: »Ja also, war das wirklich so günstig?«

»Majestät, können sich gar nicht vorstellen, es war ein sehr günstiger Preis, es ist unglaublich gewesen. Wollen Majestät vielleicht die Güte haben zu raten.«

»Na ja, wenn es sehr günstig war, vielleicht fünf Kronen.«

Montenuovo erstarrte und sagte: »Aber Majestät, das ist doch alles echt, das sind unbeschreiblich schöne Steine, eine großartige Arbeit und schweres Gold. Trotzdem war es billig und hat nur 1600 Kronen gekostet.«

Worauf der Kaiser meinte: »No, is' auch net teuer.«

Der Großteil des Hochadels und der Beamtenschaft wollte nichts mit Geld zu tun haben. Es galt als unfein, sich mit Geld zu beschäftigen. Leute, die kaufmännischen Berufen nachgingen, wurden eigentlich mit scheelen Augen betrachtet. Ordentliche Leute waren entweder Beamte, Soldaten, Offiziere, sie waren Grundbesitzer, Wissenschaftler, Lehrer, Professoren, Ärzte, Apotheker, Notare, Handwerker oder Bauern; das waren ordentliche Berufe. Große Kaufleute und Bankiers hingegen genossen keine besondere öffentliche

Achtung. Typisch dafür auch der angebliche Ausspruch der alten Fürstin Metternich zu einem jungen Baron Rothschild, der sich bei irgendeinem Anlaß in ihren Augen daneben benommen hatte: »Reich können's ja vielleicht noch werden, lieber Rothschild, fein nimmer.«

Vor dem Ersten Weltkrieg war begreiflicherweise das Bestreben erfolgreicher Männer der Wirtschaft sehr groß, in die Oberschichten, die damals natürlich mit dem Adel ziemlich eng verbunden waren, vorzudringen. Es gibt da eine Unzahl von Anekdoten und Geschichten. Ich erinnere mich an eine, die noch bei uns zu Hause berichtet wurde.

Der bekannte Industrielle Lederer ging täglich ins Hotel Sacher zum Mittagessen und wurde stets vom Portier und vom Oberkellner mit »Verehrung, Herr Graf«, »Guten Morgen, Herr Graf« begrüßt, ohne daß er sich diese »Rangerhöhung« durch das Hotelpersonal verboten hätte.

Aber eines Tages war es endlich soweit: Lederer hatte den Bau eines Krankenhauses bezahlt, der Kaiser wußte dies zu schätzen und hatte ihn in den Freiherrnstand erhoben. Dies stand natürlich in der amtlichen ›Wiener Zeitung‹ zu lesen. Als Lederer wieder zum Mittagessen ins »Sacher« kam, eilte ihm der Portier entgegen:

»Guten Morgen, Herr Graf, gratuliere Herrn Graf, gratuliere herzlichst, Herr Graf.«

»Zu was denn, mein Lieber?«

»Na ja«, sagte der Portier, »zur Baronie, Herr Graf, zur Baronie!«

Die Habsburger waren seit jeher sehr großzügig, wenn es um die Verleihung des Adels ging: Offiziere und Beamte konnten sogar unter bestimmten Voraussetzungen um den Adel »einreichen«. Freilich gefiel das dem »alten Adel« nicht besonders. So gab man dem letzten Kaiser den Spitznamen »Sehadler«: Weil Karl angeblich jeden, den er sah, adelte!

Nun, bis zum Jahre 1939, in jenem Jahr, in dem »ein Volk, ein Reich, ein Führer« das Kennwort für die Situation war, hatten sich Glanz und Glorie des Adels, aber auch des Geldadels, in Österreich im wesentlichen schon verflüchtigt. Im Gegenteil, in jener Zeit im Dritten Reich Mitglied einer der großen österreichischen Adelsfamilien zu sein, hatte wesentlich mehr Nach- als Vorteile. Das Haus Habsburg war verfemt. Schon 1919 war die kaiserliche Familie verbannt und ihr Vermögen beschlagnahmt worden. Doch die Nationalsozialisten sahen im Haus Habsburg ihren ärgsten Feind. Dabei hatte der Kronprätendent, der älteste Sohn Kaiser Karls, von seinen Anhängern »Kaiser Otto« und selbst von Schuschnigg Majestät tituliert, gar keine Möglichkeit gehabt, nach Österreich zurückzukehren.

Bundeskanzler Schuschnigg hatte die sogenannten Habsburger-Gesetze des Jahres 1919 aufgehoben, wodurch sowohl die Landesverweisung der kaiserlichen Familie als auch die Beschlagnahme ihres Privatbesitzes rückgängig gemacht worden war. Bis dahin hatten Habsburger, wenn sie in Österreich leben und ihren Besitz behalten wollten, einen Revers unterschreiben müssen, in dem sie auf alle Thronansprüche verzichteten. Dies hatten auch viele Erzherzöge bereits praktiziert, nicht aber die engere Familie des Kaisers.

Die Regierung Schuschnigg war aber trotz Aufhebung des Gesetzes begreiflicherweise sehr daran interessiert, den Kronprätendenten womöglich aus dem Lande zu halten, um neuerliche Probleme im In- und Ausland – vor allem mit der »Kleinen Entente« – zu vermeiden. Ottos jüngerer Bruder, Felix, lebte jedoch im Jahre 1938 schon in Österreich; er besuchte die Wiener Neustädter Militärakademie. Aber Kaiser Otto war natürlich für das Dritte Reich und für alle Nachfolgestaaten, für die österreichischen Sozialdemokraten und für viele andere ein Dorn im Auge und Schuschnigg hatte ohnehin schon genügend Schwierigkeiten. Otto von Habsburg hatte – nach Berchtesgaden – Schuschnigg aufgefordert, ihm die Regierungsgeschäfte zu übergeben, da er der Meinung war, daß er große Teile des Volkes unter seiner Führung gegen den Nationalsozialismus zusammenfassen könnte. Schuschnigg hat das aber abgelehnt und ihn gebeten, nicht nach Österreich zu kommen, weil dies Hitler gerade als Vorwand nehmen würde, um einzumarschieren.

Die Mitglieder des Hauses Habsburg, die sich im Jahr 1938 in Österreich befanden, waren großen Schwierigkeiten ausgesetzt. Einige von ihnen wurden eingesperrt und verhaftet, nicht zuletzt der Herzog Max von Hohenberg, Sohn des 1914 in Sarajewo ermordeten Thronfolgers Franz Ferdinand. Max von Hohenberg und sein Bruder Ernst wurden 1938 als potentielle Feinde des Nazismus festgenommen und haben viele Jahre im KZ beziehungsweise im Gefängnis verbracht. Ganz allgemein wurden die Habsburger in der Nazizeit besonders schlecht behandelt, während etwa die Mitglieder deutscher Herrscherhäuser, wie die Hohenzollern oder auch andere bei den Herren des Dritten Reiches zumindest zeitweise in hohem Ansehen standen. Es gab zwar auch in Österreich einige Aristo-Adabeis, die es für unbedingt erforderlich hielten, dem Dritten Reich schnellstens die Treue zu schwören. Es gab da einen Prinzen Rohan, der in verschiedenen nationalsozialistischen Zeitungen begeisterte Durchhalte-Artikel schrieb, es gab in Niederösterreich einige Grafen oder Barone, die sich als Gauredner und sonst als Nationalsozialisten betätigten; aber die Masse des österreichischen Adels war schon auf Grund ihres Katholizismus gegen den Bazillus des Nationalsozialismus weitgehend immun. Ein typischer Fall war zum Beispiel der der Grafen Stolberg in Hall in Tirol:

Die Erzherzogin Valerie, Lieblingstochter des Kaisers Franz Joseph, war die Frau des Erzherzogs Franz Salvator aus der toskanischen Nebenlinie des Hauses Habsburg, ihre Tochter Hedwig wiederum heiratete den Grafen Bernhard Stolberg. 1938 lebte dieser Graf Stolberg mit seiner Familie in Tirol, wo Franz Joseph Besitzungen gehabt hatte, insbesondere das alte kaiserliche Jagdschloß im Kühtai, heute ein beliebtes Skigebiet, das zum Erbe der Erzherzogin Valerie gehört hatte. Damals in den dreißiger Jahren, als ich mich dort mit den Stolberg-Buben anfreundete, war es ein einsames kleines Jagdschloß, in der Nähe gab es noch eine Alpenvereinshütte, die »Dortmunder Hütte«, und sonst nichts als Murmeltiere. Dieses wunderschöne Jagdschloß mit großen Almen rundum gehörte nun zum Stolbergschen Besitz, sowie ein schloßartiges Haus in Hall in Tirol.

1938, nach dem Anschluß, wurde der Graf Stolberg verhaftet und blieb einige Wochen im Gefängnis, dann ließ man ihn wieder frei. Der Gestapochef von Innsbruck, ein relativ friedlicher Mann, der von der Münchner Polizei kam, hatte ihn sich vorher vorführen lassen. Im Verlauf des Gesprächs fragte der Graf den Gestapochef: »Sagen Sie, was empfehlen Sie mir, was soll ich denn anfangen? Glauben Sie, daß meine fünf Söhne im Großdeutschen Reiche eine Chance haben, Karriere zu machen?« Darauf meinte nun der Gestapochef: »Ja, eine Empfehlung ist Ihre Schwiegermama (nämlich die Erzherzogin Valerie) freilich gerade nicht für die jungen Herren.« Man sieht also, 1939 war die Sippenhaftung bereits im Kommen, keineswegs den Bolschewiken oder anderen asiatischen Systemen dieser Art vorbehalten, sondern im Dritten Reich durchaus gang und gäbe; hatte man doch auch nach dem 20. Juli etwa den Prinzenparagraphen eingeführt. Es durften Angehörige fürstlicher Familien in der Wehrmacht nicht mehr dienen, was allerdings die Betroffenen nicht sehr gekränkt haben dürfte.

Im Frühsommer des Jahres 1939 fand in der Osterleitengasse ein für Fepolinski und Waschlapski wesentliches Ereignis statt. Es erschien Neda Rukavina, die Cousine aus Kroatien, um auf Einladung von Mama einige Monate in Österreich zu verbringen, ihr Deutsch zu verbessern und – kurz gesagt – eine lustige Zeit in Wien zu haben. Nedica kam und siegte. Sie mußte nicht einmal viel sehen. Sie war der große Schlager der Familie, wo es bisher nur zwei Buben gegeben hatte und in der sich die Eltern, besonders die Mutter, immer eine Tochter gewünscht hatten. Ich fand Neda hinreißend, und es war überhaupt das erste Mal in meinem Leben, daß ich eine Frau hinreißend fand.

Neda war ungefähr zwei Jahre älter als ich, also fast erwachsen. Das ganze Haus roch nach ihrem Eau de Cologne, überall war ihre Anwesenheit spürbar. Es lagen Tüchlein, Blumen, Handtäschchen an strategisch wichtigen Punkten verstreut. Mama begann sie heiß zu lieben. Das war eine Liebe auf Gegenseitigkeit, Papa machte ihr milde den Hof, lediglich Otto war etwas weniger von ihr beeindruckt, obwohl auch er sie natürlich phantastisch fand.

Ich war bis über beide Ohren in sie verliebt, allerdings ohne bewußt davon die geringste Ahnung zu haben. Ich fand Nedica reizend, ärgerte mich, daß ununterbrochen irgendwelche Burschen mit ihr ausgingen, merkte gar nicht, daß ich im Grunde nur eifersüchtig war, und benahm mich lächerlich. Viele Jahre lang gestand ich Neda nicht, wie ich damals gefühlt hatte. Ob sie es gemerkt hat, weiß ich bis heute nicht, weil sie eine außerordentlich kluge Person ist und solche Dinge mit Kroatizismen zu übergehen weiß, die passenderweise niemand versteht.

Nun, Nedica hatte die Osterleitengasse – in der die Stimmung bis dahin trüb war – in kurzer Frist wieder zu einem fröhlichen Haus gemacht. Sie gab allen das Gefühl, daß man ganz normal leben könne, und wir taten es schließlich auch; es blieb uns ja gar nichts anderes übrig. Es wurde wieder ausgegangen, Mama entschloß sich, Leute einzuladen. Wir gingen am Abend oft ins Theater. Es war eine köstliche Zeit und – ohne daß wir es ahnten – auch das letzte Friedensfrühjahr und der letzte Sommer vor dem langen und schrecklichen Krieg.

Otto war in Mährisch-Weißkirchen bei seiner zweiten Panzerdivision und kam nur manchmal zum Wochenende nach Wien. Papa arbeitete in der Jasomirgottstraße, wo eine vom deutschen Wirtschaftsministerium gestaltete Wochenzeitung namens ›Südost-Echo‹ die Länder des Donauraumes und des Balkans auf die deutsche Wirtschaft hin vergattern sollte. Papa war dort als Archivar beschäftigt. Dieser Ausweichposten nach der Vernichtung der ›Presse‹ hatte so manchen Nachteil, aber einen gewaltigen Vorteil. Papa hatte seine Elli Heringer bei sich und konnte mit ihrer Hilfe den Schwierigkeiten des Dritten Reiches etwas gefaßter ins Auge blicken.

Elli Heringer, weit und breit nur Frau Elli genannt, war schon vor dem Jahre 1938 Sekretärin von Papa gewesen. Sie blieb es auch durch das ganze Dritte Reich, war immer für alles, was ihn und die Familie betraf, da und hat ihm später nach Ende des Krieges noch bis zu seinem Tod als Sekretärin und mehr als das, als Freund und als Helfer treuest gedient. In der Nazizeit war es gerade Elli Heringer, die oft in letzter Stunde half, wenn jemand verhaftet wurde oder wenn sonst Malheurs passierten.

Nun, also Papa war wenigstens provisorisch untergebracht, konnte arbeiten, Geld verdienen und die Familie erhalten. Mama war sehr aufgeregt, denn im Sommer 1939 erschien endlich ihr erster großer Roman ›Pave und Pero‹, ihr Durchbruch auf dem Prosasektor. Die Besprechungen des Buches waren phantastisch, es war innerhalb weniger Wochen ausverkauft. Eine zweite Auflage war ebenfalls bald vergriffen, und erst nachdem die dritte Auflage verkauft war, bekam der Verleger Otto Müller in Salzburg, bei dem das Buch erschienen war, einerseits weil Mama eben als betont katholische Autorin dem Dritten Reich nicht genehm erschien, und andererseits, weil der ganze Otto-Müller-Verlag kein regimenahes Unternehmen war, kein Papier mehr für eine weitere Auflage. Im Moment also herrschte zu Hause noch eine fröhliche Stimmung, man dachte, daß es vielleicht doch möglich sein würde, es sich in diesem Dritten Reich so zu arrangieren, daß man in einer kleinen Schneckenhauswelt existieren könne, ohne allzusehr von der Umwelt beeinträchtigt zu werden.

Der Traum war kurz, er dauerte nicht einmal einen Sommer, denn Ende August 1939 war es klar, daß der Krieg ausbrechen und damit von der Erbauung auch der kleinsten Schneckenhäuser nicht mehr die Rede sein könnte.

Mama kam aus Kroatien zurück, wo sie ihren Bruder Peter besucht hatte, ich war in Deutschland gewesen, per Autostopp mit Harald Innerhofer, durch den Ruhrpott nach Berlin und dann wieder zurück nach Österreich. Otto bekam schon keinen Urlaub mehr, der Krieg stand vor der Tür. Noch immer glaubte die deutsche Öffentlichkeit, daß es Hitler gelingen werde, die Alliierten wieder einmal zu bluffen. Man nahm an, daß es zu einer neuen Konferenz von München kommen werde. Man glaubte, daß die Engländer und Franzosen, die Österreich, die Tschechoslowakei, das Sudetenland und das Memelgebiet Hitler in den Rachen geworfen hatten, nicht ausgerechnet wegen Danzig sterben würden. Als schließlich in der letzten Augustwoche die Nachricht von dem deutsch-sowjetischen Pakt, den Ribbentrop in Moskau unterschrieben hatte, über die Rundfunksender und durch die Zeitungen kam, herrschte je nach Einstellung in Deutschland tiefste Niedergeschlagenheit oder größter Jubel. Bei uns und bei unseren Freunden war begreiflicherweise die Niedergeschlagenheit größer, allerdings ein bißchen war auch Erleichterung dabei, daß es nicht zum Krieg kommen würde, daß Öttchen nicht an die Front gehen müsse, daß die Gefahr zumindest im Augenblick vorbei war.

Dann kamen für uns, die wir uns bereits an Appeasement gewöhnt hatten, ganz überraschend der deutsche Angriff auf Polen und das englisch-französische Ultimatum. Von Otto gab es schon seit etlichen Tagen keine Nachricht mehr, er durfte sich nicht mehr melden. Offensichtlich war seine Division zur polnischen Grenze unterwegs. Am zweiten oder dritten Tag des Krieges in Polen hieß es dann im Wehrmachtsbericht, daß sich die zweite Panzerdivision bei der Eroberung des Jablunka-Passes, über den sie nach Polen hineingestoßen war, ausgezeichnet hatte.

Mama hatte keine direkte Nachricht von Otto und saß verzweifelt zu Hause, aber nach einer Woche kam eine Feldpostkarte; er schien alles gut überstanden zu haben, berichtete von Abenteuern, einer Panzerschlacht mit einem polnischen Kavallerieregiment, wo polnische Kadetten mit großer Tapferkeit, aber völlig sinnlos auf ihren Pferden aufgesessen gegen die deutschen Panzer losgestürmt waren, um natürlich nach wenigen Minuten blutig im Graben zu liegen. Er berichtete von der Eroberung von Krakau und bald, nach drei Wochen, war der Krieg für ihn schon aus.

Im November kehrte Otto zurück, bekam Weihnachtsurlaub in Wien und dann zog er mit seiner Division nach dem Westen. Er lag im Winter in Darmstadt, unternahm dort mit seinem Freund Robbi Baier lange Spaziergänge und plante nach dem Krieg – und wie er mir schon damals erzählte – die Errichtung einer Art von Europäischem Forum, das er »College« nannte und das sich irgendwo in Österreich, in den Bergen, zusammentun und aus Studenten und Professoren aus allen Teilen Europas bestehen sollte, um so die Einigung Europas zu fördern. Das Ganze schien mir damals etwas phantastisch, aber ich habe in den darauffolgenden Jahren gelernt, Ottos Phantastereien ernster zu nehmen, als ich es manchmal im ersten Moment getan habe, denn schließlich ist das College ja dann sechs Jahre später wirklich entstanden, und es existiert heute schon seit gut dreißig Jahren.

In der Schule hatten wir es schwer, das Tempo der deutschen Siege mitzuhalten. Die große Karte an der Wand des Klassenzimmers, auf der die deutschen Eroberungen mit Nadeln und Fähnchen festgehalten waren, änderte ständig ihr Aussehen. Im März 1940 folgten Dänemark und Norwegen. Papa hatte versichert, die britische Flotte würde selbstverständlich Norwegen erfolgreich verteidigen. Leider hatte er, wie so viele andere in diesen Jahren, mit seinen Prophezeiungen meist unrecht. Die Deutschen waren in wenigen Wochen im Besitz von ganz Norwegen und Dänemark, hielten Narvik. Bevor man sich noch vom Staunen und Schrecken erholt hatte, berichtete Otto, daß er nunmehr aus Darmstadt weg verlegt sei, in eine Gegend, die er nicht nennen dürfe, aber die wir durch bestimmte Verabredungen über Bezeichnungen in seinen Briefen bald als die Hohe Eifel geographisch fixieren konnten.

Wenige Wochen später war Otto in Frankreich, sein Krad-Schützenbataillon erreichte als erste Einheit bei Abbéville den Kanal. Frankreich kapitulierte und die Deutschen besetzten den größten Teil des Landes. Otto aber zog mit seiner Panzerdivision Anfang Juli im Triumph von St. Pölten kommend in Wien ein. Ich erinnere mich noch, wie ich mit Mama bei der Hietzinger Kreuzung in der Nähe der jetzigen Kennedy-Brücke stand und wie wir Otto zuwinkten, der auf seinem Krad, fröhlich lachend und mit dem Eisernen Kreuz ausgezeichnet, daherbrauste.

Als Mama und ich an diesem Tag nach Hause fuhren, sprachen wir kein Wort. Erst als wir aus der Straßenbahn ausstiegen, um von der Gatterburggasse durch die Döblinger Hauptstraße zur Osterleitengasse zu wandern, stellten wir beide fest, was für eine groteske Situation es eigentlich gewesen sei. Der Bruder und Sohn ist siegreich nach Wien heimgekehrt, wir hatten ihm zugelacht und zugewunken, und trotzdem waren wir über den Sieg verzweifelt. Noch grotesker war die Situation für Otto und seinesgleichen, für die Tausende von Soldaten in der deutschen Wehrmacht, die tapfer kämpften und trotzdem jeden Sieg verfluchten, den die Armee errungen hatte.

Otto hatte selbstverständlich, ebenso wie schon vorher in Polen, auch in Frankreich seine Pflicht getan. Er hatte getan, was jeder junge Mensch in der gleichen Situation tun mußte. Er war mit seinen Kameraden vorgefahren und hatte angegriffen; er hatte natürlich alles getan, um in seinem individuellen Bereich dafür zu sorgen, daß die Sachen gut ausgingen und nicht schlecht. Anders war es ja gar nicht möglich. Anders wäre er ja verrückt geworden. Daß er dann trotzdem über den Sieg nicht glücklich war, und daß ihm sein Eisernes Kreuz nicht so viel Freude machte, wie es ihm vielleicht in einer anderen Zeit eine andere Kriegsauszeichnung gemacht hätte, das war klar. Und das war die Tragödie nicht nur für ihn, sondern für viele Leidens- und Schicksalsgenossen seiner Generation.

Sommer 1940 war der Höhepunkt des siegreichen deutschen Vorrückens, und es war auch die Zeit, zu der man in Deutschland und in Österreich in fast allen Lagern annahm, die Deutschen würden den Krieg gewinnen. Man dachte, daß die Engländer einen Verhandlungsfrieden schließen müßten, weil sie unter den deutschen Bombenangriffen niederbrechen würden. Man sah die starke Allianz zwischen Deutschland und Rußland, konnte sich nicht vorstellen, daß Hitler hier etwas ändern könnte, und man sah ganz einfach keine Feinde mehr, die Deutschland noch niederzwingen könnten. Schon ein Jahr später war alles anders, denn im großen russischen Raum hatten sich schon viele, die ausgezogen waren, um zu siegen, verblutet.

Aber im Sommer 1940 dachten auch jene im Großdeutschen Reich, die keineswegs auf Sieg hofften, es sei eigentlich alles gelaufen und man müsse sich nun mehr oder weniger damit abfinden, daß das Dritte Reich, wenn auch nicht vielleicht tausend Jahre, aber doch etliche Generationen lang andauern würde. Nicht gerade eine schöne Aussicht für einen eben sechzehn Jahre alt gewordenen Knaben wie mich, ein Leben lang unter einem Regime leben zu müssen, das man ablehnte und von dem man abgelehnt wurde, und genau zu wissen, daß man in Wirklichkeit keine echte Chance hatte, die Dinge zu tun, die einem vorschwebten. Nun, Verzweiflungsausbrüche und Grübelei waren nie meine Art, und auch damals habe ich mich nach wenigen Stunden der Depression wieder völlig gefunden.

Vom Krieg merkte man nicht sehr viel. Allerdings waren Ottos Freunde schon alle eingerückt, gefallen war fast niemand. Unter unseren engeren Bekannten gab es noch keine Opfer des Krieges. In den ersten Angriffs- und Siegesfeldzügen hatte die deutsche Wehrmacht ja auch nur ganz geringe Verluste. Das Leben lief noch normal, es gab genug zu essen, es gab zwar Lebensmittelkarten, aber die Zuteilungen waren so großzügig, daß man die Rationierung kaum merkte. Man konnte im großen Deutschen Reich spazierenfahren, soviel man wollte; die Theater spielten; es kamen ständig neue Filme, einer luxuriöser ausgestattet als der andere. Dr. Goebbels ließ es sich nicht nehmen, gerade im Krieg das deutsche Volk und seine Landser entsprechend mit Vergnügungsartikeln zu bedienen. Man konnte vieles kaufen, plötzlich auch Beuteartikel aus den verschiedenen eroberten Ländern, französischer Champagner wurde in jedem kleinen deutschen Geschäft angeboten, und es schien, als ob die Deutschen nunmehr das Erbe der Engländer antreten würden, als ob sie es sein würden, die in den nächsten Generationen die Früchte der Arbeit anderer Nationen genießen könnten.

Im Herbst 1940 erhielt Otto Studienurlaub und konnte ein oder zwei Semester in Wien auf die Universität gehen. Alle waren glücklich, ihn wieder zu Hause zu haben und fast hätte man meinen können, es würde mit dem Jahre 1940 auch der Krieg bald zu Ende gehen. Der Eintritt Italiens in den Krieg gab eher zu Witzen als zu weiteren Besorgnissen Anlaß. Man hatte den Eindruck, daß der große Duce sich knapp vor Kriegsende noch Nizza und womöglich auch ein Stückchen von Griechenland sichern wollte.

In Wien herrschte – höchst unerwartet in Anbetracht der Tatsache, daß die Stadt längst keine Hauptstadt mehr war – plötzlich wieder diplomatisches Treiben. Im Schloß Belvedere trafen sich die Ministerpräsidenten und Staatschefs der Donauländer, die Rumänen, die Bulgaren, die Ungarn, die Jugoslawen. Es wurden diverse Pakte abgeschlossen, Italiens Außenminister Ciano war immer wieder in Wien, wohnte im Hotel Cobenzl, kurz, eine sonderbare Periode der diplomatischen, politischen und wirtschaftlichen intensiven Verhandlungen und deutscher Erfolge in der Liquidierung der alten Kleinen Entente war angebrochen. Man konnte kaum durch die Straßen Wiens gehen, ohne irgendeinen Konvoi von Horch- und Mercedes-Benz-Autos vorbeirasen zu sehen; vorn und hinten deutsche Feldpolizei auf Motorrädern und dazwischen drei oder vier Autos mit Horthy, Ciano, Antonescu oder auch dem jugoslawischen Ministerpräsidenten Cvetković, der in dieser Zeit seine Bindungen an Deutschland ständig zu verstärken suchte.

Das einzige, was sich wirklich verschlechtert hatte, war die Versorgung mit Nachrichten. Bis zu Kriegsbeginn gab es noch einige ausländische Zeitungen, nicht gerade die ›Zürcher Zeitung‹, die verboten war, aber immerhin den ›Pester Lloyd‹, die große deutschsprachige Tageszeitung von Budapest, das ›Agramer Morgenblatt‹, es gab italienische Zeitungen, die damals noch ziemlich offen berichteten, und es gab französischsprachige Zeitungen aus der Schweiz, die nicht verboten waren. Ab Frühjahr 1940 hatte sich das abrupt geändert.

Die einzige Zeitung, die es außer gleichgeschalteten Blättern aus dem Deutschen Reichsgebiet oder den besetzten Gebieten noch gab, war ›Der Grenzbote‹, die Tageszeitung der deutschen Volksgruppe in der Slowakei. Diese Zeitung war zwar völlig auf nationalsozialistischen Vordermann gebracht worden, aber sie publizierte – irgendeinem Zensor mußte es entgangen sein – noch bis in das Jahr 1942 hinein auch die Nachrichten, die sie von der United Press erhielt. Das Blatt war nämlich Abonnent des UP-Nachrichtendienstes und erst nachdem der Krieg zwischen der Slowakei und Amerika erklärt worden war, und das war eben erst Ende 1942, hörte diese letzte Quelle relativ objektiver Nachrichten aus der weiten Welt vollkommen auf.

Bis dahin hatte man sich allerdings längst auf das Abhören von »Feindsendern« umgestellt. Eine etwas riskante Geschichte, weil ihr Abhören mit Gefängnis oder Zuchthaus und die Weitergabe ihrer Nachrichten mit dem Tode bestraft wurde. Trotzdem gab es fast niemanden, der nicht diverse Auslandssender hörte. Am beliebtesten war das BBC mit seinem Österreich-Programm, später dann auch »Die Stimme Amerikas« und – weil relativ nahe und leicht hineinzubekommen – natürlich der Schweizerische Landessender Beromünster. Alle diese Sender hatten Hunderttausende dankbare Hörer im deutschbesetzten Gebiet und in Österreich, und ohne sie hätten wahrscheinlich viele den Krieg nicht überstanden, denn ohne diesen Rekurs aus dem Äther wären die einen hoffnungslos verzweifelt gewesen und hätten die anderen sich nicht in vielen entscheidenden Augenblicken rechtzeitig dem Kriegsgeschehen anpassen können.

5. Kapitel
Die »Liesl«

Wir saßen im Pfarrheim in der Canisiusgasse und prahlten mit unseren Sommerabenteuern. Es war Mitte September 1940, Luigi Parisini und sein Bruder Remi waren mit dabei, Felix Fuchs, Harald Innerhofer, Norbert Ortl und noch ein paar Freunde aus meiner kurzen Zeit im Schottengymnasium. Das Pfarrheim befand sich in einem häßlichen Gebäude aus der Zeit um die Jahrhundertwende, das an die große Canisiuskirche angebaut war. Es war ein unbeobachteter und stiller Platz, die Gestapo hatte dort bisher noch nie angeklopft, und wir fühlten uns frei und sicher.

Plötzlich rief einer, ich glaube es war Norbert Ortl: »Wißt ihr eigentlich, daß nächste Woche die Donkosaken nach Wien kommen?« Felix Fuchs korrigierte ihn und meinte, es wären die Kubankosaken. Nach kurzer Diskussion einigte man sich auf die Kubankosaken und beschloß begeistert, geschlossen hinzugehen und russische Volkslieder zu genießen.

Dem niemals Jugendbewegten sei gesagt, daß das Singen von Volks- und Soldatenliedern, darunter eben auch der Kosakenlieder, teils auf russisch, teils in deutscher Übersetzung, zu den Hauptleidenschaften der bündischen Jugend gehört hatte. Solche Lieder wurden an den Lagerfeuern und auf großer Fahrt tage- und nächtelang gesungen. Zu den beliebtesten Liedern gehörten die russischen »Platow feiern wir, den Helden« oder »Hinterm Kuban, hinterm Fluß, geht ein Kosak spazieren, er schießt herüber einen Schuß, er hat nichts zu verlieren« und es waren noch viele mehr. Begreiflich also, daß wir um jeden Preis ins Konzerthaus zu den Kubankosaken wollten.

Acht oder zehn Tage später – es muß in den letzten Septembertagen des Jahres 1940 gewesen sein –, trafen wir uns in einem kleinen Kaffeehaus am Graben und wanderten gemeinsam zum Konzerthaus, um pünktlich um sieben Uhr zur Stelle zu sein, wenn das Stehparterre geöffnet werden würde. Zu unserem allergrößten Erstaunen stellten wir beim Eintreffen im Konzerthaus fest, daß mindestens noch vierhundert andere Burschen, genauso wie wir in kurzen Hosen, mit Stutzen und dem Saugrohr am Knie, anwesend waren.

Das Saugrohr, kurz SR genannt, war aus Aluminium und steckte in den Kniebinden der Stutzen. Es wurde zum Wassertrinken und zu allen möglichen anderen Zwecken verwendet, war ein Statussymbol der bündischen Jugend und integrierender Bestandteil der sogenannten Kluft. Natürlich durfte man sie nach 1938 nicht mehr tragen, irgendwelche Abzeichen, die nicht NS-geeicht waren, ebensowenig. Geblieben aber waren die kurzen grauen Hosen und die ebenso graue Bluse, knopflos und zum Überziehen, die Kluft – natürlich ohne Abzeichen –, die einen unmißverständlich von der HJ unterschied.

Sie waren also alle wieder anwesend, ein paar hundert Wiener Bündische. Viele davon kannte man von früheren Fahrten, vielleicht auch von Schlägereien, andere kannte man dem Namen nach, manche gar nicht. Aber sie hatten denselben Stallgeruch, und alle begrüßten sich.

Das Konzert begann, wir fanden es großartig. Schon in der Pause fingen wir an, völlig ohne Organisation oder Kommando, im Sprechchor nach den von uns geliebten Liedern zu rufen: »Koltschak« und »Platow«; »Slawin Platow hagiroja«, fängt es auf russisch an. Und die Kosaken begannen, von solchen Ovationen hingerissen, nach der Pause das Verlangte zu intonieren. Die Begeisterung erreichte ihren Höhepunkt, wir sangen alle Lieder mit und erreichten mit unserem Jubel sechs Draufgaben. Der Dirigent wendete sich uns halb zu und dirigierte seinen Chor und das begeisterte Publikum gleichzeitig. Das Konzerthaus dröhnte, und wir waren glücklich wie schon lange nicht.

Als wir schließlich das Konzerthaus verließen, um beschwingt nach Hause zu gehen, wurden wir unten an den Ausgängen von der Gestapo – leicht erkennbar an Ledermänteln und Stiefeln – abgefangen. Vor dem Konzerthaus standen bereits fünfzehn oder zwanzig Gefangenenwagen, in Wien der »grüne Heinrich« genannt, und unser ganzer Haufe wurde zum Morzinplatz, dem Gestapohauptquartier, befördert.

Bis 1938 war das »Metropol« ein friedliches Hotel gewesen, dann hatte es die Gestapo übernommen und dort ihre Zentrale eingerichtet. Zur Gestapo gebracht zu werden, war keine sehr angenehme Aussicht. Aber wir waren ja noch jung und unerfahren und fanden das Ganze eigentlich eine Riesenhetz. Am Morzinplatz blieben wir damals nur kurze

Zeit, man nahm unsere Daten auf und bugsierte uns dann wieder in die »grünen Heinriche«, wo wir zum grenzenlosen Erstaunen der uniformierten Polizisten stolz und trotzig weitersangen. Einer der Polizisten erklärte mir später, so etwas hätten sie schon seit Jahren nicht mehr erlebt. Genau seit dem Winter 1937/38. Damals hätten manchmal HJ-Burschen oder sonstige junge Nazis, die man abführte, im Gefangenenwagen gesungen.

Wir sangen bis zur Rossauer Lände, bis wir zur »Liesl« kamen. Das war und ist das Untersuchungsgefängnis der Wiener Polizei am Donaukanal, eben an jener Rossauer Lände, die bis zum Jahre 1918 Elisabeth-Promenade geheißen hatte. Das Wiener Polizeigefangenenhaus verdankt also seinen lieblichen Namen der schönen Kaiserin Sissi.

Für mich, wie wohl auch für die meisten anderen konzertbesessenen Insassen der »grünen Heinriche«, war der Eintritt ins Gefängnis eine Premiere, und ich blickte mit großem Interesse den Dingen entgegen, die da kommen würden. Wir mußten uns in langen Reihen aufstellen, wurden zunächst noch einmal nach unseren Namen und Daten gefragt und dann »gefilzt«, im Gefängnisjargon gleichbedeutend mit durchsucht. Die diensthabenden Polizisten gehörten übrigens alle der Wiener Polizei an und hatten mit der Gestapo nichts zu tun. Alle Gegenstände, die einem Selbstmord dienen konnten, wie Messer, Schuhbänder etc., oder zur Nachrichtenübermittlung, wie Federn und Bleistifte, mußte man abgeben. Wir wurden zu acht oder zu zehnt in Zellen eingewiesen, die normalerweise für vier Personen bestimmt waren. Allerdings hatte man weder bei der Gestapo noch auf der Elisabeth-Promenade in dieser Nacht mit einem Neuzugang von mehreren hundert Personen gerechnet.

Später bekam ich heraus, daß ein Hitler-Jugend-Führer, der aus der bündischen Jugend gekommen war und sich ebenfalls das Kosakenkonzert anhören wollte, in der Pause die Geheime Staatspolizei verständigt hatte, daß ein organisierter Trupp von etwa vier- bis fünfhundert antinazistischen bündischen Jugendlichen im Konzerthaus versammelt sei, um eine politische Kundgebung abzuhalten. Als die Gestapobeamten vor dem Konzerthaus eintrafen, hörten sie allerdings die im Dritten Reich verbotenen bündischen Lieder, die von den begeisterten Knaben selbstvergessen hinausgeschmettert wurden. Womit der Gestapo die Richtigkeit der

Anzeige des HJ-Führers von einer Anti-NS-Kundgebung bestätigt schien.

Die »Liesl« ist ein mächtiges Gebäude aus der Zeit der Jahrhundertwende. Ihr Herzstück war – und ist wohl immer noch – der sogenannte »Lauf«. Der Lauf ist ein überdimensionales, vielstöckiges Stiegenhaus mit eisernen Stiegen und Geländern; in ihm spielt sich das Leben der Gefangenen ab. Zu ebener Erde befanden sich die Räume, in denen die Gefangenen ihre Zivilkleidung abgeben mußten, die Gefängniskleidung erhielten und wo die Personalaufnahmen erfolgten. Wurde man also in eine Zelle am Lauf eingewiesen, so konnte man am Kommen und Gehen in dieser engen, grauen Welt mehr Anteil nehmen, als in den Zellen, die in den Seitentrakten lagen. Nachrichten erreichten einen schneller, und es hielt sich auch hartnäckig das Gerücht, daß die Insassen des Laufs bei der Essenausgabe im Vorteil wären. Letztere begann im Lauf, die Portionen wurden mit größerer Entfernung vom Zentrum immer kleiner.

Das Essen wurde in großen Bottichen auf kleinen Wägelchen herangebracht und mit Schöpflöffeln in die Kochgeschirre der Häftlinge hineingegossen. Gewöhnlich gab es einen suppenartigen Eintopf, an manchen Sonntagen sogar Fleisch, am Abend Brot mit Wurst oder Käse, manchmal Nudeln. Und jeden Morgen wurde eine Flüssigkeit ausgeschenkt, von der man nicht genau wußte, ob sie Ersatzkaffee oder Ersatztee war. Und dazu ein Stück Brot.

Zwischen den einzelnen Zellen herrschte ein klaglos funktionierendes System der Nachrichtenübermittlung durch Klopfzeichen. Alteingesessene Experten hatten eine große Geschicklichkeit darin entwickelt, die Verbindung nicht nur von Zelle zu Zelle, sondern auch von einem Stockwerk zum anderen herzustellen. Man verbrachte Stunden um Stunden, Nachrichten in eine vielleicht nur hundert Meter entfernte Zelle durchzugeben. Und die Nachricht kam immer an, wenn auch die Antwort, nach ihrer Wanderung durch mehrere Stockwerke, oft erst einen halben Tag später eintraf.

Der Tagesablauf war von unerschütterlicher Monotonie. Um sechs Uhr früh Wecken, Waschen, die Pritschen wurden an der Wand befestigt, und man saß auf Bänken herum. Manchmal gab es Zeitungen, natürlich nur NS-Zeitungen, manchmal auch nicht. Lesestoff durften länger einsitzende Häftlinge in der Gefängnisbibliothek ausborgen, aber das war ein komplizierter Vorgang. Im Kampf gegen die Langeweile spielte man Schach und fabrizierte Figuren aus Brotkrumen, eine Erscheinung der ersten Kriegsjahre, denn später war das Brot zu kostbar. Um acht Uhr abends endete der Tag. Das Licht wurde auf halbdunkel gedreht, und die Gefangenen mußten auf den Pritschen liegen.

Die Gefängniszellen waren relativ groß und hatten Fenster, die in ihrer unteren Hälfte undurchsichtig waren. Der durchsichtige Oberteil wurde manchmal geöffnet, dann sah man durch das Gitter eine Hausmauer, ein Dach oder den Himmel. Der Himmel war immer schön, ob grau oder blau, und erweckte Sehnsucht.

Im Gegensatz zum grauen Haus, dem großen Gefängnis des Wiener Landesgerichtes, von dem später noch die Rede sein wird, wurde in der »Liesl« gelacht und gesungen. Saß man länger ein, hat man es sich allerdings bald abgewöhnt. Zum Einstand lernte man das »Lied vom grünen Wagen«:

Man braucht nicht viel sagen,
schon kommt der grüne Wagen
und führt dich ganz billig davon.
Rossauer Lände, gebundene Hände,
das ist die erste Station.
Man wird ausgezogen,
ums Notizbüchl betrogen
und kommt in die Zelle hinein.

Wir blieben im Oktober 1940 nur ein paar Wochen auf der Elisabeth-Promenade, manche kürzer, manche länger. In meiner Zelle waren noch Fritz Hansen-Löve, sein Bruder Oge, Harald Innerhofer und mein Klassenkamerad Harald Frederiksen. Harald Frederiksen war zu seiner Inhaftierung gekommen wie die Jungfrau zum Kinde. Am Tage vor dem Kosakenkonzert hatte ich in der Schule davon berichtet, und er fragte, ob er mitkommen könne. Er selbst war nie in der bündischen Jugend gewesen. Auf diese Weise machte Harald mit uns zusammen erste Bekanntschaft mit der Gestapo und ihren Gefängnissen. Später sollte er als einer der Führer und einer der Tapfersten unserer Widerstandsgruppe noch viele Monate in diesem Gefängnis verbringen.

Meinem zweiten Aufenthalt in der »Liesl« im Frühjahr 1941 fehlte schon der Nimbus des Abenteuers. Auch die

Tatsache, daß man nicht in die Schule gehen mußte, machte ein Verhör bei der Gestapo nicht wett. Man brachte mich mit einigen anderen Jugendlichen mit dem »grünen Heinrich« auf den Morzinplatz. Aus psychologischen Gründen fanden die Gestapo-Verhöre im wesentlichen bei Nacht statt. Man hatte den harten Kern der Konzerthausgruppe beschattet und wollte feststellen, ob er möglicherweise in die Aktivitäten irgendwelcher antinationalsozialistischer Gruppen verwickelt sei.

Zu diesem harten Kern gehörten jene, die im Sommer 1938 in Parthenen mit dabeigewesen waren. Damals war ja auch Otto verhaftet worden und man hatte ihm schon Geheimbündelei vorgeworfen. Der Gestapo war es gelungen, sich eine Liste der Teilnehmer von Parthenen zu verschaffen; mich verdächtigte man, eine Art Verbindungsmann zwischen der Parthenen-Gruppe und der Konzerthausdemonstration zu sein. Die Gestapo versuchte, mir Verbindungen zu dem in der Zwischenzeit nach Amerika ausgewanderten Clemens von Klemperer nachzuweisen, in dem man einen Hintermann und ausländischen Drahtzieher einer aktiven politischen Untergrundgruppe vermutete.

In diesem Zusammenhang konnte ich glücklicherweise völlig wahrheitsgemäß und unbefangen antworten. Eine Verbindung mit Klemperer konnte es zu dieser Zeit gar nicht geben, der Krieg war längst ausgebrochen, und es bestand kaum die Möglichkeit, mit Amerika zu korrespondieren. Die Verhöre fanden damals unter erträglichen Umständen statt. Zwar hatte man uns die halbe Nacht auf den Gängen stehen lassen. Aber wir wurden nicht geschlagen. Man fuhr uns an, man drohte uns, doch wir waren so jung, das Dritte Reich befand sich in einem Jahr des Sieges, und die Gestapo hatte keinerlei Grund, nervös und unsicher zu sein.

Im Verlauf späterer Verhaftungen kam ich immer wieder zu Verhören auf den Morzinplatz. Und die Verhöre wurden schärfer. Dabei machte ich Bekanntschaft mit jener »freundlichen« Behandlungsweise, die man für politische Häftlinge reserviert hatte.

Ich hatte das zweifelhafte Vergnügen, dem damaligen Gestapochef von Wien, Parteigenossen X., gegenüberzustehen. (Der Name ist mir nicht etwa entfallen. Aber im Gegensatz zu den Maximen der Gestapo bin ich kein Anhänger der Sippenhaftung und verzichte gerne auf die Nennung des inzwischen germanisierten Namens.) Noch heute trage ich auf meiner Hand vier kleine Narben, die durch das langsame Ausdrücken von Zigaretten auf dem Handrücken entstanden sind. Eine besonders beliebte Methode der Wiener Geheimen Staatspolizei, an der besagter Gestapochef ebenfalls großen Gefallen zu haben schien. Denn zweimal saß er auf dem Schreibtisch und schaute aufmerksam zu, wie der verhörende Gestapomann genußvoll mit den Zigaretten auf meiner Hand hantierte. Es tat ziemlich weh, aber schlecht geworden ist mir nicht. Schlecht wurde mir nur einige Male, als man mich bei nächtelangen Verhören »habt acht« stehen ließ und es verboten war, aufs Klosett zu gehen. Das war eine große Tortur. Geschlagen hat man uns vorzugsweise in die Kniekehlen sowie auf Nase, Wangen und Hals.

Behandlungsmethoden dieser Art brachten einen nicht um, aber sie vermittelten das Gefühl völliger Würdelosigkeit. Per saldo aber härteten sie ab und halfen Schlimmeres geschmeidiger zu überstehen. Meine Eltern hat man viel schärfer verhört als mich. Besonders Mama wurde richtig gefoltert, mit außerordentlich üblen Methoden, wie sie nur bei Frauen angewendet werden können. Und Papa hat mir nach seiner Rückkehr aus dem Gefängnis, als wir uns Monate nach Kriegsende wiedersahen, große, unverheilte Narben gezeigt, die durch Schläge mit dem Ochsenziemer entstanden waren.

Als wir das erste Mal entlassen wurden, ließ der Direktor unserer Schule meine Freunde und mich zu sich kommen und nahm jeden von uns einzeln ins Gebet, wobei er uns mitteilte, eine weitere Verhaftung würde unweigerlich das sogenannte »Reichsverbot« nach sich ziehen. Das hieß, daß man von allen Schulen des deutschen Reiches ausgeschlossen wurde. Keine angenehme Aussicht, denn damit wurde die Ablegung der Matura, wie man in Österreich das Abitur nennt, unmöglich.

Wir kehrten zum Alltag zurück. Aber manches hatte sich geändert. Dank der Geheimen Staatspolizei hatten sich Dutzende von jungen Leuten kennengelernt, die einig in der Ablehnung des Nazismus waren. Dies formte die jugendlichen systemkritischen Einzelgänger zu einer verschworenen Gemeinschaft. Langsam begannen wir, ein unterirdisches Netz aktiver Zellenbildung und organisierten Widerstandes zu schaffen. Zunächst fingen einzelne Pfarrjugendgruppen an, zusammenzuarbeiten. Etwa die Pfarrjugend Canisiusgasse, das Schottenstift und die Pfarre St. Paul in Döbling. Über die Konzerthausgruppe waren wir in Verbindung mit ehemals jugendbewegten Leuten, insbesondere zu einem, aus dem »Wandervogel« hervorgegangenen Kreis gekommen. Und schließlich gelangen uns erste Kontakte zu den Überresten jener Gruppen, die bereits im Jahre 1939 und 1940 komplett aufgeflogen waren, zu den aktiven Widerstandsgruppen um Alexander Auer, um Rudi Strasser und um Viktor Reimann, die damals alle bereits ihre langjährigen Strafen absitzen mußten. Und ebenso zu den drei »österreichischen Freiheitsbewegungen«, die im Sommer 1940 durch den Verrat des Burgschauspielers Otto Hartmann aufgeflogen waren. In der Folge waren dann zweihundertundvierzig Menschen eingekerkert und neun hingerichtet worden, darunter ihre Führer Roman Scholz, Hans Georg Heintschel-Heinegg, Gerhard Fischer-Ledenice, Dr. Jakob Kastelic und Dr. Karl Lederer. Nach dem Untergang der Freiheitsbewegung haben sich einige katholische Geistliche ganz hervorragend verhalten und es uns überhaupt erst wieder ermöglicht, konspirativ und ernsthaft zu arbeiten. Ich denke an Pater Beda von Döbrentay, der zuerst am Schottenstift, später in der Pfarre Gumpendorf, als wichtige Zentrale fungierte. An Professor Otto Mauer, den großartigen Prediger und späteren feinsinnigen Kunstmäzen. Und an Dr. Karl Rudolf, der im Seelsorgeinstitut am Stephansplatz im Rahmen der Jugendseelsorge und in liturgischen Laiengruppen aktive Widerstandszellen bildete.

Als ich aus dem Gefängnis nach Hause kam, war Mama allein und schien völlig verzweifelt. Papa hatte Ostmarkverbot bekommen, das heißt, er durfte sich nicht in Österreich aufhalten. Wie schon berichtet, mußte er froh sein, mit Hilfe von Seyß-Inquart und einigen Freunden in Holland als Archivar bei einer dort erscheinenden deutschen Wochenschrift unterzukommen. Von Otto wußte sie wenig, nur, daß er in Polen mit seiner Truppe irgendwo in Marschbereitschaft stand. Mamas Unglück wurde noch durch die Nachricht vergrößert, daß ihr geliebter Bruder Ivo, Linienschiffskapitän der jugoslawischen Kriegsmarine, in den Kämpfen, die dem deutsch-italienischen Überfall auf Jugoslawien im Frühjahr 1941 folgten, gefangengenommen worden war. Er wurde in einem italienischen Kriegsgefangenenlager bei Turin festgehalten. Mama, die Ivos Freiheitsliebe kannte, war sicher, daß er bald einen Fluchtversuch unternehmen und, so bangte sie nun, damit sein Leben aufs Spiel setzen werde.

Auch von Peter, dem jüngeren Bruder, dem sie besonders innig verbunden war, kamen schlechte Nachrichten. Er war schwer erkrankt und in ein Sanatorium auf den Sljemen, ein Hochgebirgsplateau in der Nähe von Agram, gebracht worden. Einige Monate später starb der feinsinnige Journalist und Dichter, der Mitarbeiter des ›Agramer Morgenblattes‹ und Bühnenautor gewesen war.

Im Juni begann der Rußlandkrieg. Ottos Panzerdivision stieß in Richtung Smolensk vor und kam bis Tula, eine Stadt etwa hundertfünfzig Kilometer südöstlich von Moskau. Dort blieb sie im früh gefallenen Schnee stecken. Otto selbst ist Anfang 1942 mit schweren Erfrierungen und einem Herzmuskelschaden in ein Feldlazarett in Westrußland eingeliefert worden, um sodann – zur großen Erleichterung von Mama –, nach einer Kur im Lazarett Pfalzburg im Elsaß, nur noch in der Etappe eingesetzt zu werden. Er bekam sogar im Winter von 1942 auf 1943 Studienurlaub, den er in Wien verbringen konnte und erhielt dann ein Kriegsgefangenen-kommando bei Rathenow.

Im Frühjahr 1941 hatte ich den Entschluß gefaßt, mich bei erster sich bietender Gelegenheit zu den Alliierten durchzuschlagen. Ich hatte die Nase voll, haßte Gefängnisse und Unfreiheit. Ich wollte nicht mehr im Deutschen Reich leben, in dem wir nur von Feinden umgeben waren, und wo die Hoffnung auf Befreiung eine immer größere Illusion zu werden schien. Eine Aussicht, etwas Sinnvolles für meine Heimat Österreich tun zu können, schien sich mir nur im Ausland zu bieten. Daher wollte ich versuchen, mich zu jener österreichischen Legion durchzuschlagen, von deren Aufstellung durch die Alliierten ich einmal in einer Sendung des BBC gehört hatte.

Im Sommer 1941 schien eine echte Chance zu kommen. Es gelang mir, Papa in Holland zu besuchen; man hatte mir ohne große Schwierigkeiten die Reisegenehmigung erteilt. So kam ich Anfang August 1941 in Amsterdam an, Papa holte mich vom Bahnhof ab, und wir verbrachten einige Tage in der Stadt. Papa wohnte im Amstelhotel und hatte für mich in einem kleinen Kurort an der Nordseeküste, in Zandvoort, in einer winzigen Pension ein Zimmer gemietet. Papa besaß Freunde in Holland, am Ende des Ersten Weltkriegs war er schon einmal als österreichischer Diplomat dagewesen. So lernte ich einige junge Leute kennen, die mir von der Möglichkeit berichteten, mit einem Fischerboot nach England zu gelangen. Die Überfahrt sei schon mehreren Booten geglückt.

Ich war Feuer und Flamme und bat, mitgenommen zu werden. Die holländischen Freunde nahmen Kontakt zu den Arrangeuren dieser Bootspartien auf. Zunächst begegnete man mir mit Mißtrauen, ich war zwar Österreicher, aber deutscher Staatsbürger, und die Tatsache, daß Seyß-Inquart, der deutsche Reichskommissar in den Niederlanden, nicht nur Nazi, sondern auch Österreicher war, gereichte mir nicht zur Empfehlung. Schließlich versprach man mir dann doch, mich bei nächster Gelegenheit nach England mitzunehmen.

Das erste Boot versäumte ich, es wurde übrigens – wie ich später hörte – auf halbem Wege von einem deutschen Flugzeug entdeckt und in Brand geschossen. Einige Tage später sollte wiederum ein Boot fahren, diesmal nicht von der Gegend um Zandvoort, sondern vom Norden Hollands aus. Hoffnungsvoll wartete ich auf Bescheid, an welchem Tag das Boot in See stechen könne. Man müsse günstige Wetterbedingungen abwarten, hatte es geheißen, es dürfe weder Vollmond noch Neumond sein. Ich wurde unruhig, schließlich verzweifelt, denn meine Aufenthaltsgenehmigung lief ab, illegal in Holland zu bleiben, hätte aber Papa sehr gefährdet.

Endlich kam die Nachricht, die Fahrt werde am nächsten Tage beginnen. Meiner Instruktion gemäß fuhr ich, begleitet von einem holländischen Freund, nach Groningen. Dort warteten wir zwei Stunden im Bahnhofsrestaurant. Dann erschien ein Gewährsmann, der meinen Freund kannte, und teilte uns mit, die Fahrt sei neuerlich verschoben. Verzweifelt fuhr ich nach Amsterdam zurück, wartete noch einen Tag und fuhr dann wiederum nach Groningen. Der Gewährsmann kam, wir bestiegen einen Autobus und fuhren in ein kleines Dorf, etwa sechs Kilometer von Groningen entfernt, wo wir bis zur Dunkelheit warten sollten.

Um etwa sechs Uhr erschien ein anderer, mir unbekannter Holländer und teilte mit, aus der Fahrt würde nichts. Das Schiff und seine Besatzung seien auf der Fahrt von einem Fischerhafen zu unserem Treffpunkt von einem deutschen

Schnellboot angehalten worden. Man habe einige Waffen und verborgene Tanks entdeckt, woraus man zu Recht schloß, daß es nicht auf Fischfang, sondern auf dem Weg nach England sei. Die Besatzung sei festgenommen worden.

Ich fuhr unglücklich und deprimiert nach Amsterdam und von dort schleunigst nach Wien zurück. Wenige Tage später erschien in der Osterleitengasse die Gestapo. Tante Gabriele war damals als einziges Familienmitglied in Wien und führte das Haus. Als die Gestapo nach mir fragte, konnte die Tante nur sagen, daß ich nicht da sei. Als ich dann am Abend heimkam, war zwei Minuten später auch die Gestapo wieder da und holte mich. Die Beamten hatten im Garten meine Rückkehr abgewartet. Irgend jemand war in Holland verhaftet worden, der meinen Namen wußte. Die Gestapo schloß daraus, daß ich mich für eines der Fischerboote und eine Überfahrt nach England interessiert hatte. Jetzt war es mit den gemütlichen Zeiten vorbei. Die Verhöre wurden härter, die Beschuldigungen gefährlicher. Ich wurde ins »Graue Haus« überstellt. Um mich geständig zu machen, steckte man mich in eine der sogenannten »Todeszellen«.

Das Straflandesgericht Wien, das »Graue Haus«, ist ein weitläufiger Komplex, in dem sich nicht nur ein Gefängnis, sondern auch die Hinrichtungsstätte befand; vor 1938 im sogenannten »Galgenhof«, nach dem Anschluß in einem Parterreraum des Gefängnisses, wo das Fallbeil aufgestellt war. Die »Todeszellen«, in denen die zum Tode Verurteilten auf ihre Hinrichtung – oder in seltenen Fällen ihre Begnadigung – warteten, umschlossen zu ebener Erde den alten Galgenhof.

Die psychologische Effizienz der Gestapo war beachtlich, denn auf einen Siebzehnjährigen mußte sich der gewaltige seelische Druck, dem man in der Todeszelle ausgesetzt war, zermürbend auswirken. Wenn sie bei mir letzten Endes in dieser Hinsicht dank innerer und äußerer Umstände auch versagten, bis zu meinem Lebensende werde ich diese zehn Tage nicht vergessen.

In meiner Zelle saßen vier Personen: Ein burgenländischer Bauer, zum Tode verurteilt, weil er einen abgeschossenen englischen Piloten versteckt hatte. Sicher hatte der Bauer nie geahnt, in welchem Ausmaß er straffällig wurde, als er den Engländer aufnahm. Er war ganz einfach ein guter Kerl, versteckte den Findling einige Tage im Heu, stattete ihn mit einem halben Schinken aus und wies ihm die Richtung nach Ungarn. Nach einigen Kilometern Marsch wurde der Flüchtling erwischt, und so kam man auf die Spur des Bauern. Der englische Offizier war längst in einem Kriegsgefangenenlager, sein burgenländischer Gastgeber mußte die Hilfe mit dem Leben bezahlen.

Mein zweiter Zellengenosse war ein katholischer Armeegeistlicher aus Polen, der sich in Wien kriegsgefangener Landsleute angenommen hatte. Dabei war er offensichtlich in eine Widerstandsgruppe hineingeraten, gefaßt und zum Tode verurteilt worden.

Der dritte Mitinsasse war ein harmloser Dieb. Allerdings hatte er das Pech gehabt, dabei erwischt zu werden, als er bei Nacht auf einem Wiener Bahnhof in einem Postwagen Feldpostpakete zu stehlen versuchte. Diebstahl von Feldpost im Schutze der Dunkelheit wurde als »Verdunkelungsverbrechen« mit dem Tode bestraft. Der junge Bursche, er war vielleicht dreiundzwanzig Jahre alt, hatte weder das Ausmaß seines Verbrechens noch seines Urteils begriffen. Er war der einzige, der während meines kurzen Aufenthalts in der Zelle zur Hinrichtung geführt wurde. Völlig verstört wurde er, nachdem ihm ein katholischer Geistlicher letzten Trost zugesprochen hatte, hinausgeführt.

Meine rasche Entlassung verdankte ich dem großen Einsatz unseres alten Familienanwalts Dr. Josef Ezdorf, den Mama verzweifelt um Hilfe gebeten hatte. Es gelang ihm in mühevoller Arbeit, meinen Fall vom Gestapohauptquartier wegzukriegen und schließlich mit der ganzen Geschichte statt des Volksgerichtshofs den Jugendgerichtshof zu befassen. Nachdem ich noch nicht achtzehn Jahre alt war, fiel ich an und für sich in die Kompetenz des letzteren. Mit Unterstützung wohlgesinnter Richter lautete die Anklage schließlich auf gefährliche Drohung und verbotene Freizeitgestaltung. Die von der Gestapo erhobenen und von der Staatsanwaltschaft übernommenen Anklagen der Geheimbündelei und des Hochverrats, die mir auch ein Todesurteil hätten eintragen können, waren unterwegs aus dem Akt verschwunden.

Immerhin drohten mir acht Jahre Gefängnis, denn so viel hatte der Staatsanwalt beantragt. Dr. Ezdorf bemühte sich, die Hauptverhandlung so lange wie möglich hinauszuschieben. Denn zu diesem Zeitpunkt – Anfang 1942 – war bekanntgeworden, daß ein Führererlaß unmittelbar bevorstehe, welcher allen noch nicht achtzehn Jahre alten Verurteilten, deren Strafen nicht höher als vier Jahre waren, die Möglichkeit geben sollte, sich freiwillig zur Wehrmacht und zur Bewährung an die Front zu melden. Die Ursache des Führererlasses war nur allzu klar erkennbar: Der Winter 1941/42 hatte furchtbare Verluste im Osten gekostet. Ganze deutsche Armeen waren bei dem Wettlauf um Moskau und Leningrad im Schnee und Eis des russischen Winters zugrunde gegangen. Der Führer brauchte Soldaten, woher sie kamen, war ihm schon relativ gleichgültig.

Ich saß also nicht mehr lange ein. Nach meiner Verurteilung kam ich vom relativ humanen Jugendgefängnis in der Rüdengasse ins Strafgefangenenhaus Liesing, wo ich ein Gesuch auf Streichung weiterer Haftzeiten unterschrieb und mich gleichzeitig freiwillig an die Front meldete.

Ein Erlebnis in Liesing trug allerdings dazu bei, daß meine tiefe Abneigung gegen jede Freiheitsberaubung noch unüberwindlicher wurde. Man hatte mich erwischt, als ich einen Kassiber – eine Nachricht, die man aus der Gefängniszelle ins Freie schmuggeln will – beförderte. Dafür bekam ich achtundvierzig Stunden Dunkelhaft bei Wasser und Brot. Ich wurde vormittags um zehn Uhr in die Dunkelzelle gebracht.

Sie befand sich im Keller des Gefängnisses; als man mich hineinstieß, konnte ich noch einen Moment – solange die Türe offen war – meine Umgebung sehen: ein fensterloser, niedriger Raum, ein Holzschemel, eine Holzpritsche und ein winziger Tisch. Im Eck stand ein Bottich als Klosettersatz. Der Wärter schob mir noch einen Blechkrug mit Wasser herein und sagte, er werde mir am Nachmittag Brot bringen. Dann schlug die Türe zu, von draußen krachte der Riegel, ich saß in absoluter Dunkelheit. Ich stand auf, versuchte mich zurechtzufinden, stolperte und warf den Wasserkrug um. Fast alles Wasser war weg. Zunächst hatte ich keinen besonderen Durst. Man hatte mir vorher in meiner Zelle gesagt, ich sollte versuchen, immer eine Stunde zu zählen und dann etwa eine Stunde nachzudenken, dann wieder zu zählen. Nach etwa zwanzig Minuten war ich aus dem Rhythmus des Zählens heraus und wußte nicht mehr, wie lange ich schon gezählt hatte. Ich gab auf. Am Nachmittag kam kein Wärter, um mir Brot zu bringen, er kam auch abends nicht, er kam mitten in der Nacht. Ich fragte ihn, warum er nicht gekommen sei.

Er meinte: »Bist ein blöder Depp, es ist ja erst vier Uhr Nachmittag.« Ich war erst sechs Stunden in der Dunkelzelle und hatte gedacht, es wären schon mindestens vierzehn Stunden vergangen. Ich hatte angenommen, es sei Mitternacht. Der Wärter gab mir ein Stück Brot, und weil er ein netter Kerl war, füllte er mir auch den Blechkrug mit Wasser.

Am nächsten Morgen wußte ich, daß nicht der Wärter vergessen hatte zu kommen, sondern daß ich wieder die vergangene Zeit wahnsinnig überschätzte. Er kam um sechs Uhr früh, sperrte die Zelle auf und ließ ein paar Minuten die Tür offen, während er im Türrahmen stehen blieb. Das war ungeheuer anständig von ihm, er gab mir die Möglichkeit, mich an das Licht zu erinnern. Ich weiß, daß andere Häftlinge achtundvierzig Stunden kein Licht sahen, weil der Wärter die Tür nur ganz wenig aufmachte und das Licht auf dem Gang abdrehte, so daß man nichts sehen konnte. Die achtundvierzig Stunden schienen dann wie fünf, sechs Tage. Meine Dunkelhaft war unbedeutend. Ich hatte einen Kameraden im Grauen Haus, der einmal vierzig Tage in Dunkelhaft gesessen hatte. Er glaubte, es sei ein Jahr vergangen.

Von Liesing wurde ich in das Lager Kaisersteinbruch überstellt, aber bereits wenige Wochen später freigelassen. Auf Grund meines Gesuches hatte ich mich bei der Wehrersatzbehörde in Wien zu melden. Ein Arzt dort untersuchte mich, befand mich für tauglich, aber für derzeit krank und schickte mich nach Hause. Dort erreichten die vereinigten medizinischen Familienfreunde – Onkel Ferdl Wantschura und Onkel Pepi Palugyay –, daß man die Folgen einer Diphtherie, die ich im Gefängnis übertaucht hatte, feststellte und mich auf drei Monate untauglich schrieb. Ich kam ins Spital und von dort wieder nach Hause und konnte mich drei Monate lang von Lager und Gefängniszellen erholen.

Schon damals, in den ersten köstlichen Wochen wiedergeschenkter Freiheit ahnte ich, daß die in meiner Gefangenschaft gesammelten Erfahrungen für mein weiteres Leben eher nützlich als schädlich waren. Ich hatte das System der politischen Willfährigmachung in einer Diktatur, zumindest in groben Umrissen, kennengelernt. Ich hatte gesehen, was ein Konzentrationslager aus seinen Insassen machen kann.

Denn Kaisersteinbruch war zwar durch das angeschlossene Jugendstraflager in seinen Methoden wesentlich gemäßigter als etwa Mauthausen, Ebensee oder Flossenbürg, aber auch die Stiege in Kaisersteinbruch wurde für viele zur Todesstiege.

Der Aufenthalt in der Todeszelle hat mich ein für alle Male zum Gegner der Todesstrafe gemacht. Zwar gebe ich gerne zu, daß meine spätere Nahbeziehung zur Todesstrafe dazu beigetragen hat, diesen Problemkreis nicht mehr mit völliger Objektivität zu sehen. Aber es war das völlige Ungleichgewicht zwischen Ursache und Wirkung, die totale Abstrahierung vom Einzelschicksal, es war der Federstrich, der mein burgenländisches Bäuerlein und den diebischen Wiener Strizzi aus meiner Zelle vom Leben zum Tode brachte, was mich in jedem Falle zum Verteidiger des Rechtes auf das Leben für jedermann machen mußte.

Seit meinen Erfahrungen in den diversen Wiener Gefängnissen hatte das Wort Freiheit für mich ein anderes Gewicht bekommen. Wer nie in seinem Leben ein Häftling gewesen ist, ermißt gewisse Schönheiten des Alltags nicht: was es heißt, in der Früh selbst zu entscheiden, ob man aufsteht oder noch einige Minuten liegen bleibt; ob man zum Frühstück Tee trinkt oder Kaffee; oder ob man Zeitung liest oder lieber Radio hört. Niemand, der nicht einmal hinter einer verschlossenen Zellentür gesessen ist, wird je wissen, wie schön es ist, eine Tür aufmachen zu können und hinauszugehen.

Es hieße der Wahrheit nicht die Ehre geben wollen, würde ich verschweigen, daß meine Gefängniszeit auch ihre komischen Seiten hatte. Letztere verdankte sie nahezu ausnahmslos den Kollegen von der kriminellen Observanz. Durch sie erwarb ich zunächst eine profunde Kenntnis des Wiener Dialekts, wie in groben Zügen einen Einblick in die Wiener Unterwelt.

Unvergeßlich bleibt mir Leo – sein wahrer Name sei diskret verschwiegen –, der mir während gemeinsamer Haftzeit sein Leid klagte. Er habe früher einen fabelhaften Verteidiger besessen, der ihn immer wieder aus Justitias Klauen befreite, aber dieser Mann war Jude und mußte Österreich Ende 1939 verlassen. Nun habe man ihm nur einen Pflichtverteidiger zugewiesen, der sei aber der leibhaftige Staatsanwalt; anstatt ihm zu helfen, halte er ihm Moralpredigten über das richtige Verhalten eines Volksgenossen im Großdeutschen Reich. Mein Leo verstand die Welt nicht mehr, der Wirbelsturm des Dritten Reiches hatte die althergebrachte Ordnung seiner Kriminellenwelt durcheinandergebracht. Für Diebstahl wurde man zum Tode verurteilt und geköpft; der Verteidiger benahm sich wie ein Ankläger; was selbst dem kleinen Ganoven immer tabu gewesen war, das wurde nun ganz öffentlich von den neuen Herren besorgt. Kurz, Leo sah sich ohne ordentlichen Verteidiger der Welt nicht mehr gewachsen und bat mich, ihm zu helfen.

Nach meiner Entlassung klapperte ich also die Adressen ab, die Leo mir gegeben hatte. Es waren ausnahmslos Mitglieder der Wiener Unterwelt, die Leo zu einem neuen Verteidiger verhelfen sollten. Ich bekam auch den richtigen »Zund«, das heißt den Hinweis auf einen geeigneten Juristen.

Als ich am Ziel war, traute ich meinen Augen kaum, der würdige Herr, dessen vornehme Kanzlei in der Wiener Innenstadt ich aufgesucht hatte, und den ich allenfalls als Rechtsbeistand des Wiener Rennvereines oder des Sacré Cœur klassifiziert hätte, war tatsächlich der Staranwalt der Wiener Unterwelt. Dank seiner Umsicht war auch mein Freund Leo bald wieder in Freiheit. Nach dem Kriege habe ich Leo zufällig wiedergetroffen. Er war zu einer Schlüsselfigur des Wiener Schwarzmarktes am Resselpark geworden und hat dort viele Dollarmillionen umgesetzt. Er half mir immer, wenn ich etwas gebraucht habe, freundlich und fair. Zu günstigen Tageskursen war das Gewünschte zur Stelle. Und ab und zu erschien Leo mit einem Geschenk, mit Kaffee, mit Zigaretten: »Weil ma doch an alten Haberer net hängen lassen kann.« (Wobei der wienerische Ausdruck »Haberer« so etwas wie Kamerad und Freund bedeutet.)

Nachdem ich mich von der Gefängniszeit etwas erholt hatte, erlebte ich letzte unbeschwerte Ferien: Am Wolfgangsee bei Peter Erb in Zinkenbach. Feste wie in Friedenszeiten, Flirts, Mädel, die einen groß anschauten, wenn man erzählte, daß man im Gefängnis gewesen war. Ein paar herrliche Tage in der Ramsau bei Schladming, bei Monika und Justine Krünes, die dort im elterlichen Bauernhof wirtschafteten wie richtige Bäuerinnen. Schließlich zurück nach Wien, der Einberufungsbefehl lautete: »Meldung am 2. Juli 1942 bei dem Infanterie-Ersatzbataillon I/482 in Mistelbach a. d. Zaya.«

Als ich den Zug am Wiener Nordbahnhof bestieg, um nach Mistelbach zu fahren, fiel mir die kleine Haltestelle der Mödlinger Tramway ein, dort hatte ich nach meiner Entlassung aus Liesing auf einer Bank gesessen und auf den Zug gewartet. In der Ferne konnte man noch das Gefangenenhaus sehen, meine Klamotten hatte ich in Zeitungspapier eingewickelt auf den Knien. Ich war glücklich, denn ich war frei. Dann kam die Straßenbahn, der Schaffner fragte: »Bist du einer von Liesing?« Ich sagte »Ja«, und er darauf: »Du kannst umsonst fahren.«

6. Kapitel
Schütze Arsch

Nach der Ausbildung auf dem Truppenübungsplatz Steinhammer in Oberschlesien war das Bataillon geschlossen und in einem Zug per Bahn bis Kiew transportiert worden. Wir dürften etwa sechshundert Mann gewesen sein, die auf einem provisorischen Verschubbahnhof außerhalb von Kiew ausgeladen wurden. Hier lagen wir nun bereits drei Tage und warteten auf den Weitertransport. Es kursierten haufenweise Gerüchte, aber die Schreibstubenhengste, die das Gras wachsen hörten, erklärten uns, daß wir weiter nach Osten, in den Raum von Rostow kommen würden.

Es war Anfang September 1942, die deutschen Offensiven in Richtung Kaukasus und Stalingrad waren in vollem Gang. Noch schien alles bestens zu laufen, man erwartete im Spätherbst den Fall von Stalingrad und den Zusammenbruch der russischen Front im Süden. Auf unserem Bahnhof hier bei Kiew herrschte großer Betrieb. Täglich rollten ganze Divisionen aus der Heimat an, wurden umgeladen und fuhren weiter. Aus dem Osten kamen die Lazarettzüge, die schweren Fälle kamen hier in Feldlazarette, während die Transportfähigen ins Generalgouvernement, also nach Polen, oder Richtung Heimat weitertransportiert wurden.

Die allgemeine Meinung im Bataillon war, daß es besser sei, wenn wir näher an die Front kämen. Im Norden von Rußland sei ein anderes Bewährungsbataillon – der feinere Ausdruck für unser Strafbataillon – nach einer Frontbewährung von drei Monaten aufgelöst und die Soldaten normalen Truppenteilen zugeteilt worden. Daher hoffte man, daß – nach erfolgreichem Fronteinsatz etwa im Kaukasus oder vor Stalingrad – der Befehlshaber der jeweiligen Armee uns eine weitere »Bewährung« erlassen und uns ebenfalls auf normale Feldeinheiten aufteilen würde. Natürlich träumten alle von dieser Möglichkeit, die sich allerdings bald als Illusion erweisen sollte. Man mußte schnell aus dem Strafbataillon herauskommen, denn die Überlebenschancen wurden von Fachleuten mit zehn Prozent und die Lebenserwartung im Bataillon mit maximal sechs Monaten geschätzt.

Aber auch sonst war der Einsatz im Strafbataillon eine der

unerfreulichsten Arten, den Krieg in Uniform zu erleben. In Kiew war es nicht so schlimm, aber in Steinhammer hatten sie uns bis zu fünfzehn Stunden am Tag geschliffen. Nachdem auch die Unteroffiziere und ein Teil der Offiziere zu diesem Bataillon strafversetzt worden waren, war die allgemeine Stimmung denkbar schlecht. Die Unteroffiziere bemühten sich, die ihnen unterstellten Mannschaften so schnell als möglich fertigzumachen, denn je strenger der Schliff, desto eher die Chance, sich als Unteroffizier neuerlich zu bewähren und womöglich den alten Rang wiederzubekommen. Die meisten Unteroffiziere, die wir hatten, waren früher Feldwebel oder sogar Leutnants gewesen. Natürlich wollten sie es wieder sein.

Etwa ein Drittel der Mannschaft waren Strafversetzte, die sich etwas Besonderes zuschulden hatten kommen lassen, ein weiteres Drittel, weil sie wiederholt geschlechtskrank geworden waren – also die »Sanierungsvorschriften« nicht eingehalten hatten, eine Art »Befehlsverweigerung« –, und das letzte Drittel sogenannte PU-Leute, zu denen auch ich zählte. Wer in der Wehrstammrolle das Zeichen PU hatte, galt als »politisch unzuverlässig«. Meist handelte es sich um Leute, die aus KZs oder Gefängnissen direkt zur Wehrmacht eingerückt waren. Unsere Zahl hatte in den letzten Monaten erheblich zugenommen, denn der Führerbefehl hatte seit dem Frühjahr 1942 eine große Anzahl junger Leute aus verschiedenen deutschen Gefängnissen und KZs freigemacht. Die angenehmsten Leute waren jene Soldaten, die sich wegen wiederholter Geschlechtskrankheiten beim Strafbataillon befanden. Sie waren alle ausgeheilt und recht normale Leute. Die wegen besonderer Vergehen von normalen Einheiten Strafversetzten waren gewöhnlich leicht kriminell angehauchte Burschen oder Alkoholiker, häufig auch latente Gewalttäter, Messerstecher und ähnliches.

Die politisch Unzuverlässigen waren auch beim Bataillon recht unzuverlässig. Sie waren zwar menschlich die sympathischsten Typen, besaßen aber am wenigsten Ausbildung; da sie vorher monate- oder jahrelang in Gefängnissen gesessen waren, konnten sie auch physisch den Anstrengungen nicht gewachsen sein. So bedeuteten sie eine Belastung für alle anderen. Jeder Zugsführer oder Gruppenführer bemühte sich, möglichst wenig PU-Leute in seiner Einheit zu haben. Dies wirkte sich für uns jedoch außerordentlich ungünstig aus. Denn man wies uns die unangenehmsten Posten oder Diensteinteilungen zu. Ich hatte mich bisher halbwegs durchgeschlagen. Ein Unteroffizier in der Kompanieschreibstube hatte aus irgendeinem Grund Gefallen an mir gefunden und mich schon die ganze Fahrt hindurch und auch in Kiew in der Schreibstube beschäftigt. Ich mußte Listen über den Personalstand und über Ausrüstung schreiben, Geräte zählen und ähnliche Dinge tun.

Das einzig Schöne waren die Nächte. Wir lagen im Freien auf großen Strohballen, neben den Waggons. Es war immer schönes Wetter und ein unbeschreiblich klarer Himmel dunkelte über uns. Zum erstenmal in meinem Leben beschäftigte ich mich intensiv mit den Sternen am nächtlichen Firmament. Leider hatte ich kein Buch, um mir ihre Namen herauszusuchen. Ein paar Sternbilder, die ich kannte, halfen mir, ein Leitsystem auszuarbeiten, und ich begann, den anderen Sternen, die ich nicht kannte, Phantasienamen zu geben. Später habe ich damit sehr gute Erfahrungen gemacht, indem ich Leuten, die nichts von Sternen verstanden, also ungefähr so viel wie ich, promptest die schönsten Sternbilder erklären und beschreiben konnte. Es war auch alles richtig, nur die Namen waren immer falsch, denn sie waren meine Phantasiegebilde.

Wir kamen nie richtig nach Kiew hinein, das Bataillon hatte grundsätzlich keinen Ausgang, und die einzige Chance war, auf irgendeiner Dienstfahrt in die Stadt zu kommen. Einmal war ich schon auf einem Lastwagen dabei, der Kartoffeln aus einem HVL, einem Heeresverpflegungslager, holen sollte. Leider fiel der Motor des Wagens fünfhundert Meter außerhalb unseres Lagers aus. Wir mußten zu Fuß zurück. Eine Woche später lagen wir noch immer vor Kiew auf einem riesigen Verschubbahnhof, als sich plötzlich – bei der deutschen Wehrmacht dauerte es immer ein paar Wochen und dann mußte alles sofort geschehen – das Bataillon zum Abmarsch bereitzumachen hatte.

Diesmal fuhren wir in LKWs weiter nach Nordwesten über eine jener russischen Rollbahnen, Erdstraßen würden wir sie nennen, mindestens dreißig bis vierzig Meter breit, auf denen oft nebeneinander die schweren Lastwagen der deutschen Wehrmacht und die kleinen einheimischen Panjewägelchen, mit drei, zwei oder nur einem Pferd davor, fuhren. Auskünfte über Reiseziele wurden in der deutschen Wehrmacht schon normalerweise nicht erteilt. Die Furcht vor Spionen war zu groß, der Feind hörte immer mit. Bei einem Bewährungsbataillon war das natürlich noch wesentlich verschärft, die Angehörigen der Einheit selbst gehörten möglicherweise auch zum Feind.

Wir fuhren also den ganzen Tag, blieben dann am Abend bei einem zerstörten Städtchen, biwakierten dort. Es wurden Wachen aufgestellt, und zwar auf einmal doppelte Wachen. Bis jetzt waren die Wachen immer nur gegen uns gerichtet, damit keiner von uns davonlaufen könne. Jetzt hatten sie auch gegen einen Angreifer von außen aufzupassen. Am nächsten Tag ging es weiter, gegen Mittag kamen wir in ein großes Dorf, auch weitgehend zerstört. Dort lag eine SS-Einheit. Wir erfuhren, daß hier unser Hauptquartier für die nächste Zeit sein solle.

Das Bataillon teilte sich in seine sechs Kompanien auf. Wir marschierten in ein kleines Dorf in der Umgebung, um von dort aus Partisanen zu bekämpfen. Das Dorf befand sich am Rande eines großen Sumpfgebietes und war von der Bevölkerung völlig verlassen. Die meisten Häuser waren ausgebrannt, aber es gab immerhin noch ein paar Gehöfte und Stallungen, die man zur Not wieder herrichten konnte. Das war unsere erste Arbeit, und schon am nächsten Tag in der Früh, beim Morgenappell, erklärte uns unser Kompaniechef, ein Oberleutnant, die uns gestellte Aufgabe: Die 3. Kompanie solle Pfadfinderdienst für eine SS-Brigade, die Partisanen jagte, leisten. Die Partisanen hätten sich auf Sumpfinseln, also auf festes Gelände innerhalb des großen Sumpfgebietes, zurückgezogen. Partisanen, das waren Juden, Polen, Zigeuner, Gesindel hieß es, und man müsse sie nun aufspüren und vernichten. Dies würde die SS-Brigade besorgen, unsere Aufgabe sei es lediglich, die Pfade durch den Sumpf zu erkunden und auszustecken, so daß dann die Herren von der SS-Brigade, ohne Gefahr zu laufen im Sumpf zu versinken, ihre Sicherungs- und Säuberungsaufgaben erfüllen konnten.

Wir konnten uns am Anfang nicht genau vorstellen, was wir zu tun hatten. Schon am nächsten Tag wurde es jedoch klar, welch interessante Aufgabe auf uns wartete. Ich wurde mit meiner Gruppe einem SS-Oberscharführer, was unserem Feldwebel entspricht, zugeteilt. Wir fuhren mit zwei LKWs zunächst durch eine Art Hohlweg, der dann plötzlich in flaches Gelände überging und in den Sumpf hinein verlief. Anscheinend änderte sich die Grenze des Sumpfgebietes je nach Jahreszeit oder nach den Niederschlägen; man konnte deutlich sehen, daß dieser Weg früher von Fahrzeugen weiter in den Sumpf hinein benützt worden war, denn die »Gleise«, die Radspuren, führten direkt in den Sumpf. Von einem ganz deutlich erkennbaren Punkt an wurde der Sumpf zuerst etwa zwanzig bis dreißig Zentimeter tief, aber schon nach zehn Metern ging es viel tiefer hinunter. Da nun begann unsere Arbeit. Wir hatten Markierungsstangen mit Fähnchen mit, und es ging darum, zu erkunden, ob dieser Sumpfweg für die SS und vor allem für ihre Fahrzeuge benützbar sei. Drei Mann trugen die schweren Stangen mit den Fähnchen und zwei oder drei von uns gingen mit Stöcken voran. Dahinter gingen unser Unteroffizier und der SS-Oberscharführer. Keiner hatte die Waffen gegen uns im Anschlag, denn Fluchtgefahr bestand nicht. Wir wären ja sofort im Sumpf abgesoffen.

Die ersten fünfhundert Meter ging es ganz gut, man mußte sich nur vorsichtig auf dem schmalen festen Weg vorwärts tasten, der Pfad war halbwegs erkennbar, denn die Blumen im Sumpf und die Blumen auf dem kleinen schmalen Saumweg waren verschieden, und wenn man sich genau daran hielt, konnte nicht viel passieren. Nach etwa zwanzig Minuten jedoch hatte sich einer unserer Leute etwas zu weit vorgewagt.

Wir hörten ihn plötzlich schreien und liefen zu ihm. Er stak schon bis über die Knie im Sumpf und versuchte verzweifelt herauszukommen. Wir waren zu zweit, und es gelang uns, ihn herauszuziehen. Seine Rettung war, daß wir ihn aus den »Knobelbechern«, den Marschstiefeln, die er anhatte, herausbekamen. Die Stiefel haben wir nie mehr zu sehen bekommen, sie versanken spurlos im Sumpf. Wir merkten, daß der Sumpf irgendwie »arbeitete«, das heißt, daß er sich in irgendeiner Form bewegte, vielleicht ein bißchen wie die Gezeiten am Meer. Nun wußten wir, daß man aufpassen mußte. Gegen Abend hatten wir etwa drei Kilometer des Pfades ausgesteckt. Wir marschierten zurück und erhielten Befehl, am Rande des Sumpfes zu bleiben und dort Wache zu schieben, damit nicht mitten in der Nacht jemand die gesteckten Richtungsweiser wieder entfernen könne.

Es war die erste bewölkte Nacht, seit ich in der Ukraine war. Gegen zwei Uhr früh begann es zu regnen. Wir hatten keine Mäntel und keine Zelte und waren bald völlig durchnäßt. Am nächsten Tag in der Früh erschien der SS-Ober-scharführer wiederum, unser LKW fuhr in den Ort, um unsere Sachen zu holen und ein provisorisches Quartier zu errichten. Wir begannen wieder mit der Pfadfinderarbeit. Vormittags gab es keine besonderen Ereignisse, um zwölf Uhr sollte eine halbe Stunde Pause gemacht werden, um das mitgebrachte Brot und eine Art Wurst, die es in Konserven gab, zu essen. Ein paar Minuten vor zwölf Uhr waren von vorn Rufe zu hören. Ich war diesmal bei der Gruppe, die die Wegweiserstäbe nachbrachte. Wir liefen nach vorn, aber als wir ankamen, war Brettwich schon weg. Hugo Brettwich war ein Kamerad aus Berlin, der auch zu den PU-Leuten gehört hatte. Die anderen berichteten, er wäre zu weit nach vorne gegangen und dann ganz schnell versunken. Er habe nur zweimal um Hilfe rufen können. Die letzten zehn Se-kunden sei er scheinbar so erschrocken gewesen, daß er gar nicht mehr schrie.

Der Unteroffizier befahl uns, nach dem Mittagessen am Rande des Weges, knapp dort, wo Brettwich versunken war, ein Kreuz zu errichten. Wir holten seinen Helm, den er, so wie wir alle, hinten liegengelassen hatte, denn ständig den Stahlhelm zu tragen war beschwerlich, und es war ja auch kein Feind da, der auf uns geschossen hätte. Es war ein merkwürdiges Gefühl, dieser erste Tote für mich im Krieg, und noch dazu ein so ausgefallener Tod. Ich hatte mir vor-stellen können, daß Leute erschossen werden oder von Bomben getroffen, aber ganz einfach im Sumpf zu versin-ken! Am Nachmittag ist uns dann noch einer abgesunken. Darauf ließ der Unteroffizier uns alle zurückmarschieren und fuhr mit dem LKW zum Kompaniegefechtsstand, der sich etwa vier Kilometer entfernt befand. Offensichtlich hat-te er dort mit dem Kompaniechef, dem Oberleutnant, ge-sprochen, denn am nächsten Tag wurde in der Früh noch eine zweite Gruppe zu uns herausgeschickt, und wir zim-merten Geräte, mit denen wir versuchen sollten, die Tiefe des gangbaren Pfades zu orten. Außerdem wurden kleine Plattformen gebaut, die wir vor uns herschoben, denn es war klar, daß eine bessere Gewichtsverteilung vor dem Versin-ken im Sumpf schützen würde. Die Verluste waren dann auch geringer, aber es verging dennoch kaum ein Tag, wo nicht mindestens einer im Sumpf geblieben ist. Übrigens nicht nur bei uns, die Kompanie hatte vier solcher Trupps eingeteilt, und nur ein Trupp hatte es leichter, weil »ihr Weg« besser war. Diese Gruppe mußte dafür nachher Lehrgeld bezahlen, denn sie kamen am schnellsten zu einer Sumpfinsel und wurden von dort mit Maschinengewehren beschossen. Im Sumpf gab es natürlich keine Deckung, so daß gleich drei oder vier von ihnen draufgegangen sind. Es war kein sehr angenehmes Leben dort, und wir hatten wenig Sympathie für unseren SS-Oberscharführer.

Am fünfzehnten Tag unserer Sumpfkarriere war die von uns angepeilte Sumpfinsel in Sichtweite. Vorgewarnt durch die Erlebnisse der anderen Gruppe wurde beschlossen, haltzumachen und zu versuchen, bei Nacht an die Insel heranzukommen. Unser Unteroffizier fuhr wieder zur Kompanie, und es wurde uns mitgeteilt, daß die SS den Angriff machen würde. Offensichtlich hatten sie Angst, daß wir vielleicht überlaufen könnten. An sich eine groteske Idee, denn überlaufen hieß, zuerst einmal im Sumpf versinken.

Wir blieben daher am Abend in unserer Unterkunft am Ufer des Sumpfes. Die SS fuhr mit zwei Kübelwagen etwa fünf Kilometer auf unserem Weg in den Sumpf hinein, dann wurde er für ein Fahrzeug zu schmal. Von da an gingen sie zu Fuß weiter, es dürften etwa fünfzehn Mann gewesen sein. Etwa eine Stunde später hörten wir Schüsse und sahen Leuchtspurmunition und Mündungsfeuer, dann auch Flammenwerfer. Unser Unteroffizier verständigte die Kompanie, die Kompanie verständigte die SS. Es kamen in der Nacht noch zwei Kompanien SS, sichtlich zur Unterstützung der Gruppe, die vorne im Sumpf lag. Sie konnte aber in der Nacht nicht weiter, denn es war Nebel aufgekommen.

Am nächsten Tag in der Früh fand man dann einige SS-Leute von dem Trupp, der am Abend vorher zur Insel vor wollte, noch lebend; sie waren alle übel zugerichtet, ungefähr ein Drittel fehlte, sie dürften im Sumpf versunken sein.

Es war dann schwierig, den Rest des Weges zur Sumpfinsel weiterzubauen. Es wurde mit ziemlichen Komplikationen eine Art Schutzwehr errichtet, das war aber nicht einfach auf einem Pfad, der oft nur einen halben oder bestenfalls einen Meter breit war. Aber scheinbar hatten die Partisanen die Lust verloren, an dieser Stelle zu kämpfen. Zwei Tage später erreichten wir das Ufer der Insel und damit war unsere Tätigkeit beendet. Wir wurden sofort zurückgeschickt, man fürchtete wie gesagt Fahnenflucht.

Wir kamen zurück zur Kompanie und wurden am nächsten Tag auf andere Stellen aufgeteilt, denn die Verluste waren sehr groß. Wir waren vor achtzehn Tagen am Ufer des Sumpfes angekommen, damals zählte die Kompanie etwa hundertzehn Mann, jetzt waren es vielleicht knapp fünfundsechzig. Ich hatte großes Glück, denn ich wurde am nächsten Tag bei einem Patrouillengang am Rand des Sumpfes durch einen Streifschuß am Bein leicht verwundet und kam ins Lazarett. Dort blieb ich erst einmal ein paar Tage, dann kam ich wieder zur Truppe, um wieder eingesetzt zu werden. Zuerst ließ man mich aber beim Bataillon einige Lastwagen mit Munition abladen. Dabei brach ich mit einem Herzmuskelschaden zusammen.

Wahrscheinlich war es eine Folge der Diphtherie, die ich im Gefängnis übertaucht, aber auch nach der Entlassung nicht richtig hatte ausheilen können. Nun kam ich prompt wieder zurück ins Lazarett, in die Nähe von Kiew, und von dort ein paar Tage später in ein Etappenlazarett bei Lemberg. Das war ein großes, gut ausgestattetes, ehemals polnisches Spital, das von der deutschen Wehrmacht übernommen worden war und wo langdauernde und schwere Fälle behandelt wurden. Ich kam dort auf die interne Station.

Ein junger Hamburger Oberarzt nahm sich meiner an. Er war besonders nett und erzählte mir lange von der alten Hansestadt und über die Fahrten, die sein Vater auf einem Schiff – ich nehme an, er war Kapitän oder ähnliches – in die weite Welt unternommen hatte. Er unterhielt sich auch sonst gern mit mir, interessierte sich für meine Auffassung über den Krieg, ohne allerdings in Details zu gehen. Eines Abends erzählte er mir, er sei nachmittags in Lemberg gewesen und habe in der deutschen Feldbuchhandlung Bücher eingekauft. Ob ich mir etwas davon aussuchen wolle. Die Bücher, die er nun aus einer großen Wehrmachtstasche hervorzog, waren das deutlichste politische Bekenntnis: Ernst Jünger war dabei, Rainer Maria Rilke, ›Die Magdeburgische Hochzeit‹ von Gertrud von Le Fort und ein Band deutscher Gedichte. Ich erzählte ihm, daß meine Mutter Schriftstellerin sei, und er kannte sogar ihren Namen. Zwar hatte er ihren neuen Roman noch nicht gelesen, aber verschiedene ihrer Gedichte. Als er mich an diesem Abend verlassen hatte, lag ich noch lange wach. Das Gespräch mit dem Oberarzt hatte plötzlich ein Ventil in mir geöffnet. Ich begann, über die vergangenen acht Wochen nachzudenken.

Die lange Fahrt nach Kiew, die Zeit dort und dann irgendwo am Rande der Pripjetsümpfe, der Kampf mit dem Sumpf, die Welt des Kriegs, die ersten Toten. Die Waffen-SS und ihr Herrenmenschentum, das sie uns täglich so deutlich gezeigt hatten, uns, den halben Untermenschen, und noch mehr in ihren Worten und Gesten gegenüber den ganzen Untermenschen, den Partisanen, den Russen, den Ukrainern und den Juden; dies alles und umgekehrt der verlorene Haufen der politisch Unzuverlässigen, der Kameraden in der Kompanie und in der Gruppe, die sich alle noch nicht zurechtgefunden hatten in dieser neuen Welt der Wehrmacht, wo wir quasi als Hilfswillige, als »Hiwis«, wie man sonst die slawischen oder anderen Hilfsdienstler der deutschen Wehrmacht nannte, eingeteilt waren. Sie alle wußten noch nicht, wie sie sich verhalten sollten, und schon waren sie tot, von Partisanen erschossen oder im Sumpf versunken.

Dies alles ging mir in jener Nacht durch den Kopf, und ich begann zum erstenmal die vielen Eindrücke dieser russischen Zeit ein bißchen zu sortieren und zu verdauen. Sicher war eines, das Wesentliche war der Wille zu überleben. Die PU-Leute in meiner Kompanie und im ganzen Bataillon waren bestimmt alle mehr oder weniger gegen das Regime eingestellt. Trotzdem hatte jeder von uns im Einsatz im Sumpf natürlich seinen Dienst getan, genau wie jeder andere, ob er nun ein Nazi war oder nicht. Der Wille zu überleben ging nämlich parallel mit der Selbstverständlichkeit, daß die geschlossene Gemeinschaft, der verlorene Haufen oder wie immer man die Gruppe nennen wollte, zu der man gehörte, Vorrang vor allem anderen hatte. Man mußte zusammenhalten, um zu überleben. Das war eine Erkenntnis, die man zu Hause, in der Heimat, nicht so deutlich hatte, denn dort war man gegeneinander eingestellt, dort waren wir, meine Freunde und ich, gegen die Nazis, da hatte man sich von den Schweinen, den Nazis, einsperren lassen, und die Nazis wiederum hielten uns für Schweine. Jetzt, hier in Rußland, obwohl die Nazis noch immer unsere Feinde waren, obwohl sie uns in ein Strafbataillon gesteckt und uns menschenunwürdig und schlecht behandelt hatten, galt etwas anderes: wenn wir draußen im Einsatz waren, hielten wir zusammen und unterstützten einander. Und wenn wir auch nicht allzu betrübt waren, wenn SS-Leute im Einsatz draufgingen, wir wären nicht auf die Idee gekommen, etwas dazu zu tun, um den Dienst dieser Leute zu erschweren. Es gibt keine auf sich gestellte Gemeinschaft, die nicht zusammenhalten würde. In dem Moment, wo sie das nicht tut, zerbricht sie. Das war eine Lehre, die ich aus diesen zwei Monaten im Ostkrieg zu ziehen hatte.

Eine andere Lehre war, daß die Methoden der Kriegführung sich noch wesentlich von dem unterschieden, was wir uns vorgestellt hatten. Otto, mein Bruder, hatte oft vom Krieg erzählt, vom Kampf in Polen, in Frankreich, in Rußland. Aber das war ein Krieg an der Front, an der Spitze siegreicher Heere, in Elitepanzerdivisionen der deutschen Wehrmacht; dort wurde fair gefochten, wurden Gefangene gemacht, benahm man sich anständig, und wenn der Sieg erkämpft war, so wie in Polen oder Frankreich, zog man wieder nach Hause und überließ die Herrschaft dann den verachteten »Goldfasanen«, den Leuten der Partei, der Polizei und der SS.

Dieser Krieg, in den ich hineingeraten war, war ein ganz anderer Krieg. Es war ein Krieg der Herrenmenschen gegen die Untermenschen, und er wurde von beiden Seiten ohne Erbarmen geführt. Und zufällig war ich ohne mein Zutun auf die Seite der Herrenmenschen gefallen. Daß die Herrenmenschen dann uns selber wiederum als Halbuntermenschen betrachteten, war eine besondere Pikanterie meiner Situation.

In den paar Wochen in der Nachbarschaft der SS hat es natürlich hie und da Gespräche mit jüngeren SS-Soldaten gegeben, die genauso wie wir Wache schoben und im Einsatz neben uns standen. Das waren junge Burschen, Freiwillige, Idealisten zweifellos, und ebenso zweifellos Angehörige eines Mordkommandos, denn die Aufgabe dieser SS-Einheit war es, mit Partisanen und sonstigem »Gesindel« aufzuräumen. Nach dem, was wir dort zu hören und zu sehen bekamen, war der Einsatz, den sie mit uns zusammen durchführten, für sie eher ein Ausnahmezustand. Denn daß die Partisanen zurückschossen und die SS an manchen Tagen höhere Verluste hatte als die Gegenseite, war für sie ein erstaunliches und »erschreckendes« Zeichen der Zeit. Bis jetzt, so sagten sie, hätten sie im Hinterland, wie sie es ausdrückten, »aufgeräumt«. Da wurde nicht zurückgeschossen, Verluste fast null. Es war übrigens klar, daß die Leute dieser SS-Brigade sich nicht aus Feigheit zu dieser Aufgabe gemeldet hatten, im Gegenteil, sie waren vorher, wie sie uns berichteten, zu sicher gefährlicheren Unternehmen auf dem Balkan und anderswo eingesetzt gewesen. Sie gehörten aus politischem Fanatismus der SS an und waren überzeugt, es sei für das deutsche Volk, für die Ehre der Waffen-SS und für die Erreichung ihrer Ziele von entscheidender Bedeutung, den Osten der deutschen Herrenrasse untertan zu machen. Dabei komme es auf ein paar zigtausend Menschenleben nicht an!

Die großen Ziele des Endsieges und der Reinigung des deutschen Volkes hätten alles andere zu überschatten oder – wie einer der jungen Burschen von dieser SS-Einheit mir einmal sagte: »So wie die katholische Kirche denken auch wir; der Zweck heiligt die Mittel.« Das war also die zweite Lehre, die ich aus meinen russischen oder besser gesagt ukrainischen Wochen zu ziehen hatte.

Diese Einsicht in das Verhalten der nationalsozialistischen Staatsführung und ihrer Eliteeinheiten war für mich neu, erschreckte mich zutiefst und zwang mich umzudenken. Es würde auf die Dauer nicht genügen, Kosakenchöre mitzusingen, vielleicht auch einmal eingesperrt zu werden und zu versuchen, sich durch Abgang durch die Hintertür – in meinem Fall von Holland per Schiff nach England – aus der Affäre zu ziehen. Würden diese Leute den Krieg gewinnen, ihre Ziele durchsetzen können, dann hätte es wohl keinen Zweck mehr, in dieser Welt weiter zu existieren. Dies war die wichtigste Erkenntnis, die ich in den Nächten des Lemberger Lazarettes zu fassen in der Lage war. Mir wurde klar, daß – wollte ich überleben – ich selber zur Tat schreiten mußte.

Am nächsten Tag erschien wieder der Oberarzt und untersuchte mich. Ich lag in einem großen Saal mit zwölf anderen Soldaten. Er meinte, er werde mich zu einer genauen EKG-Untersuchung holen lassen. Am folgenden Morgen wurde ich hinübergebracht, der Oberarzt untersuchte mich von Kopf bis Fuß; es wurde ein EKG gemacht und alle möglichen Untersuchungen vorgenommen. Schließlich rollte er mein Bett in ein kleines Zimmer und begann mit mir ein längeres Gespräch über meinen Gesundheitszustand. Er erklärte mir, daß ich wieder ganz gesund werden würde, daß ich aber auf mindestens sechs Monate AV und dann zwei Jahre GVH geschrieben werden müsse: AV bedeutete arbeitsverwendungsfähig, das heißt, daß man aus dem Frontdienst zur Arbeitsverwendung etwa in einer Schreibstube versetzt wurde. GVH bedeutete Garnisonsverwendung Heimat, man wurde also zurück in die Heimatgarnison versetzt. Die Mitteilung des Arztes war daher für mich sehr erfreulich: ich mußte auf keinen Fall mehr an die Ostfront.

Er führte dann das Gespräch noch etwas weiter und meinte, er habe sich meinen Personalakt kommen lassen. Er sei dabei daraufgekommen, daß die Unterlagen aus der Wehrstammrolle leider fehlten. Nun muß man wissen, daß die Wehrstammrolle das wesentliche Material an Akten und Unterlagen für jeden Soldaten der deutschen Wehrmacht enthielt. Diese Wehrstammrolle begleitete in einer eigenen Ausfertigung – das Original blieb im Wehrbezirkskommando – den Soldaten von Einheit zu Einheit. In meiner Wehrstammrolle standen zum Beispiel meine Verhaftungen und deren Gründe zu lesen und es fand sich der gefährliche Vermerk PU, »politisch unzuverlässig«. So nebenbei hatte der Oberarzt mir zu verstehen gegeben, daß meine Wehrstammrolle nur unvollständig hier eingelangt sei. Dies wunderte mich, denn ich hatte sie zuletzt gesehen, als sie mir im verschlossenen Umschlag auf den Transport vom Feldlazarett in Kiew ins Lazarett nach Lemberg mitgegeben wurde und sogar auf meinem Spitalsbett lag. Plötzlich ging mir ein Licht auf.

Mein Oberarzt hatte die Wehrstammrolle genau gelesen, es war ihm klar, welches Schicksal mir bevorstand, wenn er mich wieder über mein Ersatzbataillon zurück zum Strafbataillon schickte. In längstens einem Jahr hatte sich die Kompaniestärke in einer »Bewährungseinheit« total umgesetzt. Das heißt, daß ebenso viele wie vor einem Jahr zum Stande gehört hatten, auch gefallen waren. Der Oberarzt, mir sichtlich wohlgesinnt, wußte auch, daß nur die Entfernung gewisser Teile meiner Stammrolle die Möglichkeit schuf, mich zu einem anderen Ersatzbataillon zu senden. Genau das hatte der Oberarzt getan und es mir auch verschlüsselt mitgeteilt, damit ich mich dementsprechend verhalten konnte.

Soviel Erfahrung hatte ich schon im Dritten Reich gesammelt, daß ich ihm natürlich nicht deutlich zeigen durfte, daß ich verstanden hätte. Es war ein ungeschriebenes Gesetz, daß auch Gesinnungsgenossen nie völlig offen miteinander sprachen, denn man konnte nie wissen, ob nicht jemand mithörte oder ob nicht der eine oder andere so lange gefoltert würde, bis er Dinge aussagte, die er gar nicht aussagen wollte. Also dankte ich ihm nur höflich für seine Ausführungen und sagte: »Herr Oberarzt, ich habe Ihre Ausführungen betreffend meiner Gesundheit und die Mängel, die Sie in meiner Wehrstammrolle entdeckt haben, aufmerksamst zur Kenntnis genommen.« Er erwiderte nur: »Ist in Ordnung, wir sehen uns noch.«

Zurück in meinem Krankensaal und in den nächsten Tagen auf einer schönen Veranda, wo die Herbstsonne auf uns herunterschien, hatte ich genügend Zeit, über meinen Oberarzt nachzudenken. Wahrscheinlich hatte er mir gerade das Leben gerettet.

Ich hatte keine Möglichkeit, mich besonders erkenntlich zu zeigen, aber irgend etwas mußte ich doch tun, damit er merkte, daß ich dankbar wußte, was er für mich getan hatte. Ich besaß ein Exemplar von ›Lob Gottes im Gebirge‹, dem letzten Gedichtband von Mama, der noch vor dem Anschluß erschienen war. Es stand vorne eine Widmung für mich drinnen. Ich nahm das Exemplar und schrieb dem Oberarzt fünf Zeilen aus einem neuen Gedicht der Mama, das sie eben im vergangenen Kriegswinter verfaßt hatte, in dieses Exemplar hinein, um ihn merken zu lassen, was ich wüßte und was ich über ihn dachte. Der Vers lautet:

> Wir fürchten uns. Alle Dämonen sind frei.
> Durch die Türen, da sickert Blut.
> Am Hause vorbei mit uraltem Schrei,
> da wandert des Bösen wütige Brut.
> Wir fürchten uns. Niemand ist gut.

Den Band ›Lob Gottes im Gebirge‹, mit Mamas alter Widmung und mit meiner neuen Widmung für den Oberarzt, habe ich ihm am Tage, bevor ich als geheilt entlassen wurde, überreicht. Er hat mich freundlich angeschaut, hat die Widmung gelesen, mir die Hand gegeben und gesagt: »Ich glaube, wir werden uns nicht wiedersehen und sollten auch unsere Gespräche vergessen. Ich danke für das schöne Buch.« Dessen eingedenk habe ich seinen Namen nicht festgehalten.

Ich wurde, wie der Oberarzt es mir vorausgesagt hatte, zu einer Sammelstelle für Lazarett-Entlassene, die keine andere Ersatzeinheit mehr hatten, geschickt. Das war ein Ersatzbataillon in Liegnitz in Schlesien. Ich hatte dort wieder Zeit, so etwas wie eine Bilanz all der Ereignisse und der Erfahrungen zu ziehen, die Fepolinski und Waschlapski im Ostfeldzug gemacht hatte: Acht Wochen im Einsatz, Sumpfkrieg, Partisanenkrieg, eine leichte Verwundung am Unterschenkel, ein schwerer Herzfehler, fünfundvierzig Sumpftote der eigenen Kompanie, etwa fünfundzwanzig Gefallene der Waffen-SS, unserer Begleiteinheit, eine unbekannte Anzahl gefallener Partisanen. Eigentlich bin ich billig davongekommen, besonders wenn man sich daran erinnert, was in jenen Monaten sich gerade bei Stalingrad und im Kaukasus anbahnte oder was in der Zeit vorher im nördlichen und zentralen Teil der russischen Front geschehen war.

Gegen diese Hekatomben von Toten, gegen diese Meere von Leid, was war dagegen schon ein Partisaneneinsatz, ein paar Tote im Sumpf. Aber mir hatte diese Portion gereicht.

In den folgenden zweieinhalb Jahren – bis zum Kriegsende im Mai 1945 – sollte ich noch einiges an Erfahrungen sammeln, von denen viele an Bedeutung das, was ich in den Sümpfen erlebt hatte, meilenweit überragten. Aber dennoch blieb für mich diese erste Erfahrung des Krieges im Osten der tiefste Eindruck. Dort hatte ich gelernt, was der Satz bedeutet: »Die Haie der Tiefe sind aufgewacht.« Hier hatte ich die Haie zum erstenmal gesehen, und hier hatte ich das Fürchten gelernt.

Hier habe ich auch am unmittelbarsten die Bedeutung von Kameradschaft erfahren, in reinem Geiste; wie dir einer das Kochgeschirr mit der Suppe reicht; wie sie dich in der Hilflosigkeit jenes Augenblicks stützen, da du zum erstenmal vor dem Holzkreuz eines Gefallenen stehst, wie sie des Toten Stahlhelm aufs Kreuz stecken und wie einer verschämt das Vaterunser zu stottern beginnt und die anderen zaghaft einfallen, erleichtert, daß man noch beten darf.

So gab es letzten Endes nach den ersten Monaten erbarmungsloser Realität des Krieges, nach dem ersten Erschrekken und dem ersten Erwachen aber doch auch einen Silberstreif der Hoffnung. Und das bißchen Wärme, das alle Achtzehnjährigen brauchen, um zu überleben: der Oberarzt im Lazarett, der half, ohne gefragt, ohne gebeten zu werden, der kam und zuerst von Rilke sprach und jene Sicherheit wiedergab, die seit zu Hause nicht mehr dagewesen war, und der dann mit einer Selbstverständlichkeit, als ob alles vorher ausgemacht gewesen wäre, durch ein paar Handgriffe mit den Akten dem Leben eine neue Richtung gab und es wahrscheinlich rettete. Dieser Oberarzt war ein Symbol der Menschlichkeit, der Hilfsbereitschaft, die durch den ganzen Krieg nicht mehr verlorengehen würde. Er war die große und freudige Erkenntnis des Herbstes 1942 für Fepolinski.

Man war nirgends ganz allein, es war nicht nur der Schutz des Elternhauses, der Familie, die sich selbstverständlich half, und der alten Freunde. Es war auch draußen so, egal, ob es in Rußland war, in Frankreich, in Deutschland, in Polen oder in Italien. Es war dann doch immer irgendeiner da, der mit einem litt, der mit einem dachte, an den man sich halten konnte. Die Brutalität und die Erbarmungslosigkeit der Welt Hitlers hatten ihren Gegenpol gefunden in der Hilfsbereitschaft, in der Güte, in der Herzlichkeit jener, die zusammenhielten, um den Kräften des Bösen, um den Haien der Unterwelt zu trotzen und zu widerstehen. Der schwarzen Rotte des Hasses und der Vernichtung, die den Kontinent überspannte, sollte in den kommenden Jahren immer mehr eine Bruderschaft der Güte, der Hilfe und der Menschlichkeit gegenüberstehen, bis schließlich Krieg, Mord und Elend ihr Ende finden würden.

Mehr als dreißig Jahre später habe ich im ›Archipel Gulag‹ gelesen, was Solschenizyn in den Lagern Sibiriens erlebt hat. Vieles schien verwandt und nahe dem, was sich im Dritten Reich abgespielt hatte, vieles auch fremd, weil ja Welten dazwischenlagen, aber eines ist klar, wo es Böse gibt, gibt es auch Gute. Wo es jene gibt, die zerstören, vernichten und quälen wollen, gibt es ganz bestimmt auch immer jene, die helfen, heilen und stützen.

Zur Verzweiflung von Notre Dame, zur Verzweiflung der Seine, zur Verzweiflung der Champs Elysées und der anderen herrlichen Gebäude, Brücken oder Plätze, die es in Paris gab, ist ausgerechnet ein gräßlicher Stahlriese, der Eiffelturm, zum Symbol Frankreichs und seiner Hauptstadt geworden. Aber wie dem auch sein mag, der Erbauer des Monsters, Monsieur Eiffel, hat nicht nur diesen Turm errichtet, sondern wahrscheinlich als Folge der Berühmtheit, die er durch den Turmbau erlangt hatte, sich auch bemüßigt gesehen, im besten Viertel von Paris, gleich hinter dem Rond Point der Champs Elysées, an der Rue Matignon, sich ein kleines, elegantes und außerordentlich geschmackvoll eingerichtetes Palais bauen zu lassen.

Als ich im November 1942 zum erstenmal dieses Palais Eiffel betrat, wurde ich von einem gelangweilten deutschen Obergefreiten empfangen, einem Mittelding zwischen einem französischen Concièrge und einer deutschen Ordonnanz. Er schaute meine Marschpapiere an und ließ mich auf einem der samtenen Empirefauteuils, die unten in der Halle herumstanden, Platz nehmen. Für einen deutschen Soldaten, der gerade vom Strafbataillon aus Rußland kam, eine ungewöhnliche Art zu warten.

Es herrschte ziemlich lebhaftes Kommen und Gehen in dieser Halle, von der aus man in den Hof des Palais schauen konnte, der wiederum durch eine Mauer mit zwei großen runden Toren von der Straße abgeschlossen war: Die übliche hundertmal kopierte Art, feine Stadtpalais im Paris der zweiten Hälfte des vorigen Jahrhunderts zu bauen. Aber das lernte ich erst später. Herren in Zivil und auch Damen, elegant angezogen, wie mir schien, der ich natürlich keine Ahnung hatte, was elegant war, gingen ein und aus, und dazu deutsche Offiziere in sichtlich maßgeschneiderten Uniformen. Man grüßte einander lässig elegant, es sah fast so aus wie im Kino. Pakete wurden gebracht, Ordonnanzen trugen Blumen in die oberen Stockwerke.

Ich saß da mit offenem Mund und hatte die Empfindung, wenn sie mich hier nicht gleich wieder hinausschmissen, würde ich zweifellos einen großen Fortschritt gegenüber den vergangenen Monaten verzeichnen können. Nach etwa zehn Minuten kam ein eleganter junger Mann die Treppe herunter. Er trug Reitstiefel, schwarze Breeches, einen oben aufgeknöpften Uniformrock mit den Schulterstücken eines Sonderführers, eines sogenannten »Schmalspuroffiziers«, wie das im Jargon der Wehrmacht hieß. Schnurrbart, freundliches, sehr österreichisches Aussehen, vielleicht ein bißchen arrogant um die Lippen, aber ein Lächeln in den Augen. Er ging auf mich zu, ich erhob mich, nahm Haltung an und grüßte.

Er sagte: »Servus, servus, lieber Freund, mach's dir doch gleich kommod und komm herauf.«

Ich traute weder Augen noch Ohren. So pflegten die Schauspieler der Josefstadt, wenn sie altösterreichische Herren in Stücken von Schnitzler oder Hofmannsthal aus der Zeit vor dem Ersten Weltkrieg spielten, einander auf der Bühne zu begrüßen. Er schüttelte mir freundlich die Hand, nahm mich um die Schulter und zog mich hinauf in sein Büro. Es war ein Zimmerchen im zweiten Stock, dessen Fenster hinüber auf die Gärten der Champs Elysées blickte; dort hatte er einen eleganten Schreibtisch mit zierlichen Beinchen stehen. Ich durfte mich auf ein Sofa setzen, während er auf dem ebenso eleganten Schreibtischstuhl Platz nahm.

»Weißt du, wir machen's uns hier eher bequem«, meinte er, »willst einen Kaffee oder hätt'st lieber was Vernünftiges zu trinken?«

Ich war noch immer sprachlos, fand mich aber relativ schnell in diese mir von Wien wohlbekannte Welt zurück. Da saß ja eigentlich nicht der Sonderführer Riki Freiherr von Posch-Pastor, sondern da saß mein Vetter Niki Preradović, da saß der Wuwu Draskovich aus Güssing, der Puka Fürstenberg, der Poldo Barneck und wie sie alle heißen, die Freunde, Schulkameraden und Gefährten einer österreichischen Jugendzeit, aus einer heimatlichen, aus einer k. u. k. Welt, die mir allerdings im vergangenen Jahr in den Gefängnissen, beim Strafbataillon, am Truppenübungsplatz und schließlich an der Front abhanden gekommen war. Plötzlich waren sie wieder da, als ob nichts geschehen wäre.

Riki ließ also einen Kaffee kommen. Ich machte es mir »kommod«. Er fragte mich, ob ich eine gute Reise gehabt

hätte und wie es denn im »Reich« aussähe. Ich berichtete
Eindrücke aus Deutschland und Rußland, aber er unterbrach mich.

»Keine Chance, du wirst sehen, in zwei Monaten liegt
Hitler auf der Nase, Stalingrad fällt, der Kaukasus ist nicht
zu halten und dann geht's langsam zurück. Rückwärtsgang
einschalten, heißt die Parole. Na ja, wir müssen schauen, daß
wir hier halbwegs überleben, denn jetzt im letzten Moment
noch nach Rußland, wär doch ein Blödsinn.«

Ich stimmte ihm aus ganzem Herzen zu und er versicherte
mir, ich würde es hier nicht so schlecht haben. Hatte er doch
meinen Namen auf einer Versetzungsliste gesehen und mich
sofort angekreuzt und so erreicht, daß ich nicht – wie ursprünglich vorgesehen – irgendwo in eine Außenstelle in die
Normandie weiterreisen mußte, sondern hier im Hauptquartier des deutschen Beschaffungsstabes in Frankreich als
Dolmetscher verbleiben sollte. Ich wies Riki, wie er mich
aufgefordert hatte ihn zu nennen – natürlich war auch das
österreichische Du sofort selbstverständlich – darauf hin,
daß meine Französisch-Kenntnisse im günstigsten Falle denen eines Schülers der ersten Klasse Volksschule entsprä-
chen.

Das störte ihn gar nicht, er sagte nur: »Na, Englisch wirst
doch können, oder Italienisch?« Als ich beides bejahte,
meinte er, »das genügt vollkommen, wir müssen auch auf
englisch und italienisch verhandeln. Du bist und bleibst Dolmetscher und wirst mir zugeteilt. Ist schon alles geregelt.
Wo möchtest du denn gern absteigen?«

Ich war schon wieder sprachlos: »Wie bitte, was meinst
du?«

»Na, wo du halt wohnen willst?«

Diese Frage, gestellt an einen Soldaten, der soeben noch
zwischen einem Lazarett, einem Strohquartier in Rußland
und einem Heldengrab zu wählen hatte, mußte mich in Erstaunen versetzen. Nun, schließlich wurde mir ein Quartier
in einem kleinen Hotel an der Avenue de Wagram, vielleicht
zweihundert Meter vom Etoile, das Hotel Wagram, zugewiesen. Es war ein süßes, kleines Hotel, früher eigentlich ein
besseres Stundenhotel, jetzt wohnten dort etwa ein halbes
Dutzend deutscher Unteroffiziere, Mannschaften und Offiziere, die bei den großen Stäben, die sich in Paris rund um
den Etoile ausgebreitet hatten, tätig waren.

Riki wohnte feiner, einerseits im Hotel Claridge an den Champs Elysées, andererseits in einer kleinen Wohnung, die er sich auch zugewiesen hatte. Riki war schon längere Zeit in Paris, kannte Frankreich, sprach perfekt französisch, kannte die ganze Welt des alten Europa, von der ich eigentlich nur noch aus Büchern eine Ahnung hatte. Sein Großvater war österreichischer Botschafter beim Heiligen Stuhl gewesen und hatte eine ganz berühmte Geschichte der Päpste geschrieben. Die Familie kam ursprünglich aus Tirol. Riki war »Herr und Landmann in Tirol« und manchmal, wie um sich eine Hetz zu machen, legte er den wunderschönen Vogel an, den Tiroler Adler am grünen Band, den die Herren und Landmänner in Tirol bei festlichen Anlässen als Halsorden zu tragen pflegen. Riki war ein prima Kamerad, außerordentlich hilfsbereit, fröhlich, guter Dinge und stets aufgelegt, die große deutsche Wehrmacht irgendwo hineinzulegen. Er paßte genau in den Stab, in dem er tätig war.

Der deutsche Beschaffungsstab in Frankreich, geführt von einem General, hatte die Aufgabe, auf dem Schwarzen Markt im besetzten wie im unbesetzten Teil Frankreichs, für die deutsche Wehrmacht wichtige Gegenstände und Güter einzukaufen. Wichtige Gegenstände und Güter waren ungefähr alles, von Kugellagern bis zu Schiffsgeschützen, von Sekt und Kaviar bis zu britischen Jagdflugzeugen. Das tollste Geschäft, das zu meiner Zeit abgewickelt wurde, war der Tausch von zwei oder drei Spitfire-Jagdflugzeugen, die die Engländer der portugiesischen Luftwaffe zur Verfügung gestellt hatten und die nun zerlegt und auf komplizierten Wegen über Spanien und das unbesetzte Frankreich zu einer Werkstätte südlich von Paris gebracht werden sollten, gegen Ersatzteile für Passagierflugzeuge deutscher Provenienz, nämlich Ju 52 und auch beträchtliche Summen in konvertiblen Währungen, Schweizer Franken und Pfund. Jene Schweizer Franken und Pfunde, die bei diesen Transaktionen ihre Besitzer wechselten, waren übrigens noch echt. Die große Überschwemmung des Marktes mit Hunderten von Millionen gefälschter britischer Pfunde und amerikanischer Dollar, durch die Deutschen im Jahre 1944, hatte noch nicht begonnen. Man konnte noch ohne Furcht und Zweifel Pfund- und Dollarnoten in Zahlung nehmen.

Die Herren des deutschen Beschaffungsstabes in Frankreich – es waren ihrer fünfundzwanzig bis dreißig Offiziere, eine Reihe von Kriegsverwaltungsräten und Sonderführern, gewöhnlich Direktoren großer Bankinstitute und Industriekonzerne –, diese Herren also, ihre Sekretäre und Ordonnanzen, sowie etwa ein Dutzend meist außerordentlich hübscher, teils deutscher und teils französischer Sekretärinnen, die alle im Palais d'Eiffel tätig waren, lebten wie auf einem anderen Stern. Man war höflich zueinander, der militärische Ton wurde spätestens beim Eingangstor abgelegt. General Thönisen pflegte jedermann, egal ob es nun Obersten, hohe Wehrwirtschaftsoffiziere oder auch irgendwelche Mannschaften waren, mit »meine Herren« anzusprechen, kurz, es war eine andere Welt, ein anderer Ton, und es war höchst angenehm.

Dienststunden waren von 8 bis 12 und von 3 bis 7 Uhr, also bis spätabends, denn Geschäfte in den Banken und Industrien wurden oft spät abgewickelt. Samstag mittag war Schluß, unvorstellbar für eine Wehrmachtsdienststelle, aber die Geschäftspartner machten ja auch am Samstag Schluß, und am Sonntag ging man hinaus zu den Rennplätzen oder vielleicht in den großen Parks spazieren, fast jeder hatte ein Auto, sogar ich. Riki hatte mir ein winziges Fahrzeug verschafft, das er irgendwo aufgetrieben hatte. Es war ein »Simca«, aber ich konnte damit leider fast nichts anfangen, denn ich hatte noch nie ein Auto gelenkt. Ich nahm also einige Fahrstunden beim Fahrer unseres Generals. Wir fuhren am Sonntag im Bois spazieren und ich lernte die Grundbegriffe des Autolenkens. Nachdem damals in Frankreich und auch in Paris relativ wenig Verkehr war, war es weder für meine Mitwelt noch für mich sehr gefährlich. Ich konnte den Simca allerdings nur Samstag und Sonntag benützen, denn unter der Woche war es sogar für einen Mitarbeiter des deutschen Beschaffungsstabes in Frankreich nicht ratsam, mit einem Privatauto mit französischer Nummer spazierenzufahren.

Riki Posch-Pastor hielt es für unerträglich, immer in Uniform herumzulaufen. Er erwirkte daher für sich und mich Zivilerlaubnis. So unternahmen wir gemeinsam Reisen durch Frankreich und führten irgendwelche Verhandlungen, die ich nicht ganz begriff; hatte ich doch weder von Geschäften, noch vom Austausch von Waren, geschweige denn von Kauf und Verkauf eine große Ahnung, aber ein bißchen was lernte ich dazu und im übrigen war ich quasi als Unterhalter mit angestellt.

Eines Tages rief ich in der deutschen Botschaft an und erkundigte mich nach einer jungen Dame namens Ulli Rüdt von Kollenberg. Ulli bestellte mich sofort ins Hotel Claridge, sie hatte schon von ihrer Tante Jannerl Gatterburg-Stockhausen gehört, daß ich in Frankreich sei. In der Halle des Claridge begrüßte mich ein zierliches, blondes und besonders hübsches junges Mädchen; mitten im Paris des Zweiten Weltkrieges ergab sich die Gelegenheit zum ersten großen Flirt mit der liebsten aller badischen Baronessen, die ich je getroffen habe. Ulli entwickelte sich übrigens später zu einem der Zentralpunkte unserer Untergrundtätigkeit, sie wurde von der Deutschen Botschaft in Paris, zur Archivkommission des Auswärtigen Amtes nach Berlin versetzt und hat dort unendlich viel für unsere Sache getan. Ohne sie wäre mit ziemlicher Sicherheit Otto heute nicht mehr am Leben.

Einstweilen wanderten wir durch Paris und genossen das Leben. Der Krieg war weit weg, Paris war eine außerordentlich friedliche Stadt, die Franzosen schienen mir ebensowenig am Krieg interessiert wie Gegner der Deutschen zu sein. Natürlich konnten sie nicht ahnen, daß ich Österreicher und ein Gegner Hitlers war. Die meiste Zeit ging ich ja doch in Uniform herum; trotzdem habe ich niemals das geringste unfreundliche Wort gehört; die Franzosen waren immer nett und zuvorkommend; ich bin mit dem Gedanken aus Paris weggefahren, daß dieser Krieg zwischen Franzosen und Deutschen wirklich überflüssig gewesen sei. Wenn man im Jahre 1942 in Paris Ablehnung und Kritik hörte, dann gegenüber den Engländern, die gerade dabei waren, Madagaskar zu besetzen, nachdem die Invasion Nordafrikas durch die Alliierten schon im Gange war. Das erregte die Franzosen natürlich ungeheuer, und es gab große Protestkundgebungen. Gewiß war es klar, daß hierbei die deutsche Propaganda und die Bemühungen der Regierung Laval eine große Rolle spielten. Ebenso war aber auch klar, daß die antideutschen Kräfte sich zu diesem Zeitpunkt noch nicht an die Oberfläche wagen konnten.

Von jenem Haß, der nach dem Krieg so deutlich spürbar war und der angeblich auch schon das Bild Frankreichs in den ersten Jahren der Besetzung beherrschte, habe ich, zumindest für meine Person, wirklich nichts merken können; im Gegenteil, es fiel mir außerordentlich schwer, aktive Widerstandsleute in Paris ausfindig zu machen. Das war wiederum kein Wunder, denn mein Französisch war miserabel und ich hatte auch, zumindest in den ersten Monaten, nicht genügend Kontakte. Schließlich gelang es mir doch. Ich traf mit Freunden von Freunden zusammen, die mir dann wiederum Wege öffneten, und im Februar 1943, als ich leider gerade wegversetzt wurde, hatte ich endlich die Verbindung zur Résistance über den charmanten und sonst so unkriegerischen Schokoladefabrikanten Jean Menier hergestellt.

Einstweilen beschäftigte ich mich aber mehr mit den Annehmlichkeiten des Lebens. Man ging ins Theater, Ulli half mir, französische Stücke zu verstehen, man ging gemeinsam essen, fuhr mit den Fahrradrikschas, die Paris bevölkerten, kleine zierliche Fahrzeuge, so ähnlich wie die Rikschas in Ostasien. Vorne saßen ein oder zwei Radfahrer auf einem gewöhnlichen Rad oder auf einem Tandem, und hinten konnten ein oder zwei Personen in einem kleinen Aluminiumwägelchen Platz nehmen; man fuhr nicht sehr schnell, höchst bequem und sicher allen sozialen Vorstellungen unserer Zeit widersprechend. Aber damals betrachtete es jeder als höchst angenehm.

Man ging an der Seine spazieren, wühlte an den Buchständen, die es gab wie eh und je. An diesen Buchständen konnte man einiges finden, was den Repräsentanten des Dritten Reiches wenig gefallen hätte. Offensichtlich hatten viele der Emigranten der Jahre 1933 bis 1939 eine Unzahl von Büchern mitgebracht, als sie nach Paris kamen und sie dann sukzessive verkauft. Ich fand im Laufe der Monate mindestens vierzig oder fünfzig Bücher, die auf den schwärzesten aller Listen des Dritten Reichs standen und mit denen ich meine noch recht geringe Kenntnis nichtnazistischer oder antinazistischer Literatur der letzten zwanzig oder dreißig Jahre wesentlich verbessern konnte. Thomas Mann, Franz Werfel, Stefan Zweig konnte ich mir dort zum erstenmal anschaffen und in eine Literatur Eingang finden, die ich bis dahin nicht gekannt hatte. Denn das alles war zu Hause im Jahre 1938, als ich gerade anfing zu lesen, versteckt worden und das, was man offiziell 1938 noch bekam, war eine zahme und gewöhnlich recht langweilige Kost.

Ich lebte wie der Herrgott in Frankreich; es war klar, daß wir auf einem Vulkan tanzten, es war auch klar, daß es nur ein paar Monate dauern konnte, aber wir kümmerten uns nicht darum. Riki Posch-Pastor, Ulli, noch ein paar Freunde und ich wanderten durch die Straßen von Paris wie alle jungen Leute, die einmal die Chance gehabt haben, durch Paris zu ziehen, sprachen über Bücher, über Kunst, gingen ins Theater, besuchten die Museen und die Galerien, saßen stundenlang in den Kaffeehäusern der Champs Elysées, hielten diese Sternstunden, diesen kurzen Augenblick, als der berstende Stern plötzlich nicht zu bersten schien, mit beiden Händen fest.

Ich habe wahrscheinlich nichts in meiner Jugend so genossen wie diese drei oder vier Monate in Paris. Dies mag heute für viele unvorstellbar erscheinen, aber diese Zeit war ein Traum, der Traum von einer Welt, wie sie vorher vielleicht gewesen war und wie sie – erst in Jahrzehnten – wieder möglich sein würde, einer Welt, in der die jungen Menschen jung sein, sorglos und frei sein konnten, einer Welt, in der man sich mit Dingen befassen durfte, die nicht konkret waren, die nichts mit Krieg, Blut und Leid zu tun hatte. Um diese Traumwelt zu genießen, hatten wir natürlich alle Vorhänge zugezogen, um die rauhe Luft der Außenwelt, um die Wirklichkeit des Krieges nicht hineinzulassen. Es gelang uns nicht für lange, aber in der kurzen Frist, die uns vergönnt war, war es um so schöner.

Kurz nach Neujahr 1943 hatte ich zehn Tage Urlaub und war zu Hause in Wien, auch Otto war da. Er war endlich wieder gesundet und hatte seinen Studienurlaub bekommen. Als ich nach Paris zurückkam, empfing mich Riki Posch-Pastor schon eher aufgeregt und nervös. Der »Heldenklau« stand uns ins Haus. Der »Heldenklau« war ein General, der auf den passenden Namen von Unruh hörte und vom Führer beauftragt war, in den Etappen der deutschen Fronten, insbesondere also auch in Frankreich, überflüssige »Etappenhengste«, so hießen Leute wie wir, aufzuspüren und an die Front zu befördern. Unruh gingen fürchterliche Gerüchte und Geschichten voraus. In Belgien, so hieß es, habe er nach vierzehn Tagen Aufenthalt drei Divisionen aus lauter Etappenstäben zusammengestellt. Ähnliches sei in Holland passiert. In Frankreich, so hatte er Hitler versprochen, werde er zwei Armeekorps auf die Beine bringen. Es schien mir durchaus möglich, zwei Armeekorps aus den nichtstuenden, sich mit Verwaltung und ähnlichen schönen Dingen beschäftigenden deutschen Soldaten im besetzten Frankreich herauszuholen. Dies um so mehr, als zu diesem Zeitpunkt eine ernsthafte militärische Tätigkeit in Frankreich nicht notwendig schien.

General Unruh kam also nach Paris, schlug im Hotel Majestic sein Hauptquartier auf, und schon ein paar Wochen später war der deutsche Beschaffungsstab in Frankreich aufgelöst. Ein harter Schlag für jedermann, wohl auch für General Thönisen, unseren Kommandeur. Riki verstand es, sich vorerst noch in Paris zu halten. Ich aber wurde nach Berlin versetzt und sollte von dort weiter nach dem Osten. Große Trauer allerseits, Abschied überall, letzte Abende im Bois, letzte Kaffeehausbesuche. Schließlich Gare du Nord.

Ich stand am Fenster des deutschen Urlauberzuges, der mich nach Berlin bringen sollte, über Aachen, Köln und das Ruhrgebiet. Am Bahnsteig unten stand klein, lieb, etwas verweint Ulli, sie wußte noch nicht, wie lange sie in Paris bleiben und ich nicht, wohin es mich treiben würde. Im Marschbefehl stand »Ersatzbataillon Spandau zur Weiterleitung zum Fronttruppenteil Ost«. Wir schauten uns in die Augen, dann hinauf zur grauen Decke des Gare du Nord, wechselten noch ein paar nichtssagende Worte, denn neben dem Flirt und dem Verliebtsein, das uns mit großer Allgewalt erfaßt hatte, hatten wir etwas anderes gefunden: eine geistige Übereinstimmung in Dingen, die in jeder Zeit von allergrößter Wichtigkeit waren, die Ablehnung der Diktatur, die Ablehnung des Dritten Reiches, das Bewußtsein, daß man dagegen etwas unternehmen müsse.

Die kleine blonde Ulli war sicherer und kompromißloser als ich. Ich hatte ihr lediglich bereits ein bißchen Erfahrung voraus, in Sachen Gestapo und Gefängnis. Sie aber war mit der Sicherheit jener ausgestattet, die genau wissen, was gut und notwendig ist. Sie hat nie eine Sekunde gezögert bei Dingen mitzumachen, die sie jederzeit um Kopf und Kragen bringen konnten. Sie war sich stets von vornherein darüber im klaren, daß dies oder jenes richtig sei, und daher wurde es auch getan. Ulli ist für mich zu einem Symbol jener »anderen Deutschen« geworden, die ich als Österreicher bis dahin doch nur ein bißchen als Außenstehender hatte erkennen und miterleben können. Später sollte ich viele andere Menschen ihrer Art treffen, aber kaum einen von größerer Ehrlichkeit und Reinheit.

Als sich der Zug dann endlich nach einer halben Stunde

Verspätung, für die wir Gott dankten, in Bewegung setzte, sah ich Ulli langsam am Bahnsteig verschwinden. Sie winkte noch mit einem ihrer schönen Pariser Halstücher, und ich beugte mich so weit aus dem Fenster heraus, daß ich fast an einen vorbeihuschenden Mast angestoßen wäre.

Ein Feldwebel riß mich zurück:

»Hör'n Sie mal, wollen Sie wegen Selbstverstümmelung vors Kriegsgericht kommen, Sie junger Springer!«

Die Realität der deutschen Wehrmacht hatte mich wieder. Der Urlauberzug dampfte durch die Winternacht nach Berlin.

Berlin war im Frühjahr 1943 noch eine Stadt, die fast friedensmäßig wirkte. Die Bombenangriffe begannen erst, und die Fronten schienen sich nach der schweren Niederlage von Stalingrad und nach dem Verlust Libyens wieder zu stabilisieren. Das deutsche Afrikakorps hatte in Tunesien starke Stellungen bezogen und in Rußland war am Don eine neue Front gebildet worden. Am 18. Februar hatte Goebbels im Berliner Sportpalast den »totalen Krieg« verkündet. Als ich im März nach Berlin kam, um in Spandau bei meinem Ersatzhaufen meine Versetzung abzuwarten, klebten an allen Litfaßsäulen riesige Plakate mit dem Slogan: »Wir wollen den totalen Krieg«. Aber Berlin selber machte eher noch den Eindruck einer Weltstadt. Man sah zwar viele Soldaten in Uniform, aber die Zivilisten waren noch gut angezogen, am Kurfürstendamm und beim Potsdamer Bahnhof herrschte friedensmäßiges Treiben, in den Gaststätten konnte man – wenn auch mit Marken – noch halbwegs gut essen.

Als Soldat wurde man freundlich behandelt, und es ließ sich in Berlin noch durchaus aushalten. Besonders für mich, hatte ich doch verschiedene Freunde und Verwandte in der Reichshauptstadt. Onkel Karl Straubinger saß in Berlin und arbeitete im Reichsernährungsministerium, mein Firmpate Professor Heinrich Mitteis und seine Frau Lidi kamen nach Berlin, um mich zu besuchen. Mitteis, geborener Österreicher, war Professor der Rechtsgeschichte in Heidelberg und München gewesen. Doch als Gegner der Nazis abgesetzt, ging er 1935 nach Wien und lehrte dort. Damals übernahm er auch das schwere Amt, mein Firmpate zu werden. Als Hitler 1938 Österreich anschloß, mußte er Wien verlassen und wurde nach Greifswald versetzt.

Das Hauptthema aller Gespräche war natürlich: Würde Hitler den Krieg noch gewinnen? Im Frühjahr 1943 war die Mehrzahl seiner Gegner schon der Meinung, er habe den Krieg verloren. Die Frage war nur, wie lange es noch dauern würde und ob man nicht alles versuchen müsse, um die Schrecken des Krieges abzukürzen.

Ich traf damals in Berlin im Hause einer Freundin meiner

Mutter, Hilda Krummbach, in Zehlendorf-West zum erstenmal auch mit einigen Vertretern des deutschen Widerstandes zusammen. Als ich Weihnachten zuvor in Wien war, hatte mir Major Alfons Freiherr von Stillfried anvertraut, daß er und einige Freunde aus dem ehemaligen österreichischen Offizierskorps dabei seien, eine aktive militärische Widerstandsgruppe in Österreich aufzubauen. Natürlich hatte er mir damals keine Namen genannt, aber er gab mir immerhin eine Anschrift in Berlin, und zwar die einer Verbindungsstelle des Obersten Erwin von Lahousen. Lahousen war bis 1938 in der österreichischen Nachrichtenabteilung (der Spionageabwehr) tätig. Der Chef der deutschen Abwehr, Admiral Canaris, holte Lahousen dann zu seiner Dienststelle nach Berlin. Die beiden Herren verstanden sich offensichtlich nicht nur als Fachleute des Nachrichtendienstes, sondern auch politisch.

Etwa zehn Tage, nachdem ich ein Empfehlungsschreiben von Stillfried im Büro von Lahousen abgegeben hatte, erhielt ich eine Mitteilung, der Oberst – er wurde später General – könne mich im Augenblick nicht empfangen, da er nicht in Berlin sei. Um so erstaunter war ich, als Onkel Karl Straubinger mich zwei Tage später zu einem Abendessen in ein Restaurant neben dem Hotel Adlon ausführte und mich dort dem am Tisch schon wartenden Lahousen vorstellte.

Lahousen war – auch in der deutschen Uniform – ein typisch österreichischer Offizier geblieben, mit sehr weltmännischer Prägung. Sichtlich wollte er mich näher kennenlernen und stellte viele Fragen. Onkel Karl brachte das Gespräch auf meinen Aufenthalt in Frankreich. Lahousen fragte nach der Stimmung unter den Deutschen wie der Franzosen in Paris und ähnliches mehr. Schließlich wollte Lahousen noch einiges über meine Erlebnisse mit der Wiener Gestapo hören. Aber ich hatte den Eindruck, daß ich ihm nicht viel Neues erzählen konnte.

Als wir uns verabschiedeten, sagte Lahousen: »Ich setze dich in Spandau ab.« Auf dem Weg zum Auto blieb er plötzlich stehen, zog sein Notizbuch und sagte: »Gib mir deine Einheit«, notierte sich auch den Kommandeur und meinte: »Es wäre gut, wenn du nach Italien gehen würdest. Das Wehrwirtschaftskommando Zwei wird jetzt eine Einheit ausrüsten, da solltest du mit von der Partie sein. Ich werde sehen, ob ich das Notwendige veranlassen kann. Du hörst wieder von mir.« Ich merkte, daß er gar nicht die Absicht gehabt hatte, mich nach Hause zu bringen, sondern nur allein mit mir reden wollte, und so verabschiedete ich mich und marschierte los.

Ich habe Lahousen nicht mehr gesehen. Doch wurde ich kurz danach zu einer in Aufstellung begriffenen Einheit am Chiemsee in Oberbayern versetzt, deren Endziel aber Italien war. Der Chiemsee und auch Italien waren für mich auf jeden Fall erfreulicher als eine Rückkehr nach Rußland. Es vergingen noch ein paar Wochen bis die neue Einheit – die unter großer Geheimhaltung aufgestellt wurde – samt Fahrzeugen mit Sonderzug nach Prien am Chiemsee befördert wurde. Dort begann dann die Organisation einer Wirtschaftskontrollgruppe für Italien.

Der Chiemsee im Frühsommer war ein höchst erfreulicher Aufenthaltsort und ich hatte auch noch Gelegenheit, die Eltern, die in Gastein bei unseren Verwandten, den Straubingers, den Urlaub verbrachten, zu besuchen. Mama war furchtbar deprimiert und schrieb lange Elegien, voller Verzweiflung. Immer wenn sie glaubte, den Druck nicht mehr aushalten zu können, flüchtete sie ins Schreiben. Papa, ruhiger und optimistischer, meinte, es könne höchstens noch ein Jahr dauern. Er glaubte auch aus verschiedenen Informationen und Hinweisen erkennen zu können, daß die Alliierten nach ihrem Sieg Österreich wiederum als unabhängigen Staat ins Leben rufen würden.

Ich erzählte den Eltern, ohne irgendwelche Namen zu nennen, daß ich Kontakt mit einer Widerstandsgruppe in der Wehrmacht aufgenommen hätte und meine Versetzung nach Italien mit diesen Dingen in Verbindung stünde. Papa und Mama waren einverstanden, baten mich natürlich nach Möglichkeit aufzupassen, aber fügten hinzu, daß sie, falls notwendig, mithelfen würden. Von diesem Augenblick an war alles für mich leichter. Ich hatte große Angst gehabt, daß die Eltern meinen Entschluß, mich dem Widerstand zuzuwenden, nicht billigen würden. Aber ein abendliches Gespräch während eines Spaziergangs hinein zum »Grünen Baum«, einem Gasthof in einem Seitental des Gasteinertales, belehrte mich eines Besseren.

Wir sprachen lange über die Frage des Eides, ein Problem, das für mich ohnehin nur noch theoretische Bedeutung hatte, da ich durch eine glückliche Fügung des Schicksals nie

174

gezwungen gewesen war, einen Eid auf Hitler zu leisten. Als ich nämlich im Sommer 1942 zuerst nach Mistelbach einberufen wurde, sollte ich bei dem dortigen Infanterieersatzbataillon ausgebildet und natürlich auch vereidigt werden. Jedoch wurde ich überraschend und sehr schnell zu dem Strafbataillon in Steinhammer in Oberschlesien verlegt. Von Mistelbach reiste ich zwei Tage vor der Vereidigung ab, in Steinhammer hatten dagegen alle schon den Eid geleistet, und so rutschte ich unvereidigt durch! Auf diese Weise habe ich nie einen Eid geschworen und konnte daher auch keinen brechen.

Aber die theoretische Frage blieb natürlich, und sie war für viele Soldaten auch in der Praxis ein ernstes Problem. Papa selbst war der Meinung – und wurde darin auch von Mama, immerhin Offizierstochter, unterstützt –, daß man sich darüber keine zu großen Gedanken machen sollte. Österreich sei vom Deutschen Reich gewaltsam besetzt worden, wir alle hätten diesen Anschluß nicht gewollt und hätten alles getan, um ihn zu verhindern. Wir konnten nicht verpflichtet werden, durch einen erzwungenen Eid dem Führer eines fremden Landes Treue halten zu müssen. Ein Gelöbnis sei auch nur einer moralischen Instanz gegenüber bindend. Das nationalsozialistische Deutschland aber habe seit der Machtergreifung unzählige Male Taten gesetzt, die im absoluten Gegensatz zu allen moralischen – göttlichen wie menschlichen – Grundsätzen stünden. Selbst wenn wir keine Österreicher wären, sondern Deutsche, hätte die Hitlersche Eidesformel für uns keine Gültigkeit mehr. Im Grunde war dies stets auch schon meine Meinung gewesen, aber ich war sehr froh, daß mein so korrekter Vater diesen Standpunkt einnahm.

Ende Juli sollten wir nach Rom abrollen. Der Stab hatte Befehl, südlich von Rom in einem der Dörfer bei Frascati Quartier zu beziehen. Ein Vorkommando war schon dorthin verlegt worden. Plötzlich jedoch wurden alle Pläne geändert: Mussolini war am 25. Juli gestürzt und verhaftet worden, eine völlige Umstellung der deutsch-italienischen Beziehungen schien sich anzubahnen. Den ganzen August hindurch jagte ein Befehl den anderen, wobei der zweite immer den ersten aufhob. Schließlich fuhren wir in den letzten Augusttagen über den Brenner nach Südtirol und von dort weiter bis Rovereto.

Dort bekamen wir die Aufgabe – die Regierung Badoglio hatte am 8. September den Waffenstillstand mit den Alliierten abgeschlossen –, die italienischen Truppen im Raum Rovereto zu entwaffnen. Unser Stab bestand zum großen Teil aus Verwaltungsexperten, Dolmetschern und ähnlichen, dem Heldentum nicht sehr zugeneigten Herren, so daß nur eine kleine Gruppe von uns Jüngeren für diese Aktionen eingesetzt werden konnte.

Schließlich zogen wir zu sechst aus, um die Italiener – in der Kaserne von Rovereto lagen Einheiten einer Alpinidivision – zu entwaffnen. Zu unserem Erstaunen ließen sich die Italiener ohne auch nur den leisesten Versuch einer Gegenwehr gefangennehmen. Wir sechs Männchen hielten die ganze Kaserne »besetzt«, bis endlich deutsche Feldgendarmen erschienen, um den Abtransport der Italiener in Kriegsgefangenenlager zu organisieren. Mir war das Ganze ein völliges Rätsel. Hätten die Italiener auch nur fünf Minuten gekämpft, so wäre die deutsche Machtübernahme in Rovereto, aber nicht nur dort, sondern auch in Mailand und anderen Orten, völlig unmöglich gewesen. Aber offenbar fehlte bei den Italienern jede höhere Kommandogewalt. Es wußte niemand, was geschehen sollte. Vor allem aber hatten alle die Nase voll und wollten nur nach Hause. Dieser Stimmung entsprach damals ein Lied, das überall von italienischen Soldaten gesungen wurde:

Noi siamo stanchi di questa guerra
Andiam'a casa ancor'sta'sera
Abbasso Hitler, abbasso Mussolini!
Abbasso anche l'Inghilterra!
Vogliamo solo il dolce far niente
La vita bella con ti e mi.

Auf deutsch hieß das ungefähr: »Wir sind dieses Krieges müde, und wollen noch heute abend nach Hause! Nieder mit Hitler, nieder mit Mussolini, nieder auch mit England! Wir wollen nur das ›dolce far niente‹, das schöne Leben, mit dir und mir!«

Wir blieben noch einige Tage in Rovereto, und dann ging es entlang des Gardasees zuerst einmal nach Garda und weiter nach Saló. Dort gab es wiederum ein paar Tage Aufenthalt. Am dritten Tag erschien plötzlich ein riesiger Stab deutscher und italienischer Generäle und dann auch Benito Mussolini. Der »Duce« sah allerdings völlig anders aus, als ich ihn aus Illustrierten oder Wochenschauen kannte. Ein müder, alter, dicklich wirkender Mann, der, wie unter einer schweren Last gebückt, einherging. Vom Glanz des Diktators, des Volkstribunen war nichts mehr zu entdecken. Er schritt sichtlich zerstreut oder uninteressiert die Front einer Kompanie der Schwarzhemden ab und verschwand schnell im Eingang einer Villa. Hitler hatte kurz zuvor seinen Freund Mussolini vom Gran Sasso, wo ihn die königliche Regierung festgesetzt hatte, durch den österreichischen SS-Haudegen Skorzeny in einem Handstreich befreien lassen. Nach seinem Besuch bei Hitler im »Führerhauptquartier« hatte »il duce« für den noch von den Deutschen besetzten Teil Italiens eine faschistische Regierung gebildet. In diesem Rumpfstaat schaffte er die Monarchie ab und proklamierte die »Repubblica Sociale Italiana«. Staats- und Regierungschef dieser Repubblica Sociale war Mussolini selbst. Um ihn hatten sich einige faschistische Führer und ein paar linientreue Generäle gesammelt. Der Regierungssitz war der Ort Saló. Mussolini saß anfänglich auf seinem Schloß Rocca della Caminata und kam immer nur für kurze Zeit an den Gardasee. Bei einem dieser Besuche hatten wir ihn gesehen.

Wir fuhren dann weiter nach Mailand, nahmen im Albergo Gran Turismo Quartier und waren bald in einen heftigen Konkurrenzkampf verwickelt, denn unser Wehrwirtschaftskommando II (Oberitalien) stand in heftigem Widerstreit mit dem sogenannten »Stab RuK«, mit dem Stab Rüstung und Kriegsproduktion, der teils in Mailand, teils in Como saß. Beide Einheiten hatten die Aufgabe, den Beitrag der italienischen Industrie und Wirtschaft zum Kriegseinsatz zu intensivieren, das heißt auf deutsch gesagt, die italienischen Fabriken für die Wehrmacht einzusetzen und dort, wo es sinnvoll erschien, die Maschinen abzumontieren und nach Deutschland zu bringen. Darüber hinaus wurden natürlich in Mittel- und Norditalien Rohstoffe aller Art von den sogenannten Wehrwirtschaftskommandos beschlagnahmt und nach Deutschland gebracht. Von uns wurden immer sehr komplizierte Wertberechnungen angestellt, aber ich weiß nicht, ob die Italiener ihr Geld auch je wirklich gesehen haben.

Das noch nicht von den Alliierten besetzte Italien der Jahre 1943 bis 1945 war eine ganz sonderbare Art von Staat: eigentlich war es nicht ein Staat, sondern ein Konglomerat mehr oder weniger organisierter Staatswesen, die, einander zum Teil überlappend, nebeneinander existierten. Es gab die italienische Verwaltung, die noch aus dem Königreich übernommen worden war, mit den Provinzen etc., deren Beamte im wesentlichen genauso agierten wie vor dem Juli 1943. Dazwischen gab es dann deutsche militärische und auch – vor allem in den an Deutschland grenzenden Provinzen – zivile Verwaltungsbehörden. Wehrmacht, SS, Partei und Reichsbehörden konkurrierten miteinander. Schließlich agierten auch noch allerlei lokale faschistische Machthaber, die unter deutschem Schutz regierten. Es gab dann ab September 1943 die Regierung der Repubblica Sociale Italiana, die ja auch über eine Armee verfügte. Es wurde eine Reihe italienischer Divisionen, teils in Deutschland, teils in Norditalien, aus Kriegsgefangenen aufgestellt. Daneben aber gab es auch noch faschistische Privatarmeen, die berühmteste davon war die »Decima Mas«.

»Decima Mas« war aus einer Marine-Sondereinheit hervorgegangen, die versucht hatte, mit Ein-Mann-Torpedos die englische Flotte in den Häfen von Gibraltar, Alexandrien und Malta anzugreifen. Ihr Kommandant Fürst Junio Valerio Borghese hatte sich im Herbst 1943 mit eintausenddreihundert Mann den Deutschen und später Mussolini zur Verfügung gestellt, weil, wie er sagte, seine Ehrauffassung von Bündnistreue es ihm nicht erlaube, zu den Alliierten überzulaufen. Obwohl der Principe Borghese betonte, er sei eigentlich gar kein Faschist, war die Decima Mas bald kaum weniger gefürchtet als die SS.

Diese Privatarmee hatte ihr Hauptquartier in Alessandria, einer Stadt auf der Strecke von Genua nach Mailand. Gewisse Gebiete dort rundherum hatte die Decima Mas auch de facto wie ein eigenes Staatswesen okkupiert. Dann gab es noch einige andere ähnliche Landsknecht-Armeen, die sogenannten »Brigate nere«, und daneben gab es die faschistische Miliz und die »Republikanische Nationalgarde«. Dazu kam natürlich die deutsche Wehrmacht unter Kesselring und später Vietinghoff, die einen immer größeren Einfluß in Italien hatte. Ferner die SS unter dem Obergruppenführer Wolff. Sodann gab es – um die Verwirrung voll zu machen – noch die »Operationszone Alpenvorland«, die von dem Tiroler

Gauleiter Hofer von Innsbruck und Bozen aus dirigiert wurde, zu der die Provinzen Trient und Belluno dazuge-schlagen wurden. Parallel dazu lief die »Operationszone Adriatisches Küstenland«, das war das Gebiet um Triest und Fiume, das wiederum vom Kärntner Gauleiter Rainer regiert wurde: Diese Nazigauleiter hatten sich Kolonien im nord-italienischen Raum angeeignet, wobei natürlich auch das Problem Südtirol mit hineinspielte.

Die Italiener in ihrer Masse waren weder faschistisch noch antifaschistisch. Sie wollten ihre Ruhe haben. Genauso wie sie vorher dem Krieg ihres Duce nicht allzusehr zugejubelt hatten, so waren sie auch jetzt nicht für die Alliierten oder für die Deutschen, sie wollten im Grunde in Frieden gelas-sen werden und »fare affari«, das heißt, sie wollten ihren Geschäften nachgehen. Gleichzeitig standen die Italiener po-litisch auf einem Standpunkt, den man immer wieder an den Mauern lesen konnte »Abbasso tutto« – nieder mit allen!

Das letztere war vielleicht das getreueste Spiegelbild poli-tischer Hoffnungslosigkeit im Italien der Jahre 1943/44. Man war sicher nicht für die Partisanen, denn die Partisanen würden einen möglicherweise umbringen, bestimmt auch das bißchen Geld und die Lebensmittel wegnehmen; man war sicher auch nicht für die Deutschen, denn die würden einen als »Fremdarbeiter« nach Deutschland verschleppen; man war ebensowenig für Mussolini, der doch sein Impe-rium schon verloren hatte und endlich von der Bildfläche verschwinden sollte; aber ebensowenig war man für die Alli ierten, die Italien bombardierten und es außerdem als eine Macht dritter Klasse behandelten.

Man war eben gegen alle, man war gegen Graziani, den italienischen General auf der Seite Hitlers, der Oberbefehls-haber der italienischen Truppen im deutsch besetzten Be-reich geworden war. Und ebenso war man gegen Badoglio, den italienischen General, der mit den Alliierten den Waf-fenstillstand abgeschlossen hatte und nun an ihrer Seite wei-ter Krieg führte. Alles spielte sich durcheinander ab, doch das Leben ging weiter. Auf einem schwarzen, auf einem grauen und auf einem grauweißen Markt konnte man de facto alles kaufen und bekommen, alles hatte seinen Preis und wurde entsprechend gehandelt.

Die Bombenangriffe waren unerfreulich, sogar sehr unan-genehm, beschränkten sich aber auf einige große Städte wie

Rom, Mailand, Bologna und – merkwürdigerweise – Treviso, das besonders schwer getroffen wurde. Aber im wesentlichen bombardierten die Alliierten militärische Ziele. Das war allerdings besonders dann unangenehm, wenn man sich auf solchen militärischen Zielen ständig bewegen mußte. Wie zum Beispiel auf Eisenbahnen oder Straßen.

Von Deutschland unterschied sich die Lage in Italien grundlegend. Es fing damit an, daß die deutsche Geheime Feldpolizei natürlich niemals wirklich in das Innere der italienischen Welt eindringen konnte. Der Krieg war schon viel zu weit fortgeschritten, und die Deutschen hatten auch nicht genügend Polizeieinheiten unten. Für die innere Sicherheit mußten vielmehr die Italiener selbst sorgen, und die faschistische Polizei war relativ harmlos. Anders lagen die Dinge bei der Partisanenbekämpfung: Da floß viel Blut.

Mussolini hatte auch einen Rachefeldzug gegen alle jene inszeniert, die im Sommer 1943 seinen Sturz herbeigeführt hatten, und das waren immerhin neunzehn von neunundzwanzig Mitgliedern des Faschistischen Großrates, unter ihnen sein eigener Schwiegersohn, der Graf Galeazzo Ciano, bis zum Februar 1943 sein Außenminister. Im Jänner 1944 wurde ihm in Verona der Prozeß gemacht: Er wurde ebenso erschossen wie Marschall de Bono und viele andere ehemalige Faschistenführer.

Natürlich bestanden auch mehrere Partisanenbewegungen: die Kommunisten mit ihren roten Brigaden, die linken, aber nicht rein kommunistischen Brigaden Matteotti, dann die Garibaldi-Brigaden, ferner die »Fiamme Verdi«, das waren liberale Widerstandsgruppen, und auch die Partisanen der Democristiani. So gab es vier oder fünf verschiedene Partisanenbewegungen, wobei die Kommunisten und Sozialisten die erste Geige spielten. Die Partisanen standen unter Führung ihrer lokalen Chefs, zum Teil unter Führung der Zentralkomitees ihrer Parteien, die ja im Süden schon wieder legal existierten. Schließlich standen sie sehr erheblich unter dem Einfluß der Amerikaner und Engländer, die sie mit Waffen, Munition und sonstigen Gütern versorgten.

In den letzten Kriegsmonaten gab es auch ein Comitato di Liberazione Nazionale Alta Italia (CLNAI), ein Oberkommando der italienischen Widerstandsbewegung, an dessen Spitze der General Raffaele Cadorna stand, ein Sohn des italienischen Oberbefehlshabers im Ersten Weltkrieg.

Die Deutschen wurden von der italienischen Bevölkerung meist recht freundlich behandelt. Ausnahmen gab es natürlich besonders dort, wo etwa Geiseln erschossen worden waren. Auch die Deutschen benahmen sich den Italienern gegenüber, soweit dies die SS zuließ, recht gut. Oft bestanden relativ gute und herzliche Beziehungen, sicher bessere als etwa in Frankreich.

Die Partisanen beherrschten ab dem Winter 1943/44 gewisse einsame Berggebiete, besonders im zentralen Apennin, in den Piemontesischen Alpen, später dann auch in den Berggebieten um Sondrio und noch später im Raum der Venezia Giulia, im Gebiet um Udine. In die Städte drangen sie nur in Form von Untergrundzellen vor, die es in Mailand, Turin, Bologna und anderen Städten sicher schon seit dem Jahre 1943 gab. Ich habe die erste dieser Gruppen in Mailand schon im Winter 1943/44 feststellen können. Im Laufe des Jahres 1944 und besonders dann im Frühjahr 1945 haben sie sich noch vervielfacht. Schließlich hielten die Deutschen und ihre faschistischen Verbündeten nur noch die Hauptverbindungsstraßen und die großen Städte. Draußen auf dem Land war – wenn nicht gerade eine deutsche Division dort ihre Quartiere hatte – in den letzten drei oder vier Monaten des Zweiten Weltkrieges von Faschisten und der deutschen Herrschaft nicht mehr viel zu merken.

Der Herbst 1943 in Mailand war für mich eine sehr interessante und angenehme Zeit. Erstens hatte ich zum erstenmal die Chance, in einer italienischen Stadt zu leben, und zweitens konnte ich mir schnell einen Kreis von Freunden schaffen, dem ich später mein Überleben verdanken sollte. Schon in den ersten Wochen meines Mailänder Aufenthaltes lernte ich die Familie Faccincani della Torre mit den Geschwistern Gianfranco und Renata kennen. Gianfranco war ein junger Student und leidenschaftlicher italienischer Patriot, er ist im Winter 1944 in den Piemonteser Bergen gefallen. Seine Schwester Renata und er haben mir eigentlich den Weg zur italienischen Jugend dieser Zeit und zur Mentalität der Italiener überhaupt, zu ihrem Gefühls- und Geistesleben geöffnet. Ich habe damals ein anderes Italien kennengelernt als nach dem Krieg. Diese jungen Menschen waren große Idealisten in jenen Kriegstagen, sie waren von einer Begeisterungsfähigkeit, die man sich kaum mehr vorstellen kann.

Die Geschwister Faccincani hatten etwas Faszinierendes.

181

Hört man in unseren Breiten immer, daß die Italiener klein und dunkelhaarig seien, so waren die Faccincanis das Gegenteil: große, schlanke, blonde Menschen mit weiten, offenen Gesichtern, beide besonders hübsch, Renata geradezu eine Schönheit, beide von unerhörtem Interesse für alles, was aus der Welt auf sie zukam. Sie sprachen Deutsch, Französisch und Englisch fast ebensogut wie Italienisch, wobei das Deutsche relativ am leichtesten erklärbar war, denn der Großvater von Gianfranco und Renata war k. k. Bezirksrichter in Rovereto gewesen; also auch da ein Stück österreichischer Vergangenheit.

Freilich gehörte ja bis zum Jahre 1859 die ganze Lombardei und bis 1866 das gesamte Venetien zu Österreich. Außerdem regierten in Mittelitalien, bis an die Grenze des Kirchenstaates, österreichische Herrscher aus den Seitenlinien des Hauses Habsburg als Großherzöge von Toscana und als Herzöge von Modena.

Jedoch entzündete sich der aufkommende italienische Nationalismus des 19. Jahrhunderts vor allem im Kampf gegen Österreich. Kaiser Franz Joseph, Cecco Pepe genannt, galt im zweiten Teil des 19. Jahrhunderts als der Erbfeind. Aber gleichzeitig waren natürlich die Verbindungen mit Österreich besonders eng und in allem, was nicht Politik war, auch stets besonders herzlich.

Waren es zuerst Gianfranco und Renata Faccincani, dann ihre reizende Mutter, die mich in ihrem Hause in der Via Marconi, das später eine große Rolle in meinem Leben spielen sollte, herzlichst willkommen hießen, so waren es bald noch etliche andere, die mir in Mailand ein zweites Zuhause bereiteten.

Meine Cousine Lori Possanner bedeutete fröhliche Erinnerungen an frühere Preiner Sommerfrischen. Sie lebte seit Jahren in Mailand, hatte dort eine Firma, wenn man es so nennen darf, machte mit jedermann große Geschäfte und führte ein gastfreundliches und großes Haus. Dann besaß ich in Mailand zwei Freunde: Kurt Baumgartner, damals Kriegsverwaltungsassessor, mit dem mich vieles verband, besonders die Liebe zu den Bergen, und der damalige Oberleutnant Franz Schromm, ein Wiener Journalist, den ich später als Chefredakteur der ›Wiener Wochenausgabe‹ wiedertreffen sollte. Schließlich und hauptsächlich der Unteroffizier Franz Graf Otting, ein liebenswerter, feinfühliger, den

Künsten und der Literatur verbundener, fast jungenhaft wirkender Herr aus dem Bayrischen, mit sehr viel österreichischem Einschlag, ein guter Freund und Kamerad und ebenfalls – wie die meisten der jetzt Genannten – in späterer Zeiten im Widerstand aktivst tätig.

Dank meiner Kenntnisse des Italienischen ging es mir in Mailand sehr gut. Ich war unabkömmlich in unserem Wirtschaftskommando und wurde überdies, was zu meiner Sexualerziehung wesentlich beigetragen hat, als Dolmetscher der deutschen »Puffstreife«, der Bordellstreife, durch einige Wochen zugeteilt. Das war eine sehr interessante und eindrucksvolle Aufgabe. Wir hatten den Befehl, jeden Tag die Mailänder Bordelle, die für die deutsche Wehrmacht gesperrt waren, zu kontrollieren.

Es gab lediglich drei »legale« Bordelle, die »Wehrmachtsgesellschaftshäuser« hießen, zwei für Mannschaften und Unteroffiziere und eines für Offiziere, die ständig unter ärztlicher Kontrolle standen. Alle anderen »Bordelle« waren für Wehrmachtsangehörige streng verboten. Wir hatten die Einhaltung dieses Verbotes zu überwachen, was keineswegs ein unangenehmer Auftrag war, da uns natürlich die Madames der diversen Institutionen mit besonderer Freundlichkeit überschütteten, uns stets eine Flasche Champagner und sehr gute Speisen servierten, um unsere Neugierde auf die kulinarischen Dinge zu konzentrieren und uns davon abzuhalten, die Besucher des Etablissements genauer zu kontrollieren.

Wir haben uns auch im Sinne einer ordentlichen Zersetzung der deutschen Wehrkraft nur dort zu scharfem Eingreifen verpflichtet gesehen, wo es sich um SS-Offiziere handelte. Im allgemeinen ließen wir unsere Kameraden weitermachen.

Die Bordelle hatten alle eine segensreiche Einrichtung, nämlich ein kleines Voyeur-Fensterchen, durch das man in die Arbeitsräume der dort beschäftigten Damen Einblick nehmen konnte. Daher haben wir bei diesem »Einsatz« einiges gelernt. Nach drei Wochen wurde ich leider dieser Aufgabe enthoben. Der Mann, den ich vertreten hatte, kam von seinem Urlaub zurück, und ich mußte weitere Besuche der Bordelle in Uniform und mit der berühmten »Hundemarke«, dem großen Blechschild »Wehrmachtsstreife« um den Hals, bleiben lassen.

Als es mir in Mailand gerade am besten gefiel, kurz vor

Weihnachten, erschien plötzlich ein Mann, der sich wiederum mit dem Kennwort unseres Freundes Stillfried auswies und mir mitteilte, ich solle mich zu einer bestimmten Division an die Front versetzen lassen, und mich dann dort im Stab der Division bei einem Leutnant Steffke melden. Keine ganz einfache Aufgabe, aber ich kannte einige Leute bei der deutschen Wehrmachtskommandantur in Mailand, zu denen begab ich mich und sagte, ich wolle an die Front. Das war damals schon ein relativ seltenes Begehren. Man war zuerst auch recht erstaunt, hielt mich für verrückt und meinte schließlich: Na ja, wenn er unbedingt will.

Vorerst mußte ich zum Wehrwirtschafts-Zentralkommando in Treviso. Dort blieb ich noch etwa vierzehn Tage und wurde dann von dort nach Süden versetzt. Ich kam zuerst nach Orvieto. Die dortigen Weinkellereien habe ich als Dolmetscher des deutschen Ortskommandanten inspizieren können und den besten Orvieto-Wein zu trinken bekommen. Dann kam ich an die Front im Raum von Monte Cassino und später in die Küstenebene bei Anzio und Nettuno, wo die Amerikaner im Jänner 1944 – keineswegs gleich sehr erfolgreich – gelandet waren. Den Brückenkopf von Anzio und Nettuno konnten die Deutschen durch vier oder fünf Monate auf engem Raum halten.

Meine Karriere in der Wehrmacht ging unaufhaltsam weiter. Während meines Einsatzes in Italien wurde ich zum Gefreiten befördert, und ich kam mir schon langsam vor wie ein alter Hase. Das zeigte sich mir besonders deutlich, wenn ich mit jungen, eben erst eingezogenen und an die Front geworfenen Rekruten im selben Graben lag, da merkte man, was es hieß, doch schon bald zwei Jahre beim Barras und etliche Monate im direkten Kampfeinsatz gewesen zu sein. Jeder Monat Fronterfahrung half beim Überleben.

Schließlich wurde meine Einheit, die in den Kämpfen südlich von Rom ziemlich mitgenommen worden war, aus der Front herausgezogen und zur Wiederauffrischung und Aufstellung von neuen Marschbataillonen in den mittelitalienischen Raum, und zwar ins Arnotal im Herzen der Toskana, zurückverlegt. Es wurde eine Art Trainings- und Ausbildungseinheit gebildet, die in Pescia und Borgo di Buggiano stationiert war. Dazu gehörten ein Stab, der mit dem Divisionsstab parallellief und einige Ausbildungseinheiten, ein ganzer Haufen von langgedienten Unteroffizieren und Feldwebeln sowie Obergefreiten und Stabsgefreiten, schließlich auch eine kleine Gruppe von Dolmetschern, zu denen auch ich zählte.

Wir wußten, daß wir etliche Monate im Arnotal bleiben würden, eine angenehme Aussicht, den Frühling zu verbringen, die wir daher sehr begrüßten. Das einzige, was uns anfänglich störte, waren die täglichen Jagdbomberbesuche, die auch bei mir bleibende Spuren hinterließen, denn ich wurde im März 1944 durch Schrapnellsplitter verwundet, als ein Jagdbomber ein großes Wehrmachtsfahrzeug unmittelbar vor mir beschossen hatte. Die Splitter verletzten mich im Gesicht, und ich hatte einen Haufen von kleinen Stahlstückchen im Oberkiefer sitzen. Das führte dazu, daß mir ein Großteil meiner Zähne samt Wurzeln im Oberkiefer abhanden kam und ich keinen besonders ansehnlichen Eindruck machte. Dies sollte sich in den kommenden Monaten auch sonst als sehr ungünstig erweisen, weil es natürlich für die Feldpolizei sehr einfach war, in der Fahndungsliste als Kennzeichen »fehlende Zähne im Oberkiefer« anzugeben.

Bei diesem Stabe in Pescia und Borgo di Buggiano erschien nun eines Tages ein Unteroffizier namens Günther Jäger. So wie die meisten alten Angehörigen der 356. Infanteriedivision, die eine sogenannte »Mittelgebirgsjäger«-Division war, beheimatet in der Sächsischen Schweiz, stammte auch Günther Jäger aus Thüringen, und zwar aus der Gegend von Weimar. Er war darauf sehr stolz, weil er damit zumindest eine Wahlverwandtschaft mit Goethe zu beweisen in der Lage war.

Mit Jäger freundete ich mich bald an, ebenso wie mit einigen seiner Kameraden. Es stellte sich alsbald heraus, daß Jäger und sein Freundeskreis jene Leute waren, die ich laut Stillfried bei der 356. Infanteriedivision finden sollte. Sie hatten von meiner Existenz durch Leutnant Steffke schon längere Zeit gewußt. Man hatte sie auf Wegen, die mir selber nie ganz klar wurden, die aber sicher irgendwie über Lahousen liefen, verständigt, daß ich auftauchen würde.

An einem ruhigen Abend luden sie mich einmal auf ein Glas Wein ein. Bald wurde mir klar, worum es eigentlich ging, nämlich um eine Widerstandsgruppe, deren Umfang mir freilich unbekannt blieb. In dieser Division und in benachbarten Divisionen gehörten etliche höhere Offiziere zu dem Kreis, der dann am 20. Juli aktiv werden sollte. So weit wurde ich aber nicht eingeweiht und mußte es auch gar nicht werden. Ich erfuhr nur, daß ich demnächst zu Einsätzen abkommandiert werden würde, die sich ganz legal und offiziell mit der Beschaffung von Lebensmitteln und Material aus den italienischen Nachschublagern in Florenz für unsere Division beschäftigen sollten. Doch sollte ich bei diesen Besuchen in Florenz in einem bestimmten Kaffeehaus Kontakt mit einem Italiener namens Franco Baldi aufnehmen.

Ich fand es sehr aufregend, einen Sonderausweis mit Marschbefehl nach Florenz zu bekommen. Ich war noch nie in der Hauptstadt der Toskana gewesen und sah mir daher die Sehenswürdigkeiten dort an, führte längere Verhandlungen auf der italienischen Versorgungskommandantur und begab mich schließlich in jenes kleine Kaffeehaus unweit des Domes, wo ich nach Franco Baldi fragen sollte. Der Gesuchte erschien auch nach einer halben Stunde. Das Ergebnis unseres Gesprächs war zunächst, daß Franco Baldi nun sicher war, ich sei in Ordnung; mir ging es ebenso mit ihm. Es schien mir, daß auch mein Partner noch nicht wußte, was er eigentlich mit mir besprechen sollte. Ich jedenfalls hatte keine Ahnung, was der Zweck dieser Zusammenkunft war.

Es blieb also vorerst bei einem allgemeinen Gespräch über das Wetter und den schlechten Kaffee; doch vereinbarten wir ein zweites Rendezvous. Das nächste Mal war ich schon etwas schlauer und bat den Unteroffizier Jäger um Anweisungen. Er klärte mich endlich auf, daß der Sinn meiner Reisen nach Florenz in dem Versuch liege, mit den italienischen Partisaneneinheiten im Raume des Zentralapennins Kontakt zu finden. Ich sollte feststellen, ob es da Leute gäbe, die eventuell bereit wären, in näherer Zukunft mit einem Mann, der natürlich mehr Verantwortung trug als ich, ein Gespräch zu führen. Ich deutete diese Absichten vorsichtig Franco Baldi an, der darauf erklärte, er müsse das erst mit anderen Freunden erörtern, er selbst wisse nicht genug Bescheid. Ich kam zu einem dritten Rendezvous, und dabei wurde schließlich vereinbart, daß in den ersten Maitagen des Jahres 1944 in einer Trattoria in Pistoia ein Treffen zweier mir unbekannter Personen stattfinden solle. Der deutsche Gesprächspartner war ein höherer Offizier unserer Division. Mehr wußte ich nicht, und es gab auch keinen Grund für mich, mehr zu wissen. Der Italiener war, wie ich viel später erfuhr, Verbindungsoffizier zu den britischen Luftlandeeinheiten, die in Bari lagen. Nach seiner Ausbildung durch die Engländer war er im Zentralapennin abgesprungen. Er sollte aus den Bergen herunterkommen, um unseren Mann zu treffen.

In der Zwischenzeit war auch der Kontakt mit meinen Wiener Untergrundfreunden etwas intensiviert worden, und ich bekam Ende April per Feldpost die dringende Aufforderung, so schnell wie möglich nach Wien zu kommen. Dank meiner nunmehr sehr guten Beziehungen in unserem Stab bekam ich auch sogleich einen kurzen Sonderurlaub »in Familienangelegenheiten« und reiste in den letzten Apriltagen nach Wien. Bruder Otto war auch in Wien, ebenso Cousine Nedica, die Kroatien verlassen und sich ganz in Wien etabliert hatte. Schließlich sah ich auch Ulli, die auf ein paar Tage nach Wien gekommen war und bei Mama wohnte. Bei diesem letzten gemeinsamen Urlaub war Mama ganz glücklich, es waren beide Söhne da und ihre beiden »Ziehtöchter« Neda und Ulli auch. Ich war nur fünf oder sechs Tage in Wien, denn die Fahrt von Mittelitalien nach Wien war bereits recht strapaziös. Die Strecke wurde immer wieder bombardiert, und man mußte oft zwei bis drei Tage auf der Bahn verbringen.

In Wien hatte ich ein Gespräch mit Stillfried und zwei anderen Exponenten der militärischen Widerstandsgruppe, einer davon war der damalige Hauptmann Biedermann, der später von den Nazis in Floridsdorf am Spitz wegen seines Einsatzes für die Befreiung Wiens aufgehängt worden ist. Auch die ersten Kontakte mit der Gruppe Messner-Maier – Messner war damals Generaldirektor der Semperit-Werke – fanden statt. Mir wurde aufgetragen, sobald es die Umstände gestatten sollten, eine neuerliche Versetzung in den Raum Mailand anzustreben. Dort sollte eine österreichische Partisanengruppe aus Angehörigen deutscher Stäbe und Einheiten in der Lombardei gebildet werden. Meine Aufgabe wäre gewesen, in Zusammenarbeit mit italienischen Partisanenführern diese Einheit organisatorisch auf die Beine zu stellen. Ich sollte darüber hinaus den Einsatzort bestimmen, vage wurde bereits der Campo dei Fiori bei Varese, den ich schon kannte, ins Auge gefaßt, und ich hatte schließlich auch die Verbindung zu den Italienern wahrzunehmen. Vom Campo dei Fiori aus sollte ich dann versuchen, weiter in die nahe Schweiz vorzudringen und den Kontakt mit dem britischen

Konsulat in Lugano, wo ein Beauftragter des britischen Geheimdienstes als Sprecher und Vertrauensmann für uns nominiert worden war, aufzubauen.

Das waren genügend Aufgaben, vor allem im Augenblick schien es mir recht schwierig, aus einer Division, die ja wieder an die Front sollte, nach Mailand versetzt zu werden.

Ich fuhr also zurück nach Borgo di Buggiano; dort schien alles in bester Ordnung. Die erste Fühlungnahme mit den Partisanen hatte offensichtlich schon stattgefunden, denn man teilte mir mit, ich würde für Kontakte mit Baldi nicht mehr benötigt, solle aber eine Woche später doch noch einmal nach Florenz fahren, um dort einen anderen Italiener zu treffen. Es wurde mir ferner versprochen, daß man meine Rückversetzung nach Mailand angehen werde. Als erste Maßnahme wurde ich zum Truppenarzt befohlen, der feststellte, daß meine Herzgeschichte sich als Folge der schweren Eiterung in meinem Kiefer durch die Schrapnellsplitterverletzung eher verschlechtert hätte und ich also wieder AV geschrieben würde. Mit diesem »schlechten Befund« könne ich nicht bei einer Fronteinheit bleiben und würde daher wieder zu meiner vorigen Einheit zurückgeschickt werden, und das wäre eben Mailand. Soweit war alles in bester Ordnung.

Am Tag, bevor ich nun Mitte Mai meine neuerliche Fahrt nach Florenz antreten sollte, saß ich mit Leutnant Steffke und Unteroffizier Jäger in einer kleinen Trattoria. Wir besprachen die Lage, und ich erhielt Weisungen für meinen Besuch in Florenz. Plötzlich erhoben sich beide und gaben mir ein Zeichen mitzukommen. Wir brachen aus dem Lokal gegenüber unserem Stabshauptquartier in Borgo di Buggiano auf und als wir draußen waren, meinte Steffke zu Jäger: »Der Sedler spioniert uns nach.« Sedler war ein Obergefreiter, ebenfalls ein Sachse, der bei dem Ia der Division in der Schreibstube tätig und schon unten bei Monte Cassino einmal verwundet worden war. Sedler wurde also mißtrauisch diskutiert und Steffke meinte schließlich, man müsse bei dem Kerl sehr aufpassen. Warum der wohl überall seine große Nase hineinstecken müsse. Ich kannte Sedler nicht näher, hatte ihm nur mal guten Tag gesagt, sollte aber sehr bald Gelegenheit haben, mich an dieses Gespräch zu erinnern.

Am nächsten Tag fuhr ich nach Florenz, erledigte dort

meine Angelegenheiten dienstlicher Natur, begab mich dann wieder in mein kleines Kaffeehaus beim Dom und traf dort einen Freund Franco Baldis, namens Giuseppe Trentini, der mir später als Tito Vecchio im Partisaneneinsatz noch einmal vor die Augen kam.

Als ich bis Nachmittag alles erledigt hatte, machte ich mich auf den Heimweg. Auf der Straße Richtung Lucca bei der Abzweigung nach Borgo di Buggiano winkte mir ein deutscher Landser. Ich hielt an und erkannte mit Schrecken den Obergefreiten Sedler. Was wollte der bloß? Wegen der zwei Kilometer nach Borgo hätte er doch nicht ausgerechnet auf mein Auto warten müssen. Aber weil ich nicht auffallen wollte, blieb mir nichts anderes übrig, als ihn mitzunehmen. Ich öffnete die Tür: »Steig ein.«

»Nein«, sagte Sedler, »ich glaube, du steigst besser aus.« Ich verstand nichts. »Was willst du eigentlich?« Aufgeregt und hastig erklärte er mir, was los war: zu Mittag hätte die Geheime Feldpolizei völlig überraschend eine ganze Reihe von Leuten unserer Dienststellen festgenommen, auch Steffke, Jäger, und angeblich den Ia der Division. Sedler habe, als er gerade Ordonnanzdienst hatte, das alles beim Stab erfahren. Und da er mich mit Steffke und Jäger gesehen hatte, habe er sich ausgerechnet, daß auch ich zur verdächtigen Gruppe gehörte. Und tatsächlich hätten die Geheimen dann auch gleich nach mir gefragt. Darum war er – gleich nach Dienstschluß – mir entgegengegangen, um mich zu warnen.

Ich konnte das alles noch nicht recht begreifen. Da stand dieser schlacksige, etwas schiefgewachsene und eher unansehnliche Obergefreite Sedler, mit dem ich bis dahin kaum zwanzig Worte gewechselt hatte, und wollte mir auf einmal das Leben retten. Dabei riskierte er ja auch sein eigenes. Ich konnte mich nur bedanken. Er aber riet mir noch: »Hau ab, so schnell du kannst. Am besten versuchst du, am Passo dell'Abetone durchzukommen. Du weißt doch, dort ist eine Sperre. Wenn du die passierst, kannst du am ehesten untertauchen.«

Ich drückte ihm die Hand, merkte auf einmal noch, daß Sedler mich aus seinen tiefliegenden grauen Augen unendlich freundlich ansah, dankte ihm noch einmal und war auch schon wieder unterwegs. Ich reversierte und fuhr in Richtung Florenz zurück, aber bei Montecatini bog ich mit meinem Topolino nach links in Richtung Gebirge ab und suchte

mir geeignete Feldwege zum Abetone. Glücklicherweise
kannte ich die Gegend gut: ich hatte hier öfters bei Bauern
schwarz eingekauft.

Ich fuhr etwa fünfzehn Kilometer nördlich der Linie Bug-
giano-Pescia auf meinen Feldwegen weiter und bemühte
mich, die »Strada Nazionale dell'Abetone e del Brennero«
nicht aus den Augen zu verlieren. Der Abetone-Paß, zu dem
sie hinaufführte, ist der am wenigsten benützte Übergang
des zentralen Apennin und verbindet das Arnotal mit dem
Gebiet um Modena. Dieser Paß, dessen Scheitelhöhe 1350
Meter hoch liegt, war schon seit Monaten immer wieder von
Partisanengruppen, die sich in den unwegsamen Gebieten
des zentralen Apennin festgesetzt hatten, zum Ziel ihrer Sabotageakte gemacht worden, um die deutschen Transporte
über den Abetone zu stören.

Seit Anfang 1944 hatte deshalb der Oberbefehlshaber der
deutschen Heeresgruppe Südwest den Verkehr über diesen
Paß gesperrt: Seitdem verkehrten nur zweimal in der Woche
Konvois unter Geleitschutz und unter dem Kommando von
SS oder Feldgendarmerie in beiden Richtungen über den
Abetone. Ich kannte mich mit diesen Geleitzügen sehr gut
aus, da ich selbst mit meiner Einheit zu einem solchen Geleitschutz einmal eingeteilt worden war. Vor einigen Tagen
hatten Partisanen einen kleinen Konvoi abgepaßt und überfallen. Es hatte eine Schießerei gegeben, und die Deutschen
mußten sich fluchtartig wieder nach Modena, von wo sie
aufgebrochen waren, zurückziehen. Seitdem war der Abetone-Paß für den gesamten Verkehr gesperrt, und die deutschen Transporte gingen über die ohnehin kürzeren Strek-
ken der besser ausgebauten und leichter kontrollierbaren
Pässe von Futa und Porretta.

Es war mir klar, daß das deutsche Wehrmachtstransport-
Kommando den Paß in einigen Tagen wieder freimachen
würde, denn er war bisher kaum von Tieffliegern heimge-
sucht worden und daher ein beliebter Übergang für langsame Schwertransporte gewesen. Ich hoffte aber, noch vor
dem deutschen Räumungskommando den Abetone passieren zu können.

Etwa fünfundzwanzig Kilometer südlich der Paßhöhe hatten die Deutschen eine Sperre errichtet, die ich auf Feldwegen umgehen mußte. Ich gelangte bei Einbruch der Dämmerung zu einem kleinen Dorf und sah dann in einiger Entfer-

nung ein paar deutsche Panzer, die an der Sperre Wache hielten. Zwanzig Minuten später erreichte ich etwa drei Kilometer nördlich der Sperre die Nationalstraße. Ich fuhr, natürlich ohne Licht, noch ein Stückchen weiter, bekam aber dann Angst, entweder einer SS-Streife oder einem Partisanenhaufen in die Hände zu fallen. Beides wäre in dieser Situation für mich gleich ungünstig gewesen. Ich ergriff daher die erste sich bietende Gelegenheit und bezog ein Versteck in einem halb verfallenen Straßenwärterhaus, das hinter einer Böschung der Straße stand.

Die Nacht wurde mir gar nicht besonders lang, denn ich mußte mir ja überlegen, was zu geschehen hatte. Ich entschloß mich, am nächsten Tag bis zur Paßhöhe weiterzufahren, womöglich wieder unter Benützung vorhandener Nebenwege. Dann wollte ich mich in das Dorf Sant' Andrea Pelago begeben, ein kleines Nest in der Nähe des Abetone-Passes, von dem ich durch Latrinengerüchte wußte, daß in den nahen Bergen Partisaneneinheiten lagen. Von Sant' Andrea aus wollte ich versuchen, mich zu diesen Partisanen durchzuschlagen und mich ihnen anschließen. Irgendwann muß ich dann eingeschlafen sein, als ich aufwachte, hörte ich Stimmen. Vor meinem Topolino stand ein Hirte mit einer Herde und unterhielt sich mit seinem Hund. Ich stand auf, begrüßte ihn, er war ganz freundlich, schien sich nicht das geringste zu denken und wanderte mit seiner Herde weiter. Es war vielleicht halb sechs Uhr früh, gerade hell geworden, und ich beschloß, diese frühe Stunde zu nützen, um weiterzufahren. Um diese Zeit würde es noch kaum Kontrollen geben.

Ich fuhr mit meinem Topolino weiter, konnte aber nicht mehr auf Nebenstraßen fahren, denn die Strecke wurde zu gebirgig. Außer ein oder zwei Bauernfahrzeugen, von Ochsen oder Pferden gezogen, begegnete mir niemand. Einmal traf ich noch zwei Hirten und dann überhaupt niemanden mehr. Um etwa halb neun Uhr früh erreichte ich die Paßhöhe. Ich erblickte ein paar Häuser, an denen etliche Einschüsse zu erkennen waren, es standen ein paar zerstörte Fahrzeuge herum, deutsche Wehrmachts-Laster und italienische PKWs. Es lagen – was mich sehr erleichterte – auch ein paar Leichen am Straßenrand vor einer Scheune. Sichtlich hatte hier der Überfall auf den Konvoi stattgefunden, und die Deutschen waren fluchtartig nach Norden zurückgefahren.

Die Partisanen waren anscheinend etwas später unter Mitnahme ihrer eigenen Verwundeten und Gefallenen ebenfalls wieder abgezogen. Die deutschen Toten hatte man liegengelassen.

Ich stieg auf der Paßhöhe aus, blickte mich um: Weit und breit kein Mensch zu sehen. Ich hob einen der Toten auf und schleppte ihn zu meinem Topolino. Dann legte ich den Toten hinein und fuhr mit dem Fahrzeug ein Stück nach Norden weiter. Nach ungefähr zweihundert Metern blieb ich an einer ruhigen Stelle an einer Straßenstützmauer stehen und schob in mühevoller Kleinarbeit den Toten auf den Führersitz. Er hatte einige Einschüsse am Oberkörper und am Hals. Ich zog dem Toten meine Uniformjacke an und hängte ihm meine Erkennungsmarke um den Hals, ferner steckte ich einige auf meinen Namen lautende Dokumente, Essenskarten aus Florenz, einen Divisionsausweis und ähnliches mehr in seine Brusttasche, allerdings nicht das Soldbuch, das schien mir doch zu riskant. Dann schoß ich mit meiner Maschinenpistole in die Windschutzscheibe, schüttete den Inhalt des Reservekanisters über den Topolino und zündete ihn an.

Der Wagen brannte lichterloh und ich setzte mich ab.

Ich ging ungefähr zweihundert Meter zurück zu der Häusergruppe am Paß von Abetone und wanderte dann einen Hang hinauf zum Waldrand. So weit gekommen, hörte ich plötzlich aus der Ferne Motorengeräusch. Ungefähr fünfzehn Minuten später fuhr ein Konvoi die Straße herauf. Ein SS-Panzerspähwagen fuhr an der Spitze, dahinter ungefähr sechs gepanzerte Schützentransportwagen und vielleicht fünf oder sechs schwere deutsche LKWs, die auch mit einer zusätzlichen Panzerung versehen waren, insgesamt vielleicht fünfundzwanzig Fahrzeuge, am Schluß wieder Schützenpanzer und Panzerspähwagen der SS. Es dürften insgesamt etwa zweihundertfünfzig Mann in den Fahrzeugen gewesen sein.

Sie fuhren zum Paß und schossen dann mit ihren Kanonen in das Dorf hinein. Ich hatte oberhalb des Ortes am Waldrand Deckung bezogen. Sie fuhren weiter bis zu meinem, noch immer halb brennenden Topolino und betrachteten, wie ich es nur ungenau von meinem Versteck im Fichtenwald oberhalb des Dorfes beobachten konnte, das rauchende Wrack. Einige SS-Offiziere standen um das Auto herum.

Dann hörte ich Pfiffe und die Kolonne fuhr weiter. Vielleicht hatten sie das brennende Wrack als eine mögliche Falle betrachtet und beschlossen, da sie nur eine kleine Kampfgruppe waren, weiterzufahren.

Die Kolonne entfernte sich nach Norden, sie war von Süden, von Pistoia heraufgekommen und fuhr Richtung Modena die Straße hinunter. Ich blieb den Vormittag über in meinem Versteck und beobachtete die Landschaft rund um mich. Ich hatte genügend Zeit zum Nachdenken, denn es ereignete sich in meiner Sichtweite gar nichts, abgesehen davon, daß einige Bewohner des Dorfes Abetone auftauchten, sich umschauten und offensichtlich verschreckt wieder verschwanden.

Ich saß hinter meinen jungen Fichtenbäumen und schaute in diese schöne Mittelgebirgslandschaft. Nach oben hin zum Monte Cimone, der über zweitausend Meter aufragt, sah es schon fast wie im Hochgebirge aus, hinunter nach Modena zu gab es große Tannen- und Fichtenwälder, die hier im Süden am meisten auffielen, und dann steile Schluchten, die ins Tal führten. Der Abetone-Paß mit seinen 1350 Metern machte in der Landschaft des Apennin schon den Eindruck von Hochgebirge. Es war eine traumhafte Landschaft, ein bißchen wie im Salzkammergut; leider hatte ich wenig Gelegenheit, sie richtig zu genießen.

Ich befand mich in einer ausgesprochen miserablen Situation. Ich hatte zwar meine Maschinenpistole und eine Pistole, aber fast keine Munition mehr; für die Maschinenpistole waren es noch ungefähr dreißig Schuß, ich hatte unvorsichtigerweise viel zuviel in das brennende Auto hineingejagt, und für die Pistole noch drei Magazine, also vielleicht achtzehn Schuß. Sonst hatte ich nichts mit – ich war ja nur über den Tag nach Florenz gefahren –, weder Ausrüstung noch Proviant. Ich mußte froh sein, daß ich mir in Florenz etwas Schokolade gekauft hatte, das war im Augenblick das Nahrhafteste, das ich besaß. Geld hatte ich genug; ich zählte es nach, es waren ungefähr dreitausend Lire und einhundertzwanzig Mark, nicht gerade ein großes Vermögen, um sich weit durchzuschlagen, aber reichlich für den Augenblick. Die Landkarte, die ich mithatte, umfaßte ganz Oberitalien, aber von der Gegend hier um den Abetone-Paß zeigte sie nur die Straße selber, jedoch kein einziges der Dörfer.

Meine Kenntnis der Gegend ging nur bis zur Paßhöhe, mir war unklar, wie es weitergehen und wie ich mich tatsächlich zu den Partisanen in den Bergen durchschlagen sollte. Alles, was ich wußte, war, daß sich die Partisanen im Gebiet des Monte Albano hinter jenem Dorf aufhalten sollten, das Sant' Andrea Pelago hieß und daß man über Fiumalba an der Paßstraße hinunter in Richtung Modena erreichen konnte. In Sant' Andrea Pelago oder in der Nähe davon sollte es eine Pfarrkirche geben, dort wollte ich zum Pfarrer gehen. Sonst wußte ich nur, daß ich sicher schon zur Fahndung ausgeschrieben war, daß bereits landauf, landab Wehrmacht, SS und Polizei den Gefreiten Molden Friedrich suchen und verfolgen würden. Was tun? Ich beschloß, bis Nachmittag abzuwarten, ob sich auf der Straße irgend etwas ereignete und dann in der Dämmerung in Richtung Fiumalba und Sant' Andrea Pelago weiterzumarschieren. Wie weit es bis dorthin war, wußte ich nicht, auf meiner Landkarte war keiner dieser Orte eingezeichnet.

Weit hatte ich es gebracht, vor zehn Tagen in der Osterleitengasse auf Urlaub bei den Eltern, vor zwei Tagen noch friedlich in Borgo di Buggiano mit den Kameraden, gestern in Florenz, nichtsahnend Schokolade kaufend statt wichtigere Lebensmittel, zeit- und gedankenverloren am Arno entlangschlendernd und jetzt im jungen Fichtenwald von Abetone etwas ratlos und zum erstenmal ganz auf mich allein gestellt. Bisher gab es immer noch eine Einheit, eine Kompanie, eine Gruppe von Gefangenen, von Kameraden, von Freunden. Jetzt war weit und breit niemand vorhanden, den ich um Rat fragen konnte, ich mußte selber entscheiden, wie es weitergehen sollte.

Ich war nie ein besonderer Held gewesen und hatte mich an der Front sowohl im Sumpf wie später im Schützengraben, am meisten aber wohl im Gefängnis oft kräftig gefürchtet. Jetzt war das eine ganz andere Situation. An diesem Vormittag kam ich zu der Erkenntnis, daß das Fürchten zu nichts führen, sondern mich außerordentlich schwächen würde. So beschloß ich, nicht mehr über die negativen Möglichkeiten nachzudenken, sondern mich nur auf das Positive zu konzentrieren. Es mußte mir gelingen, durchzukommen. Der Krieg konnte nicht mehr sehr lange dauern. So wie es jetzt aussah, würden die Alliierten bald nach Rom durchbrechen. Dann war im Süden keine deutsche Stellung mehr da, das nächste war die Gotenlinie hinter dem Apennin.

Wenn ich mich hier in den Bergen verstecken konnte,

würde ich in ein paar Wochen automatisch von den deutschen Truppen überrollt werden. Ich mußte bis dahin irgendwo in den Bergen oder in einem Dorf unterkriechen und dann zu den alliierten Truppen hinuntergehen. Vielleicht noch drei oder vier Wochen, länger konnte es doch nicht dauern. Dann wäre alles in Ordnung. Natürlich könnte es auch sein, daß sie mich vorher noch erwischten, aber irgendwie würde ich mich schon durchschlagen. Ich konnte ja italienisch, und die Italiener waren nicht die Leute, die einen verrieten. Gott sei Dank, in der Beziehung waren sie wesentlich besser und angenehmer als die Österreicher. In Österreich mußte man immer zittern, denn selbst Verwandte waren oft politisch anderer Meinung, und einen Vetter oder einen Schulkollegen anzuzeigen, galt bei Nazis als Ehrensache. Da war ich also hier in den italienischen Bergen fast besser dran.

Mittags wurde es schon ziemlich heiß, ich beschloß, ein wenig zu schlafen, legte mich im Gras hinter einigen Stauden nieder, wachte aber schon nach einer Stunde wieder auf, geweckt von starkem Motorengeräusch. Unten auf der Straße waren sechs oder sieben deutsche Panzer aufgefahren. Sie standen in der Ortsmitte und waren offensichtlich von Norden gekommen, denn ihre Geschütze richteten sich gegen Süden. Eine halbe Stunde geschah nichts, dann begannen sie, in den Ort hineinzuschießen; ob um sich Mut zu machen oder um versprengte Partisanen zu vertreiben, ich weiß es nicht. Zehn Minuten später fuhr ein Panzer ein Stück zurück. Er blieb bei meinem Topolino stehen. Es vergingen wieder zehn, fünfzehn Minuten, dann drehte er um, fuhr wieder hinauf in den Ort, und etwa eine halbe Stunde später machten die Panzer kehrt und fuhren nach Modena zurück. Das dürfte für heute alles gewesen sein, dachte ich mir, wartete noch eine halbe Stunde und ging dann unter dem Schutz von Büschen, schließlich über eine Wiese im Laufschritt, hie und da mich niederwerfend, hinunter zur Straße. Es war kein Mensch zu sehen.

Ich ging zu meinem ehemals so stolzen, jetzt aber kläglich aussehenden, verbrannten und zerschossenen Topolino; die Türen waren offen, der Tote war weg. Sie hatten ihn sichtlich mitgenommen. Ob sie ihn wohl für den Gefreiten Molden Friedrich hielten? Das war jetzt sehr wichtig für mich. Monate später erfuhr ich, daß mein Täuschungsmanöver offenbar erfolgreich gewesen war, denn die Fahndung nach mir war Anfang Juni eingestellt worden. Erst viel, viel später erfuhr ich auch, daß ich trotzdem in Abwesenheit beim Feldgericht 1012 in Bologna abgeurteilt worden war, zusammen mit den anderen, die man in Buggiano und Pescia an jenem Tag verhaftet hatte. Später sagte ich dann manchmal scherzend, weil ich Hinrichtungen so hasse und ein Feind der Todesstrafe sei, wäre ich damals davongelaufen. In Wirklichkeit bin ich aus Angst davongelaufen. Aber macht das einen großen Unterschied? An jenem Nachmittag wußte ich das alles nicht, nur, daß mein Doppelgänger weg war. Ob sie ihn wohl anständig begraben würden?

Ich beschloß jedenfalls abzuhauen.

Ich marschierte auf einem Pfad, der zunächst neben der Straße entlang hinunter in Richtung Fiumalba führte, mich immer links haltend, nach Westen und dann durch die Bergwälder. Irgendeinmal mußte ich wohl nach Sant' Andrea Pelago kommen und hoffentlich dort Leute treffen, die mir weiterhelfen würden. Im Marschieren versuchte ich, mir das Gesicht des Obergefreiten Sedler vor Augen zu bringen. Ohne Sedler säße ich jetzt sicher bei der Geheimen Feldpolizei in irgendeinem Keller, vielleicht schon blutig geschlagen. Ich konnte mich an sein Gesicht aber nicht mehr genau erinnern, ich begann, es mit den Zügen des toten SS-Soldaten, der jetzt Gefreiter Molden Friedrich hieß, zu verwechseln. So ging ich weiter durch den abendlichen Wald, unter dem Passo dell'Abetone.

9. Kapitel
Treffpunkt Marconi

Der Student Luigi Brentini aus der Via Roma 11 in Pisa, Sohn des Pietro Brentini und der Erna Innerhofer, geboren am 9. Mai 1921 in Bressanone, früher Brixen, hatte starke Zahnschmerzen und wartete im Vorzimmer des Mailänder Dentisten Francesco Demeti. Er war jeden Tag dort zu einer sonderbaren Stunde, nämlich am Abend um halb zehn, anzutreffen. Demeti war ein vielbeschäftigter Mann, mußte nachmittags stets andere Patienten versorgen, Luigi Brentini dagegen hatte viel Zeit. Er ging nicht einmal seinen Studien nach, lungerte umher und konnte sich auch abends leicht freimachen. So saß er Abend für Abend in der Ordination von Demeti, der offenbar ein sparsamer Mann war, denn er ließ ihn im Dunkeln warten.

Brentini saß im dunklen Zimmer und blickte hinunter auf eine ebenfalls dunkle Mailänder Straße, denn es war der Frühsommer des Jahres 1944, und fast jeden Tag gab es Fliegeralarm. Die Stadt Mailand war einstweilen allerdings nicht so besonders hergenommen worden.

Brentini mußte sich einiges an den Zähnen richten lassen. Die Vorderzähne seines Oberkiefers waren durch irgendeine Kriegseinwirkung sehr beschädigt, ja man könnte sagen, sie waren in der Mehrzahl nicht mehr vorhanden. Demeti war nun dabei, Brentini künstliche Zähne einzubauen, mußte aber vorher die noch vorhandenen Nerven und Wurzeln herausnehmen.

Eigentlich war Demeti für diese Aufgabe nicht sehr geeignet, er war kein Kieferchirurg, sondern nur ein Dentist aus Süditalien, den der Krieg nach dem Norden verschlagen hatte. Er hatte gar keine Lizenz, arbeitete mehr privat, schon gar nicht hätte er neue Zähne einsetzen dürfen, das hätte man eigentlich in der Klinik machen müssen. Aber Demeti konnte niemanden in die Klinik schicken und Brentini konnte auch gar nicht in die Klinik gehen, denn dort hätte man sich vielleicht gewundert, daß er keine plausible Begründung für seinen Unfall angeben konnte, keine Einweisung besaß und außer einer Carta d'Identità, ausgestellt am 5. April 1943 in Pisa, auch keinerlei Dokumente.

Brentini hieß nämlich gar nicht Brentini: Er war vielmehr der Anfang Mai 1944 aus Borgo di Buggiano verschwundene und auf der Paßhöhe des Abetone-Passes als Toter aufgefundene Gefreite Molden Friedrich, in frühen Tagen auch Fepolinski und Waschlapski genannt. Brentini war sehr froh, daß er Demeti gefunden hatte. Seine Mailänder Freunde hatten ihm geholfen, in jeder Beziehung, seit er vor vierzehn Tagen verwahrlost, ausgehungert und ziemlich am Ende seiner Kräfte eines späten Abends in der Via Marconi angeläutet hatte. Renata und ihre Mutter hatten ihn aufgenommen, hatten ihm Papiere verschafft, eben jene des Luigi Brentini, und ihm auch sonst in jeder Beziehung unter die Arme gegriffen. Das war schon notwendig, denn der in Sant' Andrea Pelago neu geborene Luigi Brentini hatte nämlich auf seinem beschwerlichen Weg vom Zentralapennin bis Mailand einiges mitgemacht.

Nach seinen Abenteuern am Abetone-Paß war es ihm mit einigen Schwierigkeiten gelungen, sich zu den Partisanen durchzuschlagen. Ein katholischer Kaplan hatte ihn versteckt, bis einige Partisanen kamen, die ihn zuerst als Spion kurzerhand umlegen wollten. Doch in mühevoller Kleinarbeit war es ihm gelungen, sie zu überzeugen, daß er wirklich auf der Flucht vor den Deutschen war. Schließlich hatten sie ihn mitgenommen; er blieb bei ihnen in den Bergen in der Gegend des Monte Cimone, bis wieder ein paar Wochen später eine große Säuberungsaktion als Folge eines Partisanenüberfalles auf einen deutschen Geleitzug diese Gegend des Apennins leerfegte. Die meisten Kameraden von der Brigata Matteotti No. 3 waren dabei umgelegt oder gefangen worden. Der Rest war in die weiten Wirrnisse und Wildnisse des Apennins verschwunden.

Luigi Brentini hatte sich nach Bologna durchgeschlagen, dort wußte er einen Freund, einen Tavernenwirt namens Camillo Dall'Ollio, der die Trattoria »Dall'Ollio« besaß, in einer kleinen Laubengasse am Rande der Altstadt, unterhalb der Porta Saragossa. Camillo Dall'Ollio war ein liebenswerter, rundlicher Herr, bei dem Luigi Brentini häufig eingekehrt war, als er noch Gefreiter Molden hieß und in Bologna hie und da Station machte. Sie waren Freunde gewesen, der alte Bologneser Wirt und der junge deutsche Soldat. Sie unterhielten sich gut miteinander, über dies und jenes und erkannten bald, daß sie verwandte politische Auffassungen hatten. Camillo war mit einer lieben Signora verheiratet, einer richtigen Dame, die eigentlich nicht aus Bologna stammte, sondern aus einer kleinen Nachbarstadt, ich glaube, es war Casalecchio di Reno: Ich erinnere mich eines kleinen dorfartigen Städtchens, etwas außerhalb von Bologna.

Dort draußen saßen wir oft an Abenden nach den Bombenangriffen.

Bologna wurde damals häufig bombardiert, und man blieb deshalb gewöhnlich den ganzen Tag draußen. Bologna lag nämlich genau auf der Luftlinie von Bari, von wo aus die alliierten Bomber starteten, zum Brenner und nach Deutschland. Im Raum Bologna befanden sich viele deutsche Flak-Stellungen, und wenn diese zu lästig wurden, warfen die Alliierten auch Bomben auf Bologna: Näherte sich ein Bomberpulk, so eilte alles hinaus durch die Porta Saragossa und die anderen Stadttore, hinauf auf die Hügel oberhalb der Stadt oder nach Osten in die weite Ebene. Von den Hügeln sah man die brennende Stadt vor sich liegen und man dachte, es sei so, als wenn der Teufel den Herrn Jesus versucht hätte. So schön war es und so schrecklich.

Camillo hatte auch eine hübsche Tochter und einen Haufen trinkfester Kunden, lauter kleine ordentliche Italiener, Bolognesi wie sie im Buche standen, und viele von ihnen wurden in langen Nächten Freunde des Gefreiten Molden Friedrich. Als er nun wiederum in der Nacht daherkam, in Lumpen, zwar noch mit zwei Schuhen, aber nur noch einem Socken, einer Pistole ohne Munition und 40 Lire in der Tasche, da nahm ihn Signore Dall'Ollio auf, nannte ihn ab sofort Caro Luigi und versteckte ihn. Eine Nacht in einem Faß, dort wäre Brentini fast an Vergiftung durch Alkoholdunst umgekommen: dann unter einem Faß, denn er mußte versteckt werden, war doch schon zwei Wochen vorher die deutsche Feldpolizei dagewesen und hatte nach dem Gefreiten Molden gefragt, der ja dort oft verkehrt hatte. Er werde gesucht, sagten die Feldpolizisten, weil er vors Kriegsgericht gestellt werden solle. Camillo wußte von nichts, damals wirklich von nichts, und später wußte er genug, um Brentini gut zu verstecken. Es war klar, daß er nicht in Bologna bleiben konnte. Aber wie ihn hinausbringen? Die Stadt war peinlichst abgeriegelt, um den Flüchtlingsstrom etwas zu regeln, um Deserteure, Partisanen und anderes »Gesindel« zu finden und zu fangen.

Schließlich ergab sich eine Gelegenheit. Dall'Ollio mußte hinaus in eines der Dörfer, um neuen Wein zu holen. Camillo besorgte sich ein »Permesso« für diesen Transport und einen Lastwagen, betrieben mit Holzgas, lud Fässer auf und noch einmal mußte Brentini in ein Faß hinein. Dann fuhren sie los, der alte Camillo Dall'Ollio und ein Freund, der chauffierte. Bei der Sperre zeigten sie ihr Permesso her. Alles war in Ordnung. Zwanzig Minuten später, im Hof eines kleinen Bauernhauses, machte Camillo das Faß auf und sagte: »Luigi, tutto va bene.« Luigi antwortete nicht, er war durch den Weindunst wieder ohnmächtig geworden. Aber einige Güsse Wasser brachten ihn schnell zu sich.

Es war wieder einmal alles gutgegangen. Abschied: Sie gaben ihm zwei Salamiwürste mit und ein Brot, und er marschierte los. Immer nur bei Nacht, am Tage schlief er in den Kukuruzfeldern, wo der Mais schon hoch stand und man sich wunderbar verstecken konnte. Als er nichts mehr zu essen hatte – das war in der Nähe von Reggio Emilia –, ging er einmal bei Nacht zu einem Bauern. Der fragte nicht viel, nahm ihn auf, gab ihm zu essen und schenkte ihm noch eine Zivilhose und eine Jacke. Brentini hatte entdeckt, daß ihn kein Italiener verraten würde. So ging er nun jede Nacht, wo er gerade war, in ein Haus und überall nahmen sie ihn auf, ließen ihn schlafen, gaben ihm zu essen, manchmal gaben sie ihm auch Geld.

Schließlich kam er zum Po. Die Brücken waren streng bewacht, und es gab keinen Camillo Dall'Ollio, der eine Fasseltour zu starten in der Lage gewesen wäre. Es gab also nur eines: eine Stelle aussuchen, wo es viele Sandbänke gab und hinüberschwimmen. Es war sehr heiß, Ende Juni. Brentini entschloß sich, die Dunkelheit abzuwarten, dann zog er sich aus, packte seine Klamotten mit einer Schnur zusammen, hielt sie über seinen Kopf und überquerte den Po. Es gab keinerlei Hindernisse, außer daß er auf einer der Sandbänke auf eine Biene trat und daher am nächsten Tag den Fuß nicht mehr in seinen Schuh hineinbrachte. Aber das war nicht das Ärgste. Die ständigen Zahnschmerzen und das Eitern des Oberkiefers waren viel schlimmer. Trotzdem wanderte er weiter, gelangte nach Pavia und von dort als schwarzer Passagier auf der Straßenbahn nach Mailand.

An einem späten Abend – in der Normandie erreichten die Kämpfe der alliierten Invasionstruppen um den Ausbruch aus dem Brückenkopf ihren Höhepunkt – läutete Luigi Brentini in der Via Marconi Nr. 21 an und Renata Faccincani fiel ihm um den Hals. Auch bei ihnen hatte man sich erkundigt, ob sie wohl den Gefreiten Molden Friedrich gesehen hätten. Ja, den hätten sie gekannt, als er in Mailand in Garnison gewesen war. Jetzt sei er aber schon lange nicht mehr aufgetaucht.

Nun gab es Luigi Brentini, dann Pietro de Lago, dann Hans Steindler, dann Ernst Steinhauser, dann Peter Stummer, dann Jerry Wieser und wie sie alle hießen, die immer wieder in der Via Marconi auftauchten und aufgenommen wurden. Eine ganze Kolonne braunhaariger Gesellen, die Bräune der Haare wechselte je nach der Färbung, wann und mit welcher Qualität sie durchgeführt wurde. Mit falschen Zähnen und mit der Zeit auch mit einem ordentlichen Schnurrbart. Einstweilen also gab es Luigi Brentini, und der Dentist hatte es endlich fertiggebracht, ihm provisorisch Zähne einzusetzen. Er fühlte sich wie ein neuer Mensch.

In der Zwischenzeit hatte er sich auch ein Quartier verschafft. Dank den Faccincanis und ihrer Freunde hatte er den alten Obersten Spignese d'Elena kennengelernt, einen würdigen pensionierten Berufsoffizier, zuletzt Kommandeur eines Infanterieregimentes und aufrechter Gegner des faschistischen Systems. Spignese hatte viele Freunde im Untergrund und bei den Partisanen; er versprach Brentini, ihn mit den richtigen Leuten in Kontakt zu bringen. Wenige Tage später konnte Brentini hinaus nach Varese fahren und dort seine Partisanen-Kontaktleute treffen. Er besichtigte mit ihnen das Berggelände des Campo di Fiori, das zu diesem Zeitpunkt noch eine friedliche Sommerfrischenlandschaft war. Die Partisanen hatten es noch nicht sehr ernsthaft mit Beschlag belegt. In Varese selbst lagen deutsche Truppen, ebenso in den Grenzorten des Lago Maggiore und des Lago Lugano, aber oben im Campo di Fiori, auf den eine altmodische Standseilbahn führte, herrschte ziemlicher Friede, nur hie und da verirrte sich ein Sonntagsjäger hinauf.

Brentini reiste zurück nach Mailand, traf sich mit Franz Otting, Franz Schromm und einigen anderen Freunden aus seiner ersten Mailänder Zeit. Man beschloß, in den Bergen von Varese eine Gruppe von österreichischen Deserteuren und zivilen Widerstandsleuten aufzubauen.

Quietschvergnügt wanderte Luigi Brentini durch die Mailänder Galleria zurück zu seinem provisorischen Quartier und wunderte sich, daß unten auf der Straße Oberst Spignese auf ihn wartete. Er kam auf ihn zu, zog ihn in ein Haustor, teilte ihm mit, er müsse sofort verschwinden. Zwei der Kontaktleute, mit denen er die Tage vorher verbracht hatte, seien an diesem Morgen von der faschistischen Miliz festgenommen worden. Es sei anzunehmen, daß man alle Spuren verfolgen werde, und eine davon werde sicher auf Spignese d'Elena weisen, der vor einer Woche an einen der beiden nun Verhafteten ein Briefchen geschickt hatte, in dem er ihm Luigi Brentini aus Pisa, Via Roma 11, als verläßlichen Freund vorstellte. Auch Spignese wollte Mailand verlassen und sich auf das Landgut einer entfernten Cousine in der Nähe von Bergamo zurückziehen. Brentini bedankte sich höflich und wußte wieder einmal nicht, was er tun sollte. Auf jeden Fall war es höchste Zeit, auch den Luigi Brentini aus Pisa, Via Roma 11, verschwinden zu lassen.

Ich habe den Abend dann bei Lori Possanner verbracht. Lori, Cousine aus Kindertagen aus der Prein, wo Otto und Niki sie geneckt hatten, weil sie so dick war, hatte sich in der Zwischenzeit zu einer schlanken Schönheit entwickelt. Sie führte ein großes Haus in Mailand und hatte mich schon bei meinem ersten Mailänder Aufenthalt liebevollst aufgenommen. Es sprach besonders für sie, daß sie, trotz der Angst, die sie hatte, mir zu helfen bereit war. Es war klar, daß ich nicht mehr als Brentini auftreten und derzeit meine mühsam aufgebauten Partisanenkontakte in Mailand nicht mehr pflegen konnte. Ebenso durfte ich auch im Augenblick mit Renata nicht direkt in Verbindung treten.

Ich blieb daher ein paar Tage bei Lori versteckt, und zwar in einem Raum, direkt neben einem großen Salon, in dem sie am Abend immer hofhielt und viele Freunde, darunter deutsche Offiziere aller Rangstufen, empfing. Lori machte große Geschäfte mit den Deutschen und kannte daher viele von ihnen. Sie konnte vieles durchsetzen und stellte vor allem einmal bald fest, daß ich zwar auf der Fahndungsliste stand, aber die Fahndung selbst eingestellt worden war. Nach zwei Tagen bekam Lori auch heraus, daß man Brentini Luigi aus Pisa, Via Roma 11, suche, unter dem Verdacht der Betätigung für die Partisanen. Ferner verschaffte sie mir um viel Geld eine neue Identitätskarte auf den klingenden Namen Carlo Fontana. Der Name war schön, die Karte war schlecht. Es war nämlich ganz deutlich, daß das Bild nicht zur restlichen Karte paßte. Aber es war wenigstens mein Bild. Ich wagte mich also wieder auf die Straße, wenn auch mit recht schlechten Gefühlen. In der Zwischenzeit war in der Via Marconi eine Nachricht von Alfons Stillfried eingetroffen, die mich schließlich bei Lori Possanner erreichte: Ein Kurier würde mich wenige Tage später in Mailand kontaktieren, allerdings über die Via Marconi. Ich verständigte Renata auf Umwegen, die dem Kurier Bescheid gab. So traf ich ihn denn in einem kleinen Kaffeehaus in der Nähe von Loris Wohnung.

Der Kurier – es war ein deutscher Offizier österreichischer Herkunft – stellte sich weder vor noch verlangte er von mir nähere Daten. Wir hatten beide mit Doppelkennworten unsere Identität festgestellt. Seine Botschaft lautete, daß ich mich, wie ja bereits im April in Wien besprochen, in die Schweiz begeben und dort in Lugano das britische Konsulat anrufen und nach einem Mr. de Coundes fragen solle. Mit Hilfe von drei Kennworten hätte ich mich vorzustellen. Sobald dies gelungen war, sollte ich konkrete Kontakte zwischen der österreichischen Widerstandsbewegung und den Alliierten, für die de Coundes in Lugano agiere, herstellen. Anschließend sollte ich dann nach Mailand zurückkehren und versuchen, die Partisanengruppen am Campo di Fiori doch noch auf die Beine zu stellen und schließlich baldmöglichst Verbindung mit Wien wiederaufnehmen. Der Kurier erklärte mir, er würde in zehn Tagen wieder in Mailand sein und mich neuerlich über den Meldekopf Marconi kontaktieren. Ich war über die vielen neuen Aufgaben etwas perplex. Wir verabschiedeten uns kurz. Er nahm übrigens an, daß es mir nicht schwerfallen sollte, über die italienischen Partisanen Wege zum Übertritt in die Schweiz zu finden.

Meine Mailänder Zeit ging also ihrem Ende zu. Hier war viel geschehen. Ich hatte mich aus einem deutschen Soldaten endgültig in einen Italiener mit dunkelbrauner Haarfarbe verwandelt, hatte meine alten Freunde reaktiviert, neue gefunden und begonnen, mich in dieser neuen, auf viel Sand gebauten und doch recht sicheren Welt zurechtzufinden. Man mußte auch ständig Identität und Namen ändern, man mußte sich an immer andere Eltern und Kindheiten besinnen, aber das sollte mir bald zur zweiten Natur werden. Die Via Marconi mit den Faccincanis und ihren Freunden, Lori

Possanner und ihre kleine Welt, Franzl Otting und etliche andere in Mailand, sollten der feste Punkt bleiben auf der spannenden Gratwanderung zwischen dem alliierten und dem deutschen Lager, zwischen der Schweiz und Wien, auf dem langen Weg zwischen den Welten.

Die Via Marconi war Heimat, war Sicherheit, war Wärme und Herzlichkeit. Die Menschen dort waren da, um zu helfen und freundlich zu sein. Für mich waren sie repräsentativ für das italienische Volk, das ich kennen und lieben gelernt hatte, das immer zuerst nach der menschlichen Not fragte und dann erst nach der politischen Farbe. Mit den Menschen der Via Marconi und ihren Freunden, mit den Bauern in der Emilia, mit den jungen Partisanen der Brigata Matteotti Nr. 3, mit Camillo Dall'Ollio und seinen Gästen und mit vielen anderen, hatte ich Bande der Achtung und Sympathie angeknüpft, die durch nichts mehr zu zertrennen waren. Der »Meldekopf Marconi« blieb und würde immer bleiben, er würde Krieg, Faschismus und Partisanen überstehen. Außerdem und ganz abgesehen von allem anderen, hatte sich Fepolinski zum zweitenmal verliebt, in eine schöne, blonde Mailänderin, in Renata aus dieser Via Marconi.

Es gelang mir dann mit Hilfe von Renata Faccincani, innerhalb von zwei Tagen die notwendigen Kontakte zu einer in der Nähe der Schweizer Grenze operierenden Partisanengruppe herzustellen. Man hätte die hilfsbereiten Herren weniger freundlich auch als Schmuggler bezeichnen können. Sie übernahmen es, mich – allerdings gegen entsprechendes Entgelt – bei Mendrisio über die Schweizer Grenze zu schaffen.

Geld war in diesen Tagen ein Hauptproblem. Ich war mit ganzen fünf Lira bei den Faccincanis angekommen. Doch sie hatten sich rührend meiner angenommen und mir auch Geld geborgt. Es war gar nicht so wenig; einmal für neue Zähne, zweimal für falsche Papiere, und leben mußte man schließlich auch. Dann half mir Lori Possanner, dann halfen mir ein paar andere Freunde, die noch in der deutschen Wehrmacht waren. Ich wußte, daß in Wien genügend Geld vorhanden war, aber wie nach Wien kommen? Einer meiner Freunde im Stab RuK, ein deutscher Kriegsverwaltungsrat, hat es dann fertiggebracht, innerhalb von wenigen Tagen auf allen möglichen, sicher höchst illegalen Wegen fünfzigtausend Mark zusammenzukriegen, die er mir für meine weiteren Aktivitäten zur Verfügung stellte. Er hat mir auch später noch sehr geholfen, und ich hatte Gelegenheit, mich im April 1945 ein wenig zu revanchieren, als ihn die siegestrunkenen und rachebesessenen Partisanen unbedingt aufhängen wollten.

Ich kam im allerletzten Moment, aber noch rechtzeitig zu seinem Quartier, denn man war gerade dabei, ihn gefesselt in einem Jeep auf denselben Platz zu bringen, wo wenige Tage vorher die Leichen von Mussolini und dessen Geliebter, Clara Petacci, zum Gaudium einer großen Volksmenge mit dem Kopf nach unten aufgehängt worden waren.

Dank diesem Kriegsverwaltungsrat hatte ich also fünfzigtausend Mark, und das war damals noch sehr, sehr viel Geld, zur Verfügung. Ich konnte meine Schulden bezahlen, der Rest wurde bei Lori auf ein Konto gelegt. Die Kriegskasse war wenigstens halbwegs gefüllt. Renata und ich begaben uns nach Varese und von dort weiter mit einer winzigen Lokalbahn Richtung Porto Ceresio am Lago Lugano. Zwei Stationen vor Porto Ceresio stiegen wir aus und wanderten zu einem kleinen Gasthaus, wo wir in einem schattigen Garten warteten. Nach einer Stunde kamen zwei freundliche, eher ländlich gekleidete Männer. Es waren die Partisanen, die mich über die Grenze bringen sollten. Ich verabschiedete mich von Renata, sie stieg wieder in ihren Zug ein, um zurückzufahren. Wir nahmen an, daß wir uns zwei Tage später in Mailand wiedersehen würden.

Ich ging mit den beiden Männern Richtung Grenze durch einen Wald, über ein paar Wiesen, manchmal gebückt, manchmal laufend, zweimal italienischen Polizeistreifen, die in der Ferne auftauchten, ausweichend, aber sonst ohne besondere Ereignisse. Schließlich mußten wir durch einen Jungwald laufen und überstiegen bei einem Hochstand einen Stacheldrahtzaun, liefen noch weiter durch den Wald und waren schon in der Schweiz. Die beiden Herren, die vorher bereits ihr Honorar erhalten hatten, verabschiedeten sich freundlich von mir. Wir machten aus, daß wir uns am nächsten Tag um 16 Uhr am Ortsausgang von Mendrisio wieder treffen sollten. Die beiden hatten mir noch genau den weiteren Weg erklärt und alles lief bestens ab. Einmal kam ein Schweizer Fahrzeug auf der kleinen Landstraße vorbei. Ich verschwand rechtzeitig in den Büschen, um nicht aufzufallen, und wanderte dann weiter.

10. Kapitel
Die heile Welt mit Rösti und Kaffee

Ich ging wie im Traum: in einem Traum, in dem riesige, vollfette Emmentaler durch reingekehrte Gassen rollten. Durch diese Gassen führte mich mein Weg nach Mendrisio. Wohl wegen der Grenznähe hatten die wenigen gepflegten Häuser auf meinem Weg große Fahnen mit dem Schweizer Kreuz aus ihren Dachfenstern hängen. Schließlich erreichte ich Mendrisio, ein kleines Städtchen, etwa auf halbem Weg zwischen Chiasso und Lugano, im südlichsten Zipfel des Schweizer Kantons Tessin.

Alles dort war für mich eine Offenbarung. Die Tür zum Paradies, angefüllt mit Schokolade, Zigaretten und der ›Neuen Zürcher Zeitung‹, war für mich aufgesperrt worden. Eine heile Welt nahm mich auf, in der selbst Fepolinski und Waschlapski mit Schübli, Rösti und Kaffee ernährt wurde. Ich war zwanzig Jahre alt und betrat nach fünf Jahren Krieg, sechs Jahren NS-Herrschaft und elf Jahren Diktatur zum erstenmal in meinem denkenden Leben ein freies Land.

Ich hatte keine Ahnung, wie es in einem Land aussah, in dem kein Krieg stattfand, in einer Stadt, in der man in Geschäfte gehen und dort einkaufen konnte. Ich hatte seit Jahren davon geträumt, mir freie Zeitungen kaufen zu können, Zeitungen, in denen stand, was wirklich vor sich ging. Ich hatte auch davon geträumt, mir ganz normal Schokolade und Zigaretten kaufen zu können. Ich besaß sechzig Schweizer Franken, die mir in Mailand Lori Possanners Bankier-Freunde beschafft hatten. Das war viel Geld, und so wanderte ich durch Mendrisio, kaufte mir Schokolade, wanderte weiter, kaufte mir Zigaretten und kam schließlich zum Bahnhof. Mendrisio liegt an der Gotthard-Strecke, und ich sollte einen Zug nach Lugano nehmen, um dort meinen Kontaktmann im englischen Konsulat zu treffen.

Ich ging in das Stationsgebäude und kaufte mir eine Fahrkarte nach »Lugano e ritorno« und wartete auf den nächsten Zug. In der italienischen Schweiz hießen damals die Eisenbahnen noch reizend altmodisch »Strade Ferrate Federali«. In Italien, wo man moderner war, sprach man schon von der Ferrovia, aber im Tessin waren es eben noch die Strade Ferrate Federali. Ich fand das als Eisenbahnfanatiker von außerordentlichem Reiz und bewunderte auch den reinlichen Bahnhof. Da erblickte ich am Bahnsteig einen kleinen Kiosk. Ich ging hin, sah die ›Neue Zürcher Zeitung‹, ein Traum für den Sohn eines Journalisten, kaufte sie mir, kaufte die ›Baseler Nationalzeitung‹, die ›Baseler Nachrichten‹, den Berner ›Bund‹, kaufte überhaupt alle Zeitungen, die es dort gab, und vor allem auch die ›Weltwoche‹ und den ›Nebelspalter‹. Dann legte ich die Zeitungen in einen großen Haufen neben mich, auf die schöne Bank am reinlichen, schönen, nicht bombardierten Bahnsteig der Strade Ferrate Federale Svizzera in Mendrisio im schönen Kanton Tessin und kam mir vor wie ein Millionär. Dann öffnete ich ein Päckchen »Player's Navycut«, die es in der Schweiz gab, nahm eine Zigarette heraus, zündete sie mir an und fühlte mich restlos glücklich. Dann steckte ich Zigarettenpackung und Zünder wieder in die Tasche, nahm die ›Zürcher Zeitung‹ und begann zu lesen.

»Mi scusi, Signore«, tönte eine freundliche Stimme, »lei ha un fiammifero?« Haben Sie ein Streichholz?

»Naturalmente, Signore, per favore«, sagte ich, fröhlich einem Schweizer eine Freude bereiten zu können, griff nach meinen Streichhölzern und gab dem Herrn Feuer.

»Grazie, grazie mille volte«, bedankte er sich und fuhr höflich fort: »Prego, ma mi lasci vedere i fiammiferi«, lassen Sie mich doch die Zündhölzer ansehen. Ich war etwas erstaunt und dann wußte ich, diesmal hatte es nicht geklappt. Die Streichhölzer waren nämlich italienische Streichhölzer.

Da hatte der schlaue Brentini, Fontana, Molden Friedrich, Fepolinski und Waschlapski, die Rechnung ohne den Schweizer Wirt gemacht. Die Gestapo hatte mich nicht erwischt, die Italiener hatten mich nicht erwischt, die Wehrmachtsstreifen hatten mich nicht erwischt, aber ausgerechnet die Schweizer mußten mich erwischen. Der Herr wies sich freundlich aus, Schweizerische Kantonale Fremdenpolizei, und fragte nach einem Ausweis. Ich konnte ihm leider keinen zeigen. Er ersuchte mich mitzukommen und brachte mich in das Polizeibüro von Mendrisio, bat mich, Platz zu nehmen und meine Habseligkeiten auf den Tisch zu legen. Zigaretten, Zünder und Zeitungen durfte ich behalten, ein Taschenmesser nahm man mir weg. Nach einem kurzen

Telephongespräch teilte mir der Polizist mit, daß er mich nach Bellinzona in die kantonale Hauptstadt bringen müsse, dort werde man sich weiter mit mir beschäftigen.

Wir fuhren also mit jenem Zug, auf den ich gewartet hatte, los. Ich war etwas deprimiert, aber eigentlich nicht sehr, denn was konnte mir schon in der Schweiz Furchtbares passieren? Nur, daß ich meinen Engländer nicht besuchen konnte, das wurmte mich, aber ich dachte mir, morgen wird es schon irgendwie klappen. Wir fuhren mit einem schönen, sauberen Zug – der Polizist hatte für uns Zweite-Klasse-Billets gelöst, meine Dritte-Klasse-Karte stak unbenützt in meiner Tasche – durch den ticinesischen Sommer, an Lugano vorbei, nach Bellinzona. Dort brachte mich der freundliche Herr zum kantonalen Gefängnis.

Ich bekam eine wunderschöne Zelle mit Blick auf die Berge. Nach wenigen Minuten erschien eine nette, ältere Dame, die sich als Frau des Gefängnisverwalters vorstellte, und brachte mir mein Abendessen: Rösti mit Kaffee, eine schweizerische Nationalspeise, und weil ich so verhungert aussah und wir im Tessin waren, nachher auch noch Spaghetti. Ich fand das alles herrlich, hatte ich doch meine Zeitungen immer noch mit, las sie, konnte mir selber das Licht ausdrehen. Zum erstenmal seit Jahren schlief ich ohne fürchten zu müssen, von der Gestapo verhaftet zu werden, sicher und glücklich in diesem schönen Schweizer Gefängnis ein.

Am nächsten Tag in der Früh kam wieder ein freundlicher Herr und begann mit dem Verhör. Ich erklärte ihm ebenso freundlich, daß ich ihm leider keine Auskünfte geben könne und ersuchte ihn, mich doch wieder freizulassen.

Er fragte: »Ja, wo wollen Sie denn hin?«

»Ich möchte zurück nach Italien.«

»Ja, das können wir machen, wir werden Sie also heute Nachmittag in Chiasso den italienischen Behörden übergeben.«

Das paßte mir nun gar nicht in den Kram, denn was dann geschehen würde, war eindeutig. Die italienischen Behörden würden schnellstens herausfinden, daß ich kein Italiener war und würden mich prompt den ebenfalls in Chiasso amtierenden Herren der Geheimen Staatspolizei übergeben, und dann war es nur eine Frage der eingesetzten Methoden, wie lange sie brauchen würden, um beim Deutschen Feldgericht Bologna 1012 oder bei der Gestapo-Leitstelle Wien herauszubekommen, wer ich wirklich war und was mit mir wirklich los sei. Hinrichtungen waren bekanntlich nicht meine Sache, diesen Weg wollte ich daher auf keinen Fall beschreiten. Ich erklärte das dem freundlichen Herrn und er meinte: »Ja, wenn Ihnen das nicht paßt, dann müssen Sie mir doch wohl sagen, wer Sie sind und was Sie eigentlich hier wollen.«

Ich erklärte ihm sodann, daß ich ein österreichischer Patriot sei, in der Schweiz zu tun hätte, ihm aber den Zweck meiner Reise nicht mitteilen könnte. Ich wäre jedoch bereit, mit einer vorgesetzten Behörde zu sprechen.

»Gut, Sie hören morgen von mir«, meinte er und verließ mich, nicht ohne vorher auch noch ›Sie und Er‹ und die ›Schweizer Illustrierte‹ mit der freundlichen Bemerkung auf den Tisch zu legen, ich hätte doch schon sicher lang keine Illustrierten mehr gelesen. Wie recht er doch hatte.

Am Abend lud mich das Verwalterehepaar des Gefängnisses zu einer Kartenpartie ein. Ich war kein guter Partner, weil ich ihr Schweizer Kartenspiel – ich glaube, es hieß Watten oder so ähnlich – nicht beherrschte. Sie waren reizende Leute, sie war Italienerin, er kam aus dem Kanton Uri und beide behandelten mich nett und freundlich. Ich sollte doch noch eine Zeitlang bei ihnen bleiben, sie würden mich schon ordentlich aufpäppeln. Aber schon am nächsten Tag war das schöne Intermezzo in Bellinzona beendet. Es kam wieder ein Herr, etwas weniger freundlich, aber auch sehr korrekt, der mich allerdings mit einer Handschelle an sich kettete. Wir begaben uns zum Bahnhof in Bellinzona und fuhren dann in einem Gefangenencoupé – das heißt ich drinnen im Abteil, er draußen – mit dem Schnellzug über den Gotthard. Es war meine erste Alpenüberquerung in der Schweiz und ich genoß die Reise restlos, wenn ich auch durch das kleine, vergitterte Fenster des Coupés nicht sehr viel sehen konnte.

Nachmittag langten wir in Luzern ein, ich wurde in das Hotel Schweizerhof gebracht. Dort empfingen mich einige Offiziere, teils in Zivil, teils in Uniform. Noch am selben Abend wurde ich durch ungefähr fünf Stunden von einem Herrn ausgefragt, der schließlich einen zweiten Herrn in das Gespräch einbezog, und dieser zweite Herr war der Major, spätere Oberstdivisionär, Max Waibel, Chef des Militärischen Nachrichtendienstes im Generalstab der Schweizer Armee. Beide Herren waren sehr höflich und anfänglich sehr zurückhaltend. Ich wohnte in einem Hotelzimmer im Hotel

Schweizerhof, dem Hauptquartier des Schweizerischen Militärischen Nachrichtendienstes und wurde bewacht, konnte aber mit meinen Wächtern spazierengehen, sie brachten mich sogar ins Kino. Der Film, den ich mir ansehen durfte, hieß ›Ghost goes West‹ zu deutsch ›Gespenst auf Reisen‹, eine lustige englische Komödie in Originalfassung.

Nach drei Tagen war meine Vernehmung beendet und man teilte mir mit, ich würde auf den Dietschiberg gebracht werden, einen mit einer kleinen Zahnradbahn erreichbaren Ausflugsberg bei Luzern. Dort befand sich eine Art Zwischeninternierungslager; man würde mich aber bald wieder holen, sobald nämlich eine Entscheidung über mein Schicksal gefallen sei. Ich blieb eine Woche in diesem Mini-Luxus-Lager, arbeitete in einem großen Gemüsegarten, jätete Unkraut, was ich noch aus meiner deutschen Gefängniszeit in Liesing sehr gut beherrschte. Dort hatte ich in riesigen Rübenfeldern jäten müssen, hier waren es wesentlich kleinere Tomaten- und Erdbeerbeete. Es war eine gute Zeit, ich bekam viel und gut zu essen, blickte auf die Berge der Schweizer Urkantone, auf den Vierwaldstättersee und wartete.

Meine Lagergenossen waren durch die Bank eher wortkarge Herren aus allen Weltgegenden. Offensichtlich alles Leute, die es irgendwie in die Schweiz verschlagen hatte und die nun in irgendeiner Form mit dem Schweizerischen Geheimdienst in Kontakt kommen wollten. Man sprach nicht viel, man stellte sich auch nicht vor, man unterhielt sich über Politik und über die Kriegslage und man bemühte sich, in Akzenten zu sprechen, die nicht die eigenen waren.

Nach sechs Tagen kam ein rundlicher, freundlicher Herr auf den Dietschiberg, ließ mich rufen, stellte sich vor: »Mein Name ist Dr. Fritz Dickmann, Rechtsanwalt und Notar aus Basel.« Mit Fritz Dickmann lernte ich an diesem Nachmittag einen der anständigsten, feinsten und liebsten Menschen kennen, die ich je in meinem Leben getroffen habe.

Dr. Fritz Dickmann war Leiter der Abteilung für Österreich des Schweizerischen Militärischen Geheimdienstes. Wie fast alle Schweizer war er kein Berufssoldat, sondern nur auf Kriegsdauer zur Armee eingezogen, wo man ihn, der im zivilen Leben Advokat war, in den Nachrichtendienst geholt hatte. Das war eine gute und kluge Sache, denn Fritz Dickmann, ein ebenso grundgütiger wie hochintelligenter

Herr, war ein geborener Nachrichtenmann, gleichzeitig aber eine der integersten Persönlichkeiten, die ich je kennengelernt habe. Vom ersten Moment an vertrugen wir uns ausgezeichnet. Dickmann nahm mich sofort mit, diesmal ohne Handschellen. Wir fuhren mit der Seilbahn hinunter an den See, wo ein kleines Auto wartete. Dickmann führte mich in den Schweizerhof und erzählte mir unterwegs, man habe alle meine Angaben überprüft und sie für richtig befunden, Waibel sei daher gern bereit, mit mir in ernsthafte Gespräche über eine Zusammenarbeit zwischen der von mir vertretenen österreichischen Widerstandsgruppe und den Schweizern einzutreten. Es würde wohl einige harte Debatten geben, ich solle mir aber keine Sorgen machen, die Herren wüßten nun über mich Bescheid und man vertraue mir. Im Schweizerhof wurde ich in einen Salon geführt. Es waren vier oder fünf Herren, auch Major Waibel, anwesend.

Es kam zu langen und ausführlichen Besprechungen. Die Herren erwiesen sich nicht nur in bezug auf meine Person, sondern auch hinsichtlich der Lage in Österreich, in Deutschland und Norditalien als außerordentlich informiert und auf dem laufenden. Sie teilten mir mit, daß sie interessiert seien, mit österreichischen Untergrundgruppen Kontakt zu pflegen. Wir müßten allerdings wissen, daß dies keine offizielle oder auch nur inoffizielle schweizerische Anerkennung oder Stellungnahme zugunsten unserer Sache sein könne, sondern daß die schweizerische Armee, ganz abgesehen davon, wo ihre Sympathien liegen mochten – wo sie wirklich lagen, war mir nach den letzten acht Tagen schon klargeworden –, interessiert sei, mit Personen, gleichgültig welcher Couleur, Kontakt zu pflegen, die ihr behilflich sein könnten, die Neutralität und die Unabhängigkeit der Schweiz zu sichern.

Aus den Gesprächen lernte ich auch bald, daß die Schweiz zu diesem Zeitpunkt eine Verletzung ihrer territorialen Integrität und daher auch ihrer Neutralität durch die deutschen Armeen befürchten mußte. Die alliierten Bombenangriffe auf den Brenner, den Reschenpaß sowie auf den Alpenübergang von Tarvis machten es der deutschen Wehrmacht immer schwieriger, ihre Positionen in Italien zu versorgen oder Güter aus Italien nach Deutschland zu bringen.

Die einzigen bisher unzerstörten Alpenübergänge waren jene in der Schweiz. Überhaupt wäre die Verbindung quer durch die Schweiz nach Norditalien und Südostfrankreich die jeweils kürzeste gewesen. Zwar konnten die Deutschen die Schweizer Bahnen für Gütertransporte, nicht aber für Militärtransporte verwenden. Denn, anders als etwa Schweden, waren die Schweizer in der absolutenVerteidigung ihrer Neutralität unbeugsam geblieben. Doch es bestand zunehmend die Gefahr, daß Hitler, um die »kürzeste innere Linie« zu benützen, seine Truppen in die Schweiz einmarschieren lassen würde. Aber die Gründe für diese Gefahr wandelten sich: Je weiter die Alliierten ihre Offensiven in Italien und dann auch in Südfrankreich vortrugen, um so größer wurde die Gefahr, daß zum Rückzug gezwungene deutsche Armeen und da vor allem die Deutsche Heeresgruppe Südwest in Italien, ganz einfach die schweizerische Neutralität mißachten und durch die Schweiz durchmarschieren könnten. Dieselbe Gefahr sahen die Schweizer auch von den noch vorhandenen deutschen Armeegruppen in Südfrankreich auf sich zukommen, sobald es den Alliierten gelingen sollte, die Verbindung zwischen Südfrankreich und der deutschen Hauptmacht in Mittel- und Nordfrankreich zu unterbrechen.

Zu diesem Zeitpunkt befürchtete man im Schweizer Oberkommando auch noch eine Landung der Amerikaner im Raum von Genua, womit die Verbindung zwischen Frankreich und Italien zerstört worden wäre und die deutschen Truppen in Südfrankreich – im Norden und Osten abgeschnitten – kaum eine andere Wahl gehabt hätten, als in die Schweiz auszuweichen oder sich zu ergeben. Eine Kapitulation deutscher Heeresteile schien damals – angesichts der Konsequenzen, die die beteiligten Befehlshaber von Hitler zu erwarten hatten – noch recht unwahrscheinlich. Voraussichtlich würden die Deutschen alles mögliche versuchen, um nicht vorzeitig kapitulieren zu müssen.

Aus all diesen Gründen war die schweizerische Armeeleitung höchlichst daran interessiert, alles an Informationen über deutsche Truppenbewegungen im Raume Südfrankreich, Norditalien, Österreich und Süddeutschland zu erhalten, um sich rechtzeitig vorsehen zu können. Ebenso wollte die schweizerische Armee alles wissen, was mit dem sogenannten deutschen Alpenreduit, mit der »Alpenfestung«, zu tun haben könnte.

Seit dem Sommer 1944 begann sich das Gerücht immer

hartnäckiger durchzusetzen, daß die Deutschen dabei seien, Teile von Norditalien nördlich des Gardasees, also die Provinz Trento, ferner Südtirol, Nordtirol, Vorarlberg, Südbayern, Teile von Salzburg und Oberkärnten in eine Alpenfestung einzubeziehen, um dort den letzten fanatischen Widerstand gegen die von allen Seiten vordringenden alliierten Armeen zu leisten. Alle diese Nachrichten waren den Schweizern bekannt, auf jeden Fall verursachten sie ihnen Sorgen, und der schweizerische Generalstab war deshalb begreiflicherweise höchlichst interessiert, sich möglichst schnell und gut zu informieren.

Das war der reale Hintergrund, warum Major Waibel, Dr. Dickmann und ihre Freunde ein so deutliches Interesse zeigten, mit der österreichischen Widerstandsbewegung und mit mir als ihrem ersten für sie greifbaren Vertreter Kontakt zu etablieren und auszubauen. Sie waren ihrerseits bereit, dafür erhebliches zu bieten, nämlich:

1. Die Zurverfügungstellung von Dokumenten, Papieren, Waffen und Gerät für Kuriere und andere legitimierte Angehörige der österreichischen Widerstandsbewegung, die in die Schweiz einreisen oder aus der Schweiz ausreisen würden.

2. Die Erlaubnis für Vertreter der österreichischen Widerstandsbewegung mit Hilfe schweizerischer Armeebehörden in schweizerischen Internierungslagern Personen österreichischer Nationalität (Flüchtlinge und Emigranten) ausfindig zu machen, die bereit waren, mit der Widerstandsbewegung zusammenzuarbeiten oder zu kämpfen und nach Österreich zu gehen. Natürlich mußten die Schweizer Militärbehörden offiziell den Standpunkt vertreten, daß alle Personen, die wir sodann später in solchen Lagern ausfindig machten, für Schweizer Interessen tätig sein würden. Es war ihnen aber sicher klar, daß es hier sehr schwer war zu unterscheiden, ob man nun für Schweizer und für österreichische Ziele gemeinsam, oder ob man bloß als Widerständler beziehungsweise nur als Helfer der Schweiz handeln würde. Auf jeden Fall waren in diesen Fragen die Schweizer in den kommenden Monaten stets sehr großzügig.

3. Die Schweizer Behörden gestatteten der österreichischen Widerstandsbewegung, eine Verbindungsstelle Schweiz aufzubauen. Ich erhielt Erlaubnis, hiezu mit

Österreichern, die in der Schweiz ihren Wohnsitz hatten, Kontakt aufzunehmen und in Zürich eine kleine Organisation auf die Beine zu stellen.

4. Die Schweiz würde Grenzübertritte durch unsere Leute in einer Weise tolerieren und unterstützen, die es uns möglich machen sollte, Personen in die von Deutschen besetzten Gebiete oder auch umgekehrt in die Schweiz zurückzubringen.

5. Der Kontakt zwischen österreichischen Stellen und Vertretern alliierter Vertretungsbehörden in der Schweiz würde stillschweigend geduldet werden.

Demgegenüber wurden auch unsere Aufgaben klar formuliert:

1. Die Vertreter der österreichischen Widerstandsbewegung würden alles tun, um alle in ihren Besitz gelangenden Meldungen und Nachrichten über die Bewegungen deutscher Truppenteile sowie über alle taktischen, strategischen, militärischen und anderen Entwicklungen im deutschbesetzten Raum Italiens, Österreichs und im deutschen Reichsgebiet zu sammeln und auf schnellstem Wege den Schweizer Behörden zur Verfügung zu stellen.

2. Die Vertreter der österreichischen Widerstandsbewegung würden alles in ihrer Kraft stehende tun, um Meldungen über etwaige Pläne deutscher oder anderer Stellen, die schweizerische Neutralität zu verletzen, schnellstens den schweizerischen Behörden zur Kenntnis zu bringen, und auch solche Aktivitäten deutscher oder italienischer Stellen und Behörden tunlichst zu behindern.

3. Die österreichische Widerstandsbewegung und ihre Vertreter würden ihnen von den Schweizer Stellen eingeräumte Privilegien und erteilte Unterstützung in keiner Weise so extensiv in Anspruch nehmen, daß dadurch die schweizerische Neutralität in irgendeiner Weise verletzt werden könnte. Sie würden insbesondere auf Schweizer Hoheitsgebiet nichts unternehmen, was den schweizerischen Gesetzen zuwiderlaufen könnte.

Es war klar, daß der dritte Punkt für uns am schwersten zu erfüllen war. Wir haben uns aber immer redlich bemüht, die Schweizer nicht in Verlegenheit zu bringen, und die Schweizer ihrerseits haben sich immer redlich bemüht, nicht zu bemerken, wenn wir manchmal die uns gezogenen Grenzen doch in irgendeiner Form überschritten.

Dieses Abkommen, das in schriftlicher Form als Art Aide Mémoire festgelegt wurde, war ein entscheidender Wendepunkt in der Geschichte des österreichischen Widerstandes. Es bot nämlich zum erstenmal die Möglichkeit eines regelmäßigen und konkreten Kontaktes mit der freien Welt, nämlich mit der und über die Schweiz. Es bot auch zum erstenmal die Möglichkeit, in der Schweiz eine Verbindungsstelle des aktiven österreichischen Untergrundes aufzubauen und von dort aus dann Kontakt mit den Alliierten und mit den Österreichern, die sich in der übrigen Welt sammelten, zu schaffen und es bot schließlich, und das war fast das Wesentlichste, die einmalige Chance, von der Schweiz nach Österreich zurückzukehren, und die Widerstandsgruppen mit Funkgeräten, Waffen und anderen wesentlichen Mitteln der Kommunikation und des Aufbaues eines Nachrichtennetzes zu versorgen.

Diese Gespräche dauerten etwa drei Tage, am Schluß waren wir alle ziemlich fertig, ich am allermeisten, denn ich war einer und die anderen waren fünf oder sechs. Umgekehrt muß ich zugeben, daß ich nichts anderes zu tun hatte, die anderen Herren aber viel. Schließlich waren wir über alles einig. Als Verbindungsmann wurde Dr. Fritz Dickmann bestimmt. Über ihn und einige seiner Mitarbeiter, vor allem in der laufenden Arbeit über die ebenso hilfsbereite wie listenreiche Doris Meister, lief dann bis Kriegsende anstandslos unsere enge Zusammenarbeit mit dem Schweizer Heer.

Von diesem Tag an waren mir die praktischen Möglichkeiten gegeben, meine Arbeit in der Schweiz zu beginnen, wobei vereinbart wurde, daß ich etwa vier Wochen in der Schweiz bleiben sollte, um dann nach Norditalien und Österreich zurückzukehren. Ich begab mich nach Zürich, bekam einen Schweizer Ausweis als Flüchtling, als Namen wählte ich diesmal Gerhard Wieser. Es wurde mir auch ein Quartier beschafft, und zwar im Evangelischen Hospiz in Zürich in der Niederdorfstraße, einem sehr ordentlichen, puritanischen Haus, in dem es um wenig Geld ein anständiges Quartier und Frühstück gab. Ich fand mich plötzlich in Zürich etabliert, konnte ins Kino oder essen gehen, besonders gerne im Hinteren Sternen, und konnte mich als freier Mensch richtig umsehen.

Schon am ersten Tag machte ich eine wichtige Entdeckung. Ich stand gerade in der Nähe des Bellevueplatzes, auf der Brücke über das untere Ende des Zürichsees, wo die Limmat anfängt, und blickte voller Fröhlichkeit und Neugier in die Gegend, als mir ein junger Mann entgegenkam. Er sah gut und intelligent aus. Ich dachte mir, das könnte nach dem Aussehen fast ein Österreicher sein. Als er an mir vorbeiging, sah ich, daß er ein rot-weiß-rotes Abzeichen trug. Ich beschloß, ihm nachzugehen. Der junge Mann setzte sich in einem Kaffeehaus hin und begann Zeitung zu lesen. Ich ging auch hinein und schritt unbeirrt zu seinem Tisch, was schon deshalb auffällig war, da fast alle anderen Tische auch frei waren, und sagte betont österreichisch:

»Entschuldigen Sie, ist da vielleicht ein Platz frei?«

Der Herr schaute etwas agaciert auf:

»Es ist aber auch überall rundherum Platz frei.«

»Ja, aber wo trifft man schon so leicht einen Österreicher?«

Er schaute mich an, lachte und erhob sich: »Wer sind Sie denn?« Ich stellte mich als Gerhard Wieser vor und fügte hinzu, ich sei ein österreichischer Flüchtling. Der junge Mann stellte sich dann eher zögernd auch vor, sein Name war Hans Thalberg. Er war begreiflicherweise recht verschlossen und wußte offensichtlich nicht, was er mit mir machen sollte; wie er mir später erzählte, hielt er mich zunächst für einen deutschen Agenten.

Ich hielt es natürlich auch für möglich, daß ich dabei sei, einem deutschen Agenten auf den Leim zu gehen, aber meine Notwendigkeit, endlich Österreicher kennenzulernen, war so groß, daß ich das Risiko auf mich nehmen mußte. Das machte ihn natürlich noch mißtrauischer. Wir redeten ziemlich lange um den Brei herum, und endlich beschloß ich, ihm reinen Wein einzuschenken. So fragte ich ihn, ob er vielleicht einen Nationalrat Linder kenne. Das war ein ehemaliger österreichischer Politiker aus Vorarlberg, ein Sozialdemokrat, der in der Züricher Gegend leben sollte. Ich fragte ihn dann auch nach dem Prinzen Schwarzenberg, einem ehemaligen österreichischen Diplomaten, von dem mir mein Vater erzählt hatte. Er sollte in Genf leben und österreichische Angelegenheiten beim Roten Kreuz wahrnehmen.

Das Resultat war niederschmetternd. Thalberg wurde noch verschlossener; anscheinend dachte er, ich wollte ihm Fangfragen stellen. Wir kamen so nicht weiter. Ich sah, daß ich jede Vorsicht fallen lassen mußte. Ich hatte ja nicht viel

Zeit. Ich erzählte ihm einiges, natürlich nichts über meine Vereinbarung mit den Schweizern, natürlich nichts über meinen wirklichen Namen, aber sonst ziemlich viel. Er hörte mir aufmerksam zu und sagte dann:

»Ich nehme an, daß Sie die Wahrheit sagen, aber wie können Sie mir das beweisen?«

Ich wußte auch nicht genau, wie ich es ihm beweisen sollte und meinte:

»Könnten wir nicht gemeinsam nachdenken, wie ich es Ihnen beweisen kann?«

Da fing er an zu lachen: »Lassen Sie mich überlegen, wir werden die Sache weiter verfolgen. Wo wohnen Sie?« Ich gab ihm meine Adresse und er sagte, er würde mich am Abend dort abholen. Ich saß dann gegen Abend in meinem Zimmerchen im Evangelischen Hospiz und dachte mir, was geschieht, wenn der mich jetzt abholt und irgendwohin bringt, und die Gestapo betäubt mich und bringt mich über die Grenze. Ich traute mich auch nicht, Fritz Dickmann anzurufen, denn der würde mich sicherlich als fürchterlichen Dilettanten auch sofort über die Grenze stellen lassen. Also blieb ich sitzen und wartete. Ich stellte fest, daß ich für Geheimdiensttätigkeit doch nicht sehr geeignet war und mich besonders amateurhaft verhalten hatte.

Dann verließ ich das Haus und ging zum Bahnhof, kaufte mir sehr viel Schokolade und aß sie aus Verzweiflung auch zur Gänze auf. Dann ging ich wieder zurück, stellte mich in ein Haustor, von dem aus ich den Vorraum des Evangelischen Hospizes beobachten konnte. Drinnen saß bereits Hans Thalberg mit einer Dame. Ich ging also hinein in die kleine Halle, nahm mein Herz in die Hände und hoffte das Beste. Es trat auch das Beste ein. Thalberg begrüßte mich, die Dame hieß Friedl und war eine gute Freundin von ihm. Heute ist sie seine Frau. Die Dame machte mir einen besonders sympathischen und vertrauenerweckenden Eindruck.

Hans Thalberg hatte sich nach Möglichkeit über mich erkundigt. Er schien, ich weiß nicht mehr ganz genau wie, von irgendwelchen Schweizer Freunden grünes Licht bekommen zu haben, ohne daß man ihm sehr viel über mich gesagt hatte. Er hatte auch schon mit einem Dr. Kurt Grimm gesprochen, der in den kommenden Monaten eine sehr große Rolle in unser aller Aktivitäten und in meinem Leben spielen sollte.

Vorerst gingen Friedl, Hans und ich in ein Kaffeehaus und dann in ein Restaurant, um dort zusammen zu essen. Ich erzählte ihnen ziemlich offen meine Entwicklung in den vergangenen Jahren, wobei ich damals noch meinen richtigen Namen ausließ, den erfuhren sie etwas später, nachdem ich ihrer ganz sicher war. Aber sonst erzählte ich ziemlich den Tatsachen entsprechend, wie es mir in den letzten Monaten ergangen war.

Hans war nach dem Jahre 1938 in die Schweiz gekommen, er hatte seine Studien hier fortsetzen können und sich schon seit etlicher Zeit bemüht, im österreichischen Sinne tätig zu sein. In erster Linie war seine Aktivität bis jetzt auf der Organisation der in der Schweiz lebenden Österreicher und den karitativen Bereich konzentriert gewesen.

Dies sollte sich nunmehr schlagartig ändern. Wir diskutierten bis tief in die Nacht hinein. Am nächsten Tag nahm mich Hans Thalberg zu Kurt Grimm in das Hotel Bellerive au Lac mit, am wunderschönen Zürichsee, mit Blick auf die Glarner Alpen, gelegen. Wir warteten, bis wir in ein piekfeines Eckappartement im zweiten Stock gebeten wurden. Ein Salon, den ich heute noch genau vor mir sehe, und mitten drinnen, springlebendig und voller Aktivität, Kurt Grimm. Wir hatten ziemlich schnell eine gute Beziehung zueinander. Aus irgendwelchen Gründen erging es mir mit Kurt Grimm ähnlich wie mit Hans Thalberg. Ich hatte das Gefühl, ihm von vornherein vertrauen zu können.

Glücklicherweise hatten die beiden denselben Eindruck anscheinend auch bei mir gehabt, und so war unsere Arbeitsgemeinschaft innerhalb weniger Stunden fundiert. Später ist dann zu diesem Kreis noch Mundi Treu gestoßen, der zusammen mit Hans Thalberg in der Organisation der Verbindungsstelle Schweiz tätig war. Mundi oder auch Dr. Emanuel Treu, ebenfalls ein junger Österreicher, der ursprünglich aus der Pfadfinderbewegung als Emigrant in die Schweiz gekommen war und hier Fuß fassen konnte. Von der etwas älteren Generation kamen dann der sozialistische Abgeordnete Anton Linder aus Vorarlberg, Ludwig Klein, später Bundesrat und Chefredakteur der Austria Presse Agentur, und schließlich Dr. Johannes Schwarzenberg. Prinz Schwarzenberg, der spätere Botschafter, lebte damals in Genf und beschäftigte sich mit Fragen des Roten Kreuzes und war schon deshalb für uns ein wichtiger Mann.

Das Zentrum des Kreises aber war stets Dr. Kurt Grimm, der mit seiner sympathischen, liberalen Art auch die richtige Verbindung zwischen dem konservativen Schwarzenberg und den Sozialdemokraten Linder und Klein herbeiführen konnte. Unser Kreis um die Verbindungsstelle Schweiz hat sich im Gegensatz zu den Emigrantengruppen in anderen Ländern, in Frankreich, soweit sie nach der Besetzung noch existent waren, aber vor allem in England und in Amerika, ganz bewußt aus politischen Diskussionen herausgehalten und sich ausschließlich mit der Frage der Befreiung Österreichs befaßt. Ich betrachtete meine engsten Kumpane Hans Thalberg und Mundi Treu als begeisterte junge Österreicher, so wie ich einer war. Wir unterhielten uns nicht über Parteipolitik, keiner von uns gehörte einer Partei an oder hatte damals das Bedürfnis, einer anzugehören. Wenn man uns gefragt hätte, was wir waren, hätten wir wahrscheinlich gesagt, wir seien liberal und vor allem Österreicher und das waren wir auch. Dieses ständige Betonen des Begriffes »Österreich und Österreicher« mag heute übertrieben scheinen, denn diese Begriffe sind zur Selbstverständlichkeit geworden. Die Eigenständigkeit Österreichs ist unbestritten und Österreicher zu sein bedeutet, eine Staatsbürgerschaft zu besitzen wie jeder andere. Damals aber gab es Österreich überhaupt nicht, der Name war verboten, der Staat zerschlagen, seine Geschichte ausgelöscht. Daher schien uns damals das Wort Österreich ein Bekenntnis zu sein, das über die Grenzen verschiedener politischer Richtungen hinweg, eindeutig unser Ziel aussagte.

Die Älteren kamen begreiflicherweise aus den politischen Lagern der Zeit vor 1933, sie konnten und wollten dies auch nicht verleugnen. Aber in der Schweiz haben wir mit der »Verbindungsstelle Schweiz«, der VSS, und dem »Österreichischen Komitee« eine Einheit unter Beweis gestellt, wie man sie leider in der österreichischen Emigration sonst nirgends finden konnte.

Diese Uneinigkeit der österreichischen Emigration wurde zum Unglück von Tausenden jungen Österreichern, die in österreichischen Einheiten auf seiten der Alliierten kämpfen wollten und die wegen der verschiedenen, sich bekämpfenden Gruppen jahrelang nicht dazu kamen. Beispielsweise hat eine rechts eingestellte Gruppe um Otto von Habsburg in Amerika mit aktiver Unterstützung des damaligen Präsiden-

ten Roosevelt versucht, eine österreichische Legion aufzubauen. Die Sozialisten haben diese Aktion sodann in mühevoller Kleinarbeit wieder verhindert.

Die emigrierten Sozialisten standen durchwegs nicht alle
auf dem Standpunkt, daß Österreich wiederum als unabhän-
giger Staat entstehen sollte. Lediglich jene, wie meine späteren Freunde Ernst Lemberger und Karl Hartl, die selbst die
ganze Zeit im Untergrund oder in der Wehrmacht waren,
sind stets überzeugte Österreicher gewesen. Ich erinnere
mich noch an Gespräche in London Anfang 1945 mit so
prominenten Sozialdemokraten wie dem Journalisten Dr.
Oskar Pollak, der nach dem Krieg die ›Arbeiter-Zeitung‹ als
Chefredakteur führen sollte. Damals sagte Oskar Pollak mir,
es wäre für Österreich gar nicht so schlecht, in einer Verbindung mit einem, natürlich demokratischen und antinazistischen, Deutschland zu bleiben.

Mir standen die Haare zu Berge. Als Österreicher, der im
Lande geblieben war und alles mitgemacht hatte, erschien es
mir vollkommen unmöglich und ausgeschlossen, daß wir
nicht wieder ein vollkommen selbständiger Staat werden
und unsere Geschicke selbst bestimmen sollten. Natürlich
hatte Oskar Pollak die großen Traditionen des demokratischen Großdeutschtums noch im Kopf. Er dachte an ein
Deutschland mit sozialdemokratischem Vorzeichen und sah
die Dinge anders als wir Jungen.

Als am Abend des 20. Juli 1944 die Nachricht von dem
Attentatsversuch auf Hitler über den Schweizer Rundfunk
kam und die Schweizer Zeitungen über alle Einzelheiten berichteten, traf mich zutiefst, daß dieses Attentat mißglückt
war. Ich hatte eine ganze Anzahl jener Männer gekannt,
deren Namen nunmehr unter den Opfern der dem Attentat
folgenden Vergeltungsmaßnahmen der NS-Staatsführung zu
finden waren.

Ulrich von Hassell hatte ich 1943 in Berlin kennengelernt,
und zwar durch meinen Wiener Verteidiger, Dr. Josef Graf
Ezdorf, der in Berlin viele Freunde und auch Verwandte
hatte, darunter einen Vetter im Auswärtigen Amt. Ezdorf
kam nach Berlin, als ich dort Dienst machte, und lud mich
einmal zu einem Mittagessen ein. Dann nahm er mich zum
schwarzen Kaffee zu einem guten Bekannten mit, einem
Botschafter a. D. Ulrich von Hassell. Hassell war Botschafter beim Quirinal bis 1938 gewesen. Was ich natürlich erst

nachher erfuhr, war, daß Hassell eine der zentralen Figuren des Deutschen Widerstandes war. Ich kann mich an dieses Zusammensein beim schwarzen Kaffee noch relativ gut erinnern. Neben Hassell war auch noch Adam von Trott zu Solz, ebenfalls aus dem Auswärtigen Amt und gleichfalls nach dem 20. Juli hingerichtet, anwesend und Bernd Gisevius, den ich später in der Schweiz ja vielfach wiedersehen sollte.

Es wurde eigentlich nicht sehr viel über Politik gesprochen. Hassell war sehr freundlich zu mir, er hatte ein Buch von Papa über Metternich gelesen und forderte mich am Schluß, als ich bereits im Weggehen war, auf, doch einmal wiederzukommen und ihm einiges über Österreich zu erzählen. Dazu kam es nicht mehr, denn ich wurde wenige Tage später von Berlin weg versetzt und das nächste, was ich von Ulrich von Hassell hörte, war, daß er im Zusammenhang mit dem Attentat auf Hitler am 20. Juli 1944 verhaftet worden war. Er ist im September 1944 hingerichtet worden.

Hingerichtet wurde auch ein führender Mann des 20. Juli in Wien, der Abwehroberst Graf Rudolf von Marogna-Redwitz, der eng mit General Erwin von Lahousen zusammenarbeitete. Marogna-Redwitz kannte ich noch aus Wien. Ich hatte ihn dort mehrfach bei Einladungen und Zusammenkünften getroffen. Er ist über unsere Aktivitäten von Stillfried informiert worden. Meine Versetzungen innerhalb von Italien, die ich auf Grund von Stillfrieds Weisungen aus Wien betrieb, wären ohne das Eingreifen von Marogna-Redwitz nie zustande gekommen.

Als ich die erschütternden Mitteilungen über den 20. Juli zu hören bekam, besonders aber in den ersten Stunden, in denen es schien, als könnte vielleicht alles noch gut ausgehen, erhob sich sofort die Frage, würde Österreich als Folge eines Umsturzes bei Deutschland bleiben oder nicht. Nach allem, was man nachher hörte, hatten die führenden Männer des 20. Juli, nämlich Beck, Goerdeler und Hassell, recht engen Kontakt mit zwei Österreichern gehabt: dem christlich-sozialen Bauernbundführer und ehemaligen Landeshauptmann von Niederösterreich, Reither, und dem früheren sozialdemokratischen Bürgermeister von Wien, Seitz.

Für unseren österreichischen Kreis in der Schweiz gab es vor und nach der Tragödie des 20. Juli das »großdeutsche« Problem nicht. Wir waren uns darüber einig, daß Österreich wiedererstehen mußte, daß sobald als möglich eine demokratische Regierung gebildet und geheime Wahlen abgehalten werden sollten, also eine parlamentarische Demokratie, wie sie vor dem Jahre 1933 bestanden hatte, geschaffen werde. In unserem Kreis gab es keine Anhänger des Dollfuß- oder Schuschnigg-Systems. Es gab natürlich verschiedene Auffassungen, die einen kamen von links, die anderen von rechts. Wir Jungen kamen von keiner Partei und sahen die Dinge viel problemloser und einfacher. Das galt übrigens auch für Kurt Grimm, der immer wieder betonte, es gehe ihm um Österreich und nicht um diese oder jene Parteigruppierung. Wir haben uns damals ziemlich schnell auf Grundsätze geeinigt, die für alle, die in der Schweiz mitgemacht haben, akzeptabel waren, für alle, mit Ausnahme der Kommunisten.

Die kleine kommunistische Emigrantengruppe in der Schweiz stand unter der Führung eines Herrn Kohn und einer Frau Dr. Ilse Benedikt. Ilse Benedikt war Tochter des langjährigen Herausgebers der ›Neuen Freien Presse‹, Dr. Ernst Benedikt, der einmal Arbeitgeber meines Vaters gewesen war. Sie war im Jahre 1938 in die Schweiz gekommen, ihr Vater konnte nach Schweden emigrieren, wo er den Krieg und die erste Nachkriegszeit verbrachte. Später hat er dann übrigens von Schweden aus für die von uns wiedergegründete ›Presse‹ noch lange Jahre als Korrespondent geschrieben. Als er vor einigen Jahren in Wien im Alter von weit über neunzig Jahren verstarb und ich bei seinem Begräbnis an einem kalten Wintertag am Grinzinger Friedhof vor seinem Sarg stand, dachte ich an die schon lange vor ihm verstorbene Ilse Benedikt, mit der ich in Zürich so manche harte Diskussion geführt hatte.

Ilse Benedikt hatte damals sehr gerne mitgemacht, sie war ehrlich bestrebt, ihren Anteil zum Befreiungskampf beizutragen und wollte auch sicher mit uns zusammenarbeiten. Offensichtlich wurde ihr das aber von ihren kommunistischen Vorgesetzten untersagt. Sie war daher in der höchst peinlichen Situation, immer wieder mit uns Gespräche zu führen, die ohne jedes Ergebnis blieben: sie sollte sichtlich den Kontakt mit uns aufrechterhalten. Immer wieder, wenn ich in der Schweiz war, fanden solche Gespräche statt. Das einzige, was ich von Ilse Benedikt sicher annahm, war, daß sie uns nicht verraten würde. Das hat sie auch nicht getan.

Sie hat aber auf Grund ihrer Weisungen alles sabotiert, was von der Schweiz her eine Kooperation mit den kommunistischen Widerstandsgruppen in Österreich möglich gemacht hätte. Wir haben daher die Kontakte zu den Kommunisten in Österreich selbst suchen und auch finden müssen, etwa zu den Leuten des späteren Stadtrates Matejka in Wien.

Ansonsten gelang es Kurt Grimm und Hans Thalberg in den folgenden Monaten, den Kontakt mit den Emigrantenkomitees in London und New York und dem wiedergegründeten österreichischen Emigrantenkomitee im inzwischen befreiten Paris herzustellen. Wirklich positiv entwickelten sich diese Beziehungen allerdings erst, nachdem Ernst Lemberger und ich uns getroffen hatten. Dann ging es schlagartig und quasi von einem Tag zum anderen.

Vor allem aber ging es mir in diesen Wochen darum, unseren Aktionsplan so vorzubereiten, daß wir ihn gleichzeitig von der Schweiz und von Österreich aus, wohin ich ja so schnell wie möglich zurückkehren wollte, realisieren könnten. An diesem Plan, an seiner taktischen und strategischen Vorbereitung haben wir im Sommer 1944 in Zürich nächtelang, teils bei Kurt Grimm, teils mit Hans Thalberg bei mir im Evangelischen Hospiz und teils auch geduldet von Fritz Dickmann in seinem Basler Büro gearbeitet. Der von mir damals entworfene und später in großen Zügen sowohl von unserer Schweizer Gruppe wie auch von dem Wiener Kommando der O5 akzeptierte und schließlich in wesentlichen Teilen durchgeführte Plan ging von folgenden Erwägungen aus:

Um eine Verstärkung und eine wirksame Aktivierung der Tätigkeit der verschiedenen österreichischen Widerstandsgruppen herbeizuführen, waren sowohl eine Zusammenfassung der wichtigsten Gruppen in einer straffen Organisation einerseits, wie auch eine dauernd funktionierende und enge Verbindung mit den Alliierten notwendig. Diese alliierten Kontakte würden erst zu jener aktiveren Tätigkeit führen können, die österreichische Untergrundaktionen mit Erfolg krönen könnten. Zu diesem Zweck mußten unsere Widerstandsgruppen vom alliierten Ausland mit materieller Hilfe (Lieferung von Waffen, Funkgeräten und so weiter) und psychologischer Unterstützung (Verbindung und Verstärkung der alliierten Propaganda für Österreich in einer für die Österreicher verständlichen Form) intensiviert werden. Hie-

223

zu wiederum war es notwendig, das zu diesem Zeitpunkt noch sehr geringe Vertrauen der Alliierten in die Seriosität der österreichischen Widerstandsbewegung zu heben.

Auf meinem Sektor glaubte ich, zur Erreichung der oben angeführten Ziele vorerst einmal folgendes tun zu können:

1. Schaffung eines gut funktionierenden Nachrichten- und Verbindungsdienstes zwischen Österreich und dem deutsch besetzten Norditalien einerseits sowie unserem »Meldekopf« in der Schweiz, der ja schon Kontakt mit den Alliierten hatte und von den Schweizer Behörden anerkannnt war.

2. Rascheste Zusammenfassung aller uns bekannten Widerstandsgruppen unter einer einheitlichen Leitung und Bildung eines politischen, aus allen im Widerstand tätigen Parteien und Gruppen zusammengesetzten Komitees in Wien, das die Führung des Widerstandskampfes übernehmen konnte, mit der bereits existenten O5 als militärischer Faust. Es hatte sich schon gezeigt, daß erst die Schaffung eines solchen Komitees die notwendige Basis ergeben würde, um von den Alliierten Unterstützung zu erhalten und, was ja unser Endziel sein mußte, eines Tages von ihnen anerkannt zu werden.

Was die Schaffung eines Nachrichtendienstes der Widerstandsbewegung und einer regelmäßigen Verbindung zwischen Österreich und der Schweiz betraf, ergab sich für uns die Notwendigkeit, zuerst die Verbindung, und zwar eine gesicherte und funktionierende Verbindung auf möglichst vielen Wegen zu schaffen und dann systematisch von West nach Ost gehend an den wichtigsten Punkten Norditaliens und Österreichs Nachrichten- und Kontaktstellen zu errichten. Als Verbindung kamen im Sommer 1944 wegen der besonders starken Bewachung der österreichisch-schweizerischen Grenze durch die SS eigentlich nur die Grenzübertrittsstellen zwischen dem Tessin und Norditalien beziehungsweise zwischen dem Engadin und Südtirol in Frage.

Nach eingehenden Recherchen ergab sich, daß das Gebiet der Grenzzone von Chiasso und Cernobbio, also des südlichsten Tessin, insbesondere die Gegend des Monte Bisbino und der Raum südwestlich von Mendrisio in Frage kam. Wir hatten zahlreiche Besprechungen mit schweizerischen Armeestellen und besichtigten eingehend die Grenzgebiete. Ich entschied mich schließlich für den Ausbau der Linie

Sagno, wo wir im dortigen Hotel Zentral mit Genehmigung der Schweizer einen kleinen Stützpunkt errichteten.

Die Grenze selbst wurde bei Tre Croci, am südöstlichen Abhang des Monte Bisbino, überschritten. Von dort ging es auf steilen Schmugglerpfaden hinunter nach Cernobbio, einer damals noch recht friedlichen, relativ kleinen Ortschaft am Comersee. In Cernobbio hatten wir im Hause eines jungen italienischen Partisanen namens Pietro, der uns auch als erfahrener Führer beim Grenzübertritt dienen sollte, unseren Stützpunkt eingerichtet. Diese Linie hatte den Vorteil der Kürze: der Marsch von Sagno bis Cernobbio oder umgekehrt dauerte unter guten Verhältnissen nur etwa drei Stunden. Außerdem war die Grenze selbst wegen ihrer Unzugänglichkeit an dieser Stelle relativ unbewacht. Diese Vorteile waren größer als der Nachteil der sehr scharfen Bewachung der Straßen unten in Cernobbio und im Raume Como. Von Cernobbio konnte man mit dem »Filobus« – einem Elektroautobus – nach Como fahren. Dort gab es dann zwei Eisenbahnlinien nach Mailand. Auf der Schweizer Seite brauchte man von Sagno hinunter nach Lugano mit dem Auto höchstens eine knappe halbe Stunde.

Im späteren Verlauf unserer Tätigkeit gelang es, die Grenzübertritte und die Beförderung von Cernobbio über Como nach Mailand und zurück so gut zu organisieren, daß man mit dem Frühzug von Zürich abreisen konnte, am späten Vormittag in Lugano ein Auto bestieg, nach Sagno fuhr, am späten Nachmittag in Cernobbio eintraf und noch am selben Abend in Mailand war. Das war allerdings ein idealer Verlauf einer solchen Reise. Immer häufiger aber benützten wir nächtliche Übertrittsmöglichkeiten, denn es war doch bei Tag die Überwachung der Grenze leichter möglich, und wir kannten schließlich die Wege schon so gut und auch unsere Partisanen, die uns halfen, die Grenze zu überschreiten, hatten immer mehr Erfahrung, daß der nächtliche Grenzübertritt die sicherste Methode wurde.

Bei den letzten Passagen, im März und April 1945, wurden wir allerdings sowohl bei Tag wie bei Nacht von SS beziehungsweise von faschistischen Milizgruppen entdeckt und es gab Schießereien. Wir sind aber doch immer durchgekommen, wenn auch manchmal mit Verlusten.

Die Verbindung über Sagno-Tre Croci nach Cernobbio war, wie mir von Schweizer militärischer Seite mehrfach nach dem Krieg bestätigt worden ist, der einzige niemals völlig gestörte, stets schnell und sicher funktionierende, illegale Weg von der Schweiz in das deutsch-besetzte Gebiet des europäischen Kontinents. Im Laufe der Zeit wurde er nicht nur von uns, sondern darüber hinaus auch von alliierten Kurieren, von Franzosen, von Amerikanern sowie von Kurieren des Vatikans – vor allem Franziskanermönchen – benützt.

Dieser Weg wurde zuletzt auch häufig als Fluchtweg benützt. Wir haben Angehörige verhafteter oder verfolgter Mitglieder unserer Widerstandsgruppe sowie auch eine Anzahl in Norditalien versteckter Juden auf diesem Weg in die Schweiz gebracht. Zu guter Letzt, nach dem Auffliegen unseres Meldekopfes Marconi in Mailand, mußten wir Renata, die verhaftet worden war, aber aus dem Gefängnis flüchten konnte, und später Franz Otting und Nam Brauer in die Schweiz bringen. Auch diese Auflösung des Meldekopfes Marconi ohne Verluste ist dann im April 1945 nur dank des guten Funktionierens des Fluchtweges über Tre Croci möglich gewesen.

Wir haben auch noch andere Übertrittswege ausgebaut, eine Reihe unserer Kuriere ging ausschließlich über die Dreiländerecke Vorarlberg–Liechtenstein–Schweiz nach Österreich. Dort waren allerdings die Verhältnisse sehr schwierig. Ich bin selbst nur ein einziges Mal im oberen Montafon über die Grenze gegangen, hatte große Schwierigkeiten und wäre fast erwischt worden, aber andere Kuriere von uns haben es immerhin sechs- oder siebenmal geschafft, dort hinüberzugehen. Es war aber unmöglich, dort größere Gruppen herüberzubringen, und man konnte auch nicht andeutungsweise eine Art Fahrplan einhalten, während wir bei unseren Übertritten nach Norditalien planmäßig am Abend in Mailand Besprechungen durchführen konnten, die wir von Zürich aus angesetzt hatten, und zwar durch eine Reise, die binnen einem Tag von Zürich über Lugano, Sagno, Tre Croci, Cernobbio bis Mailand führte.

Die schnellste Abwicklung einer Fahrt vom alliierten Gebiet in das Herz Deutschlands gelang mir, als ich einmal im Winter innerhalb von vier Tagen von Caserta über Annemasse im befreiten Frankreich nach Genf, von dort durch die Schweiz mit der Bahn über Zürich nach Lugano, von dort weiter über unseren Kurierweg Tre Croci–Cernobbio nach Mailand reiste, von Mailand mit einem Urlauberzug, wenn auch mit vielen Unterbrechungen wegen Luftangriffen, nach Innsbruck und München, um dann mit einem normalen deutschen Schnellzug in Berlin anzukommen; also vom Alliierten Oberkommando bei Neapel, nach Berlin, der Hauptstadt des deutsch-besetzten Europa. Manchmal dauerte es allerdings auch vierzehn Tage, um nur von Wien in die Schweiz zu gelangen, besonders dann, wenn schwere Luftangriffe die Bahnen völlig lahmlegten.

Nachdem dieses Konzept im wesentlichen vorlag und von allen Beteiligten akzeptiert worden war, schien es mir notwendig, wenigstens erste Kontakte zu den Alliierten herzustellen, um zumindest eine Ahnung zu haben, worum es ging, wenn ich nach Österreich zurückkreisen würde. Durch Vermittlung von Kurt Grimm und des Schweizer Verlegers Emil Oprecht, der in Zürich in seinem Haus am Hirschgraben für Leute des Widerstandes eine stets offene Tür bereithielt und sich immer wieder hilfreich erwies, wurden die ersten Kontakte mit den Amerikanern hergestellt. Ich traf in einer Züricher Privatwohnung mit Gero von Gaevernitz, Deutschamerikaner und Mitglied der geheimnisumwobenen amerikanischen Mission in Bern, zusammen. Wir sprachen über die Möglichkeiten einer Zusammenarbeit zwischen den Amerikanern und der österreichischen Widerstandsbewegung. Gaevernitz hatte schnell erfaßt, worum es ging, er wollte zuerst einmal meine Angaben überprüfen und dann wieder Verbindung mit mir aufnehmen. Schon nach wenigen Tagen kam es in Zürich zu einem zweiten Gespräch, Gaevernitz lud mich dabei zu einer Konferenz nach Bern ein. In Zürich war auch schon Gerry van Arckel, ein jungenhafter Hüne aus Washington, anwesend. Sie teilten mir mit, sie hätten die Richtigkeit meiner Angaben, soweit es möglich war, überprüft und seien mit dem Resultat zufrieden.

Meine erste Reise nach Bern wurde sehr geheimnisvoll durchgeführt, was notwendig war, da es damals in der Schweiz, und vor allem in der Bundeshauptstadt, von deutschen Agenten nur so wimmelte. Ich fuhr also bis zur letzten Schnellzugsstation vor Bern, stieg dort aus, fuhr mit dem Autobus weiter, um dann in eine Kleinbahn umzusteigen. Endlich in Bern, begab ich mich in ein Kaffeehaus unter den Lauben. Dort traf ich einen Schweizer, der sichtlich mit den Amerikanern auf gutem Fuße stand. Dieser führte mich in seine Wohnung, und dort fand ich dann Gerry van Arckel. Dieser wiederum brachte mich nach Einbruch der Dämmerung in die Herrengasse, wo sich das Hauptquartier von Allen Dulles befand. Ich traf dort zum erstenmal diesen schon damals legendenumwobenen Mann, den ich in den folgenden Jahren in vieler Hinsicht näher kennenlernen sollte.

Mein erster Eindruck von Allen Welsh Dulles war der eines eher zarten, aber drahtigen, grauhaarigen Herrn mit einem großflächigen Gesicht, gestutztem Schnurrbart und hoher Stirn. Durch feine Nickelbrillen blickten mich klare, blaugraue Augen freundlich, interessiert und ermutigend an. Noch nicht im entferntesten ahnend, daß ich gerade dabei war, meinem zukünftigen Schwiegervater vorgestellt zu werden, wurde mir gleich warm ums Herz. Zu diesem Mann konnte man Vertrauen fassen. Dulles hatte sich erhoben und schüttelte mir lächelnd die Hand: »Fein, einen alten Wiener zu treffen, ich habe dort mal zwei Jahre gelebt«, sagte er auf deutsch.

Dulles war der persönliche Beauftragte des amerikanischen Präsidenten für alle Fragen des Geheimdienstes und der Untergrundtätigkeit in Europa. Er war knapp vor Eintritt Amerikas in den Zweiten Weltkrieg in die Schweiz gekommen und baute in Bern jene feste Basis auf, von der aus die Amerikaner ihre Untergrundarbeit in den besetzten Gebieten Europas und auch im Dritten Reich selbst führten.

Mir war klar, daß das Gespräch mit Allen Dulles von großer Bedeutung für meine zukünftige Tätigkeit und für die Chancen Österreichs, in den nächsten Monaten amerikanische Unterstützung bei der Untergrundarbeit zu bekommen, sein würde. Ich bemühte mich daher, Dulles ein möglichst klares und vernünftiges Bild der Situation zu geben und war beeindruckt, wieviel er bereits über die Dinge im Dritten Reich und in Österreich wußte. Ich blieb etwa drei Stunden bei ihm. Mein Englisch war damals noch keineswegs besonders gut. Allen Dulles sprach auch etwas Deutsch und Gero von Gaevernitz übersetzte, wenn es in unserem englisch-deutschen Kauderwelsch gar nicht mehr gehen wollte. Das Gespräch mit Allen Dulles verlief gut, er war recht freundlich und verabschiedete mich schließlich am späten Abend mit den Worten, er werde sich sehr bemühen, uns zu unterstützen, zuerst aber müsse ich beweisen, daß wir etwas leisten könnten. Er erwartete also meinen Bericht, sobald ich aus Österreich in die Schweiz zurückkehren würde. Der Kontakt mit der Herrengasse und mit Amerika war da, jetzt galt es zu zeigen, daß es uns überhaupt gab.

Als ich spät in der Nacht aus der dunklen Herrengasse zum Hauptbahnhof in Bern zurückwanderte, zuerst begleitet von Gero von Gaevernitz, der mir noch ein paar Ratschläge gab und mir auf halbem Weg die Hand schüttelte. »Take care of yourself«, war ich einerseits doch auch ein bißchen bang, denn nun würde es losgehen. Nun würde ich aus dem großen Schiff jener, die geschoben werden und deren Schicksal von anderen entschieden wird, in das kleine Boot jener umsteigen, die für sich selbst entscheiden und daher auch selbst aktiv werden müssen. Würde ich es schaffen? Würde es mir gelingen, die Aufgaben, die ich mir gestellt hatte, durchzuführen, würde es mir gelingen, nach Österreich zurückzukehren, dort unsere Freunde zu treffen, den Nachrichtendienst der O5 aufzubauen und sogar das größte Ziel, die Bildung eines politischen Führungsgremiums in Wien, in die Wege zu leiten?

Würde es mir gelingen, der Gestapo zu entgehen und schließlich erfolgreich in die Schweiz zurückzukehren, um Allen Dulles zu berichten, es gebe eine O5, und hier sei ich, der kleine Fepolinski aus der Osterleitengasse, um es zu beweisen?

Oder würde ich den verführerischen Ratschlägen Waschlapskis nachgeben, doch lieber im sicheren Lande der großen, runden Emmentaler das Kriegsende abzuwarten? Eingedenk der Mahnungen Papas am runden Speisezimmertisch schon ferner Kindertage, um keinen Preis je in die schlau gestellten Fallen Waschlapskis hineinzulaufen, beschloß ich, mich zur Wehr zu setzen. Zusammen mit Fepolinski leerte ich im fast unbesetzten Speisewagen des letzten Zuges nach Zürich eine ganze Flasche Rotwein, und gemeinsam stießen wir den zeternden Waschlapski in die selbstgegrabene Grube.

Prost, Fepolinski, auf nach Wien.

»Der Fronturlauberzug 202 wird mit etwa zwei Stunden
Verspätung aus Genua eintreffen. Abfahrt in Richtung Verona–Brenner–München etwa um 22 Uhr. Mach's dir bis
dahin bequem.«

Der deutsche Feldwebel vom Bahnhofskommando in
Mailand gab mir Sonderanweisungen für ein Abendessen in
der Wehrmachtskantine. Er war freundlich zu mir, war ich
doch ein Kamerad und Ranggleicher. Er hielt mein Soldbuch
und meinen Sonderausweis, so hießen damals die Reisepapiere, kurz in der Hand und besah sich auch die Urlaubsein-
tragung auf der vorletzten Seite des Soldbuches und sagte:
»Also mach's gut.«

Feldwebel Hans Steinhauser, geboren am 24. August 1919
in Lans in Tirol, römisch-katholisch, Student, Sohn des
Ernst Steinhauser, Kaufmann zu Innsbruck, verstorben, und
der Erna Steinhauser, geb. Nowak, derzeit wohnhaft in Heidelberg, Zehringerstraße 191. Dieser Hans Steinhauser, le-
dig, war Ende September 1941 zur 4. Maschinengewehr-
Ersatzkompanie des Infanterieregimentes 133 eingerückt. Er
war dann einige Monate später, nach der Ausbildung, zum
Infanterieregiment 324, und zwar zur 2. Kompanie versetzt
worden, hatte ein Jahr in Rußland verbracht, kam dann zum
Armeeoberkommando 7, Smolensk, und von dort zum
Lehrregiment Kurfürst in Kamenz. Das Lehrregiment Kurfürst war die Lehrtruppe für die Einheiten der Abwehr, die
Kampfschule der deutschen Kommandotruppen des Admi-
rals Canaris. Vom Lehrregiment Kurfürst kam Hans Stein-
hauser zur Dienststelle Feldpost Nr. 42411A, das war die
Feldpostnummer der Abwehrdienststelle Oberitalien Nord.
Von dort wurde er schließlich nach dem 20. Juli 1944 dem
Reichssicherheitshauptamt, Kommando Meldegebiet Mün-
chen, Meldekopf Zeno, zugeteilt.

In der Zwischenzeit war er zum Gefreiten und Unteroffizier und im Februar 1944 zum Feldwebel befördert worden.
Er war Inhaber des Eisernen Kreuzes II. Klasse und des
Kriegsverdienstkreuzes II. Klasse, ferner des Infanteriesturm-
abzeichens in Silber und schließlich seit 14. Mai 1944 des

Kriegsverdienstkreuzes I. Klasse, ferner war dem Soldbuch des Feldwebels Steinhauser zu entnehmen, daß er im Besitz einer eigenen Pistole Marke Steyr, Kal. 7,65 sei, deren Besitz durch eidesstattliche Erklärung nachgewiesen wurde.

Auch konnte man dem Soldbuch entnehmen, daß Feldwebel Steinhauser seine Gasmaske 28 II 24243 abgegeben hatte und dafür die Gasmaske 626 II am 15. Januar 1944 neu erhalten hatte. Auch sein Gewehr, Fertigungszeichen 13549, welches er am 16. Februar 1942 erhalten hatte, mußte er in der Zwischenzeit zusammen mit dem Seitengewehr wieder abgeben. Ferner waren eine Unzahl von Nachweisen über Bekleidungs- und Ausrüstungsgegenstände, eine Reihe von Eintragungen verschiedener Krankenreviere, die Eintragungen der Beförderungen, und schließlich – sehr wichtig – die Eintragungen der Urlaube über fünf Tage, im Soldbuch verzeichnet.

Jetzt aber, im September 1944, begab sich Feldwebel Steinhauser laut Sonderausweis zuerst zu seiner Dienststelle nach München und anschließend von dort auf einen Sonderurlaub nach Heidelberg zu seiner Mutter, die ja dort in der Zehringerstraße seiner harrte.

Auf einer Bank im ehemaligen Wartesaal 1. Klasse des Mailänder Hauptbahnhofes, jetzt Aufenthalts- und Warteraum für deutsche Wehrmachtsangehörige, die, von irgendwo nach irgendwo fahrend, in Mailand einen Anschluß abwarten mußten, hatte Hans Steinhauser zwei Stunden Zeit, sich in seine neue Rolle einzuleben. Bis vor zwei Stunden, als er sich in der Via Marconi 21 umgezogen hatte, war er nämlich noch Leutnant Pietro de Lago gewesen. Tenente Pietro de Lago fu Ernesto, Sohn des Ernst und der Paula Gasser, geboren am 12. Juli 1920 in San Candido, wohnhaft in Borgo di Buggiano, Via Roma 11, italienischer Nationalität und Student. Mit der Tessera di circulazione Nr. 278 des Esercito Italiano, ausgestellt vom Comando Militare Regionale della Lombardia am 2. September 1944 konnte sich der Leutnant Pietro de Lago, der dem italienischen Wehrkreiskommando Mailand als Dolmetscher und Verbindungsoffizier angehörte, frei bewegen. Sein Ausweis war sowohl vom italienischen Militär-Provinzkommando in Mailand wie auch vom deutschen Verbindungsstab zum italienischen Wehrkreiskommando in Mailand, und zwar im Auftrag des SS-Obersturmführers von Kechelberg, gezeichnet.

Es war der 6. September 1944, meine dritte Reise aus der Schweiz nach Norditalien, und diesmal sollte es weitergehen, nämlich nach Österreich. Die ersten zwei Reisen hatten dem Aufbau der Verbindungsstrecke von Lugano bis Como und Mailand gedient, alles war plan- und wunschgemäß verlaufen. Ich war nun schon fünfmal den steilen Weg über den Monte Bisbino von Italien in die Schweiz oder zurück abmarschiert, und hatte das Gefühl, daß unsere Reisehelfer, die Partisanen aus dem Grenzgebiet zwischen Cernobbio und Sagno prima Leute wären, mit denen wir uns sicher gut vertragen würden.

Darüber hinaus hatte ich in der Via Marconi unseren Meldekopf entsprechend ausgebaut. Renata Faccincani war fast hauptamtlich dort tätig, unterstützt von Franz Otting, der in der Zwischenzeit nach Monza versetzt worden war, aber Monza war nur ein Katzensprung von Mailand. Außerdem waren noch zwei Freunde der Faccincanis, Carlo Piazza und Mario Vimercati, mit von der Partie, zwei junge Italiener, der eine noch Student, der andere ein junger Kaufmann, die uns immer wieder hilfreich zur Seite standen. Ich hatte auf diesen beiden ersten Reisen auch alles Notwendige eingeleitet, damit uns in Zukunft alles anfallende Nachrichtenmaterial aus den verschiedensten Kanälen, die uns in Norditalien ansprechbar erschienen, zukommen würde. Wir hatten Nachrichtenmeldeköpfe in Triest, Verona, Brescia, Mailand, Alessandria und Turin.

Nun, jetzt sollte es weitergehen, zum erstenmal in Wehrmachtsuniform, mit falschen Papieren unterwegs, zum erstenmal im »hohen« Rang eines Feldwebels der deutschen Wehrmacht. Zwei Jahre Erfahrung in der deutschen Wehrmacht würden sich als unbezahlbare Hilfe für mich erweisen. Ich wußte, wie man sich zu benehmen hatte, ich wußte, wen man zu grüßen hatte und wie und über was man schimpfen durfte, und über was nicht, was man mitgehen lassen konnte, welche Gesprächsthemen auf den Bahnhöfen oder in den Zügen normal erscheinen würden. Ich wußte vor allem auch, daß die am wenigsten von den unzähligen Militärstreifen untersuchte Gattung deutscher Soldaten die der sogenannten Portepeeträger war, wie es noch aus alten Zeiten hieß, wo man Säbel und Portepee getragen hatte, also die der Feldwebel und Wachtmeister. Auf Mannschaften wurde nicht viel Rücksicht genommen, auf Unteroffiziere etwas mehr, alte langgediente Ober- und Stabsgefreite ließ man schon eher in Ruhe. Aber es bestand immer die Gefahr, daß man zu irgend etwas eingeteilt wurde, daß man sich plötzlich ganz anderswo befand, als man geplant hatte.

Als Offizier wiederum gehörte man einer eigenen Welt an, einer Welt noch dazu, die ich aus eigener Erfahrung ja nicht näher kannte. Überdies wurden Offiziere, besonders wenn sie so jung waren, wie ich es war, sehr genau kontrolliert. Feldwebel hatten mehrere Vorteile. Für Mannschaften und Unteroffiziere war ein Feldwebel wesentlich imponierender als ein junger Offizier. Für Offiziere war ein Feldwebel jemand, den man besser respektierte, sehr häufig wurde aus ihm bald einmal ein Spieß, also ein für die gesamte Kompanie zuständiger Hauptfeldwebel, sehr häufig hatte der Feldwebel mehr Erfahrung als der junge Leutnant. Auf den Feldwebel mußte sich der Offizier bei allen Einheiten voll verlassen können.

Die Feldwebel ließ man also lieber in Ruhe. Das allerwichtigste aber war, daß die meisten Wehrmachtsstreifen von Feldwebeln oder Wachtmeistern geführt wurden. Bekanntlich hackt eine Krähe der anderen nur selten ein Auge aus. Wenn also der Führer der Wehrmachtsstreife einen Feldwebel unterwegs wo traf, begrüßte man sich freundlich, sehr häufig hieß es sogar: »Komm, setz dich zu uns, willst du etwas trinken?« Die Papiere wurden angeschaut, aber große Nachfragen gab es kaum. Man wußte ja als Streifenführer nicht, ob man nicht selbst in ein paar Wochen auf Urlaub fahren würde und dann wäre vielleicht der andere Kamerad Streifenkommandant.

Wichtig war aber nicht nur der richtige Dienstrang und das Wissen, wie man sich zu benehmen und worüber man zu sprechen, wen man zu grüßen und wen man nicht zu grüßen hatte, sondern wichtig war auch, daß man seine eigene Geschichte und seine ehemaligen Einheiten ganz genau kennen mußte. Es war daher klar, daß ich auch als Feldwebel Steinhauser einen ersten Ersatzhaufen, also eine Ausbildungseinheit in mein Soldbuch eingetragen hatte, die ich kannte, nämlich die Maschinengewehrersatzkompanie des Infanterieregimentes 133 des Linzer Hausregimentes in der berühmten Fabrikskaserne in Linz, von den Bewohnern stets liebevoll »Wanzenburg« genannt. Bei dieser Einheit war ich einmal vier Wochen kaserniert gewesen. Also konnte mir keiner über sie etwas »erzählen«. Es war natürlich nicht immer möglich, diese Kenntnis der Einheiten bis zum letzten durchzuziehen; zum Beispiel wußte ich über meine jetzige Ersatzeinheit als Feldwebel Steinhauser, das Lehrregiment Kurfürst, sehr wenig.

Um meine Unwissenheit auszugleichen, hielt mir in Basel ein erfahrener Schweizer Abwehroffizier einen vierstündigen Vortrag über das Lehrregiment Kurfürst, über seine Kasernen, seine Kommandeure, seine wichtigen Offiziere und ähnliches mehr; so erfuhr ich, wie die Versetzungen vom Lehrregiment zu den einzelnen Abwehrfeldeinheiten durchgeführt wurden. Dank unserer Freunde in Mailand hatte ich auch rechtzeitig herausbekommen, daß die Abwehrdienststelle in Mailand schon etwa vierzehn Tage nach dem 20. Juli endgültig dem Reichssicherheitshauptamt, also der dem Reichsführer-SS Heinrich Himmler unterstehenden höchsten SD-Dienststelle unterstellt worden war.

Die Abwehr war nun nur noch ein Instrument des SD und der SS, von Himmler und Kaltenbrunner. Das hatte aber viele Vorteile für mich. Die Wehrmachtsstreifen wurden bis Kriegsende zu mehr als neunzig Prozent von der Wehrmacht gestellt und nicht von der SS. Den Inhaber von Papieren des Reichssicherheitshauptamtes, also des allmächtigen und gefürchteten SD, ließ man lieber in Ruhe. SS-Streifen bin ich während meiner ganzen Karriere Gott sei Dank nicht begegnet. Eine meiner Schwächen war natürlich, daß ich die SS-Zeichen – die Blutgruppe – nicht am Arm eintätowiert hatte. Ich konnte mich zwar herausreden, daß ich ursprünglich einer Wehrmachtseinheit angehört hatte und erst kürzlich zur SS überstellt worden war. Jedoch gab es Abwehreinheiten, die sich im Herbst 1944 zu ihrer Verzweiflung die Blutgruppen eintätowieren lassen mußten, was sie als Angehörige der SS auswies und vielen von ihnen nachher jahrelange Gefängniszeiten in Rußland oder Frankreich einbrachte, obwohl sie selbst keineswegs Nationalsozialisten gewesen sein mußten.

Der Urlauberzug war um 23 Uhr endlich aus Genua eingelaufen und fuhr nach Mitternacht Richtung Brescia–Verona weiter. Die Verspätung war entstanden, weil amerikanische Bomber den Bahnhof von Alessandria bombardiert hatten und daher der Verkehr auf der wichtigen Eisenbahnlinie Genua–Mailand viele Stunden lahmgelegt worden war. Der

Zug war sehr voll, wie alle Züge in jener Zeit. Auch hier wiederum war es ein Vorteil, Feldwebel zu sein; als Portepeeträger konnte ich mich unschwer in ein Offiziersabteil, wo es Platz gab, setzen. Ich fragte den drinnen dösenden Hauptmann, ob ich Platz nehmen dürfte; er murmelte nur: »Selbstverständlich, weitermachen«, so setzte ich mich in das Eck und wir ratterten in Richtung Verona. In Brescia stiegen zwei Wachtmeister und ein Leutnant ein. Auch unser Coupé wurde voll. Es war natürlich stockdunkel, denn wie überall im deutsch-besetzten Europa waren ja längst alle Lichter ausgegangen, die Verdunkelung als Schutz gegen alliierte Bombenangriffe wurde strikte durchgeführt.

Ankunft in Verona um 4 Uhr früh, drei Stunden Warten auf einen Zug, der uns weiter nach Innsbruck bringen sollte, denn unsere Garnitur wurde aus unerfindlichen Gründen eingezogen und nicht mehr weitergeführt. Kurz nach 7 Uhr hieß es plötzlich, es werde ein Zug eingeschoben. Es ging mit einem relativ leeren Zug von Verona los, über Rovereto–Trient ohne Schwierigkeiten bis Bozen. Kurz vor Bozen Fliegeralarm, alles raus, eine Stunde Warten; Weiterfahrt am frühen Nachmittag, zügig das Eisacktal hinauf, wieder bekannte Tiroler Haustypen, Burgen auf den Berghängen, ein heimatliches Gefühl. Plötzlich, knapp unterhalb von Sterzing, man bereitete sich schon auf die Grenzkontrolle am Brenner vor, blieb der Zug stehen: auf einem großen, eben erst ausgebauten Wehrmachtsverschubbahnhof in Freienfeld, etwa fünf Kilometer nördlich von Franzensfeste und vier Kilometer südlich von Sterzing.

Auf diesem Bahnhof standen viele Züge, die dort verschoben wurden oder andere vorbeilassen mußten. Wir standen auf einem der äußeren Geleise, ziemlich nahe an einem Berghang, von dessen Gipfel ein altes Südtiroler Schloß herunteräugte. Fliegeralarm. Es war der sechste Alarm an diesem Tag; für alle, die in dem Zug saßen, vielleicht der hundertste oder der tausendste in diesem Jahr. Die meisten blieben sitzen, irgendein kleiner Bahnhof in Südtirol, was würde schon sein? Die Bomberverbände flogen gewiß immer weiter, über den Brenner nach München, Augsburg, nach Stuttgart oder vielleicht nach Innsbruck.

Aus irgendeinem Grund hatte ich ein schlechtes Gefühl im Magen. Es waren vielleicht noch sechs andere Landser in meinem Coupé, zwei davon hatten mich in ein langes Gespräch verwickelt, sie kamen von der 362. Infanteriedivision, einer Division, die ich gut kannte und die irgendwo im Apennin lag und erzählten mir, wie es in der Gegend südlich Bolognas aussehe, nämlich beschissen. Aus der Ferne war Motorenlärm zu hören, ich erhob mich:

»Kameraden, 'raus hier, ich glaube, es kracht gleich, gehen wir los.«

»Du bist doch doof, warum soll es hier krachen? Bist du wahnsinnig geworden, wir machen bald schlapp.«

Nun, wie es auch sein mag, einem Feldwebel soll man gehorchen und so zogen sie mit mir. Wir hörten nun schon in der Ferne – aus der Gegend von Franzensfeste – Flak schießen. Es schlossen sich noch vier oder fünf Leute aus unserem Waggon an und mein laues Gefühl im Magen verschlechterte sich immer mehr. Ich begann den Hang zu der Burg hinaufzulaufen. Es rannten nun schon etwa zwanzig Landser hinter mir her. Jetzt hörte man bereits das bekannte Dröhnen der sich nähernden Flugzeuge. Ich schrie: »Schneller, schneller, die fliegen nicht hoch genug.«

Wir waren vielleicht dreihundert Meter vom Bahnhof entfernt und hasteten den Steilhang hinauf. Flugzeuge, die den Brenner überflogen, hielten sich in mindestens dreitausend oder viertausend Meter Höhe, diese Maschinen aber waren kaum tausendfünfhundert Meter hoch. Sie kamen immer tiefer herunter. Unten begann nun die Massenflucht aus den Waggons. Plötzlich begann es zu pfeifen: die Bomben. Ich war vielleicht fünfzehn Meter unter der Mauer der Burg. Es gab ein Tor, das in den Berg hineinführte, ich warf mich in die Einfahrt des Tors, mit mir meine zwei Landser von der 362. Division, sechs bis sieben andere, ein paar lagen unter mir am Weg oder liefen noch herauf. Und schon krachte es.

Zehn Minuten später war der Bahnhof von Freienfeld ein einziges Brandchaos. Etwa sechzig amerikanische Bomber hatten ausgerechnet diesen Bahnhof angeflogen und total zerstört. Als sie endlich nach dem dritten Anflug abdrehten, liefen wir hinunter. Von unserem Waggon war außer ein paar Rädern, Planken, Blechstücken, nichts mehr vorhanden. Die Lokomotiven brannten noch, überall lagen Schwerverwundete und Tote herum. Wir hatten ungefähr acht Stunden zu tun, um die noch Lebenden auszusortieren. Schon nach etwa zwanzig Minuten erschienen Hilfsmannschaften aus Sterzing und aus Franzensfeste. In solchen Fällen pflegte die deutsche Wehrmacht erstaunlich gut zu funktionieren. Verwundete wurden weggebracht, ins Spital nach Brixen, und leichte Fälle in ein Wehrmachtserholungsheim in Gossensaß.

Es war schon dunkel, als ich die letzten Verwundeten in einen Lastwagen hineinschob, der Richtung Brenner fuhr. Ich fragte den Fahrer, ob er mich mitnehmen würde. Er sagte: »Klar, komm mit.« Ich hatte meine Tasche als einziges Gepäckstück mitgeschleppt, als ich vor den Bomben davonlief, hingegen hatte ich meinen Rucksack im Zug gelassen. Gottlob war in der Tasche alles, was wichtig war, nämlich vor allem Papiere und ähnliches, sowie auch meine zweite Pistole. Nun ging's also mit leichtem Gepäck weiter. Ich zitterte noch am ganzen Körper, eigentlich noch tagelang, es war doch recht knapp gewesen diesmal. Dadurch, daß wir Verwundete hatten, die man in Gossensaß nicht mehr annehmen konnte, weil im Lazarett kein Platz mehr war und die daher in ein Behelfslazarett nach Matrei auf der Nordtiroler Seite des Brenners gebracht werden sollten, hatte ich ein Riesenglück, denn die Verwundeten und wir als Begleitmannschaft wurden am Brenner ohne weitere Kontrolle durchgelassen.

Spät in der Nacht waren alle in Matrei abgeliefert. Ich ging zum Bahnhof und konnte auf einem Lastzug nach Innsbruck mitfahren. Um zwei Uhr früh stieg ich von dem Waggon, der italienisches Schrotteisen beförderte, im Innsbrucker Westbahnhof herunter, marschierte zum Hauptbahnhof und ließ mir dort einen Quartierschein aushändigen.

Ich übernachtete im Gasthof Brauner Bär, rasierte mich am nächsten Tag gründlich, wusch mich, machte bei der Bahnhofskommandantur Meldung, daß mir durch Bombenangriff im Bahnhof Freienfeld mein Gepäck abhanden gekommen war, bekam Anweisung auf einige Wäschestücke, Wehrmachtssocken und ähnliches, die ich mir abholte, kaufte mir in einem kleinen Geschäft unter den Lauben beim Goldenen Dachl einen aus Ersatzpappe gefertigten Koffer, gab die Sachen hinein, ließ den Koffer in der Bahnhofsaufbewahrung und fuhr mit der Straßenbahn Richtung Saggen, einem Villenvorort von Innsbruck, zu Füßen der Nordkette. Dort, in der Erzherzog-Eugen-Straße Nr. 9, wohnte die Familie von Professor Dr. Richard Heuberger. Richard Heuberger war ein gar nicht so entfernter Onkel von mir. Onkel

Richard hatte sein Augenlicht im Ersten Weltkrieg verloren, trotz seiner Blindheit war er ein hochgeachteter Professor der Geographie an der Innsbrucker Universität. Papa liebte ihn sehr, er war ein guter Freund und seine Frau eine der reizendsten Damen unserer Jugendzeit. Die Heubergers hatten drei Kinder: Helmut, Wolfgang und Gertrud.

Ich kam dort mit etwas Furcht im Magen an. Zwar hatte sich das schlechte Gefühl von Freienfeld verflüchtigt, aber ein neues hatte sich eingenistet, und zwar der Gedanke, was wohl nun die Heubergers sagen würden, wenn ich dort einmarschierte. Sie waren liebe Verwandte und gute Freunde, aber sie waren überzeugte Nationalsozialisten gewesen. Wir wußten zwar, daß sie nach dem Anschluß des Jahres 1938 bitter enttäuscht waren. Papa hatte sie ein paarmal besucht, wenn er in Innsbruck war und hatte berichtet, es sei für die Heubergers der Verrat Hitlers an Südtirol ein besonders harter Schlag gewesen. Aber wie weit ging diese Enttäuschung, was würde geschehen? Nun, ich hatte beschlossen, daß alles für mich von dieser Erzherzog-Eugen-Straße Nr. 9 abhing, denn ich brauchte einen festen Punkt in Innsbruck. Meine Freunde aus den Freikorpstagen waren fort, Helmut Hastaba, der aktivste von allen, bereits im Juli 1942 in Rußland gefallen, Hugo Ostermann irgendwo im Norden von Finnland verschollen, und wie sich später erwies, auch er gefallen; Much Staudinger, Jörg Unterrainer irgendwo weit weg im Krieg. Ich hatte niemanden in Innsbruck, den ich näher kannte. Es blieben ganz einfach nur die Heubergers, daher stand ich auch schließlich an der Wohnungstür, man ließ mich hinein, stellte wahrscheinlich mit etwas Verwunderung, aber ohne ein Wort zu sagen, fest, daß ich plötzlich Feldwebel geworden sei, gab mir ein köstliches Frühstück und setzte mich in den Salon. Onkel Richard war auf der Universität, seine Frau beschloß, ihn zu holen, ich blieb mit Helmut allein, dem jüngeren Sohn, mir im Alter und Wesen am nächsten.

Ich legte meine Karten ziemlich offen auf den Tisch, natürlich nie Namen anderer nennend, das war zur Regel geworden, zum wichtigsten und geheiligten Prinzip. Aber sonst berichtete ich, wie es draußen in der Welt aussah, wie ich mich entschieden und was ich vorhatte. Wir saßen und sprachen. Onkel Richard kam nach Hause, Gertrud Heuberger, die Schwester von Helmut und Wolfgang. Am

Abend war alles klar, die Heubergers, so wie sie da waren, würden mitmachen, ohne mit der Wimper zu zucken, aus einer Überzeugung, die ehrlicher nirgends anzutreffen war. Sie waren vom Nationalsozialismus bitter enttäuscht und selbstverständlich bereit, alles zu tun, um zu helfen, ja Helmut, der jüngere Sohn, wurde bald zu einem der aktivsten Leute im ganzen Nordtiroler Raum.

Helmut erklärte sich bereit, bis zu meiner Rückkehr aus Wien, also in etwa acht Tagen, Kontakte zu verschiedenen Gruppen herzustellen. Er selber kannte einige Leute, die seiner Meinung nach bereit sein würden, mitzumachen, wenn man ihnen sagen könnte, was sie eigentlich tun sollten. Ich blieb zwei Tage in Innsbruck, im wesentlichen nur im Gespräch mit Helmut und seiner Familie, es kam dann nur noch Hans von Giannelia dazu, der sich auch gleich bereit erklärte, mit von der Partie zu sein.

Dann ging's weiter über Salzburg nach Wien, ohne größere Schwierigkeiten. Ich hatte lediglich meinen Sonderausweis, in dem als mein ursprüngliches Reiseziel München stand, gegen einen anderen ausgetauscht, den ich auch schon bereit hatte und nur auf der Schreibmaschine des Universitätsinstitutes von Onkel Richard ausfüllte. Dieser neue Sonderausweis befahl mir, nach Wien zu reisen und dort sechs Tage zu verbleiben. So kam ich schließlich an einem späten Nachmittag Mitte September mit einem deutschen Militärzug, den ich in Salzburg bestiegen hatte, in Wien an.

Ich fuhr mit der Straßenbahn zum Schottentor und wanderte dann zur Wehrmachtskommandantur in die Universitätsstraße. Jetzt steht dort ein wunderschönes neues Universitätsinstitut, damals war es ein altes großes Ringstraßenpalais aus der Gründerzeit, in der die Wehrmachtskommandantur untergebracht war. Ich kam dort an, wußte, daß im zweiten Stock der Wehrmachtskommandant von Wien, Generalleutnant Stümpfl saß, den ich gut kannte, denn er war der Vater eines ehemaligen Schulkollegen. Ich hingegen blieb im Hochparterre, stellte mich an, zeigte meine Ausweise vor und bekam ein Hotel, das heißt ein besseres Gasthaus in der Fasangasse im dritten Bezirk, als Unterkunft zugewiesen. Der Gasthof erinnerte an längst vergangene Zeiten, im Hof gab es noch Stallungen, und für mich war es ein ideales Quartier. Ich hatte mein Zimmerchen, hatte Lebensmittelkarten bekommen, meinen Stempel und durfte sechs Tage ungeschoren in Wien bleiben.

Jetzt galt es, vorsichtig aber schnell Kontakte herzustellen. Ich beschloß, mich sofort ins Grandhotel zu begeben, wo ich wußte, daß Neda, unsere geliebte Cousine Nedica, tätig war. Ich war schon in der Halle des Hotels und sah Neda an der Rezeption stehen, als mir im letzten Augenblick einfiel, daß ich wieder verschwinden mußte, denn Neda würde bestimmt einen schrillen Schrei der Freude ausstoßen, wenn sie mich sah. Aufmerksamkeit durfte ich aber nicht erregen. Ich ging also hinaus zur Oper, dort stand ein Telefonhäuschen, rief von dort das Grandhotel an, verlangte Nedica und sagte, sie möge bitte um Gottes willen nicht schreien, Fepolinski sei am Apparat, aber sie solle ganz stillbleiben und mich in zehn Minuten in der Bar des Grandhotels treffen. »Ist in Ordnung, danke schön, isvolite«, sagte sie nur und hängte ab.

Zehn Minuten später saß ich ihr gegenüber. Es liefen ihr die Tränen über die Wangen, sie hatte doch gedacht, ich sei längst tot. Neda hatte natürlich ebenso wie die Eltern, Otto und die Freunde seit sechs Monaten nichts mehr von mir gehört. Sie hatten zuerst geglaubt, ich sei versetzt worden. Es gibt Briefe von Mama an Lidi Mitteis, in denen sie noch im Spätsommer darüber klagt, nichts von mir zu wissen und verzweifelt auf Nachricht zu warten. Im August war dann eine Meldung gekommen, ich sei vermißt, nichts Näheres. Anfang September hatte Papa durch einen höheren Offizier des Wehrkreiskommandos XVII erfahren, daß gegen mich ein Kriegsgerichtsverfahren gelaufen sei, zusammen mit einer ganzen Gruppe von deutschen Offizieren und Soldaten hätte ich mich vor einem Kriegsgericht in Bologna, einem deutschen Feldgericht, zu verantworten gehabt. Es sei auch gegen mich ein Todesurteil beantragt worden, der Urteilsspruch aber ausgesetzt worden, weil ich vermißt war. Das war der Stand im September 1944. Mehr wußten die Eltern zu diesem Zeitpunkt nicht, und natürlich Nedica auch nicht. Otto befand sich in Rathenow an der Havel beziehungsweise bei Küstrin, wo er Führer eines kleinen Kriegsgefangenenkommandos war. Papa und Mama lebten wieder in Wien, in der Osterleitengasse. Papa hatte schon ein Jahr früher aus Holland weg müssen. Seyß-Inquart konnte ihn dort nicht mehr halten.

Neda war außer sich vor Freude, mich plötzlich lebendig und offenbar unbeschädigt in der Bar des Grandhotels vor sich sitzen zu sehen. Sie hatte bis fünf Uhr Dienst und wollte dann sofort in die Osterleitengasse fahren, um Mama und Papa zu verständigen. Es wurde ausgemacht, daß ich die Eltern nach Einbruch der Dunkelheit in der Ungargasse, vor dem Haus von Tante Amalie, treffen sollte. Ich würde ab sieben Uhr dort sein, und zwar würde ich auf der Böschung der Verbindungsbahn stehen.

Ich verabschiedete mich von Neda, um nicht allzulang im Grandhotel herumzusitzen. Wir besprachen ein Treffen am nächsten Tag, und ich verließ möglichst schnell die Innere Stadt, um nicht allzusehr Gefahr zu laufen, Bekannte zu treffen. Bei meinen diversen Besuchen in den kommenden Monaten ist es mir im großen und ganzen gelungen, solch unerwünschten Begegnungen zu entgehen, indem ich die Innere Stadt bei Tag stets vermied und womöglich nur an ganz bestimmten Punkten in den äußeren Bezirken meine Treffs ausmachte. Einmal, noch ziemlich am Anfang, habe ich auch den Fehler gemacht, weil ich es sehr eilig hatte, am frühen Vormittag über die Kärntnerstraße in die Stadt zu gehen. Sofort passierte es auch, daß ein Schulkollege und Freund aus dem Schottengymnasium, Wolfgang Müller-Hartburg, mir entgegenkam und mir schon aus der Ferne zurief: »Servus Fritz, was machst denn du da? Ich hab' ja gar nicht gewußt, daß du in Wien bist.« Ich sah ihn erstaunt an und schnarrte mit möglichst reichsdeutschem Akzent in der Stimme:

»Können Sie nicht Haltung annehmen. Was wollen Sie überhaupt? Scheint sich wohl um ein Mißverständnis zu handeln.«

Der arme Müller-Hartburg fuhr zusammen und sagte: »Aber Fritz ...«

»Lassen Sie mich doch schon endlich mit Ihrem Fritz in Ruhe. Außerdem können Sie nicht grüßen! Was sind Sie denn für ein Schlappschwanz, Sie müde Figur, Sie.«

Müller-Hartburg nahm Haltung an: »Ich bitte Herrn Feldwebel zu entschuldigen, Herr Feldwebel sehen einem Freund von mir sehr ähnlich. Es tut mir außerordentlich leid, entschuldigen Sie vielmals.«

Ich ließ Wolf Müller-Hartburg verblüfft auf der Kärntnerstraße stehen. Wie er mir später versicherte, hatte er anfänglich nicht begreifen können, um was es sich eigentlich gehandelt hatte: war er einem Phantom begegnet, hatte er etwa zuviel getrunken? Aber das konnte es ja doch nicht sein. Der Feldwebel war doch in allem der Fritz Molden gewesen? Oder doch nicht?

Ein anderes Mal fuhr ich am Abend bei voller Verdunkelung mit der Straßenbahn Richtung Döbling. Ich blieb auf der Plattform stehen, denn dort war es besonders dunkel, eine selbstverständliche Vorsichtsmaßnahme. Schon fuhr die Tramway an, da sprang noch ein junges Mädchen auf die Plattform.

Ich erkannte Hella Rohne, eine gute Freundin aus Studententagen des Jahres 1941.

»Fritz, Fritz, wie wunderbar, du lebst«, rief sie und fiel mir um den Hals.

Mir blieb nichts übrig als zu schauspielern. »Liebes Fräulein, es ist sehr liebenswürdig, daß Sie mir um den Hals fallen. Aber ich fürchte, Sie verwechseln mich. Ich bin leider nicht der Fritz.«

Hella, die mich recht gut kannte, mich aber doch mindestens zwei Jahre nicht gesehen hatte, zuckte zusammen: »Aber das kann doch gar nicht möglich sein, bist du nicht Fritz, entschuldigen Sie, sind Sie nicht Fritz Molden?«

»Nein, es tut mir leid, mein Name ist Steinhauser«, oder vielleicht habe ich damals auch schon anders geheißen, Steindler, Stummer oder wie immer, einer der vielen Namen, die ich im Laufe der Monate erfinden mußte. Hella wurde verlegen und ich beschloß, dem grausamen Spiel ein Ende zu bereiten: »Es tut mir sehr leid, ich hätte gerne eine so hübsche junge Dame kennengelernt, schade, daß ich nicht ihr Fritz bin«, und damit stieg ich bei der nächsten Station aus. Hella blieb sprachlos zurück.

Ein paar Tage später, ich hatte Wien schon wieder verlassen, für alle Fälle aber die Familie über den Zwischenfall informiert, rief Hella Rohne in Döbling an und fragte Mama, ob sie sie besuchen dürfe. Sie fragte, ob ich in letzter Zeit in Wien gewesen sei, und Mama sagte: »Aber liebes Kind, Sie wissen doch, mein Sohn ist vermißt.« Natürlich mußte Mama so tun, als sei sie nach wie vor der Meinung, ich sei vermißt. Es war ihr furchtbar peinlich, mit dem sehr netten jungen Mädchen ein solches Spiel treiben zu müssen, aber es war nichts anderes zu machen. Als Hella von Mama erfuhr, daß ich vermißt sei und wahrscheinlich gefallen, entschuldigte sie sich vielmals und ging betrübt nach Hause. Ich habe Hella nach dem Krieg leider nicht mehr wiedergesehen und weiß daher nicht, ob sie je herausgefunden hat, daß es damals doch der richtige Fritz in der Straßenbahn gewesen ist.

An diesem Abend aber im September, bei meiner ersten Fahrt nach Wien, traf ich Mama in der Ungargasse. Wir gingen stundenlang in der Dämmerung und unter den ersten Sternen spazieren; schließlich setzte ich sie am Schwarzenbergplatz in die Straßenbahn und sie fuhr wieder nach Hause. Mama war allein gekommen – denn Papa war in der Stadt im Büro, als Neda sie anrief –, sie hatte gleich begriffen, worum es ging. Sie fuhr sofort zu Neda ins Grandhotel. Dann ging sie direkt zu unserem Rendezvous.

Mama sagte, sie hätte immer gefühlt, daß ich am Leben sei, und sie wisse auch ganz genau, daß wir den Krieg überstehen würden. Sie hatte nichts gegen meine Pläne einzuwenden und war überzeugt, daß Papa und Otto sicher bereit sein würden, mitzumachen. Sie stellte selbst die Frage, was sie eigentlich tun könne. Als ich ihr versicherte, es wäre genug, daß sie für uns drei da sei, für uns sorge und all das auf sich nehme, was ich ihr antäte und noch zu erdulden geben würde, da drehte sie sich zu mir herüber – wir saßen auf einer Bank, dort wo der Stadtpark an den Ring grenzt – und schaute mich an:

»Feppchen, mach dir keine Gedanken wegen mir, denn undurchschnitten pulst die Nabelschnur! Weißt du, Feppchen«, fuhr Mama fort, »ich komme aus einer Grenzerfamilie. In den Tagen des Johann Preradović, unseres Urahnen, in den Tagen der Türkenstürme und des Dreißigjährigen Krieges sind die Frauen und die Mütter nicht zu Hause gesessen. Damals haben die Grenzerfamilien kämpfen müssen, an der alten kaiserlichen Militärgrenze. Die Männer und die erwachsenen Söhne sind in den Krieg gezogen und die Frauen haben die Häuser und die Familien zu erhalten gehabt. Und wenn die Türken von allen Seiten angriffen, dann haben eben auch die Frauen das Gewehr nehmen müssen, um mitzukämpfen. Ich bin kein Kriegsmensch, Feppchen, im Gegenteil, nichts kränkt und quält mich ärger als diese furchtbare kriegerische Zeit, in der wir leben. Aber es bleibt uns nicht erspart, gegen das Böse anzukämpfen, wenn es uns zu verschlingen droht, und wir müssen versuchen, unsere Integrität aufrechtzuerhalten, auch dann, wenn es uns gefährden kann. Denn der Mensch lebt nicht vom Brot allein. Ich bin sehr froh, Feppchen, daß du dich entschieden hast, das zu tun, was du jetzt tun mußt. Was immer es uns bringen mag, wir werden es zusammen durchstehen und wir werden es als eine Familie durchstehen, mach dir also keine Sorgen meinetwegen.«

Wir erhoben uns und gingen weiter den Ring entlang bis zum Schwarzenbergplatz. Im Schatten eines der großen Alleebäume umarmte sie mich, zeichnete mir drei Kreuze auf die Stirn und sagte fröhlich: »Auf Wiedersehen, Fepolinski, wir sehen uns bald.« Der D-Wagen kam und Mama war weg.

In den folgenden Tagen gab es viel zu tun. Papa, den ich am nächsten Tag traf, hatte sich bereits ein Konzept zurechtgemacht. Mama hatte ihm in der Nacht alles erzählt. Wiederum gab es einen vielstündigen nächtlichen Spaziergang durch weite Teile des Praters. Papa und ich besprachen, wie man die Gruppen zusammenführen könnte. Die »O5«-Gruppe rund um Alfons Stillfried, die Gruppe rund um Dr. Mayer und Generaldirektor Dr. Messner, zu der ich auch über die bekannte Pianistin Barbara Issakides via Kurt Grimm Kontakt suchte, die Gruppe rund um den ehemaligen Bundeswirtschaftsrat Spitz und seinen Kreis, zu der viele der ehemaligen Anhänger Schuschniggs zu zählen schienen, die Gruppe, die sich um Dr. Karl Rudolf und sein Seelsorgeinstitut am Stephansplatz gebildet hatte, die Gruppe um den Schottenpater Beda von Döbrentay, der in der Zwischenzeit nach Gumpendorf in die Pfarre übersiedelt war, und wie sie alle hießen, diese frühen oder neu entstandenen, oder trotz der verschiedenen Gestapoaushebungsmanöver noch existierenden, bereits zerschlagenen und doch immer wieder zu hoffnungsfrohem Leben erwachenden Widerstandsgruppen und Grüppchen, die es damals in Wien gab.

In den folgenden Tagen war ich mehrfach bei Major Alfons Stillfried am Saarplatz in Döbling, dort ist auch Major Biedermann zu einem Gespräch erschienen, dann der ehemalige Propagandachef der Vaterländischen Front Dr. Hans Becker und schließlich der Oberleutnant Wolfgang Igler, der die Verbindung zu einem der führenden Männer des militärischen Widerstandes, Major Karl Szokoll, herstellte. Es wurde in zwei langen Nächten die Basisarbeit für eine Zusammenfassung der verschiedenen zum Teil parallel operierenden Widerstandsgruppen so intensiviert, daß ein im embryonalen Zustand niederzulegender Bericht über das »O5« von mir auswendig gelernt werden konnte. Ich mußte ihn auswendig lernen, da er mehrere hundert Einheiten und Namen enthielt, und diese unter keinen Umständen in die Hände der Deutschen fallen durften.

Die Basis der »O5«-Tätigkeit waren damals die Widerstandszellen in deutschen Wehrmachtseinheiten im Raume Wien und Niederösterreich. Diese Basis war nach dem 20. Juli, als auch in Wien viele aktive Widerstandsgruppen innerhalb der deutschen Wehrmacht aufgeflogen waren, schwer angeschlagen. Es bestand also die Notwendigkeit, hier neu aufzubauen, was auch vor allem unter der Führung von Major Szokoll bestens geschah, darüber hinaus mußte jetzt auch die Verbindung zwischen diesen militärischen Einheiten und den verschiedenen zivilen Widerstandsgruppen hergestellt und zu einer tragfähigen Arbeitsbasis ausgebaut werden. Besonders wurden in diesen Tagen die Verbindungen zu der weitverzweigten Gruppe um Heinrich Otto Spitz, den Inhaber der Speditionsfirma Spitz-Weinzinger, verstärkt. Spitz hatte zu dem Kreis der Vertrauten von Dollfuß und Schuschnigg gehört. Am Aufbau der Organisation der gewerblichen Wirtschaft im Ständestaat hatte er großen Anteil: Er gehörte zu den engsten Mitarbeitern von Julius Raab, Heimwehrführer von Niederösterreich, christlich-sozialem Abgeordneten, Präsident des Gewerbebundes, Minister unter Schuschnigg, während des Krieges Baumeister in St. Pölten und schließlich Bundeskanzler.

Bundesrat Spitz und seine drei Söhne, Karl, Otto und Willi, haben sich schnell entschieden und auf breiter Front im Widerstand mitgemacht. In ihrem eigenen Rahmen hatten sie das übrigens schon seit einigen Jahren getan, indem sie immer wieder sogenannte »U-Boote«, das heißt Personen, die sich aus politischen Gründen vor den Behörden verstekken mußten, bei sich beherbergt hatten. Mit einer Selbstverständlichkeit ohnegleichen hat sich die gesamte Familie, insbesondere auch die fürsorglich-reizende Mutter Steffi in den Dienst der Sache gestellt. Ich habe dann bis kurz vor Kriegsende, also bis zu meiner letzten Fahrt nach Wien im März 1945 bei jeder meiner Reisen halbe oder oft auch ganze Nächte bei der Familie Spitz verbracht, und sie haben mir immer wieder das Gefühl des Zuhauses gegeben. Heinrich Spitz ist übrigens im April 1945 von der SS erschossen worden.

Die letzten Tage in Wien verbrachte ich damit, einige Nachrichtenstellen in Betrieb zu setzen. Zwei Leute stellten sich spontan zur Verfügung: Harald Frederiksen und Alfons Stummer. Harald war in Amerika geboren. Sein Vater lebte dann mit seiner Familie in Wien, wo er auch gestorben ist. Harald besuchte mit mir das Gymnasium und wurde während des Krieges nicht besonders verfolgt. Er mußte sich als amerikanischer Staatsbürger nur einmal im Monat bei der Polizei melden. Er war sofort bereit, bei uns mitzumachen und war auf dem Nachrichtensektor der beste Mann, den wir besaßen. Innerhalb von wenigen Wochen gelang es ihm, ein Informationszubringernetz von etwa vierzig Personen aufzubauen, das sich von wichtigen Wehrmachtsdienststellen bis in die Telefonzentrale des Reichsstatthalters von Wien, Baldur von Schirach, hineinzog. Harald war ein blendend wirkender, junger Mann, sah ungefähr so aus, wie Clark Gable mit zwanzig Jahren ausgesehen haben mußte, mit einem naiven Lächeln und einem großen blond-braunen Haarschopf. Alle weiblichen Wesen waren ihm jederzeit und sofort verfallen.

Harald Frederiksen hat uns bis zu seiner eigenen Verhaftung im Februar 1945 wöchentlich ganze Stapel gewöhnlich sehr akkurater Nachrichten beschafft und über das ebenfalls von ihm geschaffene Kommunikationssystem weitergegeben. Er hatte eine eigene Nachrichtentransportlinie, von Eisenbahnern gehandhabt, die uns die Nachrichten innerhalb von wenigen Tagen bis Innsbruck brachte. Von Innsbruck war es dann schon für uns viel leichter, denn dort hatten wir ab November ständig ein Funkgerät, und außerdem gingen wöchentlich Kuriere in die Schweiz.

Alfons Stummer war der zweite Mann, der im September 1944 aktiv wurde. Er war Student an der Wiener Universität und hielt sich ebenfalls blendend, bis er flüchten mußte und in den Bergen des Waldviertels das Kriegsende abwartete. Er war ebenfalls ein Schulkollege von mir noch aus den ganz frühen Tagen der Neulandschule gewesen. Auch er, der bereits seit langem Widerstandskontakte hatte, machte sofort aktiv mit und hatte innerhalb von wenigen Wochen eine wichtige Gruppe auf die Beine gestellt.

Die Verbindung der Gruppen Frederiksen und Stummer und was dann mit der Zeit dazukam lief über Neda, bei der ab sofort auch all unsere Kuriere aus dem Westen sich melden sollten. Die Halle des Grandhotels war ein idealer Treffpunkt. Dort kamen und gingen viele Menschen vieler Nationen aus und ein, dort fiel es nicht auf, wenn man früh oder spät kam, dort übernachteten auf den breiten Sofas sogar oft Reisende oder Ausgebombte. Es war ja schon das sechste Kriegsjahr mit seinen vielen Bombardierungen. Die Überwachung des Grandhotels durch die Gestapo wurde immer lückenhafter, und Nedica mit ihrem Charme dirigierte die gesamte Rezeption. Alle Portiere standen vor ihr habtacht. Sie war der ideale Zentralpunkt einer Untergrundbewegung.

Zurück ging die Fahrt dann schließlich über Salzburg, wo ich mit zwei bewährten Sozialdemokraten, Franz Stichhaller, der den Decknamen der »Elektriker« trug, und der tapferen Zenzi Swatek, Kontakt aufnahm. Nach langen abendlichen Gesprächen in der Hinterstube ihres kleinen Geschäftes in der Getreidegasse ging es am nächsten Tag weiter nach Innsbruck.

In Innsbruck suchte ich den Meldekopf Prinz Eugen auf. Helmut Heuberger hatte ganze Arbeit geleistet. Er legte eine Liste von Namen jener Leute vor, die bereit waren, mitzumachen. Wir entschlossen uns, eine erste Gruppe mit Hans von Giannelia, Liesbeth Alpenheim und Dr. Karl Höflinger, einem sozialistischen Rechtsanwalt, als Aufbaustufe laufen zu lassen. Wir wollten auch Verbindung zu den berühmten Ötztaler Partisanen, von denen ganz Tirol sprach und die keiner kannte, aufnehmen. Über den Lokomotivführer Herbert Saurwein gelang es mir bald, einen Kontakt zu Wolfgang Pfaundler, den ich persönlich nur aus Bubentagen in Piburg kannte, herzustellen. Ich selber habe Wolfgang in diesen Monaten nicht getroffen, merkte aber bald, daß er die Seele des Widerstandes im Ötztal war, eines Tales, das schon im Herbst 1944 mehr als fünfzig aktive Partisanen in den Bergen und ein gutes halbes Dutzend Stützpunkte in den Dörfern unten hatte.

Zurück in Mailand, Via Marconi. Renata ist voll Begeisterung und berichtet, daß sich bei ihr eine Frau Nam Brauer gemeldet habe. Auf die hatte ich seit meinem ersten Wiener Gespräch gewartet. Nam Brauer, die sich später Nam de Beaufort nannte, war eine Mitarbeiterin von Canaris gewesen, eine Dame, die als junges Mädchen die Roaring Twenties des kosmopolitischen Berlins jener Tage mitgemacht hatte. Eine Frau, die seit dem Jahre 1933 konsequent antinazistisch eingestellt war, und mit etlichen Männern des 20. Juli engen Kontakt hatte. Sie mußte bereits im Frühjahr 1944 Berlin verlassen, übersiedelte nach Wien zu Marogna-Redwitz, der sie bald zu uns nach Mailand schickte. Sie wurde mit Hilfe von Oberst Lahousen zum »Meldekopf Zeno« der Abwehr Mailand, nach dem 20. Juli 1944 zum Reichssicherheitshauptamt gehörend, abkommandiert. Ich fand das natürlich großartig, denn etwas Besseres konnten wir uns nicht erhoffen, als eine vertrauenswürdige Mitarbeiterin im Herzen der Abwehr in Mailand. Noch am selben Abend besuchte ich Nam Brauer im Albergo Milano, wo sie ihr Quartier bezogen hatte. Nam war eine elegante und außerordentlich amüsante Dame, voll Witz und köstlicher Ideen, mit der Sprache jenes Deutschland, das wir Jungen nur noch aus Erzählungen kannten, des Deutschland vor der Machtergreifung. Nam, die keine Furcht kannte, erklärte sich sofort bereit, alles zu tun, was für andere zu gefährlich war. Sie würde uns die Protokolle der Abwehr, soweit sie sie erreichen konnte, zur Verfügung stellen und trachten, vor allem den Abwehrcode Mailand für uns zu bekommen. Der Chiffre-Code der deutschen Abwehr für den Funkverkehr wurde zu diesem Zeitpunkt laufend geändert, aber es gab Möglichkeiten von einem Code auf die anderen rückzuschließen. Dies schien für uns ein gefundenes Fressen. Ich wußte ja nicht, daß die deutschen Abwehrcodes von den Alliierten längst entschlüsselt worden waren. Auf jeden Fall brachte mir Nam am nächsten Tag den Code. Ich selbst konnte damit nichts anfangen, nahm ihn aber in die Schweiz mit, und meine Schweizer Freunde waren begeistert, gleich mit so seltener Kost beliefert zu werden.

Am 30. September trat ich den Rückweg in die Schweiz an. Es war schon dunkel, als ich oben am Bergrücken von Tre Croci die Grenze erreichte. Ich kletterte zwischen den Maschen des Stacheldrahtzaunes durch, die paar Schritte noch hinauf zum Kamm des Berges, und vor mir lag, hell beleuchtet, die Schweiz, der Luganersee, Mendrisio, hinten Lugano und ganz hinten der Lichtschein von Bellinzona. Auf der anderen Seite aber, nach Süden war alles dunkel, schwarz wie die Hölle, das besetzte Europa in tiefer Nacht und Dunkelheit.

Dieser ersten Fahrt ins besetzte Österreich und bis Wien folgten viele andere. Manche führten nur von der Schweiz nach Norditalien, die meisten aber nach Österreich. In diesen Monaten zwischen September 1944 und Anfang Mai 1945 war ich siebenmal in Wien und zwölfmal in Innsbruck. Ich habe viel gelernt auf diesen Reisen, mit der Zeit wurden sie fast zur Routine.

Irgendwo im Hinterkopf blieb immer die Angst, doch erwischt zu werden, und sie wurde komischerweise nicht kleiner, sondern eher mit den Erfahrungen größer. Es gab so eine Reihe von Methoden, die man sich angelernt hatte. Zum Beispiel mußte man vor Antritt einer neuen Mission immer seine eigene Geschichte, die ja jedesmal neu war, auswendig lernen. Man mußte sich aus tiefem Schlaf so oft wecken lassen, bis man auch auf plötzliche Fangfragen die richtigen Antworten gab. Daher durfte man auch nie, wenn man das Glück hatte, in einem eigenen Zimmer zu schlafen, dieses unversperrt lassen, denn wenn jemand zum Bett kam, konnte er einen wachrütteln: »Sind Sie der Gefreite Molden?« Und man würde auffahren und doch vielleicht falsch oder besser gesagt richtig reagieren. Daher die abgesperrte Tür, so daß man durch Klopfen an der Tür geweckt werden mußte. Das gab die notwendigen fünf Sekunden Zeit zum Aufwachen und Klardenken. Man sollte auch in Restaurants oder sonstigen Räumen nie mit dem Rücken zur Türe sitzen, denn wer mit dem Rücken zur Wand saß und aufpaßte, konnte immer noch schnell reagieren. Seit dieser Zeit habe ich mir diese Angewohnheiten nie mehr ganz abgewöhnen können. Ich hasse heute noch, in einem Restaurant mit dem Rücken zur Tür zu sitzen und konnte lange nicht ruhig schlafen, wenn ich nicht meine Schlafzimmertür abgesperrt hatte. Mit Mühe ist es mir jetzt wenigstens gelungen, es mir im eigenen Haus abzugewöhnen.

In Zürich war die Verbindungsstelle Schweiz, die Hans Thalberg verwaltete, inzwischen bestens weiter gediehen. Die Schweizer Behörden gestatteten uns, in den Internierungslagern nach österreichischen Freiwilligen Ausschau zu halten. Der Kontakt über die Vorarlberger Grenze wurde ausgebaut. Zwei österreichische Studenten, Herwig Wallnöfer und Louis Mittermayer, meldeten sich freiwillig und waren bald lebenswichtige Kuriere, vor allem in den letzten Monaten, als der norditalienische Weg wegen der fast dauernden Sperre des Brenners kaum mehr begehbar war. Dazu kam noch der oberösterreichische Lehrer Oberleutnant Hans Berthold. Diese drei hatten Bergerfahrung. Sie waren bereit und in der Lage, die schwierigen Übergänge über Liechtenstein und die Schweizer Grenzberge nach Vorarlberg zu meistern und bis ins obere Paznauntal vorzustoßen.

Im Oktober war ich neuerlich in Bern. Allen Dulles, der gerade einen Anfall von Gicht hatte, empfing mich sitzend, die unvermeidliche Pfeife in der Hand. Allen Dulles hatte längst die Auswertung meiner Berichte gesehen und besaß eine gute Nase für das, was wichtig und das, was richtig war. Er schien mir jetzt zu vertrauen. Die erste große Reise hatte sich also ausgezahlt. Denn nur mit Hilfe von Allen Dulles würde es uns möglich sein, zu den wichtigen Stellen der Alliierten vorzudringen; nur wenn Dulles für uns bürgen würde, hatten wir eine Chance, anerkannt zu werden und Hilfe zu bekommen. Ich verbrachte zwei Tage in Bern, davon zwei oder drei Stunden im Gespräch mit A. W. D., wie man ihn dort nannte, und die übrige Zeit mit Gerry van Arckel und Gero von Gaevernitz. Wir entwarfen Pläne für Fallschirmabwürfe; bald würde es auch notwendig sein, daß ich ein Fallschirmtraining durchmachte, um selbst abspringen zu können.

Anfang November kehrte ich von der zweiten Wien-Reise zurück. Dort war die »O5« jetzt in der Lage, alliierte Verbindungsoffiziere zu empfangen. Auch in Salzburg und Innsbruck hatten wir Plätze frei gemacht, um Verbindungsoffiziere unterzubringen, ferner hatten wir drei Orte festgelegt, an denen Offiziere zur Ausbildung von Partisanen eingesetzt werden sollten. Der erste Platz war das Ötztal, wo später Fred Mayer absprang. Der zweite Platz war die Kematener Alm bei Innsbruck, wo dann Joe Franckenstein (mit seinem Decknamen Horneck) und Karl Novaček als Trainingsoffiziere eingesetzt wurden, und der dritte Platz war Kärnten, in den Bergen bei Bleiburg, wo Rudolf Charles von Ripper absprang und Partisanen schulte.

Über Schweizer Kontaktpersonen hatten sich zwei französische Offiziere darum beworben, mit uns nach Österreich zu kommen. Dr. Fritz Dickmann machte mich in Basel mit ihnen bekannt. Der eine nannte sich Capitaine de Rellier und der zweite Leutnant Foussé. De Rellier hieß, wie ich später herausbekam, in Wirklichkeit Guy Duc de Roquemorel. Er hatte sich freiwillig gemeldet, um nach Österreich zu kommen, die Untergrundbetreuung der französischen Kriegsgefangenen in die Hand zu nehmen und gleichzeitig Kontakte mit dem österreichischen Widerstand zu entwikkeln. Leutnant Foussé war ein Offizier des französischen Geheimdienstes.

Da ich eine Zusammenarbeit zwischen österreichischen Widerstandsgruppen und der französischen Armee für besonders wichtig hielt, weil nur auf diese Weise jene Vertrauensbasis geschaffen werden konnte, die schließlich zu einer Unterstützung unserer Anerkennungsbestrebungen durch Frankreich führen sollte, willigte ich sofort ein, die beiden Offiziere nach Österreich mitzunehmen.

Diese Reise war ein besonderes Abenteuer, weil de Rellier kein Wort Deutsch sprach und Foussé sich nur zur Not verständigen konnte. Ich wieder sprach nur ein paar Dutzend Worte Französisch, und wir waren daher darauf angewiesen, uns auf englisch zu verständigen. Es ergab sich das heitere Bild, daß drei Leute in deutscher Uniform sich im deutsch-besetzten Gebiet auf englisch unterhielten. Wir gingen nun daran, die Reise vorzubereiten. Um die Sprachschwierigkeiten zu umgehen, fertigten wir mit Hilfe unserer Schweizer Freunde falsche Soldbücher und Sonderausweise für de Rellier und Foussé aus, nach denen sie beide lothringische Freiwillige für die deutsche Wehrmacht und zu einem wallonischen Regiment der SS eingerückt waren. Sie wären dann zum Lehrregiment Kurfürst, dem Kaderregiment der Abwehr versetzt worden und im Zuge der Ereignisse dem »Meldekopf Zeno« des Reichssicherheitshauptamtes in Mailand zugeteilt worden. Sie dienten bei derselben Einheit, auf die auch meine falschen Militärausweise und Soldbücher lauteten.

Wir übten dann im Basler Hotel National militärische Grundausbildung deutscher Provenienz. Beide Herren waren aktive Offiziere und daher militärisch durchaus bewandert, aber immerhin mußte man ihnen beibringen, wann und wie man in der deutschen Wehrmacht zu grüßen hatte. Sie waren auch nicht ganz leicht davon zu überzeugen, daß seit dem 20. Juli der Hitlergruß mit der erhobenen rechten Hand zum obligaten Gruß in der gesamten Armee erklärt worden war. Aber schließlich haben sie auch das noch geschluckt. Im Gegenteil, ihr Hitlergruß schien mir besonders zackig. Wir hatten schon ziemlich alles beieinander, die Uniformstücke paßten ihnen, alle Dokumente waren da, zwei Tage lang hatten wir auch in der freien Natur im Park eines, dem schweizerischen Geheimdienst nahestehenden Schloßbesitzers die Möglichkeit, Paradeschritt und ein paar andere Sachen zu üben, als sich plötzlich ein anderes Hindernis in den Weg zu stellen begann, und zwar ein Hindernis von unvorstellbarer Größe.

Die beiden Offiziere erschienen nämlich mit einem Lieferwagen an der französisch-schweizerischen Grenze. Dieser Lastwagen wurde mit Mühe von Fritz Dickmann in die Schweiz geschleust und entladen. Er enthielt eine große Kiste, etwa 1,50 Meter lang und 1,20 Meter hoch, in der sich ein riesiges altmodisches französisches Funkgerät befand. Auf diesem Funkgerät waren die beiden Herren ausgebildet worden, und nur mit diesem Gerät konnten sie funken und unbedingt dieses Funkgerät mußte nach Österreich mitgenommen werden. In dem Bestreben, mir diese beiden zu Freunden zu machen, um die Hilfe der französischen Armee später für wesentlich wichtigere Dinge in Anspruch nehmen zu können, willigte ich schweren Herzens ein, dieses Funkgerät nach Österreich mitzunehmen. Es war aber vollkommen klar, daß wir es nicht unbemerkt durch die vielen Kontrollen und Grenzen durchschmuggeln konnten, die zu überqueren sein würden.

Guter Rat war teuer. In meiner Verzweiflung hatte ich eine Idee, die ursprünglich Fritz Dickmann mit einem breiten Grinsen als guten Witz zur Kenntnis genommen hatte. Schließlich hat der gute Witz uns aber sicher nach Innsbruck gebracht. Ich beschloß nämlich, die Kiste so wie sie war zu belassen, allerdings auf alle vier Seitenflächen große weiße Zettel aufzukleben: »Achtung, nicht stürzen, vorsichtig behandeln – alliiertes Beutefunkgerät! Das Gerät geht im Auftrag des Oberbefehlshabers der Heeresgruppe C-Südwest an das stellvertretende Generalkommando XVII. AK Wien.« Diese Zettel wurden mit den entsprechenden, gut gefälschten Stempeln des OB Südwest versehen und überall aufgeklebt. Die offizielle Lesart für deutsche Kontrollen war eindeutig; ein deutscher Feldwebel hatte den Transport dieses Funkgerätes an das stellvertretende Generalkommando

XVII. AK Wien durchzuführen. Als Träger fungierten die zwei Lothringer Freiwilligen.

Wir fuhren also los, bis Sagno ging alles bestens, dort erschienen unsere Partisanen und sahen das Funkgerät. Nach einigem Verhandeln öffneten wir die Kiste, verteilten den Inhalt auf drei Traggestelle und brachten das Ganze ohne Schwierigkeiten in der Nacht nach Cernobbio. In der Früh packten wir die Kiste wieder zusammen und fuhren mit einem Holzgastaxi, das wir mit großer Mühe beschafft hatten, nach Monza zu Franz Otting, der uns ein Wehrmachtsfahrzeug verschaffte. Dieses beförderte uns mit dem riesigen Funkgerät auf den Mailänder Hauptbahnhof, und ich stellte es in der deutschen Gepäckaufbewahrung ab, ließ mir noch eine eigene Bestätigung des wachhabenden Oberfeldwebels geben und teilte ihm mit, ich würde es morgen früh abholen und damit nach Deutschland reisen. Es schien mir doch zu riskant, mit dem Funkgerät in die Via Marconi zu gehen, wo die beiden Franzosen und ich dann die Nacht verbrachten. Nam Brauer kam herüber, Franz Otting war da, und wir hatten eine internationale Konversation. Ich war sehr glücklich, daß Nam, Renata und Franz so gut Französisch konnten, so daß ich einmal abgelöst war.

Am nächsten Tag ging es wie üblich mit dem Urlauberzug weiter und alles wäre gutgegangen, wenn nicht diese verfluchten amerikanischen Bombenflugzeuge uns wieder einen Strich durch die Rechnung gemacht hatten. Etwa zwanzig Kilometer südlich von Brixen in der Nähe des Bahnhofs Klausen blieb unser Zug plötzlich stehen, und wir mußten wegen Fliegeralarm schleunigst 'raus. Wir liefen zu einem der unzähligen Eisenbahntunnels der Brennerstrecke, erreichten auch den schützenden Tunnel rechtzeitig, lediglich meine zwei französischen Freiwilligen sahen etwas verschwitzt und hergenommen aus, hatten sie doch die mindestens vierzig Kilogramm schwere Kiste mit dem Beutefunkgerät im Laufschritt zum Tunnel geschleppt. Die Bomber kamen, bombardierten, die Strecke war kaputt. Es waren nur zwei Kilometer bis zur Brennerstraße, zwei Kilometer sind nicht weit, aber zwei Kilometer eine vierzig Kilogramm schwere und unhandliche Kiste schleppen, ist kein Vergnügen. Ich war Feldwebel und konnte natürlich nicht zugreifen, aber ich gab meinen zwei

Franzosen hervorragende Anleitungen in fließendem Deutsch und die Armen konnten immer nur nicken und »Jawohl, Herr Feldwebel« sagen.

Nach einer Dreiviertelstunde erreichten wir die Straße. Wir waren nicht die einzigen, es waren noch viele andere aus diesem Zug da, die jetzt versuchten, per Anhalter weiterzukommen. Es nahm uns schließlich doch ein Lkw mit, aber nur bis Brixen. Dort standen wir wieder da und versuchten unser Glück mit Autostop. Plötzlich blieb ein riesiger deutscher Wagen, vorne mit der Standarte eines SS-Generals, ich glaube, es war ein »Horch«-Zwölfzylinder, bei uns stehen. Ich dachte mir: »Gute Nacht, meine Herren, das wird ja jetzt lustig werden.«

Der SS-General öffnete, rief mich zur Tür. Ich nahm Haltung an und erstattete Meldung. »Feldwebel Steiner unterwegs mit zwei Mann und einem Beutefunkgerät zum stellvertretenden Generalkommando XVII. AK Wien.« Der General sagte: »Was ist denn eure Einheit?« Ich meldete: »Meldekopf Zeno, Mailand.« Der General strahlte mich an: »Wie geht's denn meinem ollen Werner?« Ich berichtete, daß sich Oberstleutnant Werner bester Gesundheit erfreue und zwei Tage vorher – was übrigens stimmte, weil es mir Nam Brauer erzählt hatte – nach Turin zur Berichterstattung gerufen worden sei. Der SS-General sagte: »Na ja, natürlich, der Wolff ist ja schon wieder oben in Turin. Also was mach' ich denn mit euch? Ihr geht ja gar nicht 'rein mit eurer Kiste.«

Nun, wir gingen doch hinein, allerdings hinten ging der Gepäckraum nicht zu, der Deckel mußte mit zwei Lederriemen festgeschnallt werden. Die Franzosen wurden vorne neben den Fahrer gesetzt, und ich durfte im Fond mit dem SS-Gruppenführer Richtung Brenner mitfahren. Es stellte sich heraus, daß der feine Herr, der mich da mitgenommen hatte, der Chef der SS-Sicherungsgruppe Brenner war, das heißt, er war verantwortlich für den Schutz der Brennergrenze, aber auch des Reschen-Scheideck und schließlich, man höre und staune, auch der ganzen schweizerisch-italienischen Grenze vom Reschen-Scheideck bis Sondrio. Ich war einerseits sehr beglückt, einen gerade für mich so wichtigen Mann kennenzulernen, andererseits zitterte ich den ganzen Weg bis zum Brenner, was geschehen würde, wenn es ihm vielleicht einfiele, mich über einige andere Herren im Stabe des Meldekopfes Zeno zu befragen oder gar seinen guten Freund, den lieben, ollen Werner, anzurufen.

Wir hatten wiederum Glück, es gab noch einmal Fliegeralarm, und zwar in Gossensaß. Wir fuhren sofort in einen riesigen Tunnel, den man zu einem unterirdischen Bunker ausgebaut hatte, wo haufenweise SS-Gerät, SS-Fahrzeuge und SS-Offiziere und Mannschaften herumstanden. Dort lud uns der Gruppenführer auf eine frugale, aber reichliche Mahlzeit ein und sagte, er müsse leider hierbleiben, aber er würde dafür sorgen, daß wir möglichst schnell weiterkämen, um das Beutefunkgerät rechtzeitig abzuliefern. Er rief einen Adjutanten zu sich und gab ihm den Befehl, für uns ein Fahrzeug zu beschaffen. Fünf Minuten später war ein großer Kübelwagen da mit einem SS-Fahrer. Zu unseren an sich schon sehr guten Reisepapieren schrieb unser Gönner noch einen Befehl an die Sicherungsgruppe der Waffen-SS am Brennerpaß, uns nicht nur ungehindert durchzulassen, sondern unsere Reise nach Möglichkeit zu fördern. Einen zweiten Zettel schrieb er für die SS-Streife am Innsbrucker Hauptbahnhof.

Wir dankten ihm herzlichst, er trug mir auf, Oberstleutnant Werner von ihm zu grüßen, und wir fuhren los. Ungefähr zwanzig Minuten später überquerten wir die Brennergrenze, peinlichste Kontrolle für jedermann, aber nicht für uns, freundliches Grüßen: »Gute Fahrt, Kamerad, und funkt mal ordentlich.« In Innsbruck brachten uns die Freunde von der Waffen-SS noch brav zum Hauptbahnhof, wir dankten herzlichst, die Herren schleppten unser Beutefunkgerät bis in die Hauptwartehalle und ließen es sich nicht nehmen, uns noch einmal auf ein Bier einzuladen, natürlich in den Räumen des SS-Streifendienstes Innsbruck.

Als wir sie endlich los waren, fiel mir ein Wackerstein vom Herzen, ein sehr großer Schutzengel hatte uns wieder einmal beschützt. Meine zwei Franzosen starrten mich mit haltlosem Staunen an. Das hatten sie auch nicht erwartet, daß sie im Auto des zuständigen SS-Generals die Grenze überschreiten würden.

Drei Stunden später stand das Gerät im Institut von Professor Heuberger der Innsbrucker Universität, das noch dazu den Vorteil hatte, daß die Räume des physikalischen Instituts sich ganz in der Nähe befanden und dort ständig irgendwelche Morseübungen durchgeführt wurden, so daß das Funkgerät unentdeckt bis zum Kriegsende ohne Unterbrechung tätig sein konnte und zu einer der wichtigsten Funkstellen in unserem Bereich wurde. Ich ließ die beiden französischen Freunde in Innsbruck, wo sie, während ich weiter nach Wien fuhr, Kontakt zu französischen Untergrundgruppen in den Kriegsgefangenenlagern aufnehmen wollten und beschloß, sie dann auf meiner Rückfahrt in Salzburg wiederzutreffen.

Diese Fahrt nach Wien machte ich erstmals mit Dr. Staretz, der im Sommer 1944 aus der deutschen Armee desertierte und sich unterirdisch in Mailand aufgehalten hatte. Dort war er über unsere Kontaktleute auf uns gestoßen. Ich hatte ihn in die Schweiz mitgenommen, wo wir ihn mit den notwendigen Papieren und Hilfsmitteln ausgerüstet hatten und seinen Background zu eruieren trachteten. Der Background war in Ordnung, der Mann auch. Er erhielt von uns den Decknamen Walter Grimm und als Unteroffizier Grimm fuhr er auch mit mir nach Österreich.

In Wien waren die Ereignisse inzwischen wesentlich weiter gediehen. Harald Frederiksen hatte seinen Nachrichtendienst weiter ausgebaut, die Herren Spitz und Stillfried hatten ihre Verbindungen zu den Sozialisten aktiviert und außerdem über Dr. Hans von Becker die Zusammenarbeit mit der »O5« noch enger gestaltet. Nach ziemlich komplizierten politischen Verhandlungen in Wien, Walter Grimm hatte mir die zeitraubende Kleinarbeit der Kontakte mit den verschiedenen Nachrichten- und Widerstandsgruppen abgenommen, kam es am 12. Dezember 1944 im Haus von Heinrich Otto Spitz am Döblinger Donaukanalufer zur Bildung des »Provisorischen Österreichischen Nationalkomitees« (POEN), das als politisches Organ zur Vertretung der gesamten österreichischen Widerstandsbewegung »O5« nach außen gedacht war. Es hatte sich nämlich immer dringender die Notwendigkeit gezeigt, mit einem politischen Instrumentarium des österreichischen Untergrundes operieren zu können. Da die »O5« selbst eine rein militärische Widerstandsorganisation war, mußte sich zusätzlich, etwa nach dem Vorbild der französischen Résistance, ein politisches Komitee bilden, das später den Nukleus einer Untergrundregierung darstellen sollte.

Dem Provisorischen Österreichischen Nationalkomitee gehörten bei der Gründung Bundeswirtschaftsrat Heinrich

Spitz, Major Alfons von Stillfried, Professor Dr. Alfred Verdross, Rechtsanwalt Dr. Josef Graf Ezdorf, der Bankier Friedrich Maurig, Dr. Hans von Becker und mein Vater, Dr. Ernst Molden, an. Konservative, Christlich-Soziale, Monarchisten und Liberale. Kurz darauf stießen Vertreter der Kommunisten dazu, aber die Sozialdemokraten fehlten noch.

Die Aufgabe des POEN mußte es zu diesem Zeitpunkt vor allem sein, die militärische Tätigkeit der »O5« durch Vorbereitung politischer Aktionen zu unterstützen und vor allem eine wirkungsvolle Zusammenarbeit mit dem alliierten Ausland sicherzustellen. Der Aufbau dieser Verbindung mit den Alliierten war vorerst meine Aufgabe, wobei gleichzeitig unsere Verbindungsstelle Schweiz die offizielle POEN-Vertretung für das westliche Ausland wurde.

Am Tag nach diesem glorreichen Augenblick, der Schaffung des POEN, lag ich vergnügt in meinem Hotelzimmer in der Fasangasse und dachte über ein Kennwort nach, das ich mit unseren Wiener Leuten vereinbaren mußte, um es dann laut alliierten Zusagen von der BBC und der amerikanischen Radiostation »Voice of America« als ständiges Signal vor chiffrierten Mitteilungen nach Österreich zu senden. Vor bestimmten Durchgaben sollte immer ein bestimmtes Kennwort gesprochen werden, damit die abhorenden österreichischen Widerstandsstellen wußten, der folgende Text ginge sie an. Mir fiel kein richtiges Kennwort ein. Gegen Mittag mußte ich zu einem Treff hinter die Urania am Donaukanal. Dort war zu diesem Zeitpunkt eine Dampfschiffstation, wo Rot-Kreuz-Schiffe Verwundete landeten, die dann in die Spitäler gebracht wurden. Genau bei einem dieser Schiffe sollte ich meinen Kontaktmann treffen. Wie ich nun dort unten stand und hinaufschaute, ging oben Monika Krünes vorbei, nichtsahnend, daß wenige Stufen darunter ihr Kindergartengenosse Fritz stand und sie beobachtete. Sie ging vorbei und ich hatte mein Kennwort: »Monika ruft Dampfschiff«, das blieb dann bis zum Mai 1945 das Kennwort für alle verschlüsselten Durchsagen über BBC und die Voice of America nach Österreich. »Monika ruft Dampfschiff«, die freie Welt ruft »O5«. – Monika, der ich nach dem Krieg diese Geschichte erzählte, erinnerte sich, manchmal, als sie in den letzten Monaten auch schon hie und da fremde Sender hörte, das Kennwort »Monika ruft Dampfschiff« gehört zu haben, natürlich ohne zu ahnen, was es bedeuten sollte und noch weniger, daß sie mit dem Kennwort in Zusammenhang stand.

Am Tag vor meiner Abreise lud Nedica in ihrer damaligen Wohnung in Währing, in der Hockegasse 52, zu einem improvisierten Vorweihnachtsfamilienfest ein, Papa, Mama, Nedica, Otto und ich. Wir trafen uns am späten Nachmittag in der Dämmerung einer nach dem anderen in der kleinen Wohnung, die Neda von einem Ehepaar Höller in einer typischen Wiener Cottagevilla gemietet hatte. Neda hatte es fertiggebracht, aus dem Grandhotel unfaßbare Köstlichkeiten zu diesem Fest nach Hause zu bringen: Gansleber, Schinken, Bäckereien, es war kaum vorstellbar, was sich da auftürmte. Dazu ein Minichristbaum, mehr der Urenkel eines Christbaumes, aber immerhin, er war mit einem halben Dutzend Kerzen und etwas Silberlametta geschmückt.

Ein paar Geschenke, Bücher in jenen Kriegsausgaben, die man damals gerade noch bekommen konnte, und praktische Dinge standen unter dem Baum. Ich hatte für Mama aus Mailand einen richtigen Pelzmantel mitgebracht. Es war kein besonders feiner Pelz, aber doch ein richtiger Pelzmantel, und Mama, deren alter Vorkriegspelzmantel bereits in Auflösung begriffen war, freute sich wie ein kleines Kind.

Es war ein wunderschöner langer Abend, der letzte in diesem Kreis für lange Zeit. Otto sollte am nächsten Tag einen Frühzug besteigen, er mußte zurück zu seiner Einheit, um dort die letzten Vorbereitungen zu seiner Flucht zu treffen. Ich erklärte ihm die verschiedenen Personen, die er kontaktieren würde, und versprach, daß ich ihm über Ulli Rüdt in Berlin noch die notwendigen Papiere zukommen lassen würde. Otto lernte alles auswendig, denn Notizen wollte er sich damals nicht machen. Der Abend war friedlich und schön, Mama las ein paar Gedichte vor. Sie schrieb damals an einem Zyklus, den sie ›Wiener Reimchronik‹ nennen wollte. An dem Abend hat sie uns ein Gedicht über einen Luftangriff vorgelesen:

Silberhelle Todesvögelschar,
Grausam schön durch Gottes Himmel reigend,
Mit diamantner Drohung übersteigend
Alles, was seit alters furchtbar war:

Keiner sieht der lichten Flüge Pracht,
Denn es hockt in Katakombendunkel,
Denn es horcht bei ängstlichem Gemunkel
Eng das Volk in feuchter Kellernacht;

Hört nur kreisenden Motorenlaut
Ob den festen Mauern schwirrend tönen,
Spürt die fromme Erde zitternd dröhnen,
Drauf die Väter einst die Stadt erbaut.

Und nach vieler Stunden Angst und Frost,
Ekler Pferchung in den nächtig-nassen
Untergründen endlich freigelassen,
Heimgegeben an der Sonne Trost,

Sehn sie breiter Brände Grau und Rot
Gassenauf den Winterhimmel färben,
Sehn sie neue Trümmer, neues Sterben,
Und sie wünschen selbst, sie wären tot.

Wir sprachen von früheren Weihnachten und was wohl in
den nächsten Monaten auf uns zukommen werde. Schließlich begann der Aufbruch. Zuerst sollte Otto gehen, dann
die Eltern und schließlich als letzter ich. Kurzer Abschied
noch im Zimmer, damit die Hausleute nichts hörten, dann
verließ uns Otto, Neda ließ ihn hinunter; ich stand noch mit
den Eltern, dann gingen auch sie. Ich saß noch eine Stunde
bei Nedica, wir tranken eine Flasche Wein und dann mußte
auch ich weg, wollte ich nicht die letzte Straßenbahn versäu-
men. Als ich das Haus von Neda verließ, sah ich am Gang
einen Mann stehen, der mich erstarrt ansah. Ich ging mit
Nedica die Stufen hinunter und flüsterte ihr zu: »Wer ist der
Mann, glaubst du, ist er von der Gestapo?« Neda beruhigte
mich: »Nein, das ist der Inhaber des Hauses, Herr Höller,
ein netter und harmloser Mensch. Der hat sich nur gewundert, daß ich noch so spät Besuch habe, sonst sicher gar
nichts.«
Ich war trotzdem unruhig und konnte lange nicht ein-
schlafen, war mir doch wenige Tage zuvor erst ein alter
Freund aus Bubentagen, Georg Reuter, begegnet, der mich
auch begrüßte, und dem ich wieder einmal – wie schon manchem anderen zuvor – abweisend gegenübertreten hatte
müssen. Schorschi Reuter hatte der Familie Spitz, mit der er

eng befreundet war, ganz harmlos von der Begegnung erzählt, und diese hatten mir wieder davon berichtet. Ich begann langsam zu spüren, daß es doch ein ziemlich gefährli-
ches und riskantes Geschäft war, was ich da trieb, aber es
blieb mir ja nichts anderes übrig. Ich konnte nicht aufgeben,
ich mußte weitermachen, zumindest so lange, bis außer mir
noch drei oder vier andere die Kontakte und die Wege kannten, bis das Netz aufgebaut, wir von den Alliierten anerkannt waren, kurz, bis eben das Ziel erreicht war. Hoffentlich würde alles bis dahin halten, hoffentlich würden wir
nicht auffliegen. Ich war voll Angst in dieser Nacht und sah
dauernd den Mann im Korridor von Nedas Haus vor mir.

Am nächsten Abend war ich in Innsbruck. Als ich dann
bei den Heubergers unsere französischen Freunde unver-
sehrt traf, war ich sehr erleichtert. Es hatte alles geklappt, die
beiden Franzosen hatten ihre Kontakte aufgenommen, das
Funkgerät war bestens installiert, ein Treffpunkt für französische Kriegsgefangene, die zu den österreichischen Partisanen wollten, war ebenfalls im Stubaital bestimmt worden,
und wir konnten am nächsten Tag zu viert die Rückreise
antreten. Am 24. Dezember gingen wir von Mailand über
die Grenze, und in der Christnacht saßen wir oben im kleinen Hotel Zentral in Sagno und tranken auf die nächsten
Weihnachten, die hoffentlich friedlicher sein würden.

12. Kapitel
Geheimkommando für Anfänger

Am 26. Dezember 1944 – dem Stephanitag, in Wien ein hoher Feiertag, fast so wie der Christtag, aber hier in der Schweiz, im streng protestantischen Gebiet »helvetischer Konfession«, ein ganz gewöhnlicher Werktag – saß ich im Hotel Bellerive bei Dr. Grimm. Hans Thalberg und die anderen Zürcher Getreuen waren herbeigeeilt, um die neuesten Nachrichten aus Österreich zu hören. Es herrschte eitel Jubel und Sonnenschein. Das Provisorische Österreichische Nationalkomitee, bei uns nur noch POEN genannt, war endlich gegründet. Was konnte man sich als Weihnachtsgeschenk im Jahre 1944 mehr wünschen?

Auch Kurt Grimm hatte gute Nachrichten: ich sollte an einem der nächsten Tage, noch vor dem neuen Jahr, zu Besprechungen nach Bern fahren. Die Alliierten hätten sich in internen Gesprächen über eine quasi Anerkennung unserer Gruppe geeinigt. Federführend würden vorerst einmal die Amerikaner sein, bei den Besprechungen sollte aber auch Geoffery Lindlar als britischer Vertreter teilnehmen, später würden auch die Franzosen beigezogen werden. Dies war für mich mindestens eine ebenso gute wie überraschende Nachricht, wie für meine Gesprächspartner mein Vollzugsbericht von der Gründung des POEN in Wien.

Zwei Tage später war ich in Bern und – nach den üblichen Abschüttelungsmanövern etwaiger deutscher Agenten – alsbald in der Herrengasse bei Allen Dulles. Gerry van Arckel war da, Gero Gaevernitz, der Engländer Edge Leslie und ein paar höhere amerikanische Militärs, die offensichtlich über das kürzlich befreite Annemasse in die Schweiz gekommen waren, um an den Besprechungen teilzunehmen. Ich berichtete Einzelheiten, die Herren notierten, nahmen die Berichte zur Kenntnis und trugen, was brauchbar schien, auf riesige Karten ein. Am Abend gab es nach einem Essen im kleinen Kreis ein grundsätzliches Gespräch. Allen Dulles teilte mir mit, die Amerikaner hätten sich entschlossen, POEN und »O5« einstweilig anzuerkennen, natürlich nur inoffiziell, in keiner Weise unter Vorgriff auf irgendwelche Entscheidungen politischer Stellen, aber immerhin würde man uns jetzt als Partner betrachten, uns im internen Verkehr so behandeln wie Alliierte und uns militärische Hilfe, Verbindungsoffiziere, Know-how und ähnliches zur Verfügung stellen.

Allen Dulles klärte mich dann über den damaligen Stand der alliierten Planung für die Entwicklung im Nachkriegseuropa auf: Deutschland und Österreich sollten voraussichtlich von drei, möglicherweise aber auch von vier alliierten Mächten besetzt werden. Bisher stünden nur drei Besatzungszonen in Deutschland und in Österreich fest. Es sei jedoch anzunehmen, daß auch den Franzosen in Südwestdeutschland und im äußersten Westen Österreichs eine Besatzungszone zugebilligt würde. Damals nahm man laut Dulles an, daß die Franzosen in Österreich Vorarlberg als Besatzungszone erhalten würden, Tirol, Salzburg und Oberösterreich würde von der aus Italien kommenden fünften amerikanischen Armee, Kärnten und Steiermark von der achten britischen Armee, die ebenfalls aus Italien vorstieß, besetzt werden. Schließlich werde die Sowjetarmee, und zwar die Truppen der 3. ukrainischen Front, Ostösterreich, also Niederösterreich, das Burgenland und Wien besetzen. Es sei jedoch möglich, fügte er hinzu, daß hier noch Veränderungen einträten, natürlich würde der Kriegsverlauf dabei eine Rolle spielen. Er persönlich glaubte, daß der Krieg in Europa etwa im Sommer des Jahres 1945 zu Ende gehen werde. Nach dem Zusammenbruch der letzten deutschen Offensive im Westen, der sogenannten Rundstedt-Offensive oder wie die Amerikaner sie nannten, der Battle of the Bulge, würde sich die Wehrmacht langsam auf die Rheinlinie zurückziehen, während die Russen voraussichtlich bis Ostern die wesentlichen Teile Polens besetzen könnten. Der schnelle Vormarsch der Russen in den Monaten Jänner bis März wurde damals von den Amerikanern und Engländern noch nicht vorausgesehen, man glaubte vielmehr, daß die Verbündeten aus Ost und West sich schließlich an der Oder treffen würden.

Es wurde auch noch für durchaus möglich gehalten, daß die Deutschen in der sogenannten »Alpenfestung«, also im Raum von Oberbayern, Salzburg, Tirol, Vorarlberg, Südtirol und Oberkärnten, noch länger durchhalten könnten. Ebenso war man der Meinung, daß die Deutschen versuchen würden, den geschlossenen verteidigbaren Raum der Slowakei, Schlesien, Böhmen, Mähren, Sachsen und Thüringen zu halten. Ein drittes Bollwerk sollten die Gebiete Dänemark, Schleswig-Holstein, Pommern, Ostpreußen auf der einen Seite der Ostsee und auf der anderen Seite das besetzte Norwegen darstellen. Im wesentlichen haben diese Voraussetzungen der Amerikaner ja gestimmt, mit Ausnahme der wichtigsten Position, nämlich der Alpenfestung. Tatsächlich fielen die Truppen von Feldmarschall Schörner auf den böhmisch-mährischen Raum zurück und hätten sich vielleicht auch noch länger halten können. Jedenfalls streckten dort intakte Kampfverbände ebenso wie in Dänemark, Norwegen und Schleswig-Holstein erst bei der allgemeinen Kapitulation die Waffen.

Die Alpenfestung allerdings stand nur auf dem Papier. Dies wußte aber damals niemand, weder im Lager Hitlers, noch in jenem der Alliierten. Auch Hitler war der Meinung, irregeführt durch allzu optimistische Berichte seiner Unterführer, es gäbe eine verteidigbare »Alpenfestung«. Verantwortlich hiefür waren unter anderem Gauleiter Hofer, der Tirol und Südtirol, das Trentino und Vorarlberg beherrschte und Gauleiter Rainer, der Kärnten und die Operationszone Adriatisches Küstenland bis Triest als »Reichslehen« hatte.

Diese beiden Gauleiter und Reichsverteidigungskommissare sowie auch der oberste SD-Chef Kaltenbrunner, der sich im Salzkammergut festsetzen wollte, bekräftigten Hitler in der Annahme, daß es eine Alpenfestung gäbe, das heißt, daß die Vorbereitungen schon wesentlich weiter fortgeschritten seien, als sie wirklich waren. Umgekehrt waren die Alliierten, übrigens auch die Schweizer Militärs, derselben irrigen Meinung. So kam es, daß Alliierte wie die deutsche Führung zum Jahresende 1944 glaubten, der Hauptwiderstand der Wehrmacht würde sich schließlich im Alpenraum, also zum großen Teil auf österreichischem Boden, konzentrieren. Deswegen war das Interesse der Alliierten am Beitrag Österreichs zu seiner eigenen Befreiung zu diesem Zeitpunkt so groß und nahm von Woche zu Woche zu. Ebenso groß war allerdings der Wunsch und das Bedürfnis der obersten deutschen Reichsstellen und insbesondere des Sicherheitsdienstes, in diesen, zum Endkampf ausersehenen Verteidigungsbastionen, jede Widerstandsaktion zu verhindern, jede Regung oppositioneller Art zu unterdrücken und alle gefährlichen Elemente von vornherein kaltzustellen. Deswegen begannen auch bereits im Herbst 1944 Präventivverhaftungsaktionen im Bereich von Oberösterreich, Salzburg, Tirol, Vorarlberg, Südtirol, Kärnten, Krain und im Triester Raum.

Allen Dulles erklärte mir auch, daß an einen ernsthaften Zwist zwischen den Russen und den westlichen Alliierten zu diesem Zeitpunkt überhaupt nicht zu denken sei. In seiner geduldigen, ruhigen und sympathischen Art setzte er sich eine halbe Stunde mit mir in seine Bibliothek, nachdem schon alle anderen gegangen waren, »to explain to you how the Soviets and the Western Allies will stick together until the very end of Hitler and his henchmen«, wie er sich ausdrückte. Er erklärte mir die Mentalität der Amerikaner, er wies darauf hin, daß es in Amerika starke Kräfte gegeben habe, die sich einem Krieg mit Deutschland lange Zeit widersetzt hätten. Erst Pearl Harbour hätte die öffentliche Meinung endgültig zu der Überzeugung gebracht, daß es notwendig sei, diesen Krieg zu führen. Doch von diesem Augenblick an habe man begonnen, ihn ganz und hundertprozentig zu führen.

Die Amerikaner, so erklärte er, seien vielleicht naive und in der europäischen Geschichte relativ unerfahrene Leute. Sie verstünden nicht sehr viel von Diplomatie. In ihrer Meinung gebe es immer zwei Lager, schwarz und weiß, the good boys and the bad boys. Die good boys seien jene, die mit den Amerikanern verbündet seien, zu ihnen gehörte daher notwendigerweise in diesem schwersten Krieg der amerikanischen Geschichte auch die Sowjetunion. Die Sowjets waren von den Deutschen überfallen worden und Amerika war von den Japanern und damit auch von den Deutschen überfallen worden. Daher würden die Amerikaner und die Sowjets in diesem Sieg zusammenhalten.

Alle Wunschvorstellungen, daß es hier zu einem wirklichen Konflikt kommen könnte, seien völlig illusorisch; und es sollte sich niemand auch nur die entferntesten Gedanken darüber machen. Ebenso sei es illusorisch anzunehmen, daß irgendwelche Regierungen, wenn sie auf seiten Hitlers gegen die Alliierten Krieg geführt hätten, eine Überlebenschance besäßen. Noch mehr gelte das für die deutsche Regierung selbst. Dulles wies mich darauf hin, daß im alliierten Lager die Politik keineswegs nur von den Amerikanern bestimmt werde, sondern daß die Engländer dank ihrer jahrhundertelangen diplomatischen Erfahrung ein sehr wesentliches Wort mitzureden hätten.

Amerikaner und Engländer würden alles daransetzen, daß in den Staaten des Donauraumes und in Osteuropa, insbesondere in Polen, Rumänien, Bulgarien, Jugoslawien, Ungarn und Tschechoslowakei, Regierungen auf Grund demokratischer Wahlen eingesetzt würden. Allen Dulles fügte allerdings hinzu: »Wir werden keinen dritten Weltkrieg führen, um die Regierungen in Sofia oder Bukarest zu bestimmen«, eine recht wesentliche Einschränkung des amerikanischen Willens, sich hier durchzusetzen.

Er hatte allerdings auch eine gute Nachricht für mich parat: Die Vereinigten Staaten und Großbritannien würden keinesfalls akzeptieren, daß etwa in Österreich oder auch in Italien nichtdemokratische oder von den Sowjets beherrschte Regierungen an die Macht kommen würden. Dies könnte – so meinte er – sogar unter Umständen zu ernsthaften Auseinandersetzungen zwischen den Alliierten führen, denn hier sei man sicher nicht bereit nachzugeben. Das Gespräch zwischen Allen Dulles und mir fand um den Jahreswechsel 1944/45 statt, also noch vor den Konferenzen von Jalta oder gar von Potsdam. In großen Zügen hat aber Dulles in diesem Gespräch den politischen Horizont der europäischen Landkarte nach dem Kriegsende schon gezeichnet. Für unsere Überlegungen und Pläne für die kommenden Monate waren die Dinge, die Allen Dulles mir an diesem Abend am Kaminfeuer erzählte, von allergrößter und ausschlaggebender Bedeutung.

Am Schluß dieses Abends bestallte mich Dulles im Auftrag des Feldmarschalls Alexander, der damals Oberkommandierender der Alliierten für Südeuropa war, und auch des amerikanischen Generals Mark Clark, des Befehlshabers der Fünften amerikanischen Armee, die in Italien stand, als Verbindungsoffizier der Austrian Underground Forces beim Allied Forces Headquarter (AFHQ) in Caserta. Ich bemerkte plötzlich, daß dies eigentlich ein feierlicher Moment war, aber Angelsachsen und insbesondere Mitglieder des Hauses Dulles pflegen einem nicht zu sagen, wenn feierliche Momente gekommen sind. Ich merkte nur, daß Gerry van Arckel mir einen leichten Stupser gab. Ich stand auf, Allen Dulles schüttelte mir die Hand und sagte: »Sie sind der erste Österreicher, der von den Alliierten als Verbindungsoffizier im Alliierten Hauptquartier anerkannt wird. Ich hoffe, wir werden gut zusammenarbeiten.«

Diese Nacht blieb ich in der Herrengasse, in irgendeiner Kammer hatte man mir ein Bett aufgestellt. In der Früh ging es sofort mit Detailbesprechungen los. Die beiden Offiziere aus dem Alliierten Hauptquartier in Caserta, einem Schloß in der Nähe von Neapel, wollten hunderttausend Dinge von mir wissen, Landkarten wurden ausgebreitet; Besprechungen über Nachschubfragen, Verbindungsoffiziere etc. liefen den ganzen Tag über. Ich erhielt die Nachricht, daß man mich in den nächsten zehn Tagen in Paris im SHAEF-Hauptquartier (Supreme Headquarters Allied Expeditionary Forces), das General Dwight D. Eisenhower unterstand, sehen wollte. Dies traf sich günstig, weil mich Capitaine de Rellier bereits nach Besançon in das Hauptquartier der Ersten Französischen Armee und anschließend nach Paris zu Besprechungen mit der französischen Regierung eingeladen hatte. Es wurde also beschlossen, daß ich am 2. Jänner nach Besançon fahren sollte und von dort weiter nach Paris. An diesem Tag wurde mir auch mitgeteilt, daß ich nunmehr innerhalb der alliierten Armeen mit dem Code des amerikanischen Geheimdienstes OSS als »K-Twenty-eight« geführt werden würde. Als solcher würde ich in Zukunft auch in allen Berichten fungieren.

Schließlich wurde mir erklärt, daß ich als Verbindungsoffizier den Rang eines Oberstleutnants hätte und berechtigt sei, im alliierten Lager die entsprechenden Dienstleistungen und »Facilities« zu erhalten. Im stolzen Alter von zwanzig Jahren direkt vom Gefreiten der deutschen Wehrmacht zum Oberstleutnant im alliierten Hauptquartier schien mir ein etwas schneller Aufstieg, und das einzige, was mich hinderte, dabei größenwahnsinnig zu werden, war die Tatsache, daß ich ja in den Gegenden, wo ich mich normalerweise aufhalten würde, nämlich im deutsch-besetzten Gebiet, wenig Gebrauch von den Privilegien eines amerikanischen Oberstleutnants machen konnte.

Anfang Jänner ging es also los, Grenzübertritt in Basel-Burgfelden, ausgestattet mit einem Ausweis der kantonalen Behörde in Zürich, daß ich als Flüchtling und Student in Zürich ansässig sei, und mit einer feudalen blauweißroten Ordre de Mission der Ersten Französischen Armee. Ein französischer Oberleutnant holte mich mit einem Auto mit den französischen Farben von der Grenze ab und brachte mich zuerst nach Montbéliard und weiter nach Besançon. Ich blieb dort zwei Tage und hatte Besprechungen mit dem Deuxième Bureau der Ersten Französischen Armee. Es ging um eine Zusammenarbeit des POEN beziehungsweise der »O5« mit dem französischen Nachrichtendienst in Norditalien und Österreich sowie darum, französische Verbindungsoffiziere und Fallschirmspringer zur Unterstützung der österreichischen Widerstandsaktivitäten einzusetzen. Am nächsten Tag wurde ich mit einer Reihe von Kandidaten, jungen französischen Offizieren, die sich als Verbindungsoffiziere nach Österreich gemeldet hatten, bekannt gemacht.

Ich wurde dem General Lattre de Tassigny vorgestellt und noch einigen höheren Offizieren der französischen Armee. Sie machten alle einen sehr vornehmen und detachierten Eindruck und wirkten im ganzen ein bißchen wie Offiziere aus dem Ersten Weltkrieg. Das war vielleicht auf ihre altmodischen Uniformkappen zurückzuführen. Es ging dann weiter nach Paris. Dort tauchte Capitaine de Rellier, der mit uns in Österreich gewesen war, auf, stellte mir seine Wohnung zur Verfügung und entpuppte sich als Herzog von Roquemorel. Er nahm mich in seine feudalen Klubs mit, führte mich überall ein, auch am Quai d'Orsay, beim Außenminister und im Büro von General de Gaulle.

Für mich war dieser Aufenthalt in Paris und die Fahrt durch Frankreich ein interessantes Erlebnis. Waren es doch kaum zwei Jahre, daß ich Paris – damals von den deutschen Truppen besetzt – verlassen hatte. Das Land war unverändert, aber man hatte das Gefühl, daß die äußeren Verhältnisse jetzt ärmlicher waren als vor zwei Jahren. In den Restaurants schien es wenig zu essen zu geben, es war auch kälter, weil wenig geheizt wurde, aber sonst war alles beim alten geblieben.

Einmal während dieser Januartage 1945 hatte ich ein Rendezvous im Hotel Claridge an den Champs Elysées. Dort hatte zwei Jahre vorher mein damaliger Vorgesetzter Riki Posch-Pastor residiert, und ich hatte ihn oft besucht, ihn vor allem häufig zusammen mit irgendwelchen schönen Damen in der Bar des Claridge getroffen. Auch diesmal sollte ich mich in der Bar mit einem Herrn treffen, der jedoch zum amerikanischen Generalkommando in Paris gehörte. Ich wartete an der Bar, bestellte mir einen Drink und betrachtete mit Interesse das lebhafte Treiben in der großen Halle; schon immer hatte ich mir ein Riviera Hotel um das Jahr 1900 so vorgestellt. Im Vergleich zum Jahr 1943 waren vor allem die Uniformen andere geworden, alliierte Khakifarben hatten das Feldgrau der deutschen Wehrmacht abgelöst.

Plötzlich klopfte mir der Portier des Hotels auf die Schulter und bat mich an seine Theke. Er flüsterte mir auf deutsch zu:

»Mensch, Molden, schauen Sie doch, daß Sie weiterkommen. Sie können doch jeden Moment verhaftet werden. Sie haben keine Ahnung, innerhalb von zehn Stunden werden Sie gehenkt, als Spion.«

Er hatte sich meiner erinnert, sogar an meinen Namen und wollte mich warnen. Ich fand das natürlich furchtbar nett, klärte ihn auf, er wollte mir aber nicht glauben:

»Machen Sie nicht solche Dummheiten, verschwinden Sie, gehen Sie zur Polizei, ergeben Sie sich. Sie waren doch kein Nazi, es wird Ihnen nichts passieren.«

Der Mann war Elsässer, sehr nett und freundlich und hatte mich schon im Jahre 1943 immer höflich behandelt. Nunmehr bot er mir an, mich in seiner kleinen Koje hinter der Portierloge zu verstecken und mich dann einem Polizeibeamten, der ständig ins Hotel käme, zu übergeben, der würde mich in ein Gefangenenlager bringen und man würde mich nicht erschießen. Schließlich zeigte ich ihm alle meine Ausweise, die ihn aber nicht beeindruckten, doch zu meinem Glück kam in diesem Augenblick Guy de Roquemorel zusammen mit meinem Amerikaner in die Hotelhalle, Roquemorels Uniform eines französischen Captaines konnte den braven Portier endlich überzeugen. Er war sehr erleichtert und brachte uns sofort eine Flasche Champagner, der damals in Paris eine Rarität war.

Von den alten Freunden aus meiner Pariser Zeit traf ich Jean Menier, der noch in seiner eleganten Wohnung lebte. Er berichtete, die Deutschen wären eigentlich ohne viel Wirbel und Theater abgezogen. In Paris hätte man nicht viel vom ganzen Umschwung gemerkt, es wären kaum Kämpfe zu spüren gewesen. Jetzt allerdings werde scharf gegen »Kollaborateure« vorgegangen. Mein kleines Hotel in der Avenue de Wagram war von amerikanischen Offizieren besetzt. Ich wohnte daher in einem anderen Hotel auf dem linken Ufer der Seine.

In diesen zehn Tagen in Paris verhandelte ich zuerst mit meinen Gastgebern, den Franzosen, und verbrachte jeden Tag mehrere Stunden am Quai d'Orsay und im französischen militärischen Hauptquartier. Es ging darum, mit dem Général Manuel vom Deuxième Bureau und dem Directeur Général aux Affaires Etrangères (Generaldirektor der Auswärtigen Angelegenheiten) am Quai d'Orsay, de Chauvel, zu verhandeln. Das Ziel war, die französische Regierung zu veranlassen, sobald als möglich das POEN zumindest als De-facto-Untergrundvertretung Österreichs anzuerkennen. Nach einem solchen ersten Schritt hofften wir, auch die Amerikaner, die uns sowieso positiv gegenüberstanden, ebenfalls zu einer Anerkennung bewegen zu können. Es hatte sich erwiesen, daß die Engländer uns mit großer Skepsis gegenüberstanden. Aber eine positive Haltung der Franzosen und Amerikaner konnte vielleicht die Engländer erweichen. Schließlich durfte man auch hoffen, mit den Russen zu positiven Beziehungen zu gelangen. Jedenfalls machte ich damals meinen ersten Besuch bei der sowjetischen Militärmission in Paris, wo mich Botschaftsrat Kozurew sehr höflich empfing.

Die Gespräche mit den Franzosen waren recht erfolgreich. Chauvel gab offiziell folgende Erklärung ab:

»Sagen Sie bitte Ihren österreichischen Kollegen, daß Frankreich mit den stärksten Gefühlen am heldenhaften Kampf Österreichs für seine Freiheit teilnimmt, und daß die französische Regierung nichts lieber wünscht, als die Wiederherstellung eines freien, demokratischen Österreich. Frankreich, das zwar an den Moskauer Beschlüssen vom November 1943 nicht teilgenommen hat, hat jedoch, wie Ihnen bekannt sein wird, vor wenigen Monaten in einer ausdrücklichen Erklärung seiner Regierung seinem Wunsch nach Wiederherstellung Österreichs als unabhängige Nation zum Ausdruck gebracht und wird alles tun, um Österreich bei seinem Kampf um die Wiederherstellung und in der ersten Zeit seiner neuen Existenz zu unterstützen. Versichern Sie, bitte, dem ganzen österreichischen Volk, daß es in Frankreich einen Freund besitzt, der um so mehr seine Leiden verstehen kann, als es aus eigener Erfahrung spricht. Für uns handelt es sich bei Österreich um die Frage: Wie können wir Österreich helfen? Eine Angelegenheit, die sich von der Art, wie wir das deutsche Problem betrachten, bei weitem unterscheidet. Teilen Sie auch Ihren österreichischen Kollegen mit, daß wir die Tätigkeit der österreichischen Résistance, die wir aus den Berichten unserer Beobachter und Verbindungsoffiziere kennen, außerordentlich zu schätzen wissen. Wir werden uns bemühen, Sie in jeder Form zu unterstützen.«

Diese Erklärung von Chauvel wurde mir auch schriftlich übergeben, und ich habe sie natürlich nach Zürich und von dort auch nach Wien gebracht. Sie war deshalb eine sehr wesentliche und fast historische Angelegenheit, weil sie als eine Vorstufe einer de-facto-Anerkennung interpretiert werden konnte.

Mit den Franzosen wurde dann die Frage einer materiellen und moralischen Hilfe für das kämpfende Österreich – »O5« – besprochen. Diese Hilfe konnte natürlich im wesentlichen nur eine symbolische sein, da Frankreich zu diesem Zeitpunkt selbst noch weitgehend am Boden lag, seine Armee fast vollkommen von amerikanischen Hilfsleistungen abhängig war und das Land sich nach einem vierjährigen Besatzungstrauma in einer schwierigen und wirtschaftlich fast hoffnungslos erscheinenden Lage befand. Die Franzosen waren aber ehrlich bereit und bemüht, mit uns zusammenzuarbeiten und haben uns dann auch in den nächsten Monaten, soweit es möglich war, mit Funkgeräten, Waffen und ähnlichen Dingen geholfen. Sie haben Verbindungsoffiziere geschickt und ihr Bestes getan, um uns auf dem politischen Parkett behilflich zu sein, indem sie – wo immer notwendig, in Paris, London und in Washington – uns bei den Verhandlungen mit den Amerikanern und den Engländern beistanden.

Ausführlich diskutierten wir die Möglichkeit, eine Österreichische Legion in Frankreich aus Emigranten und eventuell auch Kriegsgefangenen zu rekrutieren. Hier war es klar, daß wir nur in Zusammenarbeit mit österreichischen Emigrantenorganisationen weiterkommen würden. Frankreichs Regierung war grundsätzlich bereit, die Errichtung einer solchen Österreichischen Legion im Rahmen der französischen Armee zu gestatten und durchzuführen. Zu diesem Zeitpunkt wußte ich noch nicht, daß Ernst Lemberger oder – wie er damals hieß – Commandant Jean Lambert, als der höchstrangige österreichische Offizier in der französischen Armee, in wenigen Wochen bei uns im POEN und der »O5« eine so entscheidende und wesentliche Position einnehmen würde. Sein Auftauchen hat dann die ganze Situation wesentlich beeinflußt.

Es wurde am Quai d'Orsay auch vereinbart, daß ab sofort neben den Rundfunksendungen für Deutschland und für die Deutsche Wehrmacht auch Sendungen für Österreich ausgestrahlt würden. Diese Sendungen haben dann auch stattgefunden, und wir hatten im Lauf der Zeit sogar maßgeblichen Einfluß auf den Inhalt, obwohl einige der Redakteure österreichische Kommunisten waren, die mit großer Geschicklichkeit unsere Nachrichten durch Meldungen ersetzten, die sie aus Moskau erhielten.

Die letzte Aufgabe, die ich in Paris zu erledigen hatte, waren die Gespräche mit den Vertretern des Alliierten Hauptquartiers in Paris, die auf amerikanischer Seite von Colonel Vanderstrike, Dr. Lorenz Eitner, einem geborenen Wiener, James Thomas und mehreren anderen Stabsoffizieren geführt wurden. Bei diesen Gesprächen ging es vor allem um materielle Fragen der Unterstützung des kämpfenden Maquis in den österreichischen Bergen. Es wurde nach einigem Hin und Her vereinbart, daß drei amerikanische Scout Liaison Officers als Vortrupp nach Österreich entsandt werden sollten, und zwar je einer nach Tirol, Kärnten und Wien. Leutnant Fred Mayer war für Tirol, Captain Rudolph Charles von Ripper für Kärnten und Captain Jack Taylor für Wien ausgewählt worden.

Diese drei hatten den Auftrag, die Grundverbindung zu der in Wien, Tirol und Kärnten tätigen »O5« und zu den politischen Stellen des POEN aufzunehmen. Mit Hilfe der von ihnen mitgenommenen Funkgeräte sollten sie den Abwurf der ersten bei meinen Pariser Besprechungen vereinbarten Hilfssendungen dirigieren. Es wurde festgelegt, daß nach Tirol und Kärnten je fünfhundert Maschinenpistolen, fünfhundert Pistolen, zwanzig zerlegte Maschinengewehre, drei Tonnen Plastiksprengstoff und Sabotagematerial sowie Munition und zwei zusätzliche transportable Funkgeräte abgeworfen werden sollten.

Die drei Verbindungsoffiziere hatte man gründlich ausgesucht und auf Herz und Nieren geprüft, ebenso die beiden als nächste Etappe vorgesehenen Offiziere, nämlich Leut-

nant Joe Horneck und Karl Nováček. Nováček war ein
Österreicher, der, nachdem er 1942 in amerikanische Gefangenschaft geraten war, sich sofort als Sozialist bekannt hatte.
Nach einer Umschulung war er in die amerikanische Armee
aufgenommen worden. Nováčeks wahrer Name ist mir nicht
bekannt geworden. Joe Horneck war in Wirklichkeit Josef
Freiherr von Franckenstein; den Namen Horneck wählte er
nach der Figur des Chronisten Horneck, der in Grillparzers
»König Ottokars Glück und Ende« die Rede über Österreich hält. Josef Franckenstein stammte aus einer alten Tiroler Familie, die in der Nähe von Hall zu Hause war. Sein
Onkel Georg war bis 1938 österreichischer Botschafter in
London gewesen. Nováček, Horneck und Ripper wurden
von mir ausgesucht, Fred Mayer und Jack Taylor dagegen
waren bereits zum Absprung in Österreich ausersehen, bevor ich nach Paris kam.

Mayer und Ripper, die als erste in Österreich absprangen,
haben ihre Aufgaben hervorragend bewältigt. Jack Taylors
Absprung verzögerte sich aus technischen Gründen mehrfach. An seine Stelle trat dann Ernst Lemberger, der aber
nicht mit dem Fallschirm absprang, sondern mit mir nach
Wien fuhr. Mayer wurde am Sulztaler Ferner abgeworfen
und führte die Ötztaler Partisanen; von der Gestapo im
April 1945 gefangengenommen, kam er ins KZ Reichenau
bei Innsbruck, von wo er flüchtete, um an der Befreiung
Tirols mit der Waffe in der Hand teilzunehmen.

Rudi Ripper, der in Kärnten absprang und sich bis in das
obere Mölltal durchschlagen konnte, hat seine Aufgabe
ebenfalls erfolgreich gelöst. Er besaß noch Kontakt mit dem
im Bachergebirge in der Untersteiermark tätigen Wider-
standskreis um den Wiener Hubert Ziegler.

Ziegler, der zu einer Wiener Widerstandsgruppe gehört
hatte, war 1944 untergetaucht und in die Südsteiermark gegangen, er hat dort eine zum Großteil aus Wiener Deserteuren bestehende Widerstandsgruppe aufgebaut und recht
frühzeitig mit Hilfe eines zusammengebastelten Amateur-
funkgerätes Verbindung mit dem Alliierten Hauptquartier
in Caserta hergestellt. Rudi Ripper war der letzte, der Ziegler noch lebend gesehen hat, er traf ihn in den Bergen südlich
von Lavamünd an der unteren Drau. Ziegler ist dann im
März 1945 bei einer Schießerei mit der SS getötet worden.
Seine Gruppe war auch in Kontakt mit Dr. Lujo Tončić-

Sorinj, der ebenfalls diesem Kreis, dem auch Nikolaus Maasburg nahestand, angehörte. Tončić wechselte später nach Dalmatien hinüber, um von dort aus Verbindung zu den Alliierten in Caserta herzustellen.

Ripper geriet, bereits auf dem Rückweg, am Bahnhof von Spittal/Millstätter See einer deutschen Streife in die Hände, konnte sich aber herausschießen, sprang auf einen fahrenden Zug und verschwand in den Lienzer Dolomiten. Von dort schlug er sich quer durch das deutsch-besetzte Gebiet bis zum Po durch, den er durchschwamm, und konnte dann südlich von Bologna die alliierten Fronten wieder erreichen. Rudolph von Ripper war ein ganz einzigartiger Typ. Sein Großvater war ein hoher österreichischer Offizier gewesen, sein Vater k. u. k. Admiral, er selbst war ein moderner junger Künstler, genau das, was man einen Vertreter der »entarteten Kunst« im Dritten Reich nannte.

Rippers Karriere als Künstler war zunächst relativ kurz gewesen. Im Jahre 1932 besuchte er die Kunstakademie in Berlin. Den ersten Auftrag seines Lebens erhielt er von der Sozialdemokratischen Partei in Berlin: Er sollte ein Plakat gegen die Nazis entwerfen. Er tat dies; es war ein sehr scharfes, sehr witziges Plakat, in dem Hitler und der Nationalsozialismus ad absurdum geführt wurden. Das Plakat wurde am 25. Jänner 1933 affichiert, am 30. Jänner kam Hitler an die Macht, und bald war Ripper unter den ersten hundert Leuten, die ins KZ Oranienburg gebracht wurden. Nach verschiedenen Bemühungen gelang es der österreichischen Regierung, mit Hilfe ihres Gesandten in Berlin, den jungen Ripper wieder aus dem KZ herauszuholen. Er wurde nach Österreich abgeschoben.

Rudi Ripper ging im Jahre 1936 nach Spanien, wo er sich als Maschinengewehrschütze in der republikanischen Luftwaffe anwerben ließ. Eines Tages wurde sein Flugzeug abgeschossen. Er stürzte ohne Fallschirm aus 100 Meter Höhe auf eine Plantage und hatte das Glück, so günstig auf einen Orangenbaum zu fallen, daß er sich nur vier Rippen brach. Von den Falangisten gefangengenommen, wurde er zum Tode verurteilt, aber begnadigt, und saß Monate im Gefängnis, bis es ihm gelang, nach Frankreich zu flüchten. Von dort ging er weiter nach Amerika, meldete sich dort bei Kriegsausbruch sofort freiwillig, sprang auf den Aleüten ab und ließ sich schließlich in Nordafrika an Land setzen, wo er als

OSS-Agent im arabischen Untergrund tätig war. Dann gelang es ihm, in Italien während des Feldzuges von Sizilien bis Rom noch vier- oder fünfmal verwundet zu werden. Ich habe selten einen Körper mit so vielen Narben gesehen. Ripper war ein warmherziger Mensch, wenn er einen mochte. Konnte er aber jemanden nicht leiden, so war es für diesen besser, ihm aus dem Weg zu gehen. Übrigens stellte Joe Franckenstein einen ähnlichen Typ dar. Innerlich herzlich, warm, ein großer Patriot, der Gedichte las, Rilke zitierte, war er aber nebenbei ein Riesenschläger, der mit dem Lied »Heimatschützer samma, Messer aus der Scheid, einigstochen, ummadraht, ha, des is a Freud« den Tag zu beginnen pflegte.

Bei diesen Besprechungen in der amerikanischen Botschaft wurde der Grundstein für die ganze weitere Entwicklung in den beiden Hauptkampfgebieten der »O5«-Partisaneneinsätze, nämlich in Tirol einerseits, und in Kärnten und Südsteiermark andererseits, gelegt. Das dritte Kerngebiet des aktiven österreichischen Widerstandes in den entscheidenden Monaten bis zum Frühjahr 1945 war das Salzkammergut, und dort das Höllengebirge, wo Leute höchst aktiv tätig waren, die von England aus ihre Untergrundkarriere begonnen hatten. Es war dies der Widerständler Gaiswinkler aus dem Ausseer Land. Albrecht Gaiswinkler war ein Sozialdemokrat, der im Herbst 1944 in Zusammenarbeit mit der britischen Armee im Höllengebirge mit dem Fallschirm absprang, und dem es dann gelungen ist, im ganzen Ausseer Land ein hervorragend funktionierendes Widerstandsnetz aufzubauen und dieses Gebiet und seine weitere Umgebung bis hinunter zum Traunsee rechtzeitig vor dem sich dort versammelnden letzten Aufgebot des Dritten Reiches zu schützen, die Zerstörung der unersetzlichen Kunstschätze in den Salzbergwerken von Aussee zu verhindern und Tausenden von Menschen das Leben zu retten. Zwischen der Gruppe um Gaiswinkler und der »O5« gab es jedoch leider keinerlei Kontakte.

Erst in den letzten Wochen vor Kriegsende gab es hier erste Verbindungen, zu einer wirklichen Kooperation kam es aber nicht mehr. Das war eine der großen Tragödien des Widerstandes in Österreich, daß es erst spät – und oft gar nicht – gelang, die verschiedenen aktiven Gruppen zusammenzubringen und ihre Tätigkeit zu koordinieren. Zum Teil war dieses Versagen auch auf die Alliierten zurückzuführen. Die Engländer, die mit Gaiswinkler engsten Kontakt hatten, hüteten sich bis zum Mai 1945, uns ein Wort von der Existenz dieser Gruppe zu sagen. Sie ließen es zu, daß wir damals in demselben Gebiet Leute mit Fallschirmen absetzten, die von der SS erwischt und hingerichtet wurden, nur weil sie nicht wußten, daß Gaiswinkler und seine Freunde dort bereits Schutzzonen hatten. Das war die Folge des Kampfes der Geheimdienste untereinander, besonders der Kampf der Engländer gegen die Amerikaner und Franzosen, unter dem wir in dem ganzen letzten Kriegsjahr schwer zu leiden hatten. Die Engländer betrieben dieses Geschäft nicht immer auf die feine britische Art.

In jenen Tagen in Paris habe ich dann noch einen wirklichen Freund kennengelernt: Martin Herz. Bei einer der vielen Sitzungen in der amerikanischen Botschaft und in den Büros des OSS erschien ein junger US-Major, mit einem gutgeschnittenen, gescheiten Gesicht, der mit großen, interessierten Augen zuhörte, wenig sprach, nur hie und da eine Frage einwarf. Bei einem Spaziergang stellte er mir sehr viele Fragen über Österreich, und ich hatte das Gefühl, der Mann müsse unser Land sehr gut kennen, ja, sei vielleicht sogar geborener Österreicher. In jenen Jahren pflegte man die Leute nicht nach Namen und Herkunft zu fragen, besonders nicht in der Branche, in der ich damals tätig war. Ich habe Martin dann oft wiedergesehen: zuerst wenige Tage nach Kriegsende in Innsbruck, wo er plötzlich auftauchte und im Druckereigebäude einer dortigen Zeitung, im Haus der Wagner'schen Universitäts-Buchdruckerei, eine Sitzung führender Widerstandsleute abhielt. Auf Grund unserer Vorstellungen erreichte er dann beim amerikanischen Gouverneur, daß eine Zeitung gegründet wurde, die heute noch existiert, die ›Tiroler Tageszeitung‹. Einer der Führer der Tiroler Widerstandsbewegung, Oberleutnant Josef Moser, übernahm dann deren Herausgabe.

Von Paris reiste ich mit einem Flugzeug der amerikanischen Luftwaffe, einer C 47, nach Caserta. Wir landeten am Nachmittag im fast schon frühlingshaften Neapel auf dem stark zerstörten, aber wieder in Betrieb genommenen Flugplatz. Ein paar Jeeps standen neben dem Flugzeug. Ich war nicht allein von Paris gekommen, ein halbes Dutzend amerikanischer Generale, einige Herren in Zivil und ein katholischer Prälat waren mitgeflogen. Ich stieg aus, und vier oder fünf amerikanische Offiziere kamen sofort auf mich zu. Sie mußten mein Bild schon irgendwo gesehen haben. »Sie sind Jerry Wieser«, sagte einer. Ich nickte, denn so lautete mein damaliger »nom de guerre«, und sie stellten sich vor: Colonel Howard Chapin, Lieutenant Commander Alfred Ulmer, Captain Jim Hudson und Lieutenant Fred Harris.

Die OSS, Office of Strategic Services, der amerikanische Geheimdienst des Zweiten Weltkrieges, dessen oberster Chef der berühmte General Bill Donovan – genannt »Wild Billy« – war, hatte eine etwas komplizierte und dem Laien schwer verständliche Einteilung. Das Alliierte Hauptquartier in Caserta war für Südeuropa, also für die italienische Front, aber auch für ganz Österreich zuständig. Die ihm unterstehenden OSS-Einheiten bildeten das 2677. Regiment. Das Detachment A war die für Österreich zuständige Abteilung. Kommandeur war Colonel Chapin, sein Stellvertreter Lieutenant Commander Ulmer. Jim Judson und Fred Harris waren zugeteilte Offiziere dieser Abteilungen. Mit diesen vier Männern sollte ich in den nächsten sechs Monaten sehr viel zu tun haben.

Sie begrüßten mich, als wären wir alte Freunde. Im Englischen gibt es ja kein Du oder Sie, aber sie nannten mich sofort beim Vornamen, baten mich, dasselbe zu tun, was für mich als Mitteleuropäer mit dazugehöriger Erziehung am Anfang noch etwas neu war. Hier begegnete ich ja zum erstenmal unmittelbar der amerikanischen Armee, in deren riesigem Hauptquartier, im Königspalast von Caserta, mehr als zehntausend Offiziere, Militärbeamte und Unteroffiziere um die Führung des Italienfeldzuges bemüht waren.

Das AFHQ war auch für die alliierte Landung in Südfrankreich zuständig, bis die Invasionstruppen schließlich nördlich von Lyon sich mit den von der Normandie durch Frankreich nach Osten vormarschierenden alliierten Streitkräften vereinigten. Das AFHQ hatte ferner die Planung für eine Balkaninvasion zu besorgen, die von Churchill immer wieder forciert wurde. Auf Grund von Meinungsverschiedenheiten zwischen Churchill und Roosevelt und vor allem auf Grund der vehementen Proteste Stalins kam es schließlich nicht zu der in Mitteldalmatien und Montenegro geplanten Landung alliierter Streitkräfte, die zu diesem Zweck schon in großer Zahl in Italien bereitgestellt worden waren.

Österreich war im Jänner 1945 das einzige zum alliierten Hauptquartier Caserta gehörige Gebiet, in dem noch keine alliierten Truppen standen und das noch als Ganzes zu erobern war. Natürlich hatten daher österreichische Angelegenheiten immer wieder Vorrang. Ich merkte das sofort. Nach einem frugalen Abendessen in der Messe des OSS-Hauptquartiers, die in einem Nebentrakt des großen Palastes von Caserta untergebracht war, wurde ich von Howard Chapin zum Oberkommandierenden der Fünften Amerikanischen Armee, zum berühmten General Mark Clark, gebracht.

General Mark Clark empfing mich in seinem geräumigen, sehr einfach eingerichteten Arbeitszimmer. Er war sehr groß und schlank, so daß ich, obwohl ich ja selber nicht gerade klein bin, zu ihm aufschauen mußte. Er schüttelte mir die Hand, versicherte mir, von Allen Dulles bereits einiges über mich gehört zu haben, und gratulierte mir zu meiner erfolgreichen Rückkehr aus dem besetzten Wien. Er wollte dann Näheres über die Verhältnisse in Wien wissen.

Ferner interessierten ihn besonders Berichte über die in Ungarn im Einsatz stehenden deutschen und sowjetischen Armeen. Ich erzählte, was ich wußte und berichtete dann auch ganz harmlos die Erzählung deutscher Verwundeter in Wien, daß bei der Besetzung der ungarischen Stadt Miskolc die einmarschierenden sowjetischen Truppen fast alle in ihre Hände gefallenen ungarischen Frauen vergewaltigt hätten. Als General Mark Clark dies hörte, erhob er sich abrupt von seinem Sessel:

»Beenden wir das Gespräch. Wenn ich nicht von Allen Dulles über Ihre Integrität informiert worden wäre, würde ich Sie jetzt verhaften lassen. Auf jeden Fall möchte ich Sie ein für allemal ersuchen, in meiner Gegenwart nicht solche Lügenmärchen deutscher Propaganda über unsere sowjetischen Alliierten zu verbreiten.«

Howard Chapin und Al Ulmer begleiteten mich zurück in mein Quartier. Dieser erste Besuch bei General Clark war völlig schiefgelaufen. Ich war sehr erschrocken und entschuldigte mich bei Chapin. Ich versicherte ihm, ich hätte diese Mitteilung über die Vergewaltigung der Frauen von Miskolc von einem verwundeten österreichischen Offizier erhalten, der in russische Gefangenschaft geraten sei und dann flüchten konnte. Dieser Mann sei alles, nur kein Nazi, und ich hätte keinerlei Anlaß, an seinen Worten zu zweifeln.

Chapin beruhigte mich, er selbst habe auch schon mehrfach ähnliche Berichte gehört und er fürchte, daß sie möglicherweise stimmen könnten. Er erklärte mir dann, daß in der amerikanischen Armee solche Dinge deshalb als deutsche Propaganda betrachtet würden, weil man sie ganz einfach nicht für möglich halte. Die Sowjets seien Freunde und Verbündete und daher müßten sie blütenrein und anständig sein. Ich merkte, daß ich hier ins Fettnäpfchen getreten war, und nachdem ich gar kein Interesse hatte, antisowjetische Propaganda in Caserta zu verbreiten, beschloß ich, in Zukunft in dieser Richtung den Mund zu halten.

Einige Wochen später, als ich neuerlich nach einer Wien-Reise wieder nach Caserta kam und von General Clark empfangen wurde, erwähnte er noch einmal jenen Vorfall. Er entschuldigte ein wenig sein schroffes Verhalten, und ich meinerseits bedauerte, daß ich vielleicht mit meinem schlechten Englisch einen falschen Eindruck erweckt hätte. Damit war der Konflikt zwischen General Clark und mir bereinigt. Er war in Zukunft immer freundlich und nett, später sogar freundschaftlich mir gegenüber. Am Ende seines Wiener Aufenthaltes hat er mich dann sogar in Washington für die Verleihung einer der höchsten amerikanischen Kriegsauszeichnungen vorgeschlagen.

Interessant ist allerdings, daß sich die Auffassungen von General Mark Clark in Sachen Sowjetunion und Verhalten der russischen Truppen innerhalb des nächsten Jahres entscheidend ändern sollten. Schon Anfang 1946, also nur ein Jahr nachdem er mich aus seinem Büro fast hinausgeworfen hatte, war Mark Clark nicht zuletzt angesichts dessen, was er in Wien mit den Russen erlebt hatte, zu einem der ersten »kalten Krieger« geworden. Ich meinerseits fand die Vergewaltigung ungarischer Frauen durch sowjetische Truppen erschreckend, insbesondere für die betroffenen Frauen. Aber als Mitteleuropäer wußte ich, daß seit Jahrtausenden wilde Kriegshorden – ob es nun Magyaren, Türken oder Russen waren – nach einer gewonnenen Schlacht und vor allem nach einem langen und entbehrungsreichen Krieg außer Rand und Band geraten und es dann auch zu Massenvergewaltigungen der Frauen der Besiegten – und auch der Verbündeten, siehe Jugoslawien – kommen kann. Mir schien das keineswegs als ein Zeichen besonderer Tücke der Russen, sondern höchstens als ein Hinweis auf den Zustand, in dem sich die sowjetische Armee nach vier Jahren schwersten Kampfes befand. General Mark Clark hingegen als amerikanischer Puritaner hatte da natürlich ganz andere Auffassungen. Vergewaltigung war ihm schon an sich etwas unfaßbar Furchtbares, und der Gedanke, daß verbündete Soldaten so etwas getan haben könnten, schien ihm im Jänner 1945 absurd.

Im Jahre 1946, als General Mark Clark der Hauptwiderpart der Sowjetunion in den Auseinandersetzungen um Österreich geworden war, als er im Alliierten Rat in Wien fast bei jeder der wöchentlichen Sitzungen mit dem sowjetischen Hochkommissar in Österreich in schweren Streit geriet, hatte sich die Situation vollkommen gewandelt. Mark Clark besaß nun alle Informationen der amerikanischen Missionen in Osteuropa, die ihm das Verhalten der sowjetischen Truppen, aber auch das Verhalten der sowjetischen Staatsführung bei der Lösung der politischen Nachkriegsprobleme dieser osteuropäischen Opfer Hitlers darlegten. Aus dem Saulus war ein Paulus geworden, aus dem Waffenbruder ein Erzfeind und kalter Krieger.

Howard Chapin und seine Leute in der OSS-Abteilung für Österreich in Caserta kannten jeden Beistrich meiner bisherigen Berichte. Allen Dulles hatte sie ihnen geschickt. Sie wußten in Wien fast so gut Bescheid wie ich, obwohl keiner von ihnen die Stadt anders als auf der Landkarte gesehen hatte. In ihrem Stab, der in der Nähe des Caserta-Palastes und in dem kleinen Badeort Quercinella bei Livorno untergebracht war, gab es allerdings eine Reihe ehemaliger Österreicher, die natürlich Wien sehr gut kannten, allerdings ein Wien, das es längst nicht mehr gab, das Wien der Zeit vor 1938.

Howard Chapin und Al Ulmer, mit denen ich mich bald sehr eng befreundete, benützten die wenigen Tage meines Aufenthaltes in Caserta, um sich über Österreich und die Stimmung der Österreicher genau zu informieren. Da Allen Dulles, den sie alle nur A.W.D. nannten, dem jungen »K-28« vertraute, war ich für sie in Ordnung. Weil meine amerikanischen Reisedokumente und auch meine in Caserta notwendigen Akkreditierungen auf Gerald Wieser ausgestellt waren, nannten sie mich Jerry. Bald herrschte zwischen uns vorbehaltloses Vertrauen und große Herzlichkeit. Sie kamen mir offen und reizend entgegen, wie ich es in meinem bisherigen militärischen Leben nicht erfahren hatte. Aber ich kannte eben noch keine jungen Amerikaner dieser erfolgs- und fortschrittsgläubigen Generation, die im Jahre 1945 den harten Kern der siegreichen, amerikanischen Armee und überhaupt der amerikanischen Weltmacht bei der Eroberung Europas darstellten.

Es war eine optimistische, eine positiv denkende, eine aktive und trotz allem aber auch sehr moralische Generation von jungen Männern und Frauen, die glaubten, eine Art Rechtsanspruch auf Glück und Erfolg vom lieben Gott mitbekommen zu haben. Sie waren der Überzeugung, daß das amerikanische Zeitalter angebrochen sei und der Welt Glück und Frieden bringen werde. Ich mit meinen zwanzig Jahren war tief von dieser Philosophie und von ihren Trägern, den jungen Amerikanern, mit denen ich zu tun hatte, beeindruckt. Es waren alles ordentliche, vernünftige, intelligente, gut gewachsene, wohlgenährte und fröhliche junge Leute.

Ihr Land schien auf dem Höhepunkt des technischen und wissenschaftlichen Fortschrittes zu stehen, ohne dabei die wesentlichsten humanitären Voraussetzungen für den Antritt der Weltherrschaft vergessen zu haben. Damals – 1945 – schienen mir die Amerikaner vor allem im Besitz einer grenzenlosen Freiheit zu sein, und zwar der Freiheit in all ihren Formen. Sie waren politisch frei, sie waren aber auch sonst sehr freie Menschen, und zwar im besten Sinne des Wortes.

Sie waren Demokraten, sie glaubten an die Erfolge und an die moralischen Werte der parlamentarischen Regierungsform und der demokratischen Lebensweise des einzelnen und ganzer Völker. Alles das imponierte mir, alles das hatte mir in Deutschland und – soweit ich es früher als Bub hatte beurteilen können – auch im autoritären Österreich Schuschniggs und Dollfuß', gefehlt. Kein Wunder daher, daß ich in diesen Monaten, als ich zum erstenmal mit Bürgern der Vereinigten Staaten von Amerika, mit ihren Lebensformen und mit ihren politischen Erscheinungen in Kontakt kam, zu einem begeisterten Anhänger des amerikanischen Lebensstils wurde. Amerika schien mir die Heimat der Freiheit, die Heimat des Fortschrittes und die Heimat einer optimistischen Lebensphilosophie zu sein, die ich teilen und in meiner eigenen Heimat zum Durchbruch bringen wollte.

In späteren Jahren habe ich dann bei meinen langen Aufenthalten in den Vereinigten Staaten auch sehr viele Schattenseiten Amerikas kennengelernt. Ich habe dann bemerkt, daß man nicht alles in »schwarz« und »weiß« einteilen kann, daß die Philosophie von den good boys und den bad boys auf die Dauer nicht durchgezogen werden kann, weil es eben auch grey boys gibt. Ich habe gelernt, daß die Landkarte nicht nur aus weißen und schwarzen Flecken besteht. Ich mußte erfahren, daß die einen nicht immer böse und die anderen nicht immer gut sind. Ich habe auch gelernt, daß der Überschuß an Freiheit zu sehr negativen Folgen führen kann.

Aber damals, vor etlichen Jahrzehnten, als ich das Amerika des Jahres 1945 kennenlernte, zuerst in Caserta und in den amerikanischen Armeelagern Europas und bald darauf auch in den Vereinigten Staaten selbst, damals glaubte ich, wahrscheinlich ähnlich wie die vielen Millionen europäischer Einwanderer des 19. Jahrhunderts, fast ein Paradies auf Erden zu finden. Ich befand mich damit übrigens in bester Gesellschaft.

Howard Chapin und Al Ulmer schleppten mich in diesen Tagen zu allen nur möglichen amerikanischen Kommandostellen. Insbesondere auch zum Oberkommando der 15. Luftflotte, die von Caserta und von ihrem Hauptstützpunkt Bari aus die Bombardierungen in Süddeutschland und in Österreich durchführte. Ich unternahm damals schon die ersten Versuche, die Einstellung der Flächenbombardierungen Wiens und anderer österreichischer Städte zu erreichen. Ich versuchte, vorerst allerdings völlig vergeblich, den amerikanischen Luftwaffengenerälen klarzumachen, welche negative psychologische Wirkung ihre Bombardements österreichischer Städte bei der betroffenen Bevölkerung haben mußten. Wenige Wochen später sollte ich hier neuerlich zu einer schwierigen, am Ende aber auch erfolgreichen Mission anzutreten haben.

Es wurden in Caserta auch viele Gespräche über die baldmöglichst einzusetzende amerikanische Waffenhilfe für unsere Tiroler, Kärntner und Wiener »O5«-Einheiten geführt. Ich mußte auch einige Funkoperateure begutachten, die nach Österreich eingeschleust werden sollten, sowie Instrukteure für die »O5«-Einheiten, wobei allerdings unsere Kandidaten von Paris, nämlich Freddy Mayer, Rudi Ripper, Joe Franckenstein, Karl Nováček und Jack Taylor die ersten fünf Plätze für den Ersteinsatz behielten.

Die schönen Tage von Caserta vergingen sehr schnell; schon flog ich wieder aus dem Vorfrühling Süditaliens nach Norden und landete auf einem verschneiten Feldflugplatz in der Nähe von Annemasse, dem nächsten möglichen Landeplatz für amerikanische Flugzeuge in der Nähe der Schweizer Grenze. Ein Jeep brachte mich an den Grenzübergang, ein Lieferwagen einer Blumenhandlung dann wohlgetarnt nach Genf. Meine Schweizer Freunde aus Bern hatten einen Herrn gesandt, der dafür sorgte, daß ich ungeschoren die Grenze passieren konnte und bald saß ich wieder im gewohnten Leichtmetallwaggon der Schweizerischen Bundesbahn, der mich nach Zürich brachte.

In den nächsten Tagen hatten wir in Zürich nicht nur die Resultate meiner Pariser und Caserta-Besprechungen zu verarbeiten, sondern mußten uns auch mit ziemlich schwierigen finanziellen Problemen beschäftigen. Widerstand und geheime Kommandoarbeit kosten nämlich, ebenso wie das Kriegführen im allgemeinen, viel Geld. Bei der Beschaffung der notwendigen Geldmittel im Lande selbst, also in Österreich, hatten wir nie wirkliche Probleme. Es gab damals fast nichts in Österreich, was im Winter 1945 leichter zu haben war als Geld für Widerstandstätigkeit. Eine große Anzahl von Patrioten hatte flüssige Mittel, die sie zur Verfügung stellten. Aber das war der kleinere Teil der Budgetmittel, die die »O5« und das POEN auszugeben in der Lage waren. Die größten Summen kamen von jenen Leuten, deren politischer und persönlicher Standort bis vor kurzem auf der Seite der nationalsozialistischen Machthaber gewesen war und die jetzt durch die Kriegslage Gefahren für ihr Eigentum, ihre Fabriken oder ihren Gutsbesitz heraufkommen sahen. Hier wurde den für die Geldbeschaffung verantwortlichen Leuten der Widerstandsbewegung mehr Geld angeboten, als sie notwendig hatten.

Ich erinnere mich beispielsweise an einen Textilindustriellen aus Tirol, einen Mann mit bekanntem Namen und einer großen Fabrik, der schon im Sommer 1944 zu einem ihm bekannten, antinazistischen Österreicher kam und ihm eine Million Mark für die Widerstandsbewegung anbot. Der von ihm besuchte Herr erschrak fürchterlich, hatte er doch bis zu diesem Zeitpunkt von einer Widerstandsbewegung überhaupt nichts gehört, und da er ein vielfacher Familienvater und eher ängstlicher Mensch war, wollte er auch mit einer solchen Bewegung nichts zu tun haben. Er wies den bei ihm vorsprechenden Herrn daher entrüstet von sich, dieser mußte seine Million Mark, die er in einem Koffer gleich mitgebracht hatte, wieder mitnehmen. Einige Monate später erzählte der erschrockene Familienvater einem unserer Tiroler Mitarbeiter, dem Rechtsanwalt Dr. Karl Höflinger, diese Geschichte. Wenig später traf ich in Innsbruck ein und Höflinger berichtete mir von der frei herumschwimmenden Million des Innsbrucker Textilindustriellen. Wir beschlossen nach kurzer Diskussion, das Geld sofort zu kassieren.

Höflinger wandte sich an den ängstlichen Freund und ersuchte ihn, doch die Million des Textilindustriellen anzunehmen und sie ihm zu überreichen. Dies geschah auch in etwas romantischer Weise in einer mondhellen Nacht auf der Innsbrucker Hungerburg. Höflinger übernahm, maskiert und mit Schlapphut, wie im Höttinger Bauerntheater, das Geld des Textilindustriellen und übergab diesem eine Empfangsbestätigung, die er allerdings nicht mit seinem Namen, sondern mit drei Kreuzen unterschrieb. Auf dringende Urgenz des um seine Existenz nach Ende des Tausendjährigen Reiches besorgten Textilindustriellen versprach ihm Höflinger, er werde unmittelbar nach der Befreiung Innsbrucks seine Identität lüften. Im Mai des Jahres 1945 hat dann Höflinger auch sein Wort gehalten. Er ging zum Textilindustriellen und stellte ihm diesmal eine echte, mit Namen gezeichnete Empfangsbestätigung aus. Der Mann war glücklich und glaubte sich vor allen Verfolgungen gesichert.

Ähnliche Fälle gab es in Österreich an den verschiedensten Orten, und daher fehlte es der Widerstandsbewegung im Lande nicht an Geld; dafür mangelte es stets an Waffen, Munition und anderem Gerät. Ganz anders war die Situation in der Schweiz und später auch in Frankreich und England. Dort gab es keine Gelder, die wir von ängstlich gewordenen Nationalsozialisten überreicht bekamen, vielmehr waren wir auf die relativ kleinen Beträge angewiesen, die uns in der Schweiz oder in Norditalien lebende Österreicher zur Verfügung stellen konnten. Dr. Kurt Grimm, der der Säckelwart des Schweizer Komitees der Widerstandsbewegung war, hat wohl sehr oft in seine eigene Tasche gegriffen, um die immer wieder auftauchenden Engpässe in der Geldversorgung der Widerstandsbewegung zu beheben.

Unsere Freunde von der schweizerischen Armee waren

uns sowieso schon oft genug im letzten Moment zu Hilfe gekommen. Wir nahmen ihre Unterstützung in Form von Dokumenten, Waffen und Geräten gern entgegen. Die Geldbeträge, die sie uns einige Male, besonders am Anfang zur Verfügung stellten, freuten uns viel weniger, weil wir ganz einfach in Sachen Finanzen empfindlicher reagierten als bei Maschinenpistolen oder Donarit. Das ist verständlich, wenn man unsere damalige Lage betrachtet. Wir wollten ganz einfach von niemandem, nicht einmal von den neutralen Schweizern in finanziellen Dingen abhängig sein.

Die Amerikaner haben uns immer wieder größere Geldbeträge angeboten, aber wir wollten auch von ihnen keine Subventionen akzeptieren. Schließlich wurde ein von Kurt Grimm und Anton Linder ständig zu kontrollierender Fond ins Leben gerufen, in den die verschiedenen Spenden, woher sie auch kommen sollten, einflossen. Die Verwendung der Mittel wurde dann von den verantwortlichen Herren bestimmt und kontrolliert. Ich selber hatte Gott sei Dank mit Finanzen nie etwas zu tun, aber ich kann mich noch genau erinnern, wie Kurt Grimm, Linder und Hans Thalberg verzweifelt vor leeren Kassen zu sitzen pflegten. Irgendwie ist es schließlich doch immer noch gegangen. Wir sind mit unseren Mitteln genau bis zum Kriegsende, das ja zu guter Letzt schneller kam, als wir und der Rest der Welt es erwartet hatten, durchgekommen. Auf diese Weise konnten wir alle vermeiden, jemals im – noch so honorig gemeinten – »Solde« irgendeiner alliierten Macht stehen zu müssen.

Was mir persönlich allerdings nicht viel genützt hat, denn die kommunistische Propaganda von Moskau über Prag, Ostberlin bis zur Wiener KP-Postille ›Volksstimme‹ hat trotzdem durch Jahrzehnte behauptet, ich sei während und nach dem Krieg als (natürlich hochbezahlter) amerikanischer Agent tätig gewesen.

13. Kapitel
Meisterplan mit Hindernissen

In den letzten Jännertagen traf ich im altmodischen Basler Hotel National das erstemal mit Jean Lambert, so lautete der Deckname für Dr. Ernst Lemberger, zusammen. Ein zarter, kleiner, jüngerer Herr mit dunklem Haar, damals noch ohne Schnurrbart, stand mir gegenüber. Ich wußte, daß Lemberger als Commandant Jean Lambert in der französischen Armee und im französischen Maquis eine große und heldenhafte Rolle gespielt hatte. Er hatte die höchsten französischen Kriegsauszeichnungen erhalten und wurde von der Région Midi der französischen Résistance nach Paris geschickt, um General de Gaulle die Befreiung dieses Gebietes zu melden.

Jean Lambert stammte aus einer Wiener sozialdemokratischen Familie; seine in Wien verbliebene Mutter, Bertha Lemberger, war Bezirksrätin und langjährige Funktionärin der Sozialdemokratischen Partei gewesen. Lemberger hatte in Wien Jus studiert und war nach dem Anschluß nach Frankreich emigriert. Er ging dann in die französische Armee und nach der Kapitulation 1940 bald in den Untergrund, wo er in kurzer Zeit zum Offizier und schließlich zum Commandant, also zum Major in der Résistance-Armee aufstieg.

Ernst Lemberger war ein überzeugter österreichischer Patriot und ein liberaler Sozialdemokrat der besten Art. Wir haben uns sehr schnell verstanden und auf unseren gemeinsamen Reisen, die uns nach Wien und wieder zurückführten, lange politische Debatten über die Zukunft Österreichs nach dessen Befreiung geführt. Durch Ernst Lemberger habe ich damals zum erstenmal den sozialdemokratischen Standpunkt zu vielen Fragen kennengelernt. Mit ihm, einem außerordentlich toleranten Menschen zu diskutieren war nicht nur leicht, sondern auch besonders wertvoll. Von ihm habe ich sehr viel für mein politisches Weltbild gelernt. Ich bin zwar zu seinem Leidwesen kein Sozialdemokrat geworden, aber viele der besten Dinge aus dem Gedankengut der österreichischen und westlichen Sozialdemokratie, die ich in mein eigenes politisches Brevier aufgenommen habe, stammen von Ernst Lemberger.

In Basel allerdings hatten wir keine Zeit für politisch-philosophische Debatten. Hier ging es um realistischere Dinge, es ging um unseren »Meisterplan«, alle politischen Gruppen des Widerstandes im POEN zu einigen. Lemberger wollte so schnell wie möglich mit mir nach Österreich fahren, um endlich die dringend notwendige Vereinigung der sozialdemokratischen und revolutionär-sozialistischen Widerstandsgruppen mit der »O5« herbeizuführen. Lemberger hatte Vollmachten der in London, New York und Paris existierenden sozialdemokratischen Emigrantengruppen und Komitees und besaß, was noch viel wichtiger war, das volle Vertrauen seiner Parteifreunde. Außerdem hatte Lemberger, der ja alliierter Offizier war, auch den Auftrag und die Vollmacht der Alliierten Kommission für Österreich, die seit Anfang 1944 in London tagte, in Wien festzustellen, inwieweit die »O5« und das POEN ernst zu nehmen waren und ob sie als Partner der Alliierten in Frage kämen. Ernst Lemberger war für mich daher der Mann des Jahres; und ich wiederum war für ihn der essentiell notwendige Kontakt zum aktiven Widerstand im österreichischen Untergrund.

Hier hatten sich also zwei getroffen, die einander wirklich nötig hatten. Wir beschlossen, so schnell als möglich zusammen nach Wien zu reisen. Ernst Lemberger wurde von uns als deutscher Soldat eingekleidet und mit den notwendigen Ausweisen versehen. Er fuhr dann schließlich als Schütze Nowotny mit mir nach Wien. Nach sechstägiger Reise mit Aufenthalten in Mailand, Bozen, Innsbruck, Salzburg und Linz, wo wir überall Kontakte zwischen den schon bestehenden »O5«-Gruppen und Lembergers Sozialdemokraten anbahnten, trafen wir am 22. Februar in Wien ein.

Im Februar 1945, nach fünf Jahren und fünf Monaten Krieg bot Wien einen traurigen Anblick. Es war, als ob man eines der kunstvoll modellierten Zuckerschlösser, die die k. u. k. Hof-Konditorei Demel in besseren Zeiten zu passenden Gelegenheiten in ihren Schaufenstern am Kohlmarkt auszustellen pflegte, zuerst mit klobigen Stiefeln getreten und dann an den Rand einer staubigen Landstraße gestellt hätte. Die ganze Stadt war von einer dicken Schmutzschicht überzogen. Es staubte von den täglich zahlreicher werdenden Bombenruinen, es staubte von den Straßen und Plätzen, die längst nicht mehr gekehrt wurden, und es staubte von den Baugruben der Löschteiche und von den Flaktürmen, die wie mittelalterliche Zwingburgen rund um die Innenstadt errichtet worden waren. Seit dem Herbst 1944 hatte man aufgehört, die Illusion einer noch normal funktionierenden Stadt aufrechtzuerhalten. Die Theater und die Oper spielten nicht mehr. Die Sänger und Schauspieler arbeiteten in Rüstungsbetrieben. Die öffentlichen Dienste funktionierten nur mehr teilweise, und der zur täglichen Routine gewordene Fliegeralarm lähmte das Leben der Stadt und ihrer Bewohner.

Die tägliche Luftkriegstragödie begann am frühen Vormittag mit einer Vorwarnung in Form eines Kuckucksrufes über den Reichssender Wien. »Feindliche Bomberverbände im Anflug auf Kärnten, Steiermark«, hieß es vorerst, noch einen Hoffnungsschimmer lassend, denn noch gab es die Chance, daß die amerikanischen von Süditalien anfliegenden Bombenpulks Graz oder das obersteirische Industriegebiet bombardieren oder sich gar zur Unterstützung der russischen Offensiven nach Ungarn wenden würden. Das alte Bauernwort »Wir bitten dich, heiliger Florian, verschon’ unser Haus, zünd’ beim Nachbarn an« feierte, auf die US Air Force umgemünzt, fröhliche Urständ. Wenn es dann allerdings zwanzig Minuten später hieß, der feindliche Kampfverband sammle sich im Raume Steinamanger, dann wußte jeder Bescheid und die Bevölkerung begann sich in die Keller zu begeben. Zuerst noch ordentlich, womöglich mit dem längst bereitgestellten Notgepäck einen der »sicheren« Keller oder gar die Schutzräume eines Flakturmes anstrebend; wenn dann allerdings der richtige Alarm von Tausenden Sirenen in den längst bekannten Tönen und Intervallen einsetzte, spätestens in diesem Augenblick begann der Lauf zum rettenden Kellertor, das mit Sandsäcken gegen Splitter und die Auswirkungen von Luftminen geschützt war.

Von Süden her war dann schon das näher kommende Brummen der vier-, sechs- oder auch achthundert Motoren der Flying Fortresses der 15. Air Force aus Bari zu hören. Wenn das Brummen lauter wurde und in ein Tod und Vernichtung ankündigendes Dröhnen überging, begann die deutsche Flak zu schießen. Wien besaß dank der rechtzeitig errichteten Flaktürme verhältnismäßig starken Flakschutz. Einige tausend Flugzeugabwehrkanonen sollten die Stadt, die Hitler einst in eine Perle verwandeln wollte, davor schützen, in Schutt und Asche zu zerfallen; dieser starke Schutz

war wohl weniger einer übergroßen Sympathie der Reichs-
kriegführung für die Stadt Wien zuzuschreiben, als vielmehr
der Tatsache, daß seit dem Beginn der schweren Bombenangriffe auf das west- und norddeutsche Gebiet immer mehr
Rüstungsbetriebe in den damals noch sicheren Wiener Raum
verlagert wurden, so beispielsweise die Messerschmitt-Flug-
zeugwerke nach Wiener Neustadt.

Seit der Eroberung Süditaliens durch die Amerikaner und
Engländer war allerdings auch Österreich in Reichweite der
alliierten Bomber geraten. Jetzt im Spätwinter 1945 gab es
auch kaum mehr deutsche Abfangjäger im Einsatz gegen die
alliierten Bomber. Trotzdem hatten die Bomber große Verluste, wenn sie Wien anflogen; an manchen Angriffstagen
verloren sie durch den geballten Einsatz der Flak bis zu
vierzig oder fünfzig Maschinen, aber sie erreichten ihre Ziele
im wesentlichen doch. Ein großer Nachteil der starken Flak
für Wien war, das viele Bomberkommandanten, wenn sie
durch Flakbeschuß von ihren Planzielen im Industriegebiet
oder den Bahnhöfen abgedrängt wurden, ihre Bombenlast
der Einfachheit halber auf die Wohnviertel und die Innenstadt fallen ließen.

Neben dieser schweren physischen und nervlichen Belastung der Bevölkerung, die fast jeden Tag viele Stunden im
Keller bangte, um dann immer öfter ihre Wohnungen nach
der Entwarnung zerstört vorzufinden, wurde nun nach fast
fünfeinhalb Jahren Krieg auch die Versorgung mit den es-
sentiellen Lebensmitteln immer mehr zur zentralen Sorge
der Menschen. Bis jetzt hatten die Behörden es fertiggebracht, die auf den Lebensmittelkarten angeführten Mengen
auch wirklich beizustellen, nun aber blieb mit dem rapid
fortschreitenden Zusammenbruch der Transportmittel und
dem Wegfall der großen Versorgungsgebiete im Osten auch
die Zufuhr der Grundnahrungsmittel aus. Die Zweimillio-
nenstadt mußte zunehmend aus den großen Lagerhäusern
am Donaukai versorgt werden, und die Zuteilungen wurden
kleiner, die Rationen etwas knapper. Nun begannen auch die
Kerngebiete des Tausendjährigen Reiches die Last des zur
Neige gehenden Krieges voll zu spüren; in aller Eile wurde
versucht, einen »Ostwall« im Burgenland zu bauen, aber er
kam über ein paar Gräben und Feldbefestigungen nicht hinaus. Die Front kam immer näher, Budapest war gefallen, die
Sowjets standen in Westungarn.

Ende Februar machte Wien mir bereits den Eindruck einer frontnahen Stadt; die Verwundeten der letzten großen Schlacht zwischen Donau und Plattensee wurden nicht mehr in Feldlazarette, sondern schon direkt in die Wiener Spitäler gebracht, viele der bisher noch erhalten gebliebenen Hotels wurden in Notlazarette umgewandelt. Die fünften und vierten Klassen der Wiener Mittel- und Hauptschulen wurden zum Volkssturm einberufen und im östlichen Weichbild der Stadt, am Laaerberg und in Vösendorf zum Bau von Schützengräben eingesetzt. Der Reichsverteidigungskommissar Baldur von Schirach begann bombastische Aufrufe an »meine Wiener Jungens und Mädchen« zu erlassen, in denen sie aufgefordert wurden, sich zum Endkampf um Großdeutschland auf dem Boden der deutschen Stadt Wien bereitzumachen. Weder Schirach noch »seine Jungens«, die nun im Schweiße ihres Angesichtes in Favoriten Maschinengewehrnester errichteten, ahnten, daß die Sowjettruppen sechs Wochen später vom Westen her unter Umgehung der kläglichen Verteidigungsstellungen ihren Weg in die brennende und aus allen Wunden blutende Stadt finden würden.

Das einzige was uns in den Tagen nach unserer Ankunft in Wien in beliebiger Menge und täglich neu angeboten wurde, waren politische Witze. Je hoffnungsloser die Lage wurde, desto weniger schien sie den Wienern ernst, im Gegenteil, der politische Humor schien das einzige flackernde Licht, das die graue Düsternis dieser Tage erhellte. So lief in Wien sogar ein Spottgedicht um auf die Unfähigkeit der Deutschen, die alliierten Luftangriffe abzuwehren:

Zwischen Wien und Steinamanger
Fliegt ein Kampfverband, ein langer
Links kein Jäger, rechts keine Flak
Vielleicht stürzt er von selber ab.

Auch Kriegslage und Siegeschancen wurden lebhaft kommentiert – etwa in einem der unzähligen Bobby-Kriegswitze: Rudi, eingerückt und kriegsmüde, trifft Bobby auf der Kärntner Straße. Bobby ist in Zivil, Rudi frägt ihn erstaunt und neidisch, wieso er nicht eingerückt sei? »Weißt«, sagt der Bobby, »ich bin uk gestellt, bin unabkömmlich, weil ich arbeit' für die Wunderwaffe.« Rudi ist neugierig: »Sag Bobby, erzähl, was ist denn diese Wunderwaffe?« Bobby erklärt, das sei alles geheim, aber seinen alten Freund Rudi wolle er einweihen. Man habe ganz aus deutschen Rohstoffen eine neue Wunderwaffe entwickelt. Und zwar würden riesige, zweihundert Jahre alte Eichen gefällt und innen ausgehöhlt, dann würde das Innere der Stämme mit einem aus deutscher Erde entwickelten Sprengstoff angefüllt und bei Ebbe in die Nordsee geworfen. Die Flut treibe dann die Holztorpedos von selbst nach England und das perfide Albion mit seinem »Lügen-Churchill« werde so in kürzester Zeit von der Erdkugel weggesprengt. Rudi ist von dieser Wunderwaffe begeistert, er hat nur eine Frage. »Sag Bobby, was machst denn du bei der Wunderwaffen-Produktion?« »Weißt Rudi«, sagt der Bobby, »ich pflanz' die Eichen.«

Ein Fronturlauber kommt zum Ostbahnhof und sucht einen Urlauberzug, um an die Ostfront zurückzukehren. Der Stationsvorstand bedauert, es gehe heute kein Zug mehr an die Ostfront. »Aber wenn Sie die Fasangasse hinuntergehen bis zum Rennweg«, will er dem Fronturlauber weiterhelfen, »dort in den 71er-Wagen der Straßenbahn einsteigen und bis zur Endstation fahren: Zwei Gassen weiter ist die Ostfront.« Dieser Witz des Februars 1945 sollte in wenigen Wochen bittere Wahrheit werden.

Lemberger, jetzt Schütze Nowotny, sollte in Wien zuerst seine sozialdemokratischen Beziehungen wieder auffrischen. Er war ja schließlich viele Jahre nicht in Wien gewesen. Dies gelang ihm schon am ersten Tag mit Hilfe seiner Mutter, einer reizenden Dame, die in der Kaiserstraße wohnte. Er hat dann mit einer Reihe von sozialistischen Funktionären ausführliche Gespräche geführt. In Wien gab es ja damals die Unterscheidung zwischen Sozialdemokraten und Revolutionären Sozialisten, die mir als Außenstehendem nicht ganz klar war. Ich wußte nur, daß einige der mir bekannten Sozialisten, und zwar gewöhnlich jüngere und radikalere sich als Revolutionäre Sozialisten bezeichneten, während andere sich noch »Sozialdemokraten« der alten Schule nannten. Für Ernst Lemberger war das offensichtlich bei seinen Einigungsbemühungen ein großes Problem, er hat mir mehrfach über Diskussionen mit Vertretern beider Gruppen berichtet.

Ich kümmerte mich um den zusammengebrochenen Nachrichtenapparat der Gruppe Frederiksen und fand dort einen Scherbenhaufen vor, wo bei meinem letzten Aufenthalt in Wien noch ein hervorragend funktionierendes Nachrichtennetz existiert hatte. Harald Frederiksen war Anfang Februar verhaftet worden, und zwar auf Grund einer durch schwere Folterungen erpreßten Aussage eines kroatischen Offiziers, der in der in Stockerau kasernierten kroatischen Ausbildungs-Brigade eingesetzt und schon seit November mit Harald in engem Kontakt gestanden war. Harald hatte diesen Leutnant, der übrigens eine ganze Gruppe Kroaten dem Nachrichtendienst zugeführt hatte, einmal auch mit Neda und mit mir bekannt gemacht, allerdings ohne meinen Namen zu nennen. Es scheint aber nun dem kroatischen Leutnant irgendwie doch bekannt geworden zu sein, daß ich mit Fritz Molden identisch sei. Nach seiner Verhaftung Ende Jänner, die wiederum durch Aussagen bereits vorher verhafteter Landsleute ausgelöst wurde, hat er leider hörbar zu »singen« begonnen. Der an sich integre Mann konnte den Foltermethoden der Wiener Gestapo, die auf diesem Sektor einiges zu bieten hatte, nicht standhalten. Es ist keineswegs das erstemal gewesen, daß tapfere und anständige Leute nach einigen Folternächten am Morzinplatz zu sprechen begannen. Die Aussage des Kroaten hat uns schwere Verluste eingetragen.

Harald Frederiksen wurde also verhaftet, und nur seine amerikanische Staatsbürgerschaft und die Hoffnung einiger Gestapoleute, durch diesen Amerikaner später einmal Vorteile erreichen zu können und vielleicht dann die eigene Hinrichtung abwenden zu können, hat dazu geführt, daß Harald nicht – wie es vorgesehen war – noch Ende Februar vor ein Volksgericht gekommen ist, was mit einem Todesurteil gleichzusetzen gewesen wäre. Er wurde von der Gestapo in Untersuchungshaft gehalten und sogar relativ anständig behandelt. Man hat ihn überhaupt nicht gefoltert, dafür erschienen täglich andere Gestapo-Helden in seiner Zelle und machten ständig Andeutungen, er möge sich »nachher« für sie einsetzen. Die Leitung der Wiener Gestapo war nämlich der völlig irrtümlichen Auffassung, daß Harald Frederiksen, weil amerikanischer Staatsbürger, ein führender Agent der OSS sei. Auf jeden Fall hat diese falsche Annahme der Geheimen Staatspolizei Harald das Leben gerettet.

Schwerwiegende Folgen hatte jedoch die Tatsache, daß der Kroate im Verhör meinen Namen genannt hatte. Einige Tage, nachdem ich zusammen mit Ernst Lemberger Wien wieder verlassen hatte, wurde meine Mutter von der Gestapo verhaftet, zuerst auf den Morzinplatz und dann in das Polizeigefangenenhaus Elisabethpromenade gebracht. Dort saß sie dann zwei Stockwerke über Papa, der ja schon am Tag nach Lembergers und meiner Abreise durch das Auffliegen des POEN-Exekutivkomitees verhaftet worden war. In Mailand verhaftete die SS sodann Renata Faccincani, ihre Mutter und Mario Vimercati. Der Meldekopf Marconi flog damit das erstemal auf. Nam Brauer führte aber sofort seine Funktionen in ihrem Domizil im Hotel Milano weiter.

Am 23. Februar wußte ich natürlich von diesem tragischen, für die beiden Familien in der Osterleitengasse zu Wien und in der Via Marconi zu Mailand düster sich zusammenbrauenden Unheil als Folge der Verhaftung des Kroaten noch nichts. Daß einiges passieren konnte, ahnte ich freilich, als ich erfuhr, daß der Leutnant schon im Jänner festgenommen worden war. Ich besprach mich mit Nedica, die sich aber entschloß, weiter im Grandhotel zu bleiben. Sie war der Meinung, der Kroate habe in den vergangenen Monaten so viele Leute im Grandhotel getroffen, daß sie ihm vielleicht nicht besonders aufgefallen war. Wir wußten, daß Harald nicht singen würde. Wir haben dann für alle Fälle einige noch existierende Nachrichtenkanäle umgestellt. Zu diesem Zeitpunkt kam ich zu meinem Schrecken darauf, daß offenbar auch Alfons Stummer, der zweite Spitzenmann der Nachrichtengruppe verhaftet oder untergetaucht war, um einer drohenden Verhaftung zu entgehen. Denn er und seine Gruppe waren nicht mehr ausfindig zu machen. Sie konnten sich – wie ich aber erst später erfahren habe – knapp bevor die Gestapo zuschlug, aus dem Staube machen. Alfons Stummer selber hielt sich bis Kriegsende versteckt im Waldviertel auf.

Angesichts dieses Desasters habe ich dann einige neue Nachrichtenverbindungen versuchsweise aufgebaut, insbesondere in Zusammenarbeit mit der Gruppe um Dr. Karl Rudolf. Sein Seelsorgeinstitut bot noch immer einen relativ guten Schutz, wobei angesichts der Tatsache, daß es sich bei unseren dortigen Aktivisten im wesentlichen um behäbige geistliche Herren und um ältere Damen aus dem Erzbischöflichen Ordinariat am Stephansplatz handelte, ein direkter Zugriff der Gestapo nicht sehr wahrscheinlich erschien. Um diese Zeit, im Spätwinter 1945, hatte auch die Gestapo schon völlig andere Sorgen als das Laienwerk der katholischen Kirche unter besonders genauer Kontrolle zu halten. Es war also zu diesem Zeitpunkt am ehesten möglich, Nachrichtenkanäle der Widerstandsbewegung dorthin zu verlegen. Ich sprach mit Dr. Rudolf, und er hat mir persönlich seine Zustimmung gegeben, auch diese Institution für Widerstandsaktivitäten mit heranziehen zu dürfen.

Ernst Lemberger hatte inzwischen seine divergierenden revolutionären und demokratischen Sozialisten soweit auf Vordermann gebracht, daß wir am 25. Februar gemeinsam ein Gespräch mit Dr. Adolf Schärf, der damals makabrerweise als Verteidiger am NS-Volksgerichtshof im Justizpalast tätig war, führen konnten. Schärf war ein ruhiger, abwägender, jedes Wort genau überlegender Herr, der mehr wie ein hoher Beamter als wie ein Politiker wirkte. Doch sollte er bald Vorsitzender der Sozialistischen Partei, Vizekanzler und schließlich Bundespräsident werden. Unser Rendezvous spielte sich unter unheimlichen Umständen ab: In den großen Sälen des Justizpalastes fanden Verhandlungen vor dem Volksgerichtshof statt, die fast stets mit Todesurteilen endeten. Dr. Schärf konnte nur in Verhandlungspausen unten in der Halle mit uns sprechen. Seine Partner dabei waren der »Schütze Nowotny« und der »Oberfeldwebel Steindler«, die sehr wohl selbst als Angeklagte vor einem dieser Volksgerichte stehen und schleunigst wegen eines guten Dutzend todeswürdiger Delikte abgeurteilt hätten werden können. Komischerweise hatten wir beide aber an diesem Morgen keine Angst, sondern unterhielten uns unbeschwert mit Dr. Schärf, der sich meine Meinung über POEN und »O5« aufmerksam anhörte. Er erklärte dann feierlich, mit würdiger Gestik, noch unterstrichen durch den schwarzen Talar, den er als Anwalt vor dem Volksgericht anlegen mußte, er und seine Parteifreunde hätten sich entschlossen, im POEN mitzuarbeiten. Als Vertreter der sozialistischen Partei würden vorerst er und Frau Louise Lemberger im Exekutivkomitee des Provisorischen Österreichischen Nationalkomitees, das in der Zwischenzeit bereits elf Personen umfaßte und daher »Elfer-Ausschuß« genannt wurde, fungieren. Es wurde ferner ein Treffen Dr. Schärfs mit Ezdorf und meinem Vater vereinbart. Dieses Kontaktgespräch fand schon am nächsten Tag statt, es blieb die einzige Fühlungnahme, da sowohl Ezdorf wie auch Papa kurz danach verhaftet wurden. Dr. Schärf hatte dann noch bis in die ersten Apriltage Verbindung mit Heinrich Otto Spitz, bis dieser knapp vor der Befreiung von der SS erschossen wurde.

Nun, die erste Hälfte unseres Meisterplanes war abgewikkelt: Die Verbindung zwischen Sozialisten und dem POEN war hergestellt. Am selben Nachmittag und Abend ging es dann um die Realisierung der zweiten Hälfte. Nachmittags bei Spitz in Heiligenstadt draußen, in einem schönen, von großen Bäumen beschützten gelben Biedermeierhaus am Donaukanal, wurden Dr. Lemberger und ich von den erreichbaren Mitgliedern des Exekutivausschusses empfangen. Anwesend an diesem historischen Nachmittag waren Wilhelm Spitz, Ernst Molden, Josef Ezdorf, Hans Becker und Major Alfons Stillfried.

Der Kommunist Matejka war ebenfalls gekommen, saß aber in einem Nebenzimmer, da er aus Sicherheitsgründen die anderen, ihm nicht bekannten Anwesenden nicht direkt treffen wollte. Er sprach also immer nur mit Becker und Spitz, die er kannte und die seine Mitteilungen zu uns herüberbrachten, was die Beratungen nicht gerade beschleunigte.

Die anwesenden Herren nahmen die Mitteilungen Dr. Lembergers, daß sich Schärf namens der Sozialdemokratischen Partei entschlossen habe, dem Provisorischen Österreichischen Nationalkomitee beizutreten und selbst zusammen mit Bertha Lemberger in den Elferausschuß zu gehen, mit größter Befriedigung entgegen. Damit war endlich das große Ziel, das wir alle seit vielen Monaten im Auge hatten, erreicht. Die österreichische Widerstandsbewegung und das sie vertretende politische Komitee des POEN umfaßten somit alle wesentlichen politischen Richtungen.

Lemberger und ich waren in Hochstimmung, da diese Entwicklung für die angestrebte und erhoffte Anerkennung des POEN als provisorische Regierung durch die Alliierten von allergrößter Bedeutung war. Darüber hinaus war es aber auch ein historisches Ereignis, denn zum erstenmal seit dem Jahre 1933, und wenn man über das rein Formelle hinausgehend etwas tiefer schürft, wahrscheinlich überhaupt zum erstenmal seit den frühen Jahren der ersten Republik vor fünfundzwanzig Jahren hatten sich in diesen kalten Februartagen des Kriegswinters 1945 Sozialdemokraten, Christlich-Soziale, Monarchisten, Liberale und Kommunisten in einer gemeinsamen österreichischen Institution auf höchster Ebene zur politischen Zusammenarbeit gefunden, ein Ereignis, das uns noch wenige Monate vorher unerreichbar schien.

Der Exekutivausschuß des POEN ernannte Dr. Kurt Grimm und Karl Linder zu offiziellen Vertretern des POEN in der Schweiz, Dr. Lemberger zum offiziellen Vertreter in Paris und Franz Novy und Dr. Franz Schneider zu offiziellen Vertretern in London. Als Vertreter für die Vereinigten Staaten wurden Hans Sailer und Dr. Martin Fuchs bestellt. Dr. Lemberger und ich wurden außerdem mit der Vertretung der Interessen der österreichischen Widerstandsbewegung »O5« und des POEN bei allen alliierten politischen und militärischen Stellen, insbesondere den alliierten Hauptquartieren in Caserta und Paris beauftragt.

Wir beide wurden ferner vordringlich aufgefordert, Verhandlungen mit Vertretern der Sowjetunion beschleunigt aufzunehmen. Eine POEN-Delegation sollte so bald als möglich nach Moskau reisen. In Anbetracht des Vormarsches der sowjetischen Streitkräfte auf die Grenzen Österreichs wurde die Wichtigkeit politischer Kontakte mit den Sowjets besonders betont. Wir wurden angewiesen, die Verbindung über die sowjetische Mission beim Alliierten Hauptquartier in Paris herzustellen.

Am Abend ging die Konferenz, wenn auch in etwas anderer Besetzung, im Hause von Alfons Stillfried am Saarplatz in Döbling weiter. Dort waren insbesondere auch militärische Vertreter anwesend, denn es ging hier vor allem um Fragen der Militärhilfe für das »O5«. Als Vertreter der »O5« waren neben Dr. Hans Becker und Jörg Unterrainer auch Major Karl Biedermann, Kommandant der Heeresstreife Wien, und Oberleutnant Wolfgang Igler anwesend. Igler vertrat bei dieser Besprechung Major Karl Szokoll, den Chef der militärischen Widerstandsorganisation und gleichzeitig Leiter der Abteilung Organisation (I b, Org) im stellvertretenden Generalkommando der deutschen Wehrmacht in Wien.

Bei dieser Konferenz am Saarplatz, die bis in die frühen Morgenstunden dauerte, geschahen wesentliche Dinge. Einerseits wurden Lemberger und mir zum erstenmal Listen der Einheiten und Gruppen des Widerstandes in Österreich übergeben, nach Orten und militärischen Einheiten geordnet, ferner das Gesamtaktionskonzept und der Organisationsplan der »O5« in den Bundesländern Wien, Niederösterreich, Steiermark, Kärnten, Salzburg, Tirol und Vorarlberg. Lediglich die Pläne für die zwei Bundesländer Oberösterreich und Burgenland wurden später nachgereicht. Es handelte sich um ein viele Seiten umfassendes Dokument, das wir dann, wenn auch chiffriert, in den Rucksäcken nach der Schweiz und ins Alliierte Hauptquartier mitnahmen.

Ferner überreichte man uns eine genaue Aufstellung der militärischen Ziele in Österreich für die alliierten Bomberkommandos und ein Ansuchen des Oberkommandos »O5« und des POEN in deutscher und englischer Sprache, die sinnlose Bombardierung der österreichischen Städte und insbesondere der Innenstadt von Wien zu unterlassen. Wir selber hatten am Vormittag des 26. Februar einen der schwersten Bombenangriffe auf Wien miterlebt. Es war ein Tag, an dem ein Großteil der Innenstadt in Flammen stand. Das Rathaus und das Burgtheater wurden getroffen, das Palais Liechtenstein weitgehend zerstört. Lemberger und ich hatten also unmittelbare Kenntnis als Augenzeugen, wie sinnlos und allen strategischen Absichten zuwiderlaufend hier die falschen Ziele bombardiert, die richtigen Ziele aber, nämlich die kriegswichtigen Objekte, unberührt blieben.

Während wir im Studio des Majors Stillfried in intensive Debatten vertieft waren, kam es draußen am Saarplatz zu einer folgenschweren Schießerei. Zum Schutz unserer Konferenz war eine Einsatzgruppe der »O5« (Angehörige der Heeresstreife) im Park des Saarplatzes in Bereitschaft, um etwaige Aktionen der Gestapo zu vereiteln. Tatsächlich hatte die Geheime Staatspolizei – woher wissen wir bis heute nicht – einen Hinweis erhalten, daß am Saarplatz etwas im Gange sei. Mehr wußte die Gestapo offenbar nicht, die Information muß wohl von einer Person gekommen sein, die nur über den Bewachungsauftrag an unsere »O5«-Garde informiert war. Tatsächlich erschien Polizei, stellte aber, da die »O5«-Leute im dunklen Park in Deckung blieben, fest, es habe sich um blinden Alarm gehandelt und zog wieder ab.

Die Gestapo scheint aber entweder den Meldungen der Schutzpolizei keinen Glauben geschenkt oder unabhängig einen weiteren Einsatz angeordnet zu haben: Jedenfalls rollte bald danach ein Einsatzfahrzeug – offenbar des SD – auf den Saarplatz, dessen Suchscheinwerfer den Park abzuleuchten begann. Nun eröffneten die »O5«-Leute das Feuer und zerschossen den Scheinwerfer. Ihr Feuer wurde erwidert, anscheinend gab es beim SD Verluste, auch ein Angehöriger der »O5« wurde verletzt. Das Ergebnis des Feuerwechsels war jedenfalls, daß das SD-Kommando den Saarplatz flucht-artig verließ. Wir hatten die Schüsse gehört, erfuhren Nähe-res aber erst, als nun der Kommandant der »O5«-Einsatz-gruppe – ein Mann in Wehrmachtsuniform – im Hause Still-fried erschien und Major Biedermann meldete, was geschehen sei. Unsere Sitzung wurde sofort aufgelöst. Wir waren allerdings ohnedies bereits im wesentlichen mit unseren Agenden fertig. Nun begaben wir uns in ganz kleinen Grup-pen durch das verdunkelte Döbling zu unseren diversen Un-terschlupfen. Etwa zehn Minuten nachdem alle weg waren, erschien ein starkes Polizeiaufgebot, das den Saarplatz aus-leuchtete und untersuchte, aber außer einigen leeren Ge-schoßhülsen nichts fand. Auch bei einer Durchsuchung der Häuser am Saarplatz fand sich nichts Zielführendes. Ziem-lich am Schluß ihrer Suche kamen sie zum Haus Stillfried: Auch hier war nichts los, ein aus dem Schlaf geschrecktes älteres Ehepaar, sonst nichts.

Leider ist zwei Tage später die Geschichte doch noch auf-geflogen, und ich weiß bis heute nicht, ob es im Zusammen-hang mit den nächtlichen Schießereien am Saarplatz passiert ist oder durch die erwähnte Verhaftung des Kroaten. Auf jeden Fall ist ab 2. März eine Verhaftungswelle durch die gesamte Spitzengruppe des POEN gegangen, von der aller-dings zu diesem Zeitpunkt die militärische Widerstandsbe-wegung, nämlich die »O5«, nicht betroffen wurde. Verhaftet wurden fast alle Mitglieder des Exekutivausschusses des POEN, insbesondere Papa, Josef Ezdorf, Alfons Stillfried und Hans Becker.

Lemberger und ich verließen Wien in den frühen Morgen-stunden des nächsten Tages mit dem Wehrmachtsurlauber-zug. Da wir nach den nächtlichen Erlebnissen am Saarplatz Kontrollen durch Streifen befürchteten, fuhren wir bis Hüt-teldorf mit der Straßenbahn und stiegen erst dort in den Zug, der allerdings schon gesteckt voll ankam. Wir hatten prallge-füllte Rucksäcke, in denen sich allerdings nicht so sehr Hab-seligkeiten, dafür aber um so mehr Dokumente, Listen, Un-terlagen, kurz die Resultate unseres achttägigen Aufenthaltes in Wien befanden. Schließlich gelang es uns doch noch, zwei Plätze in einem der überfüllten Waggons ausfindig zu ma-chen. Wir verstauten mühevoll unser Gepäck und nahmen zwischen verschlafenen Landsern Platz. Der Zug setzte sich wieder in Bewegung. Wir waren kaum zehn Minuten unterwegs, als sich die Tür des Coupés öffnete.

»Wehrmachtsstreife«, rief ein Unteroffizier, »Dokumente, Soldbücher, Sonderausweise und Urlaubsscheine vorzeigen.«

Jedermann zog Soldbuch und Reisepapiere aus der Tasche; der Unteroffizier der Zugstreife, leicht durch die umgehängte »Hundemarke«, das Blechschild, auf dem »Wehrmachtsstreife« stand, erkennbar, studierte mit einem Obergefreiten die diversen Ausweise. Mir fiel höchst unangenehm auf, daß er mein Soldbuch eingehender ansah als die der anderen. Er machte sich auch eine Notiz auf einem Block, gab dann die Dokumente zurück und verschwand zum nächsten Coupé. Ich blickte Lemberger verstohlen an, er nickte kurz, also hatte er es auch bemerkt. Ich beschloß auf jeden Fall in der nächsten Station, das war St. Pölten, auszusteigen. Irgend etwas war hier nicht geheuer. Ich weihte Lemberger leise in meinen Plan ein, und er stimmte zu. Wir sollten aber keine Gelegenheit mehr haben, ihn auszuführen.

Nach fünfzehn Minuten – der Zug keuchte gerade langsam den Berg zwischen Preßbaum und Rekawinkel hinauf – wurde wieder die Coupétür aufgerissen, der Unteroffizier der Wehrmachtsstreife stand in der Tür und zeigte auf mich:

»Herr Feldwebel, darf ich noch einmal Ihr Soldbuch sehen.«

Ich reichte es ihm wortlos. Er sah es an, auch meinen Sonderausweis, und fragte: »Der Mann neben Ihnen, der Schütze Nowotny, gehört der dazu?«

»Jawohl.«

»Ich muß Sie beide auffordern, mit mir zum Streifenkommandanten im letzten Waggon zu kommen.«

Ich blickte Lemberger an, nahm meinen Rucksack herunter, ließ mir Zeit, nahm das Koppel mit der Pistole, schnallte es um und marschierte los. Lemberger hinter mir, der Unteroffizier und der Obergefreite vor uns. Wir kamen nur langsam weiter, da auch die Gänge überfüllt waren. Ich überlegte, das konnte nicht gutgehen. Die hatten also doch schon irgendeine Nachricht erhalten. Nach uns wurde gefahndet oder zumindest doch nach mir. Vielleicht hatte ich den armen Lemberger noch mit hineingerissen, weil ich bejaht hatte, er gehöre »auch dazu«.

Ich überlegte weiter. Es gab nur eine Chance: Der Zug

fuhr sehr langsam; wir mußten versuchen, von dem fahrenden Zug abzuspringen.

In einem der Verbindungsstücke zwischen zwei Waggons flüsterte ich Lemberger meinen Plan zu, er nickte. Im nächsten Waggon, den wir betraten, mußte ich es versuchen, denn es war schon der vorletzte. Ich blieb also auf der Plattform stehen, trat zur Tür und wollte sie gerade aufmachen, als der Zug mit Gedonner in den Tunnel unmittelbar nach dem Bahnhof Rekawinkel hineinfuhr. Damit war mein Fluchtplan gestorben, denn in diesem Tunnel beginnt die Strecke bergab zu führen und der Zug fuhr immer schneller. Abspringen wäre Selbstmord gewesen. Auf alle Fälle blieb uns nichts anderes übrig, als zu warten bis der Tunnel vorbei war.

Der Unteroffizier wurde ungeduldig: »Herr Feldwebel, es geht noch weiter.« Ich stapfte hinter ihm durch den vorletzten Waggon, steckte meine Hand in die Manteltasche und entsicherte die zweite dort eingesteckte Pistole. Wenn schon, wollte ich es wenigstens nicht so billig geben. Wir kamen zum Abteil des Zugkommandanten, es war ein älterer Hauptmann österreichischer Provenienz. Ich stand stramm, meldete.

Er blickte auf: »Feldwebel, rühren Sie und setzen Sie sich mal rein. Zeigen Sie Ihr Soldbuch her.«

Ich setzte mich nieder, gab ihm das Soldbuch, er sah es an, sah den Sonderausweis an:

»Feldwebel Steindler, sagen Sie, der Mann da, der mit Ihnen reist, ist der auch von Ihrer Einheit?«

»Jawohl, Herr Hauptmann, Meldekopf Zeno, Kommandomeldegebiet München, Reichssicherheitshauptamt. Wir reisen von einem dienstlichen Auftrag, der uns nach Wien geführt hat, zurück nach Mailand.«

Der Hauptmann blickte mich an und sagte: »Feldwebel, es tut mir leid, aber ich muß Sie ersuchen, im Vorderteil des Zuges den Streifendienst zu übernehmen. Wir haben zuwenig Leute, der Zug ist überfüllt. Wir kommen bis Salzburg sonst nicht durch, Sie sind bei der Abwehr, beim SD. Sie werden da sicher Erfahrung haben. Der Unteroffizier hat glücklicherweise Ihre Papiere genau angesehen. Es tut mir leid, aber Sie werden diesen unbequemen Dienst übernehmen müssen.«

Ich erhob mich und nahm Haltung an: »Jawohl, Herr Hauptmann, mit großem Vergnügen.«

Der Gute wußte gar nicht, wie groß mein Vergnügen war.

Lemberger, der etwas bleich im Gang gestanden war, blickte mich lächelnd an. Ich fuhr ihn an:

»Nowotny, lachen Sie nicht. Sie werden sich noch wundern.«

Dann zogen wir los. Wir bekamen auch die schönen großen Streifendiensttafeln aus Blech um den Hals gehängt und wirkten sehr eindrucksvoll. In den darauffolgenden Stunden bis Salzburg konnten wir mehr Nachrichtenmaterial über die Bewegung Hunderter Soldaten und ihrer Einheiten im verbliebenen deutschen Machtbereich sammeln, als es dem besten Spion in Monaten möglich gewesen wäre. Wir brachten niemanden zur Meldung, um nicht selber aufzufallen, aber wir notierten viel. Kaum zuvor in meinem Leben hatte ich mich so am richtigen Platz eingesetzt gefühlt. Man könnte auch sagen, der gute Hauptmann hatte zwei prima Wölfe gefunden und sie zu Schäfern gemacht.

In Salzburg wurden wir noch im Streifendienstlokal am Bahnhof bestens bewirtet und einer anderen Streife, die mit dem nächsten Schnellzug nach Innsbruck weiterfuhr, mit der Bitte übergeben, man möge uns doch im Streifenabteil bequem sitzen lassen, wir seien Kollegen. Auf diese Weise kamen wir ungefragt bis Innsbruck und dann auch über Mailand, wo ich von Renatas neuerlicher Verhaftung erfuhr – ihre Mutter und Mario waren wieder frei –, weiter zurück in die Schweiz.

Lemberger hatte sich blendend geschlagen, besonders wenn man bedenkt, daß er zum erstenmal in seinem Leben deutsche Uniform trug und daher keine Ahnung gehabt hatte, wie sich ein Soldat im deutsch-besetzten Gebiet verhielt. Er war anständig, tapfer, stets ein guter Kamerad und immer voll Humor. Wir beide haben uns auf dieser Reise kennen- und sehr gut vertragen gelernt. Der junge Sozialdemokrat und der noch jüngere Liberal-Konservative hatten sich zusammengefunden. Die Freundschaft hielt dann dreißig Jahre.

Nach unserer Rückkehr in die Schweiz fanden ausführliche Konferenzen mit den dortigen POEN-Vertretern statt, um die neu geschaffene Situation, die sich aus dem Eintritt der Sozialisten in das POEN ergab, auch in ihren Auswirkungen für den Westen, das heißt für die westlichen Alliierten und die Schweiz, zu realisieren. Es wurde beschlossen, daß Lemberger und ich sofort den Auftrag des POEN erfüllen und Kontakte mit den Sowjets in Paris aufnehmen sollten. Darüber hinaus sollte Lemberger weiter nach London fahren, um dem britischen Foreign Office, und zwar Staatssekretär Vansittart und Staatssekretär Harrison über die Entwicklung beim POEN zu berichten und eine provisorische Anerkennung des POEN durch die Engländer anzupeilen. Zu demselben Zeitpunkt sollte ich nach Caserta fliegen, um den dringenden Appell des POEN um Einstellung der schweren Bombenangriffe auf zivile Ziele in Österreich bei der 15. Luftflotte durchzusetzen.

Um die laufenden Maßnahmen auf dem Sektor Nachrichtendienst und Weiterführung der Unterstützung der »O5« in ihren Kampfgebieten nicht zu verzögern, wurde die Durchführung dieser Belange zunehmend von mir an Hans Thalberg und Mundi Treu einerseits, soweit es die Schweiz betraf, und an unsere sich immer besser bewährenden Kuriere und Einsatzleiter Wallnöfer, Mittermair, Leutnant Berthold und Dr. Staretz sowie an Franz Otting übertragen. Wallnöfer und Mittermair waren zusammen mit Berthold für die Einsätze und Kurierfahrten von der Schweiz direkt nach Österreich, sowie für die Verbindung und Versorgung der Widerstands- und Partisanengruppen im Vorarlberger und Tiroler Raum zuständig. Staretz besorgte die Verbindung mit dem POEN in Wien, während Franz Otting und Nam Brauer mit der Wiedererrichtung unseres Meldekopfes in Mailand betraut waren. Auf diese Weise konnten Lemberger und ich für die Verhandlungen mit den Alliierten sowohl auf dem politischen wie auf dem militärischen Sektor freigestellt werden.

Am 10. März besuchten wir beide die sowjetische Mission in Paris in der Rue Charles Lamoureux Nr. 2. Es wimmelte nur so von sowjetischen Offizieren und Beamten. Als ich im Jänner das erstemal in Paris war, hatte ich dort schon einmal vorgesprochen und mit Botschaftsrat Kozurew ausführlich verhandelt und ihm über die Entwicklung des Widerstandes in Österreich und das POEN berichtet. Damals hatte Kozurew keinerlei eigene Meinungsäußerung von sich gegeben, sondern ausschließlich Notizen in großer Zahl in einer faszinierenden russischen Kurzschrift auf einen großen Memoblock gemalt. Wir hatten schließlich vereinbart, daß ich mich bei meinem nächsten Besuch in Paris wieder melden würde. Kozurew versprach aber alles, was ich ihm mitgeteilt hatte, sofort an die zuständigen Stellen in Moskau weiterzugeben.

Lemberger und ich mußten vorerst zur Kenntnis nehmen, daß Kozurew wie vom Erdboden verschwunden war. Ein anderer, ebenso zurückhaltender sowjetischer Diplomat wußte aber von meinem ersten Besuch und bestellte uns für den 25. März zu einer neuerlichen Besprechung. Da ich zu diesem Zeitpunkt nicht in Paris war, ging Lemberger allein zu den Russen. Er wurde dort von einer größeren Gruppe von Offizieren, angeführt von General Susloparow, dem Chef der sowjetischen Militärmission beim Alliierten Hauptquartier General Eisenhowers, empfangen. Lemberger konnte unsere wesentlichen Anliegen deponieren, nämlich den Wunsch des POEN, eine Auslandsvertretung in Moskau zu etablieren, ferner den Vorschlag, baldmöglichst einen russischen Verbindungsoffizier nach Wien ins Hauptquartier der »O5« zu entsenden, der die Pläne für die Befreiung der Stadt durch die Rote Armee und die Widerstandsbewegung koordinieren sollte, ferner parallel dazu die Entsendung eines Verbindungsoffiziers der »O5« in das sowjetische Oberkommando der 3. Ukrainischen Front im österreichisch-ungarischen Grenzgebiet. Schließlich den Wunsch des POEN, von der Sowjetregierung als provisorische österreichische Regierung anerkannt zu werden, und so die Voraussetzung für eine enge Zusammenarbeit mit der Roten Armee bei der Verwaltung der von den Deutschen befreiten österreichischen Gebiete und für den Wiederaufbau zu schaffen. Ferner überreichte Lemberger die von uns aus Wien nach dem Westen gebrachten Berichte über die militärische Lage in Österreich und die Zusammensetzung des POEN und der »O5«.

Die Russen schienen sich nunmehr doch für uns zu erwärmen und kamen Lemberger mit großem Interesse und recht freundlich entgegen. Sie ersuchten um genaue Bekanntgabe der Lebensläufe der leitenden Mitglieder des POEN. General Susloparow zeigte allerdings auch seine deutliche Verwunderung, warum eigentlich POEN und »O5« sich erst so spät zu einer Kontaktnahme mit den Sowjets entschlossen hätten. Lemberger wies seinerseits darauf hin, daß das Provisorische Österreichische Nationalkomitee ja erst am 18. Dezember endgültig gebildet und konstituiert worden sei. Unmittelbar nach dem Eintreffen des ersten offiziellen POEN-Vertreters und Verbindungsmannes Wieser (das war ich) in Paris in den ersten Januartagen habe dieser ja bereits bei

Botschaftsrat Kozurew vorgesprochen. Nachdem nunmehr das POEN im Februar endgültig erweitert und sein Exekutivausschuß der repräsentative Vertreter aller demokratischen Gruppen von den Kommunisten über die Sozialdemokraten, die Liberalen bis zu den Katholiken und Konservativen darstellte und ferner der Generalstab »O5« endgültige Pläne zur Befreiung Wiens ausgearbeitet habe, seien die definitiv bestellten und akkreditierten Vertreter des POEN, nämlich Dr. Lemberger und Wieser, neuerlich bei den sowjetischen Behörden vorstellig geworden.

Die Sowjets nahmen diese Mitteilungen zur Kenntnis und versprachen, sie sofort nach Moskau weiterzugeben. Sie interessierten sich vor allem für unsere militärischen Berichte und für eine baldige Verbindung zwischen »O5«-Vertretern und den auf Wien zu marschierenden Sowjetarmeen. Hier schlugen sie Funkkontakt oder Abwurf von Fallschirmkurieren vor.

Schon am nächsten Tag hatte Lemberger eine neuerliche Besprechung mit General Susloparow, der sichtlich freundlicher gestimmt war und mitteilte, daß die Sowjetunion sich entschlossen habe, sofort einen Offizier als Verbindungsmann nach Wien zu schicken. Er ersuchte um Bekanntgabe einiger Adressen und Parolen, um die Kontaktaufnahme mit dem Generalstab »O5« zu ermöglichen.

Am 30. März waren Lemberger und ich wieder bei den Russen. Ich war soeben aus Zürich eingetroffen und wir hatten via Caserta Funkberichte aus Wien erhalten, die uns den letzten Stand der Situation im Wiener Verteidigungsraum aufzeigten, insbesondere enthielten sie ziemlich genaue Informationen über die von Major Szokoll geplante Befreiung der Stadt, ferner den dringenden Wunsch, von uns aus einen Kontakt mit der Roten Armee herzustellen, um es der »O5« zu ermöglichen, direkte Verbindungen mit den sich Wien nähernden Einheiten der Sowjetarmee aufnehmen zu können. Die Wiener Funknachricht betonte ausdrücklich, daß alle Maßnahmen getroffen worden seien, um innerhalb von achtundvierzig Stunden nach Kontaktnahme zwischen der »O5« und den Vertretern der Roten Armee eine klaglose und wahrscheinlich auch kampflose Übergabe Wiens zu garantieren. Für eine erfolgreiche Durchführung dieses Plans dürfe aber keine weitere Stunde mehr verloren werden.

Alles dies berichtete ich General Susloparow und den

Herren seines Stabes. Es wurde ihnen die Frequenzwelle unseres Funkgerätes in Wien mitgeteilt, und auch ein Code übergeben, den sie benützen konnten. Es war der Code, der von unserem Funker im Verkehr mit Caserta SO und SI (das waren die beiden Abteilungen Secret Operations and Secret Intelligence der OSS in Caserta) verwendet wurde. Es wurde ferner vereinbart, daß die »O5« von sich aus versuchen soll-te, einen bevollmächtigten Vertreter durch die Kampflinien zur Sowjetarmee zu entsenden. Wir haben diese Mitteilung noch am selben Abend nach Caserta durchgegeben. Drei Tage später, am 2. April erhielten wir aus Wien eine Funk-meldung von Oberleutnant Igler, in der dieser bestätigte, daß die »O5« einen bevollmächtigten Vertreter zum Ober-kommandierenden der 3. Ukrainischen Front, Marschall Tolbuchin, entsenden werde. Das ist dann auch geschehen: Der damalige Feldwebel und spätere Gendarmerieoberst Ferdinand Käs schlug sich mutig durch die deutschen Linien durch und gelangte ins Hauptquartier Marschall Tolbuchins.

Ferner meldete Igler, daß zwei SS-Panzerdivisionen zur Verstärkung der Front südöstlich Wiens im Anmarsch seien und wahrscheinlich in zwei Tagen die Frontlinien erreichen würden. Um zu vermeiden, daß wir gefälschten deutschen Funkmeldungen auf den Leim gingen, war diese essentielle Meldung mit dem Stichwort »Hasi an Wenzel« am Anfang und Schluß der Meldung bezeichnet. Dieses Stichwort hatte ich mit Oberleutnant Igler vereinbart. Es sollte nur im Falle höchsten Alarms verwendet werden. Hasi war Iglers Spitz-name, Wenzel meiner. Es war daher hier eine unerwünschte Zwischenschaltung deutscher Stellen, die ja häufig die Codes von alliierten Funkern oder Widerstandsfunkstellen ent-schlüsselten und dann im Gegenspiel selbst verwendeten, unmöglich.

Mit Oberleutnant Iglers wichtiger Funkmeldung, die wir innerhalb von Stunden nach Moskau weitergegeben haben, endete der Funkkontakt zwischen der in Wien kämpfenden »O5« und der Außenwelt. Wie ich später erfuhr, wurde das Funkgerät am 3. April aus einem Schlupfwinkel in ein ande-res Versteck befördert, eine Routinemaßnahme, die laufend durchgeführt wurde, um der deutschen Funküberwachung zu entgehen. Bei einem Transport fuhr aber der das Gerät befördernde Pkw in einen Bombentrichter und das Funkge-rät wurde so beschädigt, daß es in den darauffolgenden Tagen nicht mehr repariert werden konnte. Die Reservegeräte befanden sich zur besseren Tarnung im ehemaligen österreichischen Kriegsministerium, das jetzt die Dienststellen des stellvertretenden Generalkommandos des XVII. Armeekorps beherbergte. Gerade dort ging aber eben die letzte tragische Auseinandersetzung zwischen den Führern der Widerstandsbewegung und der SS vor sich. Die Funkgeräte konnten daher nicht mehr zum Einsatz gebracht werden. Zwischen dem brennenden und umkämpften Wien, zwischen den dort sich zum letzten Gefecht stellenden Männern der »O5« und der freien Welt war die einzige Verbindung abgebrochen, es herrschte Funkstille.

Während Lemberger in Paris mit den Russen verhandelte, war ich am 12. März von Paris nach Caserta und Bari geflogen. Ich hatte zuerst eine Konferenz mit dem kommandierenden General der 15. amerikanischen Luftflotte, General Cabell, in dem es um die Einstellung der Bombardierung von nichtmilitärischen Zielen in Wien und anderen österreichischen Städten ging. Die Debatte war ziemlich heiß und es fielen harte Worte. Einige der alliierten Luftwaffenvertreter, besonders ein englischer Brigadier, vertraten die Auffassung, die Österreicher seien sowieso alle Nazis und es sei daher gar nicht so schlimm, wenn ihnen einige Bomben auf den Kopf fielen. Ich legte unsere Unterlagen über die Bombardierung ziviler Ziele in Wien, Innsbruck und Salzburg vor und versuchte, Cabell und seine Mitarbeiter zu überzeugen, daß mit Bombardierungen ziviler Ziele das Gegenteil des gewünschten Effektes erzielt werde.

Cabell hat dann auch – wie mir Colonel Chapin, mein Schutzengel in Caserta, am nächsten Tag an Hand einer Kopie des Befehls zeigte – eine Anordnung an alle Piloten der Bomberkommandos der 15. Luftflotte erlassen, zivile Ziele in Österreich zu vermeiden. Cabell ließ ihnen auch neuerlich Karten mit jenen Zielen, die zu bombardieren waren, übergeben. Ich weiß nicht, ob die Wirkung von Cabells Befehl noch sehr groß war, er erfolgte etwa am 14. März und unser damals noch bestens funktionierender Wiener Funkkontakt bestätigte uns wenigstens, daß ab dem 20. März zu spüren gewesen sei, daß die Bomber-Verbände sich auf Verkehrsknotenpunkte und industrielle Ziele konzentriert hätten. Ich selber konnte mich nicht mehr davon überzeugen.

Abgesehen von dem nur teilweise vorhandenen guten Willen der Kommandeure der alliierten Bomberflotten, war natürlich auch die technische Durchführung der Bombardements nicht geeignet, zivile Ziele besonders auszusparen. Die amerikanischen Luftflotten waren von den Angriffen in Deutschland her gewohnt, breite Flächen zu bombardieren und man zerbrach sich gar nicht den Kopf, ob nun da auch irgendwo vielleicht eine alte Kirche, ein Spital oder ein Palais getroffen wurden: das hatte sie nicht zu interessieren. Die Terror-Bombenangriffe waren ja ein Teil der psychologischen Kriegsführung. Es war ihnen zwar verboten, die gleiche Taktik über Österreich anzuwenden, aber ob nun jedem amerikanischen Fliegermajor aus Texas oder Kentucky wirklich klar wurde, daß er sich über österreichischem Gebiet befand, muß dahingestellt bleiben.

Anschließend begab ich mich nach Bari, um dort einen Schnellsiede-Fallschirmabsprung-Kurs mitzumachen. Ich habe bei dieser Gelegenheit entdeckt, daß ich für diesen Sport in keiner Weise geeignet bin. Nicht nur fürchtete ich mich jeden Augenblick, den ich in der Luft war, ich habe auch die richtige Art, den Körper ausrollen zu lassen und sich dadurch beim Aufprall nicht weh zu tun, nie richtig gelernt. Immerhin erklärte nach sieben Übungssprüngen und fünf Tagen Ausbildung mein Fallschirmsprunglehrer, ein bulliger Captain aus Oakland, es sei alles O. K. und ich könne ruhig im Einsatz springen. Ich habe dies dann auch sofort getan, einmal und nie wieder.

An einem der nächsten Tage sollte ich mit einem amerikanischen Spezialflugzeug, einem viermotorigen, umgebauten Bombenflugzeug, das einen Bomberverband begleitete, der nächtlings Angriffe im Raum München zu fliegen hatte, gegen Norden brausen. Über dem Trentino sollte sich die Maschine vom Hauptverband lösen, um in der Nähe der Stadt Cles zwei italienische Partisanenführer mit dem Fallschirm abzuwerfen. Ich hätte dann mit dem Flugzeug weiterfliegen, auf diese Weise schnell nach Tirol gelangen sollen, ohne den komplizierten Umweg über Frankreich, Schweiz und Norditalien, der zu diesem Zeitpunkt schon mindestens acht Tage in Anspruch nahm. Die Secret Operations der OSS Caserta hatten mit Fredy Mayer, dem amerikanischen Leutnant, der im Ötztal agierte und dort ein funktionierendes Funkgerät zur Verfügung hatte, vereinbart, daß ein Empfangskommando in einem Seitental des Ötztales für mich bereitgestellt würde.

Das erste Malheur geschah dadurch, daß das Bomberkommando aus Wettergründen seinen Startbefehl in Bari erst einen Tag später erhielt. Der Funker im Ötztal wurde von der Verschiebung um vierundzwanzig Stunden zwar verständigt, aber irgendwie schienen das die biederen Ötztaler Partisanen nicht ganz mitbekommen zu haben. Auf jeden Fall startete ich einen Tag später als vorgesehen, kletterte in das große viermotorige Flugzeug, begrüßte meine zwei Reisekameraden, die italienischen Partisanen, und es ging bei starkem Wind und dichten Wolkenfronten kurz nach Einbruch der Dunkelheit los. Wir flogen in etwa viertausend Meter Höhe in ziemlich enger Formation, wurden über Bologna von der Flak beschossen, ein Flugzeug begann zu brennen und drehte um. Unsere Maschine bekam nichts ab, wir flogen weiter, aber ich hatte ein unheimliches Gefühl im Magen.

Etwa auf der Höhe von Verona verließ unsere Maschine den Pulk und wendete sich nach Nordwesten. Sie flog dann im Kreis über den Bergen des westlichen Trentino, also etwa über dem Raum zwischen Mezzolombardo und Arco. Unten leuchteten zwei Raketen auf und meine zwei italienischen Freunde verließen uns. Alles schien planmäßig vor sich zu gehen; das Flugzeug flog wiederum nach Norden und hatte den Alpenhauptkamm nach zwanzig Minuten erreicht. Dort gab es nun leider eine ziemlich dichte Wolkendecke. Der Pilot, der es offensichtlich eilig hatte zurückzukommen, flog zweimal an Hand seiner Karten das Zielgebiet an. Von Raketen war nichts zu sehen. Plötzlich entdeckte er ein Feuer, ungefähr in dem Gebiet, wo das Empfangskommando bereitstehen sollte. Sehr genau konnte man es nicht erkennen, da es sich bekanntlich dort um Hochgebirge handelt und das Flugzeug ziemlich hoch fliegen mußte. Wir betrachteten das Feuer, flogen noch zweimal im Kreis rundherum, und dann erklärte der Pilot, entweder müßte ich aussteigen oder er würde mich zurück nach Bari mitnehmen.

Ich entschloß mich fürs Aussteigen, obwohl mir nicht ganz geheuer war. Die Besatzung schüttelte mir noch die Hand, und dann gab mir einer den berühmten Stoß in den Rücken und ich war draußen. Der Fallschirm öffnete sich planmäßig, es wehte ein mittelstarker Wind aus Nordwest und ich schwebte durch die schwarze Nacht ins Nichts. Von dem Feuer, das man aus dem Flugzeug gesehen hatte, konnte ich nichts mehr entdecken. Das war an sich nicht sehr erstaunlich, da ja Bergkämme und schluchtartige Täler hier abwechselten und der Wind mich wahrscheinlich ziemlich schnell abgetrieben hatte. Es war zwar nicht verwunderlich, aber höchst unerfreulich, denn wo würde ich nun schließlich landen? Die geschlossene Wolkendecke war glücklicherweise aufgerissen, vom Mond war nicht viel zu sehen, aber immerhin war es nicht mehr so dunkel wie im ersten Moment nach dem Absprung.

Ich sah eine ziemlich steile Halde auf mich zukommen, rollte mich instruktionsgemäß wie eine Schnecke im Schneckenhaus zusammen und wartete der Dinge, die da kommen würden. Zuerst kam ein ziemlich starker Stoß auf meine Hüfte, ich wurde noch ein paar Meter mitgeschleift, dann hatte ich die automatische Loslösung des Fallschirms bedient und spürte einen kräftigen Schmerz in meinem linken Fußgelenk. Ich hatte mir wohl den Knöchel geprellt, denn im weiteren schwoll der Fuß ziemlich stark an, und ich konnte zwei Tage nicht auftreten. Sonst war mir nichts passiert. Ich versuchte mich zu orientieren, wo ich mich eigentlich befand. Leider hatte sich die Wolkendecke wieder geschlossen, es war stockdunkel, ich sah weit und breit kein Licht. Nach der Temperatur konnte ich mich auch nicht richten, denn wir waren noch mitten im Winter, es lag wenig Schnee, rund um mich herum war eine Steinhalde, aber kein Baum, zumindest nicht in nächster Nähe. In der Ferne hörte ich allerdings etwas rauschen, also mußte ich doch noch unter der Baumgrenze sein.

Ich begann zu frieren und wickelte mich in den Fallschirm ein, was die Temperatur meines Körpers nicht sehr wesentlich beeinflußte, aber zumindest wurde ich nicht naß. So verbrachte ich die Nacht. Endlich wurde es hell; ich war ziemlich erfroren, hatte mich aber mit Schokolade genährt und hie und da – verdeckt, so daß niemand die Flamme sehen konnte –, eine Zigarette angezündet. Wo wohl das verfluchte Empfangskommando geblieben war? Schließlich konnte ich mich orientieren. Ich nahm meine Karte heraus und stellte nach einigem Suchen fest, daß ich im falschen Tal war. Der Pilot hatte sich um mindestens dreißig Kilometer geirrt. Statt in einem Seitental des Ötztales in der Gegend von Sölden, hatte er mich in einem Tal, das von Gries im Sellrain zum Lüsenzer Ferner führt, abgeworfen,

Ich befand mich auf einer steilen Almwiese, etwa dreihundert Meter unter mir lag auf einer kleinen ebenen Fläche eine Almhütte, natürlich jetzt im Winter nicht in Betrieb. Bis zu dieser Hütte humpelte ich und schleppte auch meinen Fallschirm mit mir. Dort waren keinerlei Spuren zu sehen, der Schnee war jungfräulich, sichtlich war seit Wochen oder Monaten niemand dagewesen. Es gelang mir mit einiger Mühe die abgeschlossene Türe der Almhütte aufzubrechen. Ich machte es mir dann in dem üblichen Einheitsraum aller Tiroler Almhütten, einem Mittelding zwischen Küche, Stall und Schlafraum so wohnlich wie nur möglich. Ich zündete ein Feuer an, nachdem ich mich vorher überzeugt hatte, daß man die Almhütte von unten nicht einsehen konnte und es fast ausgeschlossen schien, daß jemand auf den noch tiefverschneiten Bergen über mir spazierengehen und den Rauch aus meiner Almhütte aufsteigen sehen würde.

Ich behandelte meinen Knöchel so gut es ging, nahm das kleine Radio, das ich im Sprunggepäck hatte und konnte sowohl Beromünster wie auch den Reichssender München gut abhören und wartete. Leider Gottes war mein Lastenfallschirm verlorengegangen; da ja kein Empfangskommando da war, wurde er nie gefunden. Immerhin hatte ich im Sprunggepäck genügend Lebensmittel für einige Tage mit, außerdem besagtes Radio und einige Medikamente, auch etwas gegen Schmerzen. Endlich nach zwei Tagen war der Knöchel genug abgeschwollen, um mit ihm wieder normal gehen zu können. Das Wetter hatte sich gebessert, was mich gar nicht besonders freute, aber ich entschloß mich doch, in der Abenddämmerung des zweiten Tages meines unfreiwilligen Aufenthaltes im obersten Sellrain den Marsch hinunter anzutreten. Ich wanderte durch den tiefen Schnee, und als ich die aus Bubentagen wohlbekannte Kirche von Gries im Sellrain vor mir sah, war es schon Nacht. Ich beschloß, es nicht auf irgendwelche Begegnungen ankommen zu lassen und in einem Heuschober zu übernachten. Meinen Fallschirm hatte ich in kleine Stücke geschnitten und oben in der Almhütte verbrannt, so daß anzunehmen war, daß man meine Spur zumindest bis zum Anbruch des Frühlings nicht entdecken würde.

Ich trug deutsche Uniform und hatte die notwendigen Papiere bei mir. Am nächsten Morgen schaute ich mich ein wenig vom Ortseingang aus im Dorfe um. Ich sah einige deutsche Soldaten durch das Dorf spazieren; ich war sehr erleichtert, ich würde nicht besonders auffallen. Offensichtlich war irgendein Gasthaus als Erholungsheim oder ähnliches eingerichtet. Es gab auch einen Autobus; aber so weit wollte ich es doch nicht treiben, diesen zu benützen. Ich wanderte daher Richtung Inntal, nach einer halben Stunde holte mich ein Lastwagen ein, der mich bis Kematen mitnahm. Als ich durch dieses malerische Dorf marschierte, fiel mir ein, daß ich mit etwas mehr Glück auf der Kematener-Alm gelandet wäre. Dort waren zu diesem Zeitpunkt bereits zwei Dutzend Partisanen aktiv. Aber man kann eben nicht alles haben.

Am Nachmittag war ich in Innsbruck, konnte dort humpelnd meine dringlichsten Aufgaben erledigen und einen der »O5« angehörigen Arzt aufsuchen. Dr. Stricker war zwar Hals-Nasen-Ohrenspezialist, stellte aber trotzdem unschwer fest, daß mein noch immer sehr geschwollener Knöchel nicht gebrochen, sondern nur geprellt sei, behandelte mich rührend und empfahl mir dringend, einige Tage zu liegen. Dazu hatte ich keine Zeit, aber auch mein ursprünglicher Plan, sofort nach Wien zu fahren, war durch die Verletzung hinfällig geworden, denn ich konnte zu diesem Zeitpunkt nicht mehr, beschränkt gehfähig wie ich war, in Wien auftauchen, wo bereits die Fahndung nach mir lief. Es gelang mir, einen sicheren Kurier aufzutreiben, dem ich meine Botschaft für Wien übergab.

Ich mußte wohl oder übel die Rückreise antreten, und war drei Tage später wieder in der Schweiz zurück. Diese Verbindung von Caserta nach Zürich hätte ich allerdings einfacher mit dem Flugzeug über Annemasse und dann von Genf mit dem eleganten Schnellzug der Schweizerischen Bundesbahnen haben können. Der Umweg über Bari und Gries im Sellrain kostete mich elf wichtige Tage und einen geprellten Knöchel. Auf jeden Fall ist seit damals mein Bedarf an Fallschirmspringen gestillt. Als ich an einem schon nach Frühling duftenden Abend von der Grenze bei Tre Croci zum Dörfchen Sagno hinunterwanderte und hinter dem Lago Maggiore die Sonne im Dunst des Monte-Rosa-Massivs verschwinden sah, dachte ich an unseren »Meisterplan«, den Ernst Lemberger und ich vor zehn Wochen in Basel geschmiedet hatten. Unser erstes Ziel war gewesen, die verschiedenen politischen Parteien und Gruppen endlich unter einen Hut zu bringen. Es war klar, daß dies nur in Österreich und unter dem Druck der NS-Diktatur und des Krieges gelingen konnte. In der relativen Sicherheit der Emigration waren alle solche Versuche, gleichgültig ob sie in Paris, London oder New York unternommen wurden, immer gescheitert. Endlose Debatten, wer schuld woran war, wer besser und vor allem, wer jetzt regierungsfähig sei, waren das einzige Resultat, dem dann fast immer noch gegenseitige Denunziationen bei der Regierung des jeweiligen Gastlandes folgten.

Um die notwendige Einigung vor allem der zwei großen traditionellen politischen Lager, der »Schwarzen« und der »Roten« zu erreichen, hatten Lemberger und ich uns zusammen auf den Weg gemacht. Am 25. Februar 1945 in Wien war dann das erste große Ziel erreicht. Christlich-Soziale, Sozialdemokraten, Monarchisten, Liberale und Kommunisten, kurz die politischen Gruppen, die bisher für sich allein und daher auf verlorenen Posten gekämpft hatten, waren endlich zusammengekommen und hatten sich in unserem POEN und im »O5« vereint.

Wie würde es nun weitergehen? Dreißig Kilometer östlich von Wien tobte die Frühlingsschlacht, im Westen der Heimat bereiteten sich die wankenden Götzen des Dritten Reiches auf den Endkampf vor. Waren die Eltern im Gefängnis, im KZ, waren sie überhaupt noch am Leben? Würde sich Otto durchschlagen und wiederkehren? Würde ich all die Freunde, die mit mir angetreten waren und die mir wie dem Rattenfänger von Hameln gefolgt waren, jemals wiedersehen?

Würde auch der zweite Abschnitt des »Meisterplanes« jemals Wirklichkeit werden, es wieder eine freie Heimat in einer befriedeten Welt geben? Und würden wir Jungen in dieser neuen Welt auch endlich anfangen können, unser Leben wirklich zu leben?

Ich wußte keine Antwort auf meine vielen Fragen, aber ich war voll jener Hoffnung und jenes Optimismus, die das Privileg der Jugend sind. Der ferne Monte Rosa, der in einem gigantischen Alpenglühen seinem Namen volle Ehre machte, schien mir freundlich zuzuleuchten, und ich erreichte guten und neugestärkten Mutes die ersten Häuser von Sagno.

Wenige Tage später traf ich meinen Bruder Otto auf dem Züricher Hauptbahnhof wieder. Es war ihm gelungen, aus Rathenow an der Havel, wo er mit seiner Wehrmachtseinheit einquartiert war, in die Schweiz zu flüchten. Schon wenige Wochen nach unserem letzten weihnachtlichen Zusammensein in Wien war ich noch einmal in die schon weitgehend zerstörte und in Agonie liegende Reichshauptstadt Berlin gereist. Einen Urlauberzug benützend, hatte ich auf der Hinfahrt von Wien in Breslau und Dresden zwei schwere Bombardements miterlebt, aber den Berliner Schlesischen Bahnhof gut erreicht und von dort Ulli Rüdt-Kollenberg angerufen, die in der Archivkommission des deutschen Außenamtes arbeitete. Ulli bestellte mich in ihre Wohnung in einem noch unzerstörten Teil des Villenviertels von Zehlendorf-West. Ich bat Ulli um Hilfe, um die Flucht Ottos zu bewerkstelligen. Ich übergab ihr Wehrmachts-Personaldokumente und Reiseunterlagen lautend auf Feldwebel Alfred Steiger, aber entsprechend präpariert, so daß Otto sie verwenden konnte. Nach einigen vergeblichen Versuchen, unsere nach dem 20. Juli abgebrochenen Widerstandskontakte mit Hilfe von Ulli in Berlin neu zu etablieren, verließ ich zwei Tage später wieder die Reichshauptstadt. Ulli reiste sodann als »Verlobte« Ottos nach Rathenow und übergab ihm seine Papiere. Seine Flucht war nach der Verhaftungswelle im Gefolge der Saarplatz-Affäre, absolut notwendig. Es gelang Otto über München, Innsbruck und Nam Brauers nun im Mailänder Hotel Milano installierten Meldekopf Marconi gut in die Schweiz zu kommen. Otto sah gut aus, und es war ein köstliches Gefühl, ihn wenigstens für einige Tage in Sicherheit zu wissen. Er beschloß sofort bei uns mitzumachen und wollte sobald als möglich zum Einsatz nach Tirol zurückgehen. Zuerst sollte er einmal tüchtig aufgepäppelt und mit verschiedenen Einzelheiten unserer Planung vertraut gemacht werden.

In den ersten Apriltagen ergab sich dann die Möglichkeit, einen kleinen Konvoi zusammenzustellen: Otto wieder als Feldwebel Alfred Steiger, ferner der in der Zwischenzeit eingetroffene amerikanische Verbindungsoffizier und Partisanenausbilder für den Tiroler Raum mit Hauptstützpunkt Kematener Alm, Leutnant Joe Franckenstein, als Unteroffizier Horneck und schließlich sein Kollege und Funker als Obergefreiter Karl Nováček. Sie alle sollten mit mir zusammen über Mailand nach Innsbruck fahren. Ich wollte mich dann weiter nach Salzburg und Linz begeben, um dort die bis dahin von der Wiener Zentrale abhängigen POEN-Gruppen, die jetzt durch die Kriegslage ohne Führung waren, umgekehrt aufzufädeln und an die Zentrale für Westösterreich, an Innsbruck anzuschließen.

Der dortige Meldekopf Prinz Eugen – das heißt Helmut Heuberger – hatte, nachdem Wien ausgefallen war, die Leitungsfunktion des POEN im Westen Österreichs zu übernehmen. Otto würde in Innsbruck bleiben, um den Aufbau und die Organisation der militärischen Widerstandsgruppen in Tirol, die Koordination mit den bereits existierenden Partisanengruppen im Ötztal, auf der Kematener Alm, im Paznauntal und in Vorarlberg herzustellen und schließlich die Verbindung mit der aus der Schweiz nach Österreich stoßenden Kampfgruppe Leutnant Berthold durchzuführen. Diese sollte über das Paznaun oder über das Dreiländereck bei Liechtenstein nach Österreich kommen und den Versuch unternehmen, in einem der Vorarlberger Täler einen festen Stützpunkt zu errichten und so im Westen Österreichs ein erstes »befreites Gebiet« zu schaffen.

Ich hingegen wollte so schnell wie möglich die Verbindung zwischen der neuen »O5«-Zentrale in Innsbruck und den Gruppen in Salzburg und Linz herstellen. Sodann wollte ich über die Tre Croci-Passage und Annemasse wieder nach Caserta zurückkehren. Denn bei Wien tobte bereits die Schlacht, und das Alliierte Oberkommando hoffte zuversichtlich spätestens Mitte April auf einen dann schon von den Russen frei gemachten Flugplatz mit einer ersten »Liaison-Mission« landen zu können. Ich sollte diesem Stab als Verbindungsoffizier angehören und wollte unbedingt mit dem ersten Flugzeug nach Wien mitfliegen – um bei der Befreiung der Stadt und der Bildung einer ersten provisorischen Regierung mitwirken zu können. Allerdings, erstens kommt es anders, zweitens als man denkt. Ich hatte wieder einmal meine Rechnung ohne den zuständigen Wirt gemacht, und es sollte noch fast ein halbes Jahr dauern, bis Fepolinski und Waschlapski in ihre Osterleitengasse zurückkehren würden.

Am 8. April, meinem einundzwanzigsten Geburtstag, brach ich von Lugano auf, um nach Mailand vorauszufahren. Otto und die zwei Austro-Amerikaner sollten am nächsten Tag nachkommen. In Wien war zu diesem Zeitpunkt die entscheidende Schlacht um die Befreiung der Stadt im Gange. Ich war in größter Sorge um meine Eltern. Ich wußte, daß beide verhaftet und in das Polizeigefangenenhaus auf der Elisabeth-Promenade eingeliefert worden waren. Papa war am 2. März von der Gestapo abgeholt worden und sollte vor den Volksgerichtshof gestellt werden, meine Mutter kam einige Tage später dran. Die Verhaftung von Mama stand in unmittelbarem Zusammenhang mit der Tatsache, daß die Geheime Staatspolizei festgestellt hatte, daß ich noch am Leben sei; ich fühlte mich mitverantwortlich, kein sehr angenehmes Gefühl, besonders dann nicht, wenn man wußte, wie die Gestapo in den letzten Monaten des Krieges mit ihren Gefangenen umzugehen pflegte.

Die Sorge um meine Eltern hatte sich seit Anfang April noch wesentlich verstärkt. Einer der letzten Nachrichten, die über Funk von Wien nach Caserta gekommen waren, entnahm ich, daß die politischen Häftlinge aus dem Polizeigefangenenhaus Rossauer Lände – der »Liesl« – in den letzten Märztagen evakuiert und zu Fuß in Richtung KZ Mauthausen in Marsch gesetzt worden seien. Nachdem meine Eltern zu dieser Häftlingsgruppe gehörten, befürchtete ich das Schlimmste. Solange sie sich noch im Wiener Polizeigefängnis befunden hatten, waren sie, wie ich später erfuhr, von unserer Cousine Mara Preradović rührend betreut worden. Mara, eine Tochter von Mamas Bruder Peter, ging fast jeden Tag in das Gefängnis, brachte Lebensmittel oder sonst irgendein kleines Zeichen der Freundschaft; so hatten die Eltern das Gefühl, daß jemand da war, der sich um sie kümmerte. Jetzt aber, da wir sie auf dem Marsch nach Mauthausen vermuten mußten, waren sie ganz auf sich selbst gestellt. Wir konnten im Augenblick überhaupt nichts tun, um ihnen zu helfen. Otto und ich waren zur Untätigkeit verurteilt. Die Verbindung mit Wien war abgebrochen, ich konnte nur beten, daß die Eltern es überstehen würden.

Ich traf in Mailand ein, vermied die Via Marconi, um nicht der Polizei in die Hände zu fallen und begab mich zu Nam Brauer de Beaufort ins Grandhotel Milano. Nam erwartete mich bereits und berichtete in ihrer kühlen Art alle Einzelheiten der dramatischen Entwicklung der letzten Tage.

Renata Faccincani war ja schon im Dezember von der Geheimen Feldpolizei festgenommen, verhört, aber nach zwei Tagen wieder freigelassen worden. Damals hatte ich sie anschließend in die Schweiz in Sicherheit gebracht. Sie wollte aber nicht in Zürich bleiben, sondern hatte nur den einen Wunsch, nach Mailand zurückzugehen. Trotz aller Warnungen kehrte sie daher im Jänner in Mussolinis zerfallende Repubblica Sociale Italiana zurück.

Anfang Februar war es dann endgültig soweit. Spätabends kam diesmal die SS in die Via Marconi und holte Renata ab. Niemand außer ihr war zu Hause. Renata konnte gerade noch mit dem Lippenstift »San Vittore« auf den Spiegel malen, bevor sie abgeführt wurde. »San Vittore« hieß das große Mailänder Gefängnis. Der kurz darauf heimkehrende alte Diener der Familie, Siro, begriff die Spiegelnachricht und verbrannte die ganze Nacht hindurch alle Papiere und Dokumente unseres Meldekopfes Marconi, die Renata unter dem Bett ihrer Mutter versteckt hatte. Gerade rechtzeitig, denn am nächsten Tag kam die SS wieder und verhaftete Renatas Mutter und Mario Vimercati. Diesmal durchsuchten sie die Wohnung gründlich, aber dank Siro, vergeblich. Die beiden kamen bald wieder frei, aber Renata war in großen Schwierigkeiten, sie wurde immer wieder nach mir gefragt und scharf einvernommen. Schließlich gelang es Mario, einen Dolmetscher mit dem runden Betrag von 40.000 Lire zu bestechen, und Renata konnte aus dem Gefängnis entkommen und mit Hilfe unseres Partisanenfreundes Pietro in Cernobbio wieder in die Schweiz flüchten. Jetzt sah sie endlich ein, daß sie in Sicherheit bleiben und abwarten müsse, um nicht auch alle anderen zu gefährden.

Nun war allerdings auch Franz Otting, der den Meldekopf mit Nam zusammen weitergeführt hatte, in Gefahr. Der »Höchste SS- und Polizeiführer Italien« hatte ihn – nur wenige Stunden vor meinem Eintreffen – fernschriftlich bei allen Wehrmachtsdienststellen zur Verhaftung ausgeschrieben. Nam selbst hatte sich bisher von Verdacht freihalten können. Aber wie lange noch?

Nachdem Nam mir alle diese Hiobsbotschaften mitgeteilt und mich gleichzeitig mit einer Tafel Schokolade nach der anderen gefüttert hatte, zog sie aus einer Lade ihres Schreibtisches ein großes, weißes Plakat hervor. Auf diesem Plakat war nun deutlich auf deutsch und italienisch zu lesen, daß der desertierte Gefreite Friedrich Molden, vulgo Pietro de Lago, vulgo Feldwebel Hans Steinhauser etc. etc. »wegen Fahnenflucht und Hochverrat als Bandenführer« von den deutschen Behörden gesucht werde. Bei der Festnahme sei Vorsicht am Platze, da der Gesuchte bewaffnet sei und möglicherweise Widerstand leisten werde. Als Preis für meine Festnahme waren 20.000 Lire, damals noch sehr viel Geld, ausgesetzt.

Nam teilte mir in aller Ruhe mit, daß dieses Plakat schon in ganz Mailand angeschlagen sei. Es wäre daher für mich nicht sehr empfehlenswert, mich hier noch viel herumzutreiben. Nun erschrak ich doch einigermaßen, insbesondere deshalb, weil ich ja wußte, daß Otto mit Horneck und Novaček am nächsten Morgen nichtsahnend in Mailand eintreffen und mich bei Nam suchen würden. Ihr Hotel Milano wurde aber nach Mitteilung von Nam seit einigen Tagen ständig von der Polizei überwacht. Es mußte schnell und nach verschiedenen Richtungen gehandelt werden. Zuerst gelang es mir, noch einen Kurier zu finden, der nach Cernobbio fuhr, um Otto und seine zwei Reisegenossen abzufangen und sie zu warnen, keinesfalls in das Hotel Milano zu gehen, sondern mich am nächsten Morgen um acht Uhr früh statt dessen am Mailänder Hauptbahnhof zu treffen.

Nam brach auf, um Franz Otting zu suchen: er mußte verständigt werden, daß nach ihm gefahndet wurde und er sich auf die Flucht in die Schweiz vorbereiten müsse. Noch in derselben Nacht sollte er in Mailand bei Lori Possanner aufkreuzen. Ich begab mich dann durch den Personalausgang aus dem Hotel in die Stadt, um Mario Vimercati zu warnen. Ich sollte ihn nach telefonischer Absprache um neunzehn Uhr am Bahnhof der Ferrovia Nord Milano, einer Privatbahn, die von Milano nach Como und zu einigen anderen oberitalienischen Orten verkehrte, treffen. Bahnhöfe mit ihrem lebhaften Treiben galten vor allem zur Zeit des abendlichen Spitzenverkehrs als sichere und unauffällige Treffpunkte.

In diesem Fall hatte ich mir allerdings den ungünstigsten Ort ausgewählt, denn dort wurde gerade eine Fahndung durchgeführt. Es fiel mir auf, daß in der Kassenhalle im Vorbau des Bahnhofes eine doppelte Reihe von italienischen Polizisten und deutschen Feldgendarmen alle zu den Zügen eilende Passanten kontrollierte. Dies bedeutete, daß offensichtlich ein Deutscher gesucht wurde, den man möglicherweise aber auch in Zivil vermutete. Es war früher Abend, und Tausende Mailänder wollten mit der Ferrovia Nord in die Vororte fahren. Ich drückte mich unauffällig entlang der Wand der Halle zu einer Seitentür, die in einen großen Warteraum führte.

Das erste, was mir dort entgegenstrahlte, war mein eigenes Konterfei auf dem Fahndungsplakat. Mir ging ein Licht auf. Die Person, die man suchte, war ich. Scheinbar hatte mich doch jemand erkannt. Im nächsten Wartesaal war ich für einige Minuten sicher, denn die Halle war mit Bäuerinnen, Kindern, Hühnern und riesigen Stapeln von Gepäck angefüllt, und die Fensterscheiben wegen der Verdunklung blau angemalt, so daß es recht finster war. Meine Gnadenfrist hier konnte aber nicht von langer Dauer sein. Aus diesem Wartesaal führte eine Tur direkt zu den Bahnsteigen. Dort stand ein italienischer Eisenbahner und kontrollierte die Fahrkarten. Als deutscher Feldwebel schob ich ihn beiseite. Doch hinter dem Eisenbahner war ein italienischer Polizist postiert, der nun meinen Ausweis sehen wollte. Ich sagte nur:

»Forze armate tedesche, Comando della SS.«

Er ließ mich verdattert passieren, blickte mir aber eigentümlich nach, doch ich war bereits im Gewühl untergetaucht. Ich ging schnell am Zug entlang, und als ich beim vierten oder fünften Waggon auf die hintere Plattform sprang, hörte ich eine Trillerpfeife. Mit einem halben Auge sah ich noch den Polizisten nach hinten winken. Also hatte er mich erkannt.

Jetzt mußte es schnell gehen. Ich stieg auf der anderen Seite von der Plattform wieder herunter und stand zu meinem Schrecken auf einem leeren Geleise. Vom hinteren Ende des Bahnhofes brüllte ein deutscher Offizier:

»Stehenbleiben! Stehenbleiben!«

Die Hasenjagd begann.

Mit zwei Sprüngen war ich beim nächsten, auf die Abfahrt wartenden Zug, sprang auf, lief durch zwei Waggons, sprang auf der anderen Seite wieder hinunter, diesmal hatte ich Glück, direkt daneben stand noch ein Zug, der sich gerade in Bewegung setzte. Ich mußte kräftig mitlaufen, um noch aufspringen zu können. Es gelang mir, zwei italienische Arbeiter halfen mir auf die überfüllte Plattform hinauf. Hinten knallte es und ein paar Schüsse fegten den Bahnsteig entlang.

Der eine Italiener meinte:

»Poverino, tutto va bene.«

Ich hatte es geschafft, denn selbst, wenn auf den letzten Waggon Feldgendarmen aufgesprungen waren, war es völlig unmöglich, durch den wie eine Kette von gigantischen Sardinendosen vollgepfropften Zug vor der nächsten Station durchzukommen. Die italienischen Arbeiter auf der Plattform hatten instinktiv begriffen, was los war. Sie rieten mir, kurz vor dem Arbeitervorort Sesto San Giovanni, das wegen seiner großen prokommunistischen Sympathien »Piccolo Stalingrad« genannt wurde, bei einer durch Bombenschäden verursachten Langsamstelle auf dem Frachtenbahnhof abzuspringen.

Ich folgte ihrem Rat, fiel genau in den Bombentrichter neben den Geleisen und war für den Moment gerettet. Ich wanderte fast eine Stunde durch riesige Verschubgleisanlagen und ausgedehnte Fabriksgelände, bis es mir gelang, zur Haltestelle einer Vororte-Straßenbahnlinie zu kommen und nach Mailand zurückzufahren.

Telefonischer Kontakt mit Nam ergab eine gute Nachricht: Es war ihr gelungen, Franz Otting zu erreichen, er würde zu Lori Possanner kommen. Jetzt hieß es nur noch Otto, Horneck und Novaček abzufertigen und dann zu versuchen, mit Otting und Nam in die Schweiz durchzukommen.

Nam wollte eigentlich nicht mitgehen. Sie sah keine unmittelbare Gefahr für sich. In einem Hinterzimmer von Loris Wohnung erklärte ich ihr in einem langen, nächtlichen Gespräch, daß sie spätestens in vierundzwanzig Stunden genauso gefährdet sein würde wie alle anderen. Es konnte nicht mehr lange dauern, bis man auch die Verbindung zu ihr feststellen würde, dann konnten ihr auch die besten Beziehungen nichts mehr helfen. Schließlich erklärte sie sich bereit mitzukommen, aber nur unter einer Bedingung, nämlich, daß wir ihr erlaubten, ihr Gepäck mitzunehmen. Nichtsahnend sagte ich selbstverständlich zu. Am nächsten Tag erschien Nam mit acht Schrankkoffern bei Pietro in Cernobbio zur Flucht über den Monte Bisbino in die Schweiz.

Vorher hatte ich noch Otto und seine zwei Kumpane am Mailänder Hauptbahnhof getroffen. Ich informierte ihn in aller Eile über die neu entstandene Situation, über die Notwendigkeit, die Leute unseres Mailänder Meldekopfes in die Schweiz in Sicherheit zu bringen und über die Gefahr, die auch ihm aus der Fahndung, die derzeit nach mir in Mailand lief, drohen könnte. Nach kurzer Überlegung beschlossen wir, daß Otto mit Horneck und Novaček wie geplant nach Innsbruck vorstoßen sollte. Er übernahm auch das Funkgerät für Salzburg.

Wir schüttelten uns die Hände und waren keineswegs sicher, ob wir uns je wiedersehen würden. Otto, Joe Horneck und ich waren in diesem Moment recht gedrückt, nur Karl Novaček munterte uns auf. Er war der richtige Wiener Vorstadt-»Haberer«, stets guter Dinge und im breitesten Meidlinger Dialekt die Lage kommentierend. Er ließ uns auch jetzt nicht im Stich:

»Burschen, schaut's net drein wie der Hitler nach Stalingrad, des is eh alles a g'mahde Wiesn. Ihr werd'ts sehen, in a paar Tag ist der Iwan in Wien und der Ami in Salzburg. Und in vier Woch'n kommt's ihr mich am Tivoli besuchen, wir legen uns unter an Bam und lassen uns mit Heurigen vollaufen!«

Karl gab mir noch einen freundschaftlichen Stoß in die Schulter:

»Servas, alter Kalafatti, in ein paar Wochen haun mir uns zsamm auf a Packel!« Das war das letzte, was ich von Novaček sah und hörte. Vier Wochen später stand ich an seinem Grab am Friedhof von Kematen.

Ich verschwand im morgendlichen Getümmel vor dem Mailänder Hauptbahnhof und traf einige Stunden später unsere kleine Karawane, bestehend aus Franz Otting, Nam Brauer de Beaufort und ihren acht Schrankkoffern in Cernobbio im Hause von Pietros Familie. Ich weiß nicht, wie Nam ihre Koffer von Mailand bis Cernobbio gebracht hatte, aber ich weiß allzu genau, wie wir sie im Schweiße unseres Angesichtes über die Grenze schleppten. Schließlich gelang es uns doch, Nam samt ihrem Gepäck über den Stacheldraht zu heben und alle waren wohlauf in der Schweiz. Das war das Ende des Meldekopfes Marconi.

Vierzehn Tage später fuhr ich schon wieder über den Gotthard nach Süden, diesmal mit Renata. Vieles hatte sich in diesen wenigen Tagen verändert. Die Amerikaner und Engländer hatten in Italien ihre langerwartete Großoffensive gestartet und die deutschen Verteidigungsstellungen am Nordhang des Appenin durchbrochen. Bologna war gefallen. Im Piemont, in der Lombardei und in Venetien begann der Aufstand gegen das wankende Regime Mussolinis und seiner zusammenbrechenden Republik von Salò. Es war eine Frage von Tagen bis auch in Mailand das nur noch von den deutschen Bajonetten gestützte faschistische Regime weggefegt werden würde.

Renata und ich hatten es daher eilig, unseren Freunden rechtzeitig beistehen zu können. Einige von ihnen hatten auf meine Bitte mit den Deutschen und auch mit den faschistischen Behörden zusammengearbeitet, um für uns Informationen zu beschaffen oder Sabotageakte vorzubereiten. All diese heimlichen Verbündeten befanden sich in akuter Gefahr, als »Kollaborateure« erschlagen oder verhaftet zu werden. Außerdem lag mir viel daran, noch vor den Plünderern in das Mailänder Kommando des SD und der deutschen Abwehr zu gelangen, um dort wichtige Dokumente und vielleicht sogar den geheimnisvollen »Mob-Plan« für die Verteidigung der »Alpenfestung« in die Hände zu bekommen.

Am Abend des 26. April waren Renata und ich bis zur Schweizer Grenzstation Ponte Chiasso gelangt. Ein befreundeter Offizier des Schweizerischen Territorialkommandos Bellinzona holte uns am Bahnhof in Lugano ab und warnte uns dringend vor der Benützung des Grenzüberganges Sagno, da auf der italienischen Seite des Monte Bisbino Partisanengruppen, die bereits Teile des Comoseeufers kontrollierten, mit flüchtenden deutschen und faschistischen Kolonnen in ständigen Gefechten lagen. Statt dessen führte er uns mit seinem Auto nach Ponte Chiasso.

Hier war vorerst einmal das Ende unserer Fahrt gekommen. Die Grenze war gesperrt, die Schweizer Polizei hatte strengen Befehl, niemanden passieren zu lassen. Auf italienischer Seite taten noch die Carabinieri der Republica Sociale

Dienst. Aus den ersten Häusergruppen von Chiasso hörte man sporadisches Maschinengewehrfeuer, und aus dem nahen Como stieg eine riesige Rauchwolke auf. Schweizer Flüchtlinge, die aus Mailand in ihre Heimat aufgebrochen waren, berichteten uns erschöpft von ihrer Odyssee. Von Mailand bis Chiasso, das sind kaum fünfzig Kilometer hatten sie einen ganzen Tag gebraucht. Die Hauptstraße würde noch von den Deutschen kontrolliert, aber bei Como fänden bereits Kämpfe mit den Partisanen statt.

Als es dunkel wurde, erhellten viele Lichter den südlichen Horizont, und mit einem Male fiel mir auf, daß anscheinend in Italien niemand mehr die Verdunkelung beachtete. Wir saßen im Gastzimmer des Schweizer Grenzrestaurants, von dessen Hinterfront man durch große Fenster auf die italienische Straßenseite blicken konnte. Plötzlich hörten wir Rufe und Lärm von der Grenzkontrollstelle vor dem Haus. Ein Schweizer Offizier stürzte in das Gastzimmer und rief: »Draußen steht die Kolonne Mussolinis! Er will in die Schweiz!« Natürlich wollten wir alle hinaus, wurden aber von Schweizer Polizisten aufgefordert, in der Gaststube zu bleiben. Wir stahlen uns zu den Fenstern und blickten gebannt auf das letzte Aufgebot des Faschismus. Vor dem Schlagbaum stand ein halbes Dutzend aufgeregt gestikulierender Männer, die auf Schweizer Beamte einsprachen. Dahinter eine Kolonne von etlichen großen dunklen Personenwagen, und ein paar Camions der faschistischen Miliz. Ein eidgenössischer Zöllner flüsterte mir zu, daß Benito Mussolini und Clara Petacci im zweiten Auto säßen und um Asyl in der Schweiz angesucht hätten. Wir hatten natürlich keine Gelegenheit, uns zu überzeugen, ob es wirklich der Diktator und seine Freundin waren, die in den Autos saßen, oder vielmehr seine Frau Rachele mit den jüngsten Kindern. Jedenfalls wurden kurze Zeit darauf die Motoren der Kolonne wieder angelassen, die Fahrzeuge reversierten und verschwanden im Dunkel der Nacht. Es war ein gespenstischer Moment und gleichzeitig ein Augenblick des Triumphes für Renata und mich; innerhalb von Stunden hatte sich das Bild völlig gewandelt. Die Herren von gestern waren zu den Gejagten von heute geworden.

An diesem Abend saßen wir noch lange in einem großen Kreis zusammen. Ununterbrochen kamen Neuankömmlinge, vor allem Italiener, die in ihre Heimat zurückwollten, aber die Grenze nicht überschreiten konnten. Die Gaststube glich bald einem Heerlager. Renata brachte einen gutaussehenden älteren Herrn zu unserem Tisch. Es war Graf Gaetano Sforza, der Bruder des italienischen Staatsmannes. Er fragte, ob wir ihm vielleicht helfen könnten, nach Mailand zu kommen. Ich hatte vor, mir in Chiasso oder Como mit Hilfe meiner alliierten Papiere ein Auto zu verschaffen und in den frühen Morgenstunden nach Mailand durchzustoßen und erklärte mich gerne bereit, den Conte Sforza mitzunehmen.

Noch spät in der Nacht erfuhren wir, daß auf der italienischen Seite der Grenze die Carabinieri abgezogen seien und Partisanen des Comitato di Liberazione Nazionale Alta Italia die Grenzkontrolle übernommen hätten. Nach ein paar Stunden Schlaf auf den Bänken unseres Gasthauses gelang es uns, mit Hilfe unserer Freunde vom Territorialkommando die Ausreisegenehmigung aus der Schweiz zu bekommen, und in der Morgensonne eines strahlenden Frühlingstages überschritten wir zum ersten Mal seit vielen Jahren legal die Grenze.

Den italienischen Partisanen imponierten die Stempel des Alliierten Oberkommandos auf meinen Papieren gewaltig. In kürzester Frist waren wir im Besitze eines prächtigen Fiat, der bis zum Vortage dem Chef der italienischen Grenzpolizei in Chiasso gedient hatte. Dieses Auto hätte allerdings unserer Triumphfahrt schon nach wenigen Minuten um ein Haar ein jähes Ende bereitet. Denn als wir schneidig in Como einfuhren und abrupt vor einer Straßensperre halten mußten, begannen einige wild aussehende Partisanentypen auf uns zu schießen. Sie hatten das Auto erkannt und hielten uns für flüchtende Faschistencapos. Im letzten Moment gelang es Renata, den fatalen Irrtum aufzuklären. In weiser Voraussicht der Dinge, die da kommen würden, hatte ich in meinem Köfferchen meine amerikanische Uniform mitgenommen. Diese und eine von Renata improvisierte amerikanische Fahne retteten uns an diesem Tag noch mehrfach das Leben.

Die nächste Station war das Comitato di Liberazione in Como. Große Verbrüderung mit viel Grappa und einem eindrucksvollen »permesso«, diesmal mit italienischen Stempeln. Dann ging es wie auf einer Fuchsjagd weiter. Wir benützten Nebenstraßen, die parallel zur Autostrada liefen,

auf welcher wir den ganzen Tag den gespenstischen Rückzug der deutschen Wehrmacht beobachten konnten. Beim
Anblick der schon recht ungeordnet nach Norden ziehenden
Truppen kam mir jener Bibelspruch in den Sinn, den Hitler
anläßlich des Zusammenbruchs der polnischen Armee so zy-
nisch verwendet hatte: »Mit Mann und Roß und Wagen hat
sie der Herr geschlagen.«

Gegen Abend hielt unser stolzer Fiat mit letzter Kraft vor
dem Haustor Via Marconi 21. Der alte Diener Siro stürzte
tränenüberströmt auf Renata zu, küßte ihre Hände und fiel
mir um den Hals: »Signorino, der Signorino lebt auch!« In
wenigen Minuten waren plötzlich alle Freunde da. Mario
und Carlo standen herum, freuten sich und stießen mit uns
an. Ich machte mich aber bald aus dem Staube und fuhr in
das SD-Hauptquartier. Die Räume waren verlassen, ein ein-
samer italienischer Polizist salutierte ebenso freundlich vor
mir, wie er wahrscheinlich am Vormittag noch vor der SS
salutiert hatte. Ich ging hinauf in den ersten Stock und gelangte durch einige Vorzimmer in das Büro des »SS- und
Polizeiführers«. Ich war noch nie zuvor in diesem Büro gewesen, kannte es aber dennoch ganz genau. Hier mußten
sich die von mir gesuchten Akten befinden. Durch Monate
hatte Nam Brauer versucht, an den SS-Kommandeur heranzukommen, und in mühevoller Kleinarbeit war es uns gelungen, Kopien der Aktenordnung der SD-Dienststelle zu beschaffen. Ich war zu spät gekommen. Die riesigen Akten-
schränke waren leer, die SS hatte noch Zeit gehabt, ihre
Unterlagen mitzunehmen. Zwanzig Minuten später hatten
wir in der ebenfalls schon verlassenen Dienststelle »Meldekopf Zeno« der Abwehr mehr Glück. Jene Einheit, die mich
ohne ihr Wissen so freigiebig durch sechs Monate mit einer
Tarnkappe versehen hatte, ließ mich auch diesmal nicht im
Stich: wir fanden die gesuchten Pläne.

In Mailand überstürzten sich die Ereignisse. Während es
mir gelang, unsere treuen Helfer aus gefahrvollen Tagen mit
schützenden Ausweisen zu versehen, wollten es die verrück-
ten Umstände jener Tage, daß ich gleichzeitig einen faschistischen General vor der Lynchjustiz bewahrte. Es handelte
sich um Marschall Graziani, den Oberbefehlshaber der Mus-
solini-Armee. Ich traf zufällig mit Captain Laguardia zusammen, dem einzigen, damals schon nach Mailand einge-
schleusten amerikanischen Geheimdienstoffizier, der sich als

323

solcher schon durch den Besitz einer ähnlich wilden OSS-Kluft, wie ich sie am Leibe hatte, auswies. Dieser Haudegen flehte mich an, ihn nicht im Stich zu lassen, fünftausend Partisanen seien eben dabei, ihm seine stolzeste Kriegsbeute, nämlich Graziani, zu entreißen, um ihn am nächsten Baum aufzuknüpfen. Nach einem großen Palaver gelang es unseren vereinten Kräften, die rachelustigen Partisanen so lange in Schach zu halten, bis der General in ordentlichen Gewahrsam genommen werden konnte. Der Oberkommandierende der Italienischen Befreiungsarmee, General Cadorna, kam selbst, um den Gefangenen abzuführen.

Am nächsten Morgen brachte mir Siro das Frühstück und die Nachricht, daß man Mussolini und Clara Petacci auf der Piazzale Loreto aufgehängt hatte. Es war Sonntag, der 29. April 1945. Der Duce war, nachdem ihm die Schweizer das Asyl verweigert hatten, mit seinen letzten Anhängern am Comosee entlang in Richtung Norden gefahren, in der Hoffnung, sich im Veltlin zu verschanzen, bis er ehrenvoll vor den Alliierten kapitulieren könne. Aber seine Schwarzhemden verließen ihn. Er war fast allein. Vorübergehend gab ihm ein Wehrmachtskonvoi Schutz und ließ ihn in einem Lastwagen mitfahren. Kontrollierende Partisanen hatten ihn jedoch entdeckt und gefangengenommen. Einen Tag später wurden Mussolini und seine Geliebte, die ihm nachgefahren war, füsiliert, ihre Leichen nach Mailand gebracht und zusammen mit etlichen anderen erschossenen Faschistenführern auf jenem Platz aufgehängt, auf dem unter Mussolinis Regierung fünfzehn Partisanen hingerichtet worden waren.

Inmitten der tausendköpfigen Menge, die sich zur Piazzale Loreto wälzte, wurden Renata und ich bis in die nächste Nähe der Tankstelle geschoben, an deren Querbalken man Mussolini und die Petacci mit den Köpfen nach unten aufgehängt hatte. Mit Erstaunen entsinne ich mich noch heute jenes Gefühles von kühler Unbewegtheit, das mich beim Anblick dieses Mannes erfüllte, auf den durch so lange Zeit viele meiner Feindgefühle projiziert waren. Da hing er nun, schmählich an seinen Beinen aufgehängt, Benito Mussolini, Duce d'Italia, der ausgezogen war, um ein Imperium römischer Dimension zu schaffen. Ich erlebte den letzten Akt eines Dramas von shakespearescher Größe.

15. Kapitel
Leutnant Horneck und die Euphorie

Die Euphorie begann in Quercinella. Tags zuvor am 1. Mai
in Caserta hatte es noch Schwierigkeiten gegeben und die
Welt schien voller Wolken. Die Westalliierten wollten die
nach der Befreiung Wiens neu gebildete österreichische Regierung unter dem Staatskanzler Dr. Karl Renner nicht aner-
kennen. Wir POEN-Vertreter im Ausland hatten bereits am
28. April, also einen Tag nach der Regierungsbildung, mit
der Regierung in Wien Kontakt gesucht und diesen schließlich auf Umwegen auch hergestellt.

Die Westalliierten waren aber über diese ad hoc geschaffene Situation in Wien nicht sehr glücklich, sie waren der Meinung und hatten damit wahrscheinlich nicht unrecht, daß die
Russen die Regierung Renner gebildet hätten, um ein Fait
accompli zu schaffen. Auf solche Überraschungen wollten
sich die Westmächte nicht einlassen, hatten sie doch bereits
in den vergangenen Monaten mit Ungarn, Rumänien, Bulgarien und Polen ähnliche Abenteuer mit angeblich demokratischen, in Wirklichkeit aber rein kommunistisch kontrollierten Regierungen erlebt. Sie befürchteten nun, daß in Wien
dasselbe geschehen werde. Ich hatte in Caserta viele Stunden
mit John Erhardt, dem neuen politischen Berater des amerikanischen Hochkommissars und dessen Stellvertreter Grey
über dieses Thema diskutiert. Auch General Fleury, der von
Clark zu seinem militärischen Stellvertreter bestimmte Chef
des für die Besatzung Österreichs zuständigen amerikanischen Amtes, saß dabei. Es war sehr schwer, die Herren
davon zu überzeugen, daß Renner und seine Regierung sicher besser seien als gar keine Regierung. Erhardt war am
ehesten bereit, Renner als einen vernünftigen Mann anzuerkennen. Einige andere Amerikaner erinnerten sich allerdings
an die Erklärung Renners, die er Anfang April 1938 für
Hitler abgegeben hatte. Ich versuchte ihnen zu erklären,
Renner habe damals unter schwerem Druck gestanden und
in der Hoffnung gehandelt, seine sozialdemokratischen Parteifreunde aus den Gefängnissen Hitlers heraushalten zu
können.

Als Folge gab es Schwierigkeiten, nach Wien zu kommen.

Die Amerikaner zeigten keinerlei Eile, ein Flugzeug mit einer Verbindungsmission nach Wien zu schicken, solange nicht die Angelegenheit mit der Regierung Renner geklärt war. Ursprünglich hatte die Alliierte Kommission für Österreich, die seit über einem Jahr in London tagte, vereinbart, daß die Alliierten vorerst nur lokale Verwaltungskörperschaften in Österreich zulassen würden und über eine Regierung noch gemeinsam beraten werden solle. Von unserem österreichischen Standpunkt sah natürlich die Sache anders aus. Wir mußten daran interessiert sein, eine Regierung zu bekommen und auch wir, die wir im Westen waren, hatten das Gefühl, daß die Regierung Renner wenigstens eine westlich-demokratisch eingestellte Regierung sei, in der die Kommunisten zwar zwei wichtige Ressorts, aber keineswegs die Mehrheit besaßen.

Staatskanzler Renner galt als ein erfahrener Politiker und zweifellos westlich eingestellter Mann; die Mehrzahl seiner Kabinettsmitglieder gehörte der konservativen oder sozialdemokratischen Richtung an. Die drei Stellvertreter des Staatskanzlers – sie hießen damals offiziell Staatssekretäre – waren: Leopold Figl, ein jüngerer Bauernbundpolitiker, Dr. Adolf Schärf, der Obmann der Sozialdemokraten, und Johann Koplenik, der Vorsitzende der Kommunistischen Partei Österreichs. Ansonsten gab es in der Regierung noch zwei Kommunisten: Ernst Fischer hatte das Unterrichtsressort inne und Franz Honner, der ein österreichisches Bataillon in der jugoslawischen kommunistischen Partisanenarmee geführt hatte, leitete das Innenministerium. Ich war also sehr bemüht, unsere alliierten Freunde von den Meriten der Regierung Renner zu überzeugen, aber ich merkte bald, das war keine Frage von Stunden oder Tagen, das war eine Frage von Monaten. Daher sank mein Interesse, in Caserta herumzusitzen und auf ein Flugzeug nach Wien zu warten, von Stunde zu Stunde.

Am Nachmittag des 2. Mai wurde es mir zu dumm; ich ging zu Howard Chapin, dem Chef der OSS für Österreich und schlug ihm vor, doch andere Wege zu suchen, um nach Österreich zu kommen. Er schaute mich erstaunt an und wollte wissen, wie ich es mir eigentlich vorstellte. Ich meinte, es müsse doch möglich sein, mit einem Jeep durch die deutschen Armeen in Norditalien, die zwar schon kapituliert hatten, aber noch nicht entwaffnet worden waren, durchzufahren und sozusagen durch die Hintertür, von Süden über den Brenner, nach Österreich zu gelangen.

Chapin warf ein, ich hätte offenbar vergessen, daß die deutsche Wehrmacht nur im Bereich der Heeresgruppe Südwest, also bis zum Brenner, kapituliert habe – aber ob Südtirol zur Herresgruppe Südwest gehörte oder nicht, darüber war man sich nicht ganz einig. Spätestens nördlich des Brenners, vielleicht aber schon in Trient herrschte noch das Dritte Reich, und es sei noch gar nicht abzusehen, wann der Widerstand in den Kerngebieten der Alpenfestung, also in Tirol, Vorarlberg, Salzburg, Kärnten und Südbayern gebrochen werden könne. Ich versuchte, Chapin umzustimmen und erklärte ihm, wenn er noch lange in Caserta herumsäße und nicht die Erlaubnis zu dem Versuch gäbe, uns durch Norditalien nach Tirol durchzuschlagen, werde die amerikanische Siebente Armee, deren Panzerspitzen bereits im Bereich von Garmisch-Partenkirchen und Mittenwald standen, früher in Innsbruck sein als die Fünfte Armee und damit die für Österreich bestimmte OSS unter seinem Kommando.

Chapin hielt es zwar für unmöglich, von Mittelitalien bis Tirol durchzufahren, war aber bereit, mir eine Chance zu geben. Er stellte mir ein kleines Flugzeug mit Piloten zur Verfügung, um damit so schnell wie möglich nach Quercinella, dem vorgeschobenen Hauptquartier der OSS in der Nähe von Livorno, zu gelangen. Dort würde es meine Sache sein, Alfred Ulmer, Lieutenant Commander und Chef der OSS für Österreich, davon zu überzeugen, daß mein abenteuerlicher Plan durchführbar und sinnvoll wäre. Als ich mich verabschiedete rief mir Chapin lachend nach: »Good luck, see you in Vienna!«

In Quercinella begann die Euphorie dann so richtig. Es war mir gelungen, Al Ulmer von der Durchführbarkeit der Expedition durch Norditalien nach Innsbruck zu überzeugen. Ein winziges Team, gerade groß genug für zwei Jeeps wurde zusammengestellt. Mit von der Partie waren Al Ulmer selbst, Captain Jim Hudson, Leutnant Al Harris, zwei Staff-Sergeants als Fahrer und ich, der Urheber des Planes. Wir nahmen auf jedem Jeep auch noch ein leichtes Maschinengewehr mit, vorne und hinten wurden große amerikanische Fahnen befestigt und Proviant für sechs Tage mitgenommen, sowie Zigaretten zum Verschenken und Schokolade, vor allem bestimmt für Kinder.

Am Schluß beschaffte ich mir aus dem OSS-Lager für Fall-schirmspringer noch ein Dutzend kleinerer und mittelgroßer österreichischer Fahnen, die ich im Jeep versteckte.

Gegen Abend fuhren wir los. Mitten in der Nacht erreich-ten wir den Po, mußten dort zwei, drei Stunden in einer riesigen Kolonne warten, bis wir über die Pontonbrücke – von der US-Armee einige Kilometer nördlich von Ferrara erst am Tag vorher geschlagen – an das andere Ufer gelangen konnten. Dann ging es weiter und wir erreichten in den frühen Morgenstunden die Vororte von Verona. Dort war dann Schluß für den Augenblick, weil auf Grund der Waf-fenstillstandsvereinbarungen die amerikanische Armee in ge-nau festgelegten Zeiträumen Norditalien zu besetzen hatte und die Stadt Verona noch nicht zum besetzten Gebiet ge-hörte. Wir schliefen uns ein paar Stunden aus, umfuhren dann die amerikanischen Checkpoints an der großen Natio-nalstraße nach Verona und erreichten die Stadt schließlich, von Osten kommend, auf der Straße, die von Venedig über Padua und Verona nach Brescia und Mailand führt.

In Verona war alles voll von deutschen Truppen, ganze Divisionen schienen sich dort zu stauen und zu versuchen, nach Norden weiterzugelangen. Gleichzeitig gab es aber auch Wehrmachtsstreifen, die die zurückflutenden Truppen aufzuhalten versuchten, da der Waffenstillstand weitere Truppenbewegungen nach Norden nicht mehr gestattete. Wir mit unseren Jeeps und den großen amerikanischen Fah-nen, die auf den Kühlern und auf dem Dach der Fahrzeuge wehten, wurden überall angestaunt und ohne Schwierigkei-ten durchgelassen. Mein Plan schien aufzugehen. Wir fuhren flott weiter über Rovereto nach Trient, dort sahen wir große deutsche Kommandozentren. Wir blieben stehen, denn Al Ulmer war ein neugieriger Mann, und waren plötzlich beim Ia der Heeresgruppe C (OB. Südwest), der dort sein Quar-tier aufgeschlagen hatte. Wir unterhielten uns längere Zeit mit einem halben Dutzend deutscher Generäle, sie in ihrer feldgrauen und wir in der khakibraunen amerikanischen Felduniform. Für mich bedeutete das ein völlig neues Le-bensgefühl.

Von Trient an wurde es schwieriger, die Straßen waren verstopft, und es dauerte fünf Stunden, bis wir endlich in Salurn ankamen. Für mich war das ein großer Moment, denn in Salurn wird ja schon Deutsch gesprochen, in Salurn waren wir in Tirol, waren wir zu Hause. Wir beschlossen, in einem Gasthof an der Straße zu nächtigen. Der Gasthof war wie jedes andere Haus an der großen Straße von Italien nach Deutschland mit deutschen Soldaten überfüllt. Wir holten uns den Bürgermeister von Salurn, der natürlich – nach mehr als zwanzig Jahren faschistischer Herrschaft – ein Italiener war und ersuchten ihn, für uns einige Zimmer frei zu machen. Nach fünf Minuten stand ein Stockwerk zur Verfügung. Ich fungierte als Dolmetscher, bedankte mich beim Bürgermeister und bat um Lebensmittel. Er erklärte, die Gemeinde Salurn würde sich glücklich schätzen, uns als ihre Gäste zu einem kleinen Abendessen begrüßen zu dürfen. Ich fragte Al Ulmer, und er stimmte zu; innerhalb einer halben Stunde gab es ein phantastisches Festmahl, das der Bürgermeister uns vorsetzte.

Hier geschah es dann, daß Waschlapski, der schon lange genug gezappelt hatte, mir mit einem Streich durchging. Ich begriff nämlich plötzlich, daß dieser gute Bürgermeister von Salurn – vielleicht war er auch der Gemeindesekretär – nicht ein Wort Englisch konnte, Al Ulmer und seine Amerikaner dagegen kaum Italienisch sprachen. Der Bürgermeister stellte mir auch endlich, was ich schon lange erhofft hatte, die Frage, was wir denn eigentlich hier täten. Ich blickte ihn harmlos an und sagte:

»Wir sind von der amerikanischen Mission, die hier die Grenze festlegt.«

Der italienische Beamte schaute mich fragend an: »Was für eine Grenze?«

»Na ja, die neue Grenze zwischen Österreich und Italien.«

»Was für eine neue Grenze?« fragte er völlig perplex.

Ich sagte: »Südlich von Salurn ist doch die Salurner Klause, und da ist die Sprachgrenze zwischen dem italienischsprachigen und dem deutschsprachigen Tirol. Dahin kommt jetzt die Grenze.«

Der arme Bürgermeister fiel vor Schreck fast vom Sessel. Er hielt mich natürlich für einen Amerikaner und glaubte mir jedes Wort. Aber andererseits konnte er sich das gar nicht vorstellen, so wiederholte er nochmals die Frage:

»Sind Sie ganz sicher, daß hier eine Grenze herkommt?«

Ich sagte: »Sehen Sie doch selbst«, und nahm ihn mit hinunter auf den kleinen Platz vor dem Gasthof, wo unsere Jeeps standen. Die zwei Staff-Sergeants lungerten dort herum, rauchten Zigaretten und verschenkten Kaugummi und Schokolade an viele kleine Salurner Kinder, die mit großen Augen die Jeeps und die Amerikaner bewunderten. Ich ging zu einem der Jeeps, nahm unter den Plachen einige der rot-weiß-roten Fahnen, die ich in Quercinella noch im letzten Moment eingesteckt hatte, heraus und zeigte sie dem Bürgermeister.

»Sehen Sie, diese Fahnen verwenden wir morgen, um die Grenze damit abzustecken, das ist doch ganz klar.«

Der Bürgermeister hatte es plötzlich sehr eilig, sich von uns zu verabschieden. Wir mußten den Rest des Abends allein bei unserem Festmahl verbringen. Am nächsten Morgen, es war der 4. Mai, ein wunderschöner Tag, herrliches Wetter, Sonne, blauer Himmel, standen wir sehr früh auf, vielleicht um fünf Uhr, es war eben erst hell geworden, denn wir hatten ja noch einen weiten und möglicherweise schwierigen Weg vor uns. Als wir auf die Straße hinauskamen, um unsere Jeeps zu besteigen, stand der Bürgermeister in dunklem Anzug und mit einem ganz traurigen Gesicht da. Er wandte sich an mich, weil ich ja der einzige war, mit dem er Italienisch sprechen konnte, und wollte sich von mir verabschieden. Wie ich ihn da stehen sah, mit seinem traurigen Gesicht und seinem dunklen Anzug, den er extra für die amerikanischen Herren angezogen hatte, da tat er mir richtig leid, und ich beschloß, Waschlapski diesen Streich nicht durchgehen zu lassen.

Ich zog ihn auf die Seite und erklärte ihm, wir hätten es uns noch einmal überlegt, vielleicht wäre es doch besser, mit der Grenze abzuwarten. Auf jeden Fall solle er sich keine Sorgen machen, wir würden keine Grenze ziehen. Plötzlich lachte er über das ganze Gesicht, fiel mir fast um den Hals und erklärte mir, seine Frau hätte schon angefangen zu packen, denn wer weiß, was dann gekommen wäre. Vielleicht hätten sie auswandern müssen. Ich merkte, daß man auch mit dem besten Scherz verheerende Resultate erzielen kann. Nun, dieser Mann war wieder glücklich. Wir saßen auf und brausten mit unseren Jeeps davon, hinter uns, immer kleiner werdend, ein lachender und winkender Bürgermeister von Salurn.

In Bozen hielten wir an, sahen, wie zerstört die Innenstadt war, besonders rund um die Pfarrkirche und fuhren dann weiter Richtung Brixen und Brenner, die ganze Zeit an endlosen Kolonnen deutscher Truppen vorbei. Hie und da winkten uns Soldaten zu, gewöhnlich beachteten sie uns kaum, kein einziges Mal hörten wir ein böses Wort. In Sterzing eine große deutsche Straßensperre mit sehr viel Feldpolizei. Ich dachte mir, wenn die wüßten, wer hier in amerikanischer Uniform mit ihnen spricht, wenn sie wüßten, daß der auf ihren Fahndungslisten steht und sie ihn eigentlich hoppnehmen müßten. Aber die Zeiten hatten sich doch schon sehr geändert, die Feldpolizisten dachten nicht mehr daran, Leute hoppzunehmen und dem Henker zu übergeben.

Wir wurden informiert, daß hier der Bereich der Heeresgruppe C-Südwest ende. Oben am Brenner befänden sich Einheiten der Waffen-SS, angeblich von der SS-Division Reichsführer und deutsche Gebirgsjäger, die der Heeresgruppe Kesselring unterstanden und daher vom Waffenstillstand, der zwischen Generaloberst Vietinghoff und dem SS-Führer Wolff einerseits und dem Alliierten Hauptquartier in Caserta andererseits abgeschlossen wurde, nicht betroffen waren. In den Morgenstunden – so berichteten die Feldpolizisten, die selber ja noch zur Heeresgruppe Südwest gehörten und sich daher bereits als »nicht mehr im Kriege« betrachteten – hätte man vom Brenner herunter schießen gehört. Im Laufe des Tages waren einige Fahrzeuge mit italienischen Offizieren und Mannschaften vom Paß heruntergekommen, aber es gebe keinen Verkehr mehr und sie hätten ja auch den strengen Auftrag, niemanden, weder von Italien nach Deutschland, noch umgekehrt, durchzulassen. Wir fuhren also weiter, durch Gossensaß durch, zum Brenner hinauf.

Oben auf der Paßhöhe schien alles ruhig, man sah Zivilisten, einige Zöllner herumstehen, kein deutsches Militär, weder mit noch ohne Waffen. Auf der Brennerstraße hinunter nach Matrei völlige Ruhe, einige umgestürzte Lkws, zwei verlassene, deutsche Panzer, sonst weit und breit nichts zu sehen. Ein wunderschöner Frühlingstag in den Alpen, dieser Freitag, der 4. Mai 1945. Plötzlich wurde mir bewußt, daß ich wieder zu Hause war, in Österreich und daß das Land hier auch wieder Österreich heißen durfte. Nachdem wir also hier nach Österreich hineinfuhren, bat ich Al, einen Moment stehenzubleiben und befestigte zwei rot-weiß-rote Fahnen auf jedem der Jeeps, so daß wir nun mit amerikanischen und österreichischen Fahnen die große Brennerstraße hinunterfuhren.

Als wir in die Gerade, die nach Matrei führt, einbogen, sah ich von der Matreier Kirche eine riesige rot-weiße Tiroler Fahne wehen und daneben eine rot-weiß-rote. Ich boxte Al Ulmer in den Arm, wir fuhren weiter nach Matrei hinein. Da standen Polizisten in deutschen Uniformen, aber mit rot-weiß-roten Armbinden. Sie kamen zu unserem Jeep, grüßten höflich, versuchten, Englisch zu radebrechen. Ich erklärte ihnen, das sei nicht notwendig, mit mir könnten sie auch Deutsch reden. Ihr Bericht lautete: In Innsbruck gäbe es wieder eine Tiroler Landesregierung. »Österreich ist dort wieder ausgerufen worden«, wie sich der Gendarm ausdrückte. Die Nazis habe man hinausgeworfen, und der neue Landeshauptmann heiße Gruber.

Aber trotzdem müßten wir aufpassen, denn unterhalb von Matrei bei Schönberg wären noch deutsche Panzer, und zwar von der SS-Hochgebirgsschule Fulpmes. Die Brennerstraße sei gesperrt, deswegen sei sie auch so leer, denn es könne niemand durchfahren. Wir überlegten uns, was wir tun sollten. Die zwei Polizisten meinten, wir sollten doch die alte Brennerstraße nehmen. Das war die berühmte Römerstraße, auf der man schon vor zweitausend Jahren das Salz von Hall in Tirol nach Italien gebracht hatte. Diese Straße zweigt in Matrei von der großen Brennerstraße ab und führt entlang des Patscherkofels über Patsch und Igls hinunter nach Innsbruck. Dort könnten wir es versuchen, denn auf der Seite gäbe es keine SS. Wir dankten vielmals und fuhren los. Es war ungefähr zwei Uhr nachmittags.

Eine halbe Stunde später erreichten wir Innsbruck: von den Häusern wehten in allen Straßen rot-weiß-rote und manchmal auch weiße Fahnen, auf der Maria-Theresien-Straße begegneten uns Patrouillen von Widerständlern mit rot-weiß-roten Armbinden und Gewehren. Im Landhaus fand ich eine Menge bekannter Gesichter: Freunde aus der »O5«, von den Ötztaler Partisanen, aber auch viele Unbekannte, Bauern vom Mieminger Plateau, Eisenbahner, alles schien dort versammelt.

Sie erzählten aufgeregt, vor zwei Tagen habe man die Nazis und die Deutschen hinausgeschmissen und Karl Gruber mit seinen Leuten das Landhaus besetzt. Ich ging hinauf, um den neuen Landeshauptmann, von dem ich vorher schon viel als Führer einer Widerstandsgruppe in Berlin und dann als Chef der Innsbrucker Aktivisten gehört hatte, auch persönlich kennenzulernen. Groß, blond, mit einem breiten, offenen Gesicht stand er da und begrüßte mich, auch er hatte schon von mir gehört und war ganz erstaunt, daß ich plötzlich in amerikanischer Uniform dastand.

Gruber hielt gerade einen Kriegsrat mit den Führern seiner militärischen Widerstandsgruppen und den Vertretern des zivilen Widerstandes ab. Der Anführer der Offiziere der Tiroler »O5« war Major Werner Heine, ein Ritterkreuzträger. Um ihn waren Hauptmann Dr. Andreatta, Oberleutnant Josef Moser, Leutnant Ludwig Steiner versammelt, die in den vergangenen Tagen mit ihren Leuten die Innsbrucker Kasernen nach einigen kämpferischen Auseinandersetzungen besetzt und die auf der Hungerburg versammelte Generalität festgenommen hatten. Von der zivilen Seite nahmen Prof. Dr. Eduard Reut-Nicolussi, der regionale Innsbrucker POEN-Mann, Fritz Würthle und Jörg Sackenheim an dieser Konferenz im frisch befreiten Tiroler Landhaus teil. Einige der Herren kannte ich schon, den anderen stellte mich Gruber vor, der mich dann auch aufforderte, an der Besprechung teilzunehmen.

»Wir können Euch gut brauchen«, meinte er lachend, »die Deutschen und die SS sind wir ja wahrscheinlich los, außer im Stubaital und unten beim Schloß Itter gibt's in Tirol keine bewaffneten deutschen Streitkräfte mehr. Aber dafür haben wir jetzt Amerikaner, die bilden sich ein, sie seien in Stuttgart.« Gruber spielte darauf an, daß die amerikanischen Truppen, die in Innsbruck einmarschierten, ursprünglich für Stuttgart bestimmt gewesen waren und es daher am Anfang ununterbrochen Mißverständnisse gab. Gruber war sichtlich erleichtert, ein paar amerikanische Offiziere bei sich zu haben, die in Tirol Bescheid wußten und ihm helfen würden, seiner Besatzungsmacht von der Siebenten Armee zu erklären, daß die Österreicher nicht identisch mit den Württembergern seien.

Plötzlich kam ein amerikanischer Offizier in einer wilden Phantasieuniform zur Türe herein. Es war Freddy Mayer, unser Verbindungsoffizier aus dem Ötztal. Wir begrüßten uns jubelnd und waren froh, uns gegenseitig noch am Leben anzutreffen. Ich fragte ihn sofort, ob er Leutnant Horneck gesehen habe. »Joe«, meinte Freddy, »natürlich, wir sind

333

zusammen im KZ Reichenau bei Innsbruck gesessen und sind auch zusammen ausgebrochen. Er ist unten am Inn im Gasthof Dollinger, dort ist auch Helmut Heuberger, nehme ich an.«

Ich dankte, lief die Treppe hinunter, unten saßen noch immer, etwas verlassen, meine amerikanischen Freunde in den beiden Jeeps. Sie sahen aus wie bestellt und nicht abgeholt, und mir war das Ganze furchtbar peinlich. Schließlich hatten sie mich mit größten Anstrengungen und unter Gefahr ihres Lebens hierher nach Tirol gebracht und jetzt ließ ich sie ganz einfach eine Stunde lang im Jeep warten. Ich entschuldigte mich mehrfach und wortreich, bis Al zu grinsen anfing:

»Hör doch endlich auf, dich zu entschuldigen, Jerry, es ist doch dein Land, das du wiederbekommen hast. Vergiß uns, wir sind hier nur Staffage.«

Dann klopften sie mir alle auf die Schulter, wie eben amerikanische Offiziere damals waren, jung, fröhlich und begeistert. Begeistert und mitfühlend auch für ihren ebenso jungen Freund, den kleinen Österreicher, der nun plötzlich aussah wie ein frisch lackiertes Hutschpferd, wie man in Wien, allerdings nicht in Texas, zu sagen pflegt, und der seine Heimat wiederhatte. Sie sagten: »Was machen wir jetzt? Gehen wir feiern!« Ich erzählte ihnen, daß Joe ein paar Häuser weiter residierte. »Los«, schrie Al, »fahren wir zu Joe.« Wir sprangen in die Jeeps und rasten im Karacho die Maria-Theresien-Straße hinunter, schließlich über die Innbrücke zum Gasthof Dollinger. Mit knirschenden Bremsen blieben wir vor dem Gasthof stehen. Oben am Balkon stand eine Gestalt, und plötzlich stand sie nicht mehr oben, sondern neben uns.

Joe hatte uns gesehen und war ganz einfach vom Balkon des ersten Stockes heruntergesprungen. Das bereitete ihm übrigens keine besondere Mühe, denn er war ein trainierter Fallschirmspringer, wesentlich besser trainiert jedenfalls, als ich es gewesen war. Nun stand er unter uns, wir umarmten einander und waren ganz verrückt. Joe lebte noch, wir lebten noch, alles war in Ordnung. Ich fragte nach Karl Nováček.

Joe schaute auf. »Karl ist auf der Kematener Alm gefallen, am Tag, an dem sie uns schnappen wollten. Wir haben ihnen eine halbe Stunde lang ein ordentliches Gefecht geliefert, dann ging uns die Munition aus, und ich sagte den Burschen, unseren Partisanen-trainees, sie sollten hinten über die Alm verschwinden, wir würden die SS schon noch zehn Minuten aufhalten. Zuerst wollten die jungen Burschen nicht abhauen, das waren ordentliche Gesellen, aber dann gingen sie endlich doch. Wir verschossen die letzte Munition, und die SS kam immer näher. Karl und ich hatten noch ein paar Handgranaten. Die warfen wir hinaus und dann rannten auch wir. Wir kamen ganz gut davon und waren schon fast oben auf dem Hügelkamm, hinter dem wir geschützt gewesen wären, als es Karl erwischte. Sie schossen uns mit einem Maschinengewehr nach, und eine ganze Garbe muß ihn erwischt haben. Er fiel um wie ein Baum. Ich drehte mich um und kniete neben ihm nieder, aber es war schon zu spät. Er war gleich tot. Die Augen waren noch offen, der Mund bewegte sich, aber er konnte nichts mehr sagen. Ich hielt ihn noch, als die ersten von der SS da waren und mich packten. Dann haben sie mich hinuntergebracht nach Innsbruck zur Gestapo und dann hinaus in die Reichenau, wo sie ihr lokales Gau-KZ hatten.«

Al Ulmer hatte eine Flasche Whisky aus dem Jeep geholt, und wir stießen an auf die, die noch lebten und auf die, die nicht mehr lebten. Vor allem auf Karl. Dann gingen wir mit Joe hinauf, er wies uns Zimmer zu. Der ganze Gasthof Dollinger stand ihm zur Verfügung; er meldete sich förmlich bei Al als Resident Agent, OSS 2677. Regiment, Special Detachment Innsbruck Dollinger. Wir alle fingen an zu lachen. Wir fühlten uns plötzlich gelöst und feierten ein großes Fest. Später kamen noch Helmut Heuberger und am Abend Karl Gruber, der frischgebackene Landeshauptmann, auch Wolfgang Pfaundler, Jörg Sackenheim und noch ein paar Freunde aus der Widerstandsbewegung, die plötzlich alle erlöst und locker waren und wieder lachen konnten. Wir sind die ganze Nacht zusammengesessen, haben getrunken und geträumt.

Es bemächtigte sich unser die große Euphorie. Nach sieben Jahren gab es wieder unser Land, gab es wieder Österreich, waren wir nicht mehr Menschen zweiter, dritter oder vierter Klasse, sondern genauso gut wie alle anderen. Die aber, die uns sieben Jahre lang geknechtet und getreten hatten, die waren verschwunden, die waren weg. Parteigenossen im Ruhestand, Herrenmenschen außer Dienst.

Im Grunde war das alles vollkommen unvorstellbar. Ich

würde Monate brauchen, um es auch nur halbwegs zu begreifen. Da saß ich hier beim Dollinger in Innsbruck mit all den Freunden, und wir waren freie Menschen in Österreich. Wir konnten auf die Straße gehen und jedem ins Gesicht sehen, man mußte keine Papiere mehr herzeigen und sich fürchten, man konnte wieder Österreich sagen statt Ostmark, man mußte nicht mehr mit Heil Hitler grüßen. Allein das nicht mehr Heil-Hitler-sagen-Müssen, das nicht mehr den Arm-heben-Müssen zu diesem grotesken deutschen Gruß wie eine aufgezogene Puppe, daß alle diese Unwürdigkeiten vorbei waren, ja, es war wirklich noch unvorstellbar.

Im Grunde genommen ist es heute, mehr als dreißig Jahre später, fast ebenso unvorstellbar, allerdings jetzt umgekehrt. Heute ist es unvorstellbar, daß es je eine Zeit gegeben hat, in der erwachsene Menschen mit erhobenem Arm aufmarschiert sind und sich gegenseitig mit »Heil Hitler« begrüßt haben. Das ist jetzt nur noch im Kino zu sehen, und dann womöglich mit Charlie Chaplin. Aber damals war das vollkommen selbstverständlich, und jedermann hielt es für normal. Wenn man es so sieht und bedenkt, daß es heute noch in Tirana und Peking, wenn auch mit anderen Vorzeichen, so war beziehungsweise so ist, versteht man vielleicht auch, warum es am 5. Mai 1945 noch unbegreiflicher schien, daß der Spuk endgültig und für immer vorbei sein sollte.

Am nächsten Tag fuhren Joe und ich hinaus nach Kematen, und legten ein paar Blumen auf den kleinen Erdhügel, wo sie Nováček begraben hatten. Auf dem Rückweg fuhren wir nach Igls, gingen zur Patscherkofelbahn, gaben dem Seilbahnwärter ein Päckchen Lucky Strike und ließen uns mit einer Sonderkabine der an sich gesperrten Seilbahn auf den Patscherkofel hinaufführen. Dort saßen wir in der Nachmittagssonne, blickten auf Innsbruck, auf die frühlingshaften Berge, deren Gipfel noch Schnee bedeckte und dachten an die Zukunft.

Joe meinte: »Weißt du, ich möchte gerne eine Professur in Wien.« Er war Historiker, hatte seinen Doktor noch in Innsbruck gemacht und in Amerika, in der kurzen Zeit, bevor er sich freiwillig zur Armee meldete, in einem College Geschichte unterrichtet. Er wollte gern zurück. Ich sagte: »Das ist doch gar kein Problem. Im Oktober fängst du an.«

Joe Horneck fing nicht im Oktober an und auch nicht im November und überhaupt nie mehr. Auch als er schon längst wieder Josef Franckenstein hieß, ein Österreicher aus Hall in Tirol, Doktor der Philosophie der Universität Innsbruck, auch dann bekam er seine Professur in Wien nicht. Warum nicht? Joe war weder Mitglied im katholischen Studentenverband, noch bei sonst einer Verbindung, die damals von Wert gewesen wäre. Er kannte nicht den kommunistischen und nicht den ihm nachfolgenden ÖVP-Unterrichtsminister, er kannte auch nicht den sozialistischen Innenminister, er kannte überhaupt niemanden. Er war nur ein kleiner Österreicher, der sieben Jahre lang für seine Heimat gekämpft hatte und der dann das tun wollte, was er studiert hatte. Auf einmal gab es fünfzig Probleme und Schwierigkeiten: Er war amerikanischer Staatsbürger, allein die Rückbürgerung würde Jahre dauern und »da könnte doch jeder kommen«, kurz gesagt, sie haben es ihm so lange vermiest, bis er aufgegeben hat.

Er ging zurück nach Amerika, unterrichtete an einigen Universitäten im mittleren Westen, wurde schließlich vom State Department als Kulturattaché nach Japan geschickt, kehrte zurück, unterrichtete in Kalifornien und starb an gebrochenem Herzen. Ein Opfer der Euphorie.

Man kann natürlich auch sagen, ein naiver Trottel. Denn wäre er doch gleich 1945, womöglich am 6. Mai, als die ersten Parteilokale wieder aufsperrten, einer der beiden großen Parteien beigetreten, wäre er dann brav irgendeinem Großkopferten nachgelaufen, dann wäre alles anders geworden.

Aber solche Extrawürste, wozu denn überhaupt emigrieren, das ist nur Wichtigmacherei oder vielleicht war er doch ein Jud, der Franckenstein, und wenn er keiner war, irgend etwas wird schon nicht gestimmt haben! Anständige Leute sind im Lande geblieben. Und dann zurückkommen in amerikanischer Uniform und sich aufspielen wollen, no, denen werden wir es zeigen. Unsereiner hat das auch nicht gemacht! So erklang es, natürlich hinter vorgehaltener Hand, bereits im Sommer 1945 aus so manchem Mund, und es klang so vor allem aus jenen Mündern, deren Inhaber bereits wieder auf dem besten Wege waren, sich in jene Sessel zu setzen, aus denen sie irgendwann hinausgeflogen waren.

Oben am Patscherkofel wußten wir natürlich von alledem nichts, wir waren ja selber noch mitten drinnen in der großen Euphorie. Wir sahen ein modernes, ein demokratisches, neues Österreich aus dem Schutt der Tyrannei ins Licht eines jungen Tages, einer neuen Welt, heraufsteigen. Wir waren glücklich, wir waren voll der Pläne, wir oben am Patscherkofel und Tausende andere von Wien bis Innsbruck, im ganzen Land. Junge und alte Leute, Leute aus dem Widerstand, Leute, die aus dem Krieg, aus den Gefangenenlagern, aus den Gefängnissen und den KZs nach Hause gekommen waren, lauter Leute, die glücklich waren, weil sie es noch erleben durften, daß das Land wieder frei und daß Friede war und die jetzt darangehen wollten, alles neu zu gestalten. Viele konnten sich und ihre Pläne besser durchsetzen als Joe Horneck, der unter einem harten und schneidigen Äußeren eine zarte und sehr verletzbare Seele verbarg.

16. Kapitel
Ganze Arbeit – kein Geschrei

Meine Befreiungseuphorie war noch keineswegs abgeklungen, als mich der neue Landeshauptmann von Tirol, Karl Gruber, zu sich ins Innsbrucker Landhaus rief. Dort hatte bis vor wenigen Tagen sein Vorgänger, Gauleiter Hofer, von des verblichenen Führers Gnaden Reichsstatthalter und Reichsverteidigungskommissar von Tirol, residiert. Gruber hatte sich seinen Arbeitsplatz im wahrsten Sinne des Wortes selbst erobert; an der Spitze einer Gruppe von Widerstandskämpfern hatte er von seinem Hauptquartier, dem nahen Hotel Stadt München aus, das er als Ausweichlager einer bombengeschädigten Berliner Elektrofirma getarnt hatte, das Landhaus im Sturm genommen. Wenige Stunden später wählte ihn der Exekutivausschuß der Tiroler Widerstandsbewegung »O5« zum neuen Landeshauptmann. Vorher schon war es nach überfallsartiger Besetzung der Kasernen in der Stadt und des deutschen Generalkommandos auf der Hungerburg nördlich des Inn gelungen, die Stadt Innsbruck zu befreien. Die deutschen Truppen setzten sich ins Unterinntal ab, hielten aber auch noch den Zirler Berg, wo die bei Scharnitz stehenden Panzerspitzen der Siebenten Amerikanischen Armee erwartet wurden.

Karl Grubers und seiner Mitkämpfer historisches Verdienst ist es, die Stadt Innsbruck und das Kernland Tirols der Gewalt des Dritten Reiches noch vor dem Eintreffen der alliierten Armeen durch eigene Aktion entrissen, die deutschen Truppen entwaffnet und eine eigenständige österreichische Verwaltung eingesetzt zu haben. Dem einige Tage später eintreffenden amerikanischen General blieb dann nur noch die Aufgabe, dieser bereits amtierenden Tiroler Landesregierung seinen Segen zu geben. Genauso hatten wir es auch für Wien und die anderen österreichischen Länder geplant, aber nur in Innsbruck hat es so hundertprozentig geklappt.

Die frischgebackene Landesregierung hatte viele brennende Probleme zu lösen. Mit einem konfrontierte mich Gruber. Das amerikanische Kommando, das im feudalen Golfhotel in Igls Quartier bezogen hatte, weigerte sich, der Errichtung einer Sicherheitsdirektion für Tirol zuzustimmen. Auf dem Sektor der öffentlichen Sicherheit herrschte daher ein Chaos ohnegleichen, und jeder amerikanische Leutnant, der irgendwo ein Dorf besetzt hatte, setzte seinen eigenen Polizeichef ein; häufig waren es forsche SS-Leute oder auch kriminelle Typen, die den naiven GIs durch besonders schneidiges und strammes Verhalten positiv auffielen. Abhilfe war dringend vonnöten.

Der amerikanische General in Igls aber hätte – wie schon berichtet – ursprünglich Stuttgart und Teile von Württemberg besetzen sollen. Durch den unvorhergesehen schnellen Ablauf in der letzten Kriegsphase und die Verschiebung in der Aufteilung der Besatzungszonen im letzten Moment, hatte es einen Teil der amerikanischen Siebenten Armee mit der 103. Rainbow-Division samt Stab und General nach Nordtirol »verschlagen«. Denn Württemberg, das sie ursprünglich besetzen sollten, war samt einem Stück von Südwestdeutschland den Franzosen als Besatzungszone zugewiesen worden.

In den ersten Tagen war die Verwirrung groß; so hing etwa im Arbeitszimmer des Generals in Igls ein großer, aus Amerika mitgebrachter Stadtplan von Stuttgart, und die Stabsoffiziere der Division konnten sich anfänglich nicht erklären, wieso es rund um Stuttgart so hohe Berge gab. Nachdem es endlich gelungen war, diesen Irrtum aufzuklären, kam ein wesentlich ernsteres Problem zum Vorschein: Die Herren der Siebenten US-Armee befolgten genau und bis zum letzten Beistrich die für Deutschland ausgearbeiteten amerikanischen Besatzungsrichtlinien. Dazu gehörten unter anderem die strengen und teilweise undurchführbaren Bestimmungen über »No Fraternisation«, »Automatic Arrest« und eben auch die Verweigerung der Polizeihoheit über die lokale Ebene hinaus.

Nun galten diese für Deutschland bestimmten Regeln in Österreich gar nicht, hier sollten andere, ebenfalls schon lange festgelegte Richtlinien gültig sein. Diese »Austrian Regulations« waren aber den Offizieren der 103. Division unbekannt, denn Tirol und ganz Westösterreich hätte ja von Italien aus durch die amerikanische Fünfte Armee unter General Clark besetzt werden sollen. Der einzige, winzige Teil jener Fünften Armee, der im Mai 1945 wirklich nach Österreich gelangte, war Al Ulmers wilde, verwegene Jagd, oder etwas prosaischer ausgedrückt, waren unsere zwei Jeeps samt Minibesatzung, mit denen wir durch Norditalien über den Brenner nach Innsbruck gehetzt waren. Gruber wandte sich daher an mich: der amerikanische General in Igls müsse überzeugt werden, daß in Österreich andere »Regulations« galten.

Al Ulmer und Jim Hudson redeten sich auf meine Bitte die Hälse wund, zeigten ihre »Regulations« vor, in denen ausdrücklich zu lesen war, daß in Österreich den Landesregierungen sogleich volle Autonomie in nahezu allen Fragen der lokalen Verwaltung zu gewähren sei. Der General war nicht beeindruckt: »No monkey business in my territory – the guy in charge with security must wear an American uniform!« Das war sein letztes Wort; der Sicherheitschef müsse amerikanische Uniform tragen. Der findige Gruber hatte die erlösende Idee: »Fritz, du hast doch eine amerikanische Uniform, also wirst du hiemit zum Sicherheitsdirektor ernannt.« Al Ulmer stimmte begeistert zu und alle meine Einwände, daß ich mit knapp einundzwanzig Jahren weder die nötige Reife noch auch, außer einigen Gefängnisaufenthalten, die entsprechende Erfahrung für diesen Job mitbrächte, fruchteten nichts.

Ich wurde also zum Leiter des »Sicherheitsbüros für Tirol«, wie mein stolzes Amt hieß, ernannt und bezog Büros im neuen Landhaus. Zu meiner großen Erleichterung wurden uns ein paar erfahrene Herren der Innsbrucker Polizeidirektion und etliche altgediente Kriminalbeamte zugeteilt, so daß ich die zehn Tage, die ich dieses wichtige Amt innehatte, ganz gut durchhielt. Dann gelang es nämlich unseren gemeinsamen Bemühungen, den General doch zu überzeugen, daß es für die Sicherheit des Landes Tirol besser wäre, einen ausgebildeten und erfahrenen Beamten zum Sicherheitsdirektor zu bestellen. Während meiner kurzen Amtszeit als Sicherheitschef hatte ich immerhin Gelegenheit, einige Gefängnisse in Innsbruck und Umgebung zu inspizieren und einmal diese graue Welt von der anderen Seite zu betrachten. Außerdem wirkte ich bei der Festnahme einiger ehemaliger Nazigrößen mit.

Mein prächtigstes Beutestück war der frühere Reichsjugendführer und letzte Wiener Reichsstatthalter Baldur von Schirach, den wir auf einer Alm bei Schwaz in Tirol aufspürten. Schirach, der sich im Dritten Reich auch als empfindsamer lyrischer Dichter versucht hatte, entwickelte sich in den ersten Stunden nach seiner Verhaftung zum »Sänger«, um im Polizeijargon zu bleiben. Stundenlang berichtete er ohne Unterbrechung über Schandtaten – die natürlich ausschließlich seine Kollegen begangen hatten. Besonders hatte er es auf Goebbels, Ribbentrop und seinen Gauleiter-Nachbarn, den Reichsstatthalter von »Nieder-Donau«, Hugo Jury abgesehen. An diesem ließ er kein gutes Haar. Er hielt mich, ob meiner Uniform, für einen waschechten und nichtsahnenden Amerikaner und begann mir in herzzerreißenden Tönen von seinen Rettungsaktionen für die Juden in Wien zu berichten. Da reichte es mir. Ich sagte Schirach, daß es mich nur wundere, ihn nie bei der Ausübung seiner humanitären und philosemitischen Tätigkeit im Lager in der Wiener Seegasse, von wo man die Juden nach Auschwitz und Theresienstadt abtransportiert hatte, angetroffen zu haben, und ließ den feinen Barden des Führers verdutzt in seiner Zelle zurück. Am nächsten Tag wurde Schirach in ein Kriegsverbrecherlager nach Deutschland gebracht.

Nachdem meine »Sicherheitsdirektorwoche« vorbei war, wurde ich mit der Beschaffung von Nahrungsmitteln befaßt. Wiederum war es meine amerikanische Uniform, die hier dienlich war. Es war nämlich für einen Österreicher in den ersten Monaten des Besatzungsregimes fast ausgeschlossen, ins Ausland zu reisen, ich hingegen, als amerikanischer Offizier, hatte da keinerlei Probleme. Ich wurde zusammen mit dem Ernährungsreferenten der Tiroler Landesregierung, Dr. Willi Görtz, zuerst nach Italien und dann in die Schweiz geschickt, um die Möglichkeiten der Lebensmittelbeschaffung für das Land Tirol zu erkunden. Es ist uns auch gelungen, aus deutschen Wehrmachtsbeständen in Südtirol und im Raume von Bergamo mit Hilfe der dortigen amerikanischen Besatzungstruppen zwei Eisenbahnzüge mit Lebensmitteln nach Tirol zu bringen. Dann fuhren wir in die Schweiz, wo es leider keine Wehrmachtslager, die wir ausräumen konnten, gab. Hier waren wir darauf angewiesen, Spenden für bedürftige Fälle, wie z.B. Kinder und Kranke zu bekommen. Mit Hilfe von Johannes Schwarzenberg, der damals in Genf Delegierter beim Internationalen Roten Kreuz war, ist uns auch das gelungen.

Ein Hauptproblem in dieser Zeit war das Reisen. Eisenbahnen verkehrten kaum, wenn, dann nur im Inland, inter-

nationale Züge gab es nicht. Ab September 1945 gab es einen
einzigen Zug, der internationale Grenzen überfuhr, nämlich
den Arlberg-Expreß, der von Paris nach Wien 48 Stunden
benötigte. Eine Reise nach Italien oder in die Schweiz per
Bahn im Sommer 1945 war ausgeschlossen, man konnte daher, wenn überhaupt, nur mit dem Auto fahren. Autos waren aber nicht ein Gebrauchsgegenstand wie heute, auch
nicht ein Luxusgegenstand, wie vor 20 Jahren, es gab einfach
keine. Die ganz wenigen vorhandenen Fahrzeuge waren einer winzigen, privilegierten Schicht, deren Zusammensetzung kaum mit Geld zu tun hatte, vorbehalten. Diese
Schicht bestand einerseits aus den Alliierten, die ja sowieso
als eine ganz große Klasse über allen übrigen Menschen standen, ferner aus Personen, die im öffentlichen Dienst, in der
Regierung, vielleicht noch im Gesundheitswesen tätig waren. Aber auch die meisten Ärzte hatten bis 1947 kein Auto
zur Verfügung. Übrigens hätte auch der Besitz eines Autos
nur wenig genützt, denn Benzin war einer der teuersten Artikel auf dem Schwarzen Markt. Daher war auch eine Reise
mit dem Auto eine außerordentlich seltene Angelegenheit.

Ich erinnere mich an eine Fahrt, die ich in der zweiten
Junihälfte 1945 von Innsbruck nach Mailand antrat, um dort
Lebensmittel für Tirol zu organisieren. Als ich zur Brenner-
grenze kam, begrüßte mich der österreichische Zöllner freu-
dig, denn, wie er mir berichtete, war ich seit drei Tagen der
erste österreichische Staatsbürger, der mit einem Pkw über
die Grenze nach Italien fuhr. Es sei nebenbei erwähnt, daß
auch ich nur über die Grenze fahren konnte, weil ich den
alliierten Kontrollorganen meine Travel Permits der amerikanischen Armee vorweisen konnte. Ich wäre sonst gar nicht
nach Italien hineingekommen, denn es gab keinerlei Möglichkeit, ein Visum zu erhalten. Die Absperrung, in der damals die Länder West-Europas gelebt haben, nicht nur nach
außen, sondern auch innerhalb ihrer Grenzen, ist heute
kaum mehr vorstellbar.

Es waren ja nicht nur Reisen von Österreich nach Italien,
in die Schweiz oder nach Deutschland unmöglich, es war ja
auch schon höchst schwierig, von Tirol nach Salzburg oder
gar nach Wien zu fahren. Hatte man sich mühevoll eine
Reisegenehmigung und auch einen heißumkämpften Platz
im Zug beschafft, so mußte man schon an der Zonengrenze
in Hochfilzen etwa drei bis vier Stunden warten, bis der

Expreß von den Franzosen durchkontrolliert war. Dann wurde die Kontrolle in Leogang durch die Amerikaner wiederholt, die noch einmal etwa zwei bis drei Stunden in Anspruch nahm. Das alles, wenn man als Normalverbraucher das seltene Glück hatte, im Arlberg-Expreß zu sitzen. Mit diesem Expreß zu fahren, war nämlich ein Sonder-Privileg, denn er war an sich alliierten Soldaten und Offizieren vorbehalten, nur zwei Waggons und drei Schlafwagencoupés waren anfangs für Österreicher zugelassen. Um in diesen Waggons reisen zu können, mußte man sich wiederum tagelang um eine Sondergenehmigung anstellen.

Hatte man endlich die Kontrolle in Leogang hinter sich, so fuhr der Zug nur die wenigen Kilometer bis Saalfelden. Dort stand er wiederum zwei bis drei Stunden, weil die Amerikaner aus unerfindlichen Gründen eine zweite Kontrolle durch den Gesundheitsdienst eingeführt hatten, verbunden mit der zwangsweisen Entlausung aller Reisenden. Dann fuhr der Zug mit Glück bis Salzburg, dort stand er in der Regel wieder ein bis zwei Stunden. Fuhr man von Salzburg nach Osten, so blieb der »Arlex« schon an der oberösterreichischen Grenze wieder stehen, denn in Frankenmarkt folgte die nächste Kontrolle. Von dort ging es, schon unter Dampf, zügig bis Wels und endlich, nachdem es in Linz wieder eine gute Stunde Aufenthalt gegeben hatte, erreichte man klopfenden Herzens die der Kontrolle durch die Sowjets wegen gefürchtete Ennsbrücke.

Die amerikanische Kontrolle war hier relativ großzügig, sie dauerte höchstens eineinhalb Stunden, dann fuhr der Zug ein paar hundert Meter über die Brücke und blieb jenseits der Enns sofort wieder stehen. Nun kamen die Russen und überprüften genau und sorgfältig die Reisedokumente, wobei sie auf jeder Identitätskarte die Stempel zählten; man mußte auf dieser viersprachigen Karte nicht weniger als elf Stempel haben und davon drei russische! Die Prüfung nahm manchmal vier bis fünf Stunden in Anspruch. Etwa ein Zehntel der Reisenden wurde regelmäßig von den Russen wegen falscher, zu weniger oder zu vieler Stempel aus dem Zug gewiesen, aber man mußte froh sein, nicht festgenommen zu werden: Gar nicht so wenige Reisende gelangten solcherart nämlich bis nach Sibirien.

Dann fuhr der Zug manchmal bis St. Valentin, an guten Tagen bis Amstetten. In einem der beiden Orte ließ die lokale russische Kommandantur gerne die Lokomotiven abkuppeln und beschlagnahmte sie. Ich habe selbst einmal miterlebt, daß ein russischer Oberst, der dringend von Amstetten nach Waidhofen an der Ybbs wollte, dessen Auto aber kaputt war, auf dem Amstettner Hauptbahnhof die Lokomotive des Arlberg-Expreß beschlagnahmte und mit ihr davondampfte. Der Arlberg-Expreß stand dann sechs Stunden in Amstetten, bis man aus Wien eine andere Lokomotive gebracht hatte. Diesmal hatte man vorsichtshalber an die Lok einen Waggon mit einer russischen Wache angehängt, um sie vor Diebstahl zu schützen.

Aber auch dieser köstliche Arlberg-Expreß, der von Innsbruck nach Wien gute zwanzig bis vierundzwanzig Stunden brauchte, fuhr ja erst ab September 1945. Bis dahin war das Reisen, vor allem die Überschreitung der Demarkationslinien zwischen den Besatzungszonen, fast unmöglich. Da es in den ersten Monaten auch keinen Post- oder gar Telefonverkehr zwischen den Zonen gab, war Wien von Innsbruck weiter entfernt als etwa Paris oder Rom. Wir wußten daher in Innsbruck auch nichts vom Schicksal unserer Eltern, nicht einmal ob sie noch am Leben waren. Dann allerdings kam Ende Mai Herbert Braunsteiner nach Tirol.

Braunsteiner, ein junger Mediziner, im Krieg prominentes Mitglied der Widerstandsbewegung und einer der Mitbegründer der Österreichischen Volkspartei im Mai 1945, unternahm im Auftrag der Führung dieser Partei eine Reise von Wien nach dem Westen. Er brachte wichtige Briefschaften der neugegründeten ÖVP mit und sollte den Kontakt zu den Gesinnungsgenossen im Westen des Landes herstellen. Er machte sich auf den Weg, schwamm – um der Kontrolle durch die Sowjets zu entgehen – durch die Enns und schlug sich dann mühevoll über Linz und Salzburg bis Tirol durch. In Innsbruck besuchte er den Landeshauptmann, und dort trafen auch Otto und ich mit Herbert Braunsteiner zusammen. Für uns war es ein sehr wesentlicher Augenblick, denn Herbert brachte uns die ersten verläßlichen Nachrichten, daß unsere Eltern am Leben waren und auch gleich Briefe von ihnen. Bis dahin hatten wir gefürchtet, daß Papa und Mama auf dem Todesmarsch nach Mauthausen mit dabei gewesen waren. Das KZ selbst lag nach Kriegsende in der US-Zone, und so hatten wir sogleich erfahren, daß die Eltern weder unter den Lebenden noch unter den Opfern der

letzten Wochen in der Steinbruchhölle von Mauthausen aufgefunden worden waren. Dies hatte unsere Befürchtungen
aber noch vergrößert, denn es war bekanntgeworden, daß
während des Todesmarsches der politischen Häftlinge von
Wien nach Mauthausen viele Hunderte von ihnen erschossen worden waren.

Herbert Braunsteiner brachte nun die Nachricht, auf die
wir kaum mehr zu hoffen gewagt hatten: sowohl Papa als
auch Mama hatten sich in den ersten Apriltagen im Gefängnis der Wiener Polizei auf der Elisabethpromenade befunden. Sie waren sogar im gleichen Trakt, wenn auch in verschiedenen Stockwerken untergebracht. In diesem Trakt
brach Ende März der Typhus aus. Als nun in den ersten
Apriltagen alle politischen Häftlinge zum Marsch in das KZ
Mauthausen in Bewegung gesetzt wurden, beschloß die Gestapo, die Insassen dieses einen Trakts, weil typhusverdächtig und daher möglicherweise ansteckend, nicht in die
Marschgruppen einzuteilen. Auf diese Weise blieben etwa
fünfhundert Häftlinge von der Teilnahme am Mauthausener
Todesmarsch verschont. Dazu gehörten Papa und Mama
und die Zellengenossen der Eltern, unter ihnen der liebe
Freund unserer Familie, Dr. Franz Josef Mayer-Gunthof.

Mama wurde am 5. April, Papa einen Tag später aus der
Haft entlassen. Beide überlebten also das Inferno der letzten
Kriegsmonate und konnten in die Osterleitengasse zurückkehren, wo sie ein zum Großteil durch Bombenangriffe zerstörtes Haus, bewacht von der dreiundachtzig Jahre alten
Großmama, vorfanden. Zwei Tage später war Döbling ein
Teil des Kampfgebietes. Mama konnte aus dem Dachbodenfenster, wo ich achtzehn Jahre früher mit meinen Kinderaugen die Rauchwolken des Justizpalastbrandes gesehen hatte,
nunmehr die riesige Fackel der brennenden Stephanskirche
beobachten. Ein paar Tage lang wurde in Döbling heftig
gekämpft, dann zog sich die SS über den Donaukanal zurück. Ihr folgten die Russen. Sie entdeckten bald die Weinlager der Firma Lessner in unserem Nebenhaus und ein neues
Inferno brach los. Mama und Papa haben auch das überstanden.

Die Nachrichten, die Braunsteiner gebracht hatte, bewogen mich, meine Anstrengungen nach Wien zu kommen und
die Eltern endlich wiederzusehen, zu vervielfachen. Aber es
war nicht so einfach. Ich war noch im Stande der Armee der

346

Vereinigten Staaten und mußte mich daher an die Regeln, die dort galten, halten. Im Juni war endlich von Caserta die amerikanische Delegation, mit der ich schon Ende April hätte mitfliegen sollen, nach Wien gereist, um zusammen mit den Engländern und den Franzosen die Voraussetzungen für den Einzug westalliierter Truppen und politischer Repräsentanten nach Wien zu prüfen. In diesem Flugzeug war für mich ein Platz reserviert gewesen, aber ich befand mich nicht in Caserta, sondern in Innsbruck. Der amerikanische Flugplatz Tulln wurde erst allmählich hergerichtet und wieder benützbar gemacht, und mit der US-Army würde ich erst im September nach Wien kommen können. So lange wollte ich nicht warten, und ich beschloß, Ende Juli, nachdem die Amerikaner Tirol geräumt und die Franzosen dieses Bundesland besetzt hatten, meine Funktion als Verbindungsoffizier in der Armee der Vereinigten Staaten niederzulegen.

In Zell am See, wohin die OSS aus Innsbruck übersiedelt war, fand eine monumentale Abschiedsfeier statt, aus Paris, aus München, aus Salzburg, aus Rom, aus Caserta kamen Freunde, landeten auf dem kleinen Flugplatz bei Zell am See oder kamen mit riesigen Hitler-Mercedes oder Horchs angereist und verabschiedeten »Kay-Twentyeight« oder auch Jerry, wie sie mich alle riefen, aus der Armee der Vereinigten Staaten. Ich war ganz gerührt und ein bißchen wehmütig. Das halbe Jahr, das ich mit diesen unbeschwerten, frischen, hilfsbereiten und außerordentlich tüchtigen jungen Männern verbracht hatte, war eine gute Zeit gewesen. Aber ich war trotzdem froh, die Uniform wieder abzulegen, denn schließlich war ich ja Österreicher und nicht Amerikaner, der Krieg war vorbei, und ich war alles, nur kein Militär. Meine Aufgaben lagen nunmehr zu Hause und sicher nicht in der Armee eines, wenn auch befreundeten, so doch fremden Staates.

Das Fest dauerte drei Tage und drei Nächte, zur Feier des Ereignisses wurde eines der Porsche-Schwimmautos, die bei Kriegsende als Musterschaustücke der Porsche Versuchswerkstätte zum Schutz vor Bomben nach Zell am See verlagert worden waren, mitten im See versenkt. Auf einem schwimmenden Ponton wurde getanzt, und der Chef der OSS Austria hatte aus Paris zwei Kisten Original Champagner einfliegen lassen. Die junge Weltmacht Amerika verabschiedete sich großzügig von ihren Freunden.

Mein Kommandeur, Oberst Howard Chapin, hielt eine lange Abschiedsrede, in deren Verlauf er bekanntgab, daß General Mark Clark mich auf seinen Vorschlag in Washington für die Verleihung der »Medal of Freedom« eingereicht habe. Als ich dann nach gehörigem Dienstweg diese recht seltene amerikanische Auszeichnung – in Österreich haben sie meines Wissens außer mir noch der seinerzeitige Innenminister Oskar Helmer und mein Kampfgenosse Ernst Lemberger erhalten – verliehen bekam, war ich trotz jugendbedingter Gleichgültigkeit gegenüber aller Art von Orden und Ehrenzeichen recht beeindruckt. Zusammen mit einer schönen Urkunde des Landes Tirol aus dem Jahre 1946 blieb die »Medal of Freedom« auch die einzige Kriegsauszeichnung, die ich je erhielt. Das Dritte Reich hatte mich verständlicherweise nie als auszeichnungswürdig erachtet. Auch die Republik Österreich, für deren Wiedererstehen ich während des Krieges meinen bescheidenen Beitrag zu leisten die Ehre gehabt hatte, sah, der Praxis ihres Rechtsvorgängers folgend, ebenfalls keinerlei Anlaß, mich auszuzeichnen. Wenn man bedenkt, daß ich keiner der beiden großen Parteien angehörte, die nach 1945 die Verteilung von Orden, Ehren und Würden im brüderlichen Proporz vornahmen, so ist diese Zurückhaltung des offiziellen Österreich nicht nur verständlich, sondern auch durchaus dem hiesigen Niveau angemessen.

Landeshauptmann Dr. Karl Gruber, der nach einigen Anfangsschwierigkeiten sich nun auch mit der französischen Besatzungsmacht durchaus zu arrangieren gelernt hatte und der in Tirol den musterhaften Wiederaufbau eines weitgehend kriegszerstörten Landes durchführte, fragte mich, ob ich ab Ende Juli für ihn tätig sein wolle. Ich solle sein Assistent oder Sekretär werden und mit ihm zur Länderkonferenz der Volkspartei nach Salzburg, später dann zur geplanten großen Länderkonferenz mit der Regierung Renner nach Wien fahren und ihm dann auch weiterhin zur Seite stehen.

Ich überlegte nicht lange und sagte sofort ja. Da bot sich mir doch ein faszinierender Job und das Studium konnte noch warten. Dr. Karl Gruber schien mir gerade der richtige Mann, um mit ihm in das öffentliche Leben des wieder entstehenden Österreichs hineinzusteuern. Er war jung, ein Mann ohne Vorurteile, ein Mann ohne wesentliche Parteibindungen der alten österreichischen politischen Szene, ein

Liberaler, also was wollte ich eigentlich mehr. Hier wurde mir die aufregende Chance offeriert, in der ersten Phase der Wiedergeburt und des Wiederaufbaues dieses Staates ganz in der Nähe mit dabeisein und sogar aktiv mitwirken zu können. Last not least würde ich in seiner Begleitung schneller nach Wien zurückkehren können.

Also sprach alles für Gruber, und so meldete ich mich im Landhaus in Innsbruck. Mein erster dienstlicher Auftrag lag durchaus auf der Linie meiner eigenen Interessen. Gruber erzählte mir, daß mein Bruder Otto ihn gerade ersucht habe, das in wenigen Wochen erstmals stattfindende Treffen des Österreichischen College, einer gerade neu gegründeten Vereinigung junger Studenten, Dozenten und Professoren, das in dem kleinen Dorf Alpbach, in einem Seitental des Unter-Inntales geplant sei, zu unterstützen.

Gruber wußte nicht, was das Österreichische College war, noch was die geplante Veranstaltung bezwecken sollte; er war auch nie in seinem Leben in Alpbach gewesen, aber er kannte Otto und fand die Idee gut, kaum drei Monate nach Kriegsende in seinem Land Tirol ein internationales, kulturpolitisches Treffen abzuhalten. Daher wollte er die Sache unterstützen. Nur wußte er noch nicht genau, wie. Dann nahm er ein Stück Papier, schrieb etwas darauf, gab es mir und sagte:

»Mach daraus, was du kannst.«

Ich sah mir den Zettel an, es war eine Anweisung an den Direktor der Tabakfabrik in Schwaz, dem Überbringer dreißigtausend Zigaretten auszufolgen. Gezeichnet Gruber. Ich begriff, was er meinte und verschwand nach Schwaz.

Von der Landesregierung hatte ich mir einen Lieferwagen ausgeborgt, auf den die dreißigtausend Zigaretten, die übrigens viel weniger Platz einnahmen, als ich gedacht hatte, geladen wurden. Dreißigtausend Zigaretten waren damals ein mittleres Vermögen wert. Ich brachte sie nach Alpbach, übergab sie mit gutem Gewissen meinem nichtrauchenden Bruder Otto, und dieser wieder versperrte sie im Keller des Gasthofes Böglerhof, dessen Inhaber Alfons Moser als prominenter Antinazi zum ersten Nachkriegsbürgermeister des Ortes gewählt worden war. Otto und Alfons Moser sorgten dafür, daß mit Hilfe der dreißigtausend Zigaretten, die etwa hundertzwanzig Teilnehmer der ersten Alpbacher Internationalen Hochschulwochen des Österreichischen College im Sommer 1945 keinerlei Mangel leiden mußten.

Es war ein komischer Haufen, der sich in Alpbach traf. An der Spitze mein Bruder Otto, der eben zusammen mit dem Jenbacher Philosophiedozenten Simon Moser das College gegründet hatte. Rundherum Studenten, alliierte Offiziere, junge Dozenten und Professoren aus Innsbruck, Salzburg, aus der Schweiz, ein paar Amerikaner aus den Stäben der Besatzungsmacht, zwei, drei junge englische Diplomaten, die weiß Gott wie aus London hergekommen waren, auch ein paar Deutsche, die illegal die Grenze überquert hatten.

Alle waren gekommen, weil sie gehört hatten, daß man hier unmittelbar nach dem Krieg mit Menschen anderer Nationalität und möglicherweise anderen Glaubens und politischen Bekenntnisses frei und offen sprechen könne. Alle waren fasziniert, es herrschte eine Atmosphäre, wie sie die meisten überhaupt noch nicht erlebt hatten. Alpbach war ein Soforterfolg, eine Rakete, die hoch hinaufstieg.

Damals, im Sommer 1945, wollten wir alle überhaupt nicht mehr abreisen. Ich war am schlechtesten dran, denn ich war, mit Ausnahme der alliierten Offiziere, der einzige, der einer, wenn auch nicht geregelten, aber doch in großen Zügen feststehenden Beschäftigung nachgehen sollte. So ließ ich tief betrübt Alpbach Alpbach sein und begab mich mit Karl Gruber am 29. Juli nach Salzburg.

Dort lernte ich bei der Konferenz im »Chiemsee-Hof« die Führer der Volkspartei, an ihrer Spitze Leopold Figl und Felix Hurdes, kennen. Neben den ÖVP-Führern aus Wien erschienen mir damals als markanteste Persönlichkeiten die Landeshauptleute Gleissner (Oberösterreich), Rehrl (Salzburg) und Ilg (Vorarlberg) sowie der frühere Minister Thoma aus der Steiermark. Ich hatte auch zum erstenmal die Chance, in die Welt und in die Atmosphäre der alten christlich-sozialen Partei hineinzuschnuppern, zu lernen, was politische Überzeugung, aber auch politische Beziehungen und Macht in einem kleinen Land wie Österreich, selbst wenn es viergeteilt und von fremden Truppen besetzt war, zustande bringen konnten. Das war erstaunlich in einer Partei, die bewußt und betont föderalistisch gegliedert war, einer Partei, in der die südlichen und westlichen Landesfürsten, die Landeshauptleute und die Landesparteiobmänner nur sehr geringe Lust verspürten, sich überhaupt dem Führungsanspruch der Wiener zentralen Spitze zu unterwerfen, einer Spitze, die das große Handikap zu tragen hatte, in einer Hauptstadt zu agieren, die zu diesem Zeitpunkt noch ausschließlich von der sowjetischen Besatzungsmacht kontrolliert wurde und in der die Kommunistische Partei, deren Größe und Einfluß noch nicht übersehbar schien, ganz wesentlich mitzureden hatte.

In Salzburg wurde beschlossen, daß die westlichen und südlichen Bundesländer sich mit den Parteifreunden aus dem Osten in der neuen Österreichischen Volkspartei zusammenschließen und die Vertreter der westlichen und südlichen Bundesländer an einer gemeinsamen Länderkonferenz in Wien im September teilnehmen und sich bemühen würden, zu einer gemeinsamen Regierungsbasis im Rahmen der Regierung Renner zu kommen und somit eine internationale Anerkennung dieser Regierung auch durch die Alliierten zu ermöglichen. Voraussetzung für uns aus dem Westen war es allerdings, daß freie Wahlen in ganz Österreich unter klarer überparteilicher Kontrolle noch in diesem Jahr stattfinden würden. Zweite Voraussetzung war, daß die Regierung Renner durch die Aufnahme von Vertretern aus den südlichen und westlichen Bundesländern in ihrer Zusammensetzung auch der wirklichen Aufteilung der Bevölkerung entsprechen sollte. Die Wiener Herren der ÖVP, schwere Zeiten mit den Sowjets gewohnt, waren etwas skeptisch, aber hoffnungsvoll. Wir im Westen waren damals eigentlich nur skeptisch, aber wir fanden, das mindeste, was man tun müßte, wäre, nach Wien zu fahren und es zu versuchen.

Nach der Länderkonferenz schickte mich Gruber nach Linz, um vor seiner wenige Tage später geplanten ersten Erkundungsreise nach Wien, die Stimmung in Oberösterreich, dem größten westösterreichischen Bundesland, zu sondieren. In Linz herrschte noch große Aufregung wegen der Verschiebung der Zonengrenze. Im Mai 1945 hatten amerikanische Truppen das Mühlviertel besetzt, waren aber dann, auf Grund eines interalliierten Abkommens, im Juli auf das Südufer der Donau zurückgezogen worden. Daher lief nun die Grenze entlang der Donau, zwischen der sowjetischen und der amerikanischen Zone mitten durch Oberösterreich. Das hatte natürlich wesentliche Veränderungen und Verschärfungen in der Besatzungssituation mit sich gebracht.

Der Landeshauptmann residierte in Linz, war formell Herr über ganz Oberösterreich, de facto gab es aber in Urfahr mit Wirkungsbereich für das sowjetisch besetzte Mühlviertel einen eigenen Staatsbeauftragten, der zwar der ÖVP nahestand, aber natürlich stark unter den Einfluß der sowjetischen Besatzungsmacht geriet.

Ich besuchte auch den Linzer Bürgermeister Dr. Koref, einen fähigen, gemäßigten Sozialdemokraten, der in den kommenden Wochen besonders bei der Länderkonferenz in Wien eine wesentliche Rolle spielen sollte. Dann fuhr ich quer durch das Land zurück in Richtung Tirol und machte in Ried Station. In Salzburg und Linz hatte man mir berichtet, daß im Bezirk Ried im Innkreis eine Gruppe von jungen und aktiven Leuten, die aus der Widerstandsbewegung hervorgegangen waren, eine neuartige, aber angeblich beispielhafte Form der Zusammenarbeit der politischen Richtungen geschaffen habe und im Begriff sei, den Wiederaufbau ihrer Gegend durchzuführen. Es handelte sich um ein sehr interessantes Modell, und ich sah es mir genau an. Ried im Innkreis war sogar im Jahre 1945 eine Wohlhabenheit und Gesundheit geradezu ausatmende kleine Stadt. Mit dem Anführer und geistigen Kopf dieser Gruppe, dem jungen Wiener Juristen Dr. Christian Broda, hatte ich ein längeres Gespräch.

Dr. Broda war für mich neben Ernst Lemberger der erste moderne Sozialist der jüngeren Generation, den ich näher kennenlernte. Er wirkte ebenso modern denkend wie intelligent, seine Einstellung war sozialistisch, aber voll von Toleranz und liberalem Geiste. Er schien mir, wie auch Ernst Lemberger, ein Symbol für eine neu aufsteigende Generation im sozialistischen Lager Österreichs zu sein. Ich hatte ja bisher nur mit Sozialdemokraten der Generation vor 1934 zu tun gehabt, würdigen, anständigen und korrekten Herren, die mir, dem damals Zwanzigjährigen, etwas verstaubt und rückständig erschienen. Dr. Adolf Schärf, den ich im Winter 1944/45 in Wien traf, war da schon ein ganz anderes Kaliber, aber auch er gehörte der Generation meines Vaters an. Christian Broda, Ernst Lemberger und ich sprachen dieselbe Sprache. Unbeschadet verschiedener politischer Auffassungen konnten wir gemeinsam und unbeschwert vom Ballast der Vergangenheit vor 1938 und 1933 an die Neugestaltung Österreichs gehen. Bei Christian Broda hatte ich übrigens in den folgenden dreißig Jahren vielfach Gelegenheit die Probe aufs Exempel zu machen und die Richtigkeit meiner Rieder Vermutung aus dem Sommer 1945 bestätigt zu finden.

Gruber forderte mich auf, nach Wien zu kommen, wohin er Mitte August reisen wollte, um für die westlichen Landeshauptleute die Lage vor der großen für September einberufenen Länderkonferenz zu erkunden und erste Kontakte mit der Zentralregierung zu knüpfen. Also packte auch ich meine Koffer und fuhr mit Otto nach Wien. In einem alten Steyr 220, Baujahr 1936, reisten wir, immer wieder von den üblichen Kontrollen der französischen und amerikanischen Besatzungsmacht aufgehalten, aber dann auch stets durchgelassen, über Salzburg und Linz Richtung Osten. Wir hatten Sonderausweise, die uns berechtigten nach Wien zu reisen, ausgestellt von der französischen Besatzungsmacht in Innsbruck und bestätigt von der amerikanischen Besatzungsmacht in Salzburg. Ob das nun an der Ennsbrücke den Russen genügte, war eine andere Frage.

In Linz riet mir ein Freund, auf jeden Fall einen russischen Stempel aufzutreiben. Nun gab es seit einigen Tagen im Landhaus in Linz eine Art russischen Verbindungsoffizier für das Muhlviertel. An diesen wurde ich verwiesen. Ich ging zu ihm, zeigte ihm meinen französischen Ausweis, die dazugehörigen amerikanischen Stempel und versuchte, ihm zu erklären, daß ich nach Wien wolle. Der Russe verstand einige Worte Deutsch und sagte »karascho«, nahm seinen Stempel und stempelte Ottos und meinen Ausweis hinten und vorn mindestens ein halbes dutzendmal. Wir dankten und fuhren los.

An der Ennsbrücke sahen die Amerikaner kaum unsere Papiere an, auf der anderen Seite der Brücke standen die Russen, sehr interessiert, denn Zivilautos gab es offenbar auch dort nur selten zu sehen. Sie betrachteten unsere Ausweise, schauten hinten ins Auto hinein, ob wir etwas für sie Erstrebenswertes mitführten. Das war nicht der Fall. Den Kofferraum, in dem wir Lebensmittel und viele andere Dinge nach Wien transportierten, um das Leben der Eltern zu erleichtern, öffneten sie gar nicht. Sie winkten uns zu passieren, und wir waren durch. So leicht hatten wir es uns nicht vorgestellt. Dann ging's fast friedensmäßig über die Strengberge bis Melk. Dort war wieder eine strenge Kontrolle, wir mußten alle Koffer aufmachen, aber »konfisziert« wurde nichts. Die Stempel fanden schließlich Gnade bei irgendeinem Offizier und nach einer Stunde ging es wieder weiter. Dasselbe noch einmal in Neulengbach und ein letztes Mal in Purkersdorf bei Wien.

Am frühen Nachmittag fuhren wir durch Wien, das mir noch wesentlich zerstörter, grauer und verkommener erschien als bei meinem letzten Aufenthalt im Februar. Es waren wenig Menschen unterwegs, die erste Straßenbahn sahen wir am Gürtel, Trümmer und Bombentrichter machten viele Straßen unbefahrbar. An einigen Kreuzungen entdeckten wir russische weibliche Polizisten, die den Verkehr in einer uns ganz ungewohnten Art regelten, mit Fähnchen! Die meisten Geschäfte waren geschlossen. Die Stadt und ihre Bewohner schienen noch irgendwie gelähmt. Verglichen mit dem schon wieder voll angelaufenen Leben in Innsbruck, Salzburg oder Linz, merkte man an der Trostlosigkeit des Stadtbildes und der kläglichen Art der Existenz der Bewohner, daß hier doch völlig andere Verhältnisse herrschten. Am Gürtel fuhren wir vorbei an Bomben- oder Granattrichtern und Resten von Barrikaden, die von einigen grauen und ausgemergelten Gestalten lustlos zugeschüttet beziehungsweise abgetragen wurden. Auf eine Frage erklärte ein Wache haltender Polizist: »Lauter Nazis aus dem Bezirk.« Bei der Volksoper sahen wir mit verwelkten Blumen geschmückte Gräber. Endlich kamen wir in die Döblinger Hauptstraße, wo es einige Bombentreffer gab, die aber sonst noch die alte schien, und dann hinein in die Osterleitengasse.

Arm sah unser Haus aus. Eine Bombe hatte das Dach im oberen Teil zerstört; wo sich früher einmal das Zimmer von Großmama befunden hatte, gähnte ein großes Loch. Der nördliche Teil des Hauses schien intakt, nur gab es statt der Fensterscheiben Pappe. Plötzlich öffnete sich ein Fenster, ein Schrei und bevor wir noch auch nur die Haustür aufmachen konnten, waren Papa und Mama da. Mama hielt uns fest, ganz fest, wollte uns nicht loslassen und sagte immer nur »Öttchen, Fepolinski, Öttchen, Fepolinski.« Papa – wie stets ein Feind rührender Szenen – machte sich am Gepäck zu schaffen: »Wollt Ihr nicht anfangen, euer Gepäck hinaufzubringen, bevor es euch die Russen wegtragen?« Nun, wir trugen alles hinauf, begrüßten Großmama und Nedica, die jetzt auch in der Osterleitengasse wohnte, und saßen endlich alle im Salon.

Großmama, Neda und die liebe Marie Leeb, eine Bedienerin, die schon während der Schlacht um Wien und in den Russentagen zur Hilfe der Eltern wieder aufgetaucht war, machten sich in der Küche daran, die von uns mitgebrachten Schätze auszupacken.

Wir mußten drinnen erzählen, wie es uns ergangen war, dann berichteten die Eltern, was sie im Gefängnis und nachher während der Kämpfe erlebt hatten. Mama brachte einen Stoß von engbeschriebenen Blättern. Es war ein Brief, ein langer Brief, den sie am 8. April 1945, meinem einundzwanzigsten Geburtstag, als sie gerade aus dem Gefängnis nach Hause gekommen war, an Otto und mich, an die fernen Söhne, zu schreiben begonnen hatte. Die letzten Eintragungen in diesem Brief-Tagebuch an ihre Söhne stammten vom 31. Mai. Anfang Juni erfuhr sie, daß wir am Leben waren, glaubte damals, daß wir bald kommen würden und hörte deshalb auf, weiter an diesem Riesenbrief zu schreiben. Dann dauerte es allerdings noch zwei Monate, bis wir uns wiedersahen. Mama gab uns ihren großen Brief, den Bericht ihres und Papas Leben im Gefängnis und vor allem während der Schlacht um Wien, als die Osterleitengasse zum Kampffeld geworden war, als sich in unserem Garten versprengte SS-Leute als Heckenschützen betätigten und dann die Russen, ein Untermieter-Ehepaar, das im Erdgeschoß gewohnt hatte, niederschossen. Die Tage, als Mama den sterbenden Schwerverletzten pflegte, Papa ihn dann im Garten begrub, die Tage, als man bis hinauf in die Hofzeile, zwanzig Minuten hin und zurück, gehen mußte, um Wasser zu holen und die Nächte, in denen russische Soldaten auftauchten und plünderten. Das alles stand in dem Brief und das alles erzählten die Eltern im Laufe dieses ersten Tages unserer Heimkehr, da wir im Salon saßen und uns anschauten.

Mama war ganz klein und zart geworden. Sie hatte Schweres mitgemacht bei der Gestapo und außerdem seit Mai nichts Richtiges mehr zu essen gehabt. Ihr Gesicht aber war völlig unverändert, das liebe, gute und noch immer junge Gesicht der Mama. Auch Papa, schmäler jetzt, mit nur noch grauem Haar, mitgenommen von der Haft und den Monaten nachher. Ihn hatten sie sehr arg geschlagen, nicht gefoltert wie Mama, aber mit Ochsenziemern geprügelt. Seine Wunden waren noch immer nicht zugeheilt. Gegen Abend holte Papa zwei Flaschen Wein aus einem Versteck im Keller, die er aufgehoben hatte, bis wir heimkommen würden. Wir stießen auf künftige, bessere Zeiten an und waren froh und glücklich, daß wir am Leben waren, es alle doch noch überstanden hatten und wieder in der Osterleitengasse sein konnten, in der es wohnlich und gemütlich war, obwohl die Fenster keine Scheiben und die Wände lauter Sprünge hatten. Nach sieben Jahren waren wir wieder zu Hause, in der Osterleitengasse und in Österreich. Das, was Mama in all diesen Jahren erbetet hatte, war eingetreten: sie und ihre drei Männer konnten wieder zusammen leben und zusammen arbeiten.

Mama war sehr glücklich, sie lachte und weinte durcheinander, sprang herum, nahm Keks aus irgendeiner Lade und wollte gerade das vom Mittagessen übriggebliebene Erdäpfelgulasch wärmen, als ihr plötzlich einfiel, daß wir ja riesige Pakete mit Lebensmitteln mitgebracht hatten. Wir liefen alle hinaus in die Küche. Nedica und Großmama hatten unsere Mitbringsel wie Weihnachtsgeschenke am Küchentisch aufgebaut, Marie versuchte verzweifelt, die Beschriftung der englischen Konserven zu entziffern. Dann sagte sie: »Es ist eh ganz wurscht, Hauptsache, es ist was zum Essen.« Die Damen begannen ein Kochfest zu veranstalten. Die Heimkehr der Söhne wurde gebührend gefeiert.

Am nächsten Tag herrschte große Aufregung. Landeshauptmann Dr. Gruber war mit einigen Begleitern in einem Hotel in der Mariahilfer Straße, in das ihn die Franzosen eingewiesen hatten, in Schutzhaft genommen worden. Papa, der ihn nichtsahnend dort besuchen wollte, stellte den Tatbestand fest, und es gelang ihm dann, mit Gruber in Kontakt zu treten. Durch einen Kellner des Hotels sandte er ihm eine Nachricht, und Gruber warf ihm aus dem Fenster des zweiten Stockes einen Kassiber zu, den Papa dann an Staatskanzler Renner weiterleitete. So schwierig war die Kommunikation zwischen österreichischen Politikern im Sommer 1945.

Es stellte sich heraus, daß die Russen die Anwesenheit des Tiroler Regierungschefs und seiner Delegation für illegal erklärt und dessen Verhaftung angekündigt hatten. Um Gruber und seine Leute vor den Russen zu schützen, hatten die Franzosen die »Schutzhaft« über ihn verhängt. Der Vorfall beschäftigte natürlich den Alliierten Rat und sogar die Londoner »Vorkonferenz«, die über die Vorbereitung von Friedensverträgen – im Falle Österreich zehn Jahre lang – beraten sollte. Nach zwei Tagen intensiver Verhandlungen gaben dann die Russen nach, und Gruber konnte sich in Wien wieder frei bewegen.

Der Termin der Länderkonferenz wurde endgültig für den 24. September 1945 festgelegt. Die Wahlen sollten also wirklich noch in diesem Jahr stattfinden. Gruber wollte sofort nach Innsbruck zurück, um die Konferenz mit den anderen Politikern der westösterreichischen Länder vorzubereiten, und auch Otto und ich beschlossen, uns schleunigst nach Tirol in Bewegung zu setzen, um Mama in Alpbach zu einem Urlaub zu verhelfen, den sie nach den Erlebnissen der letzten Jahre bitter notwendig hatte. Papa konnte Wien nicht verlassen, er war mitten in den Endstadien der Verhandlungen um die Wiedergründung der ›Presse‹. Er nahm mich zu Gesprächen mit seinem Freund Fritz Maurig, der die Schoellerbank leitete, mit. Das Bankhaus Schoeller am Wildpretmarkt war am Ende der Schlacht um Wien durch Brandstiftung vollkommen zerstört worden. Die Bank begann in irgendeinem Ausweichlokal wieder zu arbeiten. Fritz Maurig empfing uns in seiner Wohnung im dritten Bezirk, auch Tante Lela war da, gastfreundlich wie immer. Wir sprachen lange von den Möglichkeiten einer gesamt österreichischen Zeitung. Papas Pläne waren da ja schon sehr weit gediehen. Er hatte bereits eine ganze Redaktionsliste beieinander und hoffte, daß die Zeitung noch im Herbst erscheinen könne. Es gab zwei Hauptprobleme: Die Erreichung einer alliierten Lizenz, ohne die man die Zeitung nicht herausbringen konnte, und die Beschaffung des Papiers.

Papier war in Wien allergrößte Mangelware und wurde nur an die Organe der Regierungsparteien und an das ›Neue Österreich‹ ausgegeben. Daneben natürlich an die ›Österreichische Zeitung‹, das Sprachrohr der Sowjetarmee. Das ›Neue Österreich‹ war eine Zeitung, die von allen drei Parteien gemeinsam publiziert wurde, populären Charakter hatte und als deren Chefredakteur der prominente kommunistische Politiker und Schriftsteller Ernst Fischer zeichnete, der nebenbei damals auch noch Unterrichtsminister war. Papa und seine Freunde planten, eine liberale, nicht parteigebundene und den westlichen Traditionen Österreichs konforme

Zeitung ins Leben zu rufen, ein Projekt, das sowohl von den Sowjets wie von der Regierung mit gemischten Gefühlen betrachtet wurde.

Wir nahmen Mama in unserem alten Steyr 220 nach Tirol mit. Es war die Reise von Alice ins Wunderland. Mama, die alles Schöne mit unbeschreiblicher Dankbarkeit und größtem Glücksgefühl genoß, saß wie gebannt auf ihrem Sitz und wollte immer wieder stehenbleiben, um irgend etwas anzusehen. Bäume, Felder, Kühe, Pferde, Kirchen, alles war für sie nach den vielen Monaten im Gefängnis und im Keller wie neu geschaffen.

Bei der Ausfahrt aus Wien hatten wir ein Erlebnis, das sowohl für die Sicherheitsverhältnisse dieser Zeit wie auch für das Glück, das ich gepachtet zu haben schien, typisch war. In Purkersdorf wurden wir an einer russischen Kontrollstelle aufgehalten. Ein russischer Leutnant fand keinen Gefallen an mir und befahl mir, ihm mit meinen Papieren in den Wachraum in einem großen, altmodischen Einkehrgasthof neben der Straße zu folgen. Drinnen saß ein russischer Major mit einigen Schreibern. Ich wurde nach Schema F befragt, wer ich sei, wohin ich wolle, woher ich komme. Ich erzählte wahrheitsgemäß, daß ich zur Tiroler Delegation gehöre, die die Länderkonferenz und damit die gesamtösterreichische Anerkennung der derzeit in Wien amtierenden Regierung Renner vorbereite. Das schien den Russen nicht zu sehr zu interessieren, aber irgend etwas paßte ihm doch nicht an mir.

Er forderte mich auf, ihm meine Brieftasche und meine Ausweise zu geben. Ich zeigte alles, was ich hatte, vor allem natürlich den Sonderausweis mit den vielen russischen Stempeln, der mich berechtigte, von Linz nach Wien und wieder zurück zu fahren. Dann machte der Russe meine Brieftasche auf und zu meinem Schrecken fiel mein von der OSS ausgestellter und noch gültiger Ausweis als amerikanischer Offizier heraus, die Identity Card war mit einem Bild von mir in amerikanischer Uniform versehen. Nun zeigte sich der Major immer interessierter. Er rief einen Dolmetscher herbei. Ich erklärte dem Dolmetsch, daß ich während des Krieges und nach Kriegsende als Verbindungsoffizier zwischen der österreichischen Widerstandsbewegung und der amerikanischen Armee tätig war. Der Major suchte weiter in meiner Brieftasche.

Dann passierte das zweite Malheur. Er fand noch ein Photo, auf dem ich abgebildet war, diesmal leider aber in deutscher Uniform. Es war eines der vielen Photos, die ich im Herbst 1944 in der Schweiz machen ließ, um sie in die diversen gefälschten Soldbücher einzukleben. Jetzt begann der Major unruhig zu werden. Er sprach lange mit seinem Leutnant, dann mit dem Dolmetsch, der mich anfuhr, wieso ich deutscher Feldwebel gewesen sei, wo ich doch gerade erklärt hatte, ich wäre Verbindungsoffizier zu den Amerikanern. Ich versuchte, alles zu erklären, fand keinen Glauben und die Stimmung sank auf den Nullpunkt.

In meiner Verzweiflung suchte ich nach irgendeinem Ausweg und erinnerte mich, daß ich noch etwas, vielleicht Entscheidendes, in meiner Brieftasche haben mußte. Ich suchte in der Brieftasche, Gott sei Dank, das seltene Papier war noch da; ein kurzer Brief der sowjetischen Militärmission in Paris an mich, der mich einlud, zu einer Besprechung zu kommen. Der Brief trug die Unterschrift des Chefs der sowjetischen Mission beim Alliierten Oberkommando General Susloparow. Ich zeigte das Blatt dem russischen Major, der Brief war in französischer Sprache abgefaßt, aber der Briefkopf war russisch in cyrillischer Schrift. Der russische Major sah mich fragend an. Ich erklärte ihm, General Susloparow in Paris sei ein guter Freund von mir und ich hätte viel mit ihm zu tun gehabt. Innerhalb von Sekunden änderte sich das Bild. Der russische Major erhob sich, kam zu mir, klopfte mir auf die Schulter, schüttelte mir die Hand, der Leutnant holte eine Wodkaflasche und wir prosteten einander lachend zu. Der Dolmetsch erklärte, alles sei in bester Ordnung, ich könne natürlich jederzeit weiterfahren und ich möge ihnen doch ihre dienstliche Genauigkeit nicht übelnehmen. Sie müßten ja nur ihre Befehle ausführen.

Ich bedankte mich, verließ das Lokal, schenkte aus lauter Erleichterung dem Dolmetsch noch eine Stange Zigaretten und wir fuhren los. Der arme Susloparow, der – wie ich Jahrzehnte später erfuhr – wegen vorschneller Teilnahme an der von den Westalliierten inszenierten Kapitulationszeremonie der Deutschen in Reims von Stalin noch im Juli 1945 strafweise zurückberufen worden war, hätte sich wohl gewundert, wie allein sein Name mir in diesem Augenblick geholfen hat. Ich hätte damals um ein Haar als Spion verhaftet und, wie es in jenen Zeiten bei den Sowjets üblich war, zuerst einmal prophylaktisch auf ein paar Jahre nach Sibirien gebracht werden können.

Ende September fand dann die große Länderkonferenz im niederösterreichischen Landtagsgebäude, dem ehemaligen österreichischen Herrenhaus, in der Wiener Herrengasse statt. Das Parlament war damals noch schwer beschädigt, außerdem gab es dort kein elektrisches Licht und daher wurde die Konferenz in der Herrengasse abgehalten. Allerdings fand schließlich auch diese Konferenz bei Kerzenschein statt, weil in der Wiener Innenstadt der Strom völlig ausfiel.

Vertreter aller österreichischen Bundesländer und der drei zugelassenen Parteien, der Sozialisten, Kommunisten und der neuen konservativ-christlichen Österreichischen Volkspartei, verhandelten drei Tage und einigten sich schließlich nach ziemlich harten Auseinandersetzungen darauf, am 25. November 1945, also in knapp zwei Monaten, freie und geheime Wahlen in ganz Österreich abzuhalten. Bis dahin sollte die provisorische Staatsregierung durch Vertreter aus West und Südösterreich erweitert und damit die Voraussetzung für die Anerkennung der Regierung Renner auch durch die westlichen Alliierten geschaffen werden.

Ich war während der Konferenz vor allem damit beschäftigt, Kontakte zwischen Gruber und anderen Politikern herzustellen und die Meinung der anderen Fraktionen zu sondieren. Einmal rief mich Staatskanzler Renner zu sich und ließ sich von mir über die POEN-Aktivität in den letzten Kriegsmonaten berichten. Dr. Schärf gesellte sich dazu, erinnerte sich gleich an unser Treffen im Justizpalast im Februar 1945, am Tag, als die Sozialisten sich endlich entschlossen, dem POEN beizutreten. Die beiden Führer der Sozialistischen Partei befragten mich dann, was ich von der amerikanischen Einstellung gegenüber ihrer Regierung halte. Ich berichtete, daß besonders bei den Militärs nach wie vor gewisse Bedenken gegen das Kabinett Renner bestünden, da man sich nicht vorstellen könne, daß eine in Wien unter sowjetischen Auspizien gebildete Regierung wirklich repräsentativ für die Gesamtbevölkerung sein könne. Außerdem befürchtete General Clark, mehr als sein politischer Berater, Gesandter Erhardt, nach den Erfahrungen in den osteuropäischen Staaten, daß die Russen alles daransetzen würden, durch ständige Verschiebung der Schwerpunkte, den Kommunisten eine Machtergreifung innerhalb der österreichischen Regierung zu ermöglichen.

Ich empfahl daher eine möglichst offene Information der Amerikaner, insbesondere der Generale Clark und Fleury und des Gesandten Erhardt. Renner berichtete, er habe in der letzten Zeit mit diesen Herren ausführliche und gut verlaufene Gespräche gehabt. Er ersuchte mich dann, meine amerikanischen Kontakte zu nützen, um nochmals auf die Notwendigkeit hinzuweisen, die derzeitige österreichische Regierung sofort anzuerkennen, um die allgemeinen Wahlen schnellstens durchführen zu können. Renner befürchtete, daß in einem halben oder gar in einem Jahr, wie es sich die Engländer vorstellten, solche Wahlen vielleicht überhaupt nicht mehr durchgeführt werden könnten, weil die Sowjets dann unter Umständen an solchen Wahlen kein Interesse mehr haben würden. Das schien mir durchaus einleuchtend und ich habe dann auch noch am selben Abend ein langes Gespräch mit Erhardt und Grey im Hotel Regina gehabt, dem ich entnahm, daß die Amerikaner sich in dieser Frage weitgehend den Standpunkt Renners und der Österreicher zu eigen gemacht hatten.

Gruber ging es während der Länderkonferenz vor allem um eine Balancierung der Gewichte innerhalb der Regierung und um echte Garantien für freie Wahlen auch in Ostösterreich. Es wurden auf Grund seiner Initiative eine Wahlkontroll-Kommission geschaffen und Vertreter West- und Südösterreichs – in der Mehrzahl zum bürgerlichen Lager zählend – in die Regierung aufgenommen. Gruber selbst bekam das Außenministerium als Kabinettsposten. Bis zur Wahl hieß er offiziell Unterstaatssekretär, weil man für die kurze Periode, die der provisorischen Regierung blieb, keine neuen Ministerien schaffen wollte. Gruber fragte mich noch am selben Abend, ob ich als sein Sekretär mit ihm auf dem Ballhausplatz einziehen wolle. Ich stimmte zu und trat wenige Tage später meinen Dienst im Außenamt, das im Gebäude des Bundeskanzleramtes am Ballhausplatz untergebracht war, an.

Am Ballhausplatz, in dem ehrwürdigen Palais des Fürsten Kaunitz, in dem seit hundertfünfzig Jahren die Geschicke Österreichs und seiner Außenpolitik entschieden wurden, sah es recht trostlos aus. Eine Ecke des Palais war weggebombt worden, die meisten Räume waren ohne Fenster und die repräsentativen Räume, vor allem der erste Stock, konnten nicht benützt werden. Lediglich jener Teil des ersten Stockwerks, dessen Fenster zum Volksgarten blicken, war intakt; dort befanden sich die Räume des Staatskanzlers Dr. Renner und später, nach der Wahl, die Büros des neuen Bundeskanzlers Ing. Leopold Figl.

Das Außenamt war im Hochparterre, ebenfalls mit Blick auf den Volksgarten, untergebracht. Schon in den ersten Monaten nach Kriegsende hatten sich eine Reihe von ehemaligen Beamten des Auswärtigen Dienstes unter Führung von Generalsekretär Dr. Klemens Wildner wieder zum Dienst eingefunden. Zuerst hatten sie zusammen mit einer Arbeitsgruppe ihnen zugeteilter ehemaliger Nazis den Schutt weggeräumt, dann bekamen sie Kerzen zugewiesen, so daß sie auch, wie das im österreichischen diplomatischen Dienst seit Jahrhunderten üblich war, in den Abendstunden arbeiten konnten, und schließlich begannen sie im Rahmen der Staatskanzlei das Außenamt wieder einzurichten.

Als Gruber und ich am Ballhausplatz erschienen, hatte das Außenministerium im Rahmen seiner klassischen Aufgaben noch nicht sehr viel zu tun. Die österreichische Regierung war bisher nur von den Sowjets anerkannt, ihre Macht, soweit man überhaupt von einer solchen sprechen konnte, reichte maximal bis zum Semmering, zur Ennsbrücke und zu den Ostgrenzen Österreichs. Aber auch diese Macht war sehr fragwürdig, denn jeder russische Soldat konnte die Durchführung eines Auftrages der österreichischen Regierung unterbinden. Im Westen regierten unter alliierter Aufsicht die Landeshauptleute mehr oder weniger selbständig, und zwar vor allem unabhängig von der Wiener Zentralgewalt.

Das sollte sich nun nach der Länderkonferenz alles schleunigst ändern. Und Karl Gruber sollte als Repräsentant des Westens und des Südens, also der nicht sowjetisch besetzten Teile des Landes, darauf achten, daß die Ausdehnung der Zentralgewalt der Regierung auf ganz Österreich nicht gleichzeitig zu einer Sowjetisierung des Landes westlich der Enns und südlich des Semmerings führen würde. Daran hatten natürlich auch die westlichen Alliierten das allergrößte Interesse. Umgekehrt mußte Gruber versuchen, auch das Vertrauen der sowjetischen Besatzungsmacht zu erringen, um ein Funktionieren der neuen, das ganze Bundesgebiet umfassenden Regierung zu sichern. Er hatte es in den ersten Monaten sicher nicht leicht. Auf der einen Seite mußte er sich mit dem korrekten, aber mißtrauischen Dr. Karl Renner auseinandersetzen, auf der anderen Seite stand er einer noch viel mißtrauischeren sowjetischen Besatzungsmacht und einer kommunistischen Partei gegenüber, die ihn vorerst mit unverhohlener Ablehnung betrachteten, aber gezwungen waren, mit ihm zu kooperieren, weil ohne Einbeziehung des Westens, das heißt ohne Gruber, die Wiener Zentralregierung von den Alliierten nicht anerkannt worden wäre.

Daneben wurde Grubers Position auch dadurch erschwert, daß seine Parteifreunde in den westlichen Bundesländern natürlich die Situation in Wien nicht ohne weiteres richtig erfassen konnten und daher jedesmal, wenn ihnen ein Erlaß mit der Unterschrift eines kommunistischen Ministers ins Haus flatterte, der Meinung waren, jetzt habe Gruber die gemeinsame Sache des Westens verraten. Er mußte also auch dort aufklärend und beruhigend wirken. Seine Hauptaufgabe, nämlich den Aufbau eines Außenministeriums, die Wiederanknüpfung von Verbindungen Österreichs mit der Welt, konnte er ernsthaft erst nach zwei Monaten angehen, denn im Oktober und November mußte die Wahlschlacht geschlagen und auch versucht werden, die Aktivitäten der recht willkürlich agierenden Hochkommissionen der vier Alliierten auf ein vernünftiges und für die österreichische Entwicklung erträgliches Maß zu bringen.

Karl Gruber stammte aus dem freien Land Tirol und war in den Kriegsjahren als Elektroingenieur in großen Industrien der deutschen Elektrowirtschaft dienstverpflichtet gewesen. Diese beiden wesentlichen Faktoren in der Bildung seines Weltbildes und seines Charakters ermöglichten es ihm, über das kleine Österreich hinauszublicken, Verständnis für die freiheitliche Demokratie des Westens aufzubringen und schnell praktische Entscheidungen zu treffen. Gleichzeitig erschwerte diese sehr moderne Einstellung zumindest in den ersten Monaten seine Beziehungen zu dem etwas verkalkten, aber großen Traditionen folgenden Betrieb des Außenministeriums. Die Diplomaten am Ballhausplatz fühlten sich verständlicherweise, nachdem ihre Vorfahren jahrhundertelang ihren habsburgischen Herren im »Ministerium des Kaiserlichen Hauses und des Äußeren«, wie es bis 1918 hieß, gedient und geholfen hatten ein Weltreich aufzubauen und zu verwalten, in einer ganz eigenen Situation und Atmosphäre verfangen. Sie betrachteten Gruber und in seinem Gefolge auch mich als unerquickliche Eindringlinge, die keine Ahnung davon besaßen, wie Diplomatie, auswärtige Politik und ministerielle Verwaltung zu funktionieren hätten.

Mein Glück war es nun, daß sowohl mein Vater wie auch mein Großvater Berthold Molden und schließlich sogar mein Urgroßvater Johann Freiherr von Falke-Lilienstein, der als Sektionschef im Ministerium des Kaiserlichen Hauses und des Äußeren gedient hatte, am Ballhausplatz tätig gewesen waren. Das sprach sich bald herum. Die Herren entdeckten auch rasch, daß ich ja gar kein Angehöriger eines wilden Bergvolkes, sondern Wiener sei und im Schottengymnasium zur Schule gegangen war. Die Beziehungen verbesserten sich schnell. Ich meinerseits konnte feststellen, daß die vermeintlich arroganten Snobs in Wahrheit in ihrer großen Mehrzahl nette, ordentliche und außerordentlich intelligente Leute waren, von denen manche sich nur gerade in den schweren sieben Jahren der Nazizeit zu ihrem eigenen Schutz in eine Art Schneckenhaus zurückgezogen hatten.

So gelang es sehr bald, die »Betriebsatmosphäre« wesentlich zu verbessern, und ich konnte mich der mir von Gruber zugewiesenen Hauptaufgabe, nämlich der Vorbereitung der Wahlen, zuwenden. Die Nationalratswahlen 1945 waren die ersten gesamtösterreichischen freien Wahlen seit fünfzehn Jahren. Viele der notwendigen Voraussetzungen, insbesondere statistischer Natur, waren durch den Krieg und die mit ihm verbundenen Zerstörungen nicht mehr vorhanden. Außerdem durften einige hunderttausend Bürger gar nicht zur Wahlurne gehen, weil ihnen als »belasteten« ehemaligen Nationalsozialisten das Wahlrecht aberkannt worden war. Schließlich gab es weitere hunderttausend Österreicher, die sich als Kriegsgefangene in fernen Lagern im Ausland befanden und daher ebenfalls nicht wählen konnten.

Auch das Gefüge der politischen Parteien hatte sich in den vergangenen 15 Jahren vollkommen verändert. Es gab nur drei Parteien, von denen eine wiederum, nämlich die Kommunistische Partei, bei den Wahlen zwischen 1918 und 1933 niemals irgendeine Rolle gespielt hatte. Große Parteinamen der Zeit vor 1933, wie Christlich-Soziale Partei, Landbund oder Großdeutsche Volkspartei, der Schoberblock, waren von der Bildfläche völlig verschwunden, natürlich auch der Heimatblock, die Wahlpartei der Heimwehr, von den Nationalsozialisten ganz zu schweigen. Für die österreichische Bevölkerung stellte sich also 1945 ein völlig neues politisches Bild für die Wahlen dar.

Gruber hatte auf der Salzburger Konferenz, die von ihm gegründete »Tiroler Staatspartei« in die Österreichische Volkspartei eingebracht. Nun führte er die Liste der ÖVP, deren Landesparteiobmann er geworden war, für das Land Tirol als Spitzenkandidat für den Nationalrat an. Es schien vor allem wichtig, sich der Wähler in der Sowjetzone, also im Ostsektor von Wien, in Niederösterreich, im Burgenland und im Mühlviertel zu versichern, denn sie standen unmittelbar unter dem Druck der Besatzungsmacht und der von ihr geförderten KP. Dr. Gruber, der Sprecher des Westens und Garant einer freien Entwicklung sollte daher im Wahlkampf besonders in den ostösterreichischen Gebieten als Redner auftreten. Es gab noch kein Fernsehen und auch der Einfluß des Rundfunks war beschränkt, da in Ostösterreich sehr viele Rundfunkgeräte durch die sowjetische Besatzungsmacht beschlagnahmt oder ganz einfach von russischen Soldaten »mitgenommen« worden waren. Die Zeitungen erschienen nur mit vier oder sechs Seiten und konnten in manchen Teilen von Ostösterreich überhaupt kaum ausgeliefert werden, weil es an Verkehrsmitteln mangelte.

Versammlungen spielten daher bei dieser ersten Nationalratswahl nach dem Krieg noch eine wesentlich größere Rolle als später. Die Lokale waren regelmäßig überfüllt, und es wurden sehr viele Kundgebungen, sozusagen in jedem Ort, abgehalten, da die Bevölkerung keine Möglichkeit besaß, von einem Ort zum anderen zu reisen, um einen Wahlredner anzuhören. Die Parteien mußten daher ihre Zugpferde selbst in die kleinsten Dörfer hetzen, um ihre Heilsbotschaft entsprechend an den Mann zu bringen.

Vorerst war es meine Aufgabe, zusammen mit dem Wahlstab der ÖVP-Bundesparteileitung einen Einsatzplan für Gruber zu gestalten. Ferner sollte ich Geld für den Wahlkampf beschaffen. Figl ließ mich eines Tages zu sich rufen und erklärte mir, Gruber habe ihm versichert, ich sei in der Schweiz wie zu Hause und dort müßten doch genügend Mittel aufzutreiben sein, um den österreichischen Wahlkampf zu finanzieren. Daher sollte ich sofort in die Schweiz reisen und dort das Notwendige unternehmen. Nach dieser erstaunlichen Mitteilung dankte Figl mir freundlich und entließ mich. Ich kehrte etwas perplex in mein Büro zurück, ließ mir von Gruber ein phrasenreiches Empfehlungsschreiben an die schweizerischen nichtsozialistischen Parteien geben, bekam einen Diplomatenpaß – ohne diesen wäre ich überhaupt nicht über die Grenze gekommen –, und fuhr nach Zürich. Dort antichambrierte ich bei einigen Bankdirektoren und Parteiführern und versuchte ein paar Schweizer Industriellen zu erklären, warum es wichtig sei, daß in Österreich bei dieser Wahl die konservative Partei gut abschneide. Schließlich kehrte ich mit einem für damalige Verhältnisse großen Betrag – ich glaube, es waren 45.000 Schweizer Franken, was wiederum in die damals noch geltende Reichsmark umgetauscht, eine beträchtliche Summe ergab – nach Wien zurück.

Ich hatte das ganze Geld in einen Koffer gepackt, denn Überweisungsmöglichkeiten in unserem heutigen Sinne gab es noch nicht, und fuhr mit dem Arlberg-Expreß über die Grenze. Ich gab beim österreichischen Zoll den Inhalt des Koffers an, besaß auch ein entsprechendes Papier, wonach ich das Geld nicht gestohlen hätte, und reiste dann zitternd, daß vielleicht irgendein Russe an der Ennsbrücke auf die Idee kommen könne, mir den Koffer wegzunehmen, nach Wien. Es ging alles gut. Am Westbahnhof erwartete mich Dr. Grubers klappriger BMW, der den Nachteil hatte, daß der Sitz neben dem Fahrer keinen Boden mehr besaß und man daher immer die Füße in die Höhe halten mußte, wollte man nicht mitlaufen.

Ich fuhr schnurstracks zur Volksparteiführung, ließ mich bei Figl melden und übergab ihm den Koffer mit dem Geld. Auf Figl hat das einen ziemlichen Eindruck gemacht, besonders auch, daß ich um eine Quittung ersuchte. Von dem Tag an rief Figl dann jedesmal, wenn er mich irgendwo sah: »Molden, hast einen Koffer mit Schweizer Franken?«

Meinungsforschung und Propagandaplanung steckten noch in winzigen Kinderschuhen. Es gab einen Wahlausschuß und der bildete einen Unterausschuß, der sich mit Propaganda befaßte. Da kamen nun jeden Abend einige Führer der Partei und ihre Gehilfen zu längeren Diskussionen zusammen, sehr häufig im Bauernbund in der Schenkenstraße bei Figl oder auch in der Falkestraße, und da wurde dann diskutiert, wie die Wahlpropaganda wohl auszusehen habe, was man für Plakate machen solle und ähnliches mehr. Der Partei fehlte noch ein kräftiger Slogan. Hofrat Weber, damals der allmächtige Pressechef der Partei, brachte einen Entwurf, der von »christlichen Grundsätzen«, »demokratischem Verhalten«, »Reife der Bevölkerung« und vielen anderen schönen Phrasen strotzte und den er als Plakat einsetzen wollte. Karl Gruber sah sich alles an, wurde wütend, schlug auf den Tisch und sagte: »Das ist alles Jacke wie Hose, uninteressant, wird niemanden beeindrucken. Wir brauchen etwas Kurzes, wie zum Beispiel ›Ganze Arbeit, kein Geschrei – Österreich wählt Volkspartei!‹« Weber war beleidigt, aber Figl und Ferdinand Graf, ein anderer großer Mann der Volkspartei der frühen Tage, waren begeistert. Das Plakat wurde ausgewählt und prangte wenige Tage danach an den Plakatwänden, deren es genug gab, da man ja an alle Ruinenmauern Plakate kleben konnte.

Karl Gruber war mit Recht sehr stolz auf seinen Einfall, und beendete von diesem Tag an die meisten seiner Wahlreden mit dem Ausruf: »Ganze Arbeit, kein Geschrei – Österreich wählt Volkspartei!«

Während der Wahlkampagne fuhren wir gewöhnlich gegen Mittag hinaus nach Niederösterreich oder auch ins Burgenland zu Versammlungen. An eine dieser Touren kann ich mich noch genau erinnern, da sie verblüffende Resultate hatte. Es ging damals nach Gmünd, unmittelbar an der Grenze zur ČSR, im hintersten Teil des Waldviertels, hundertsiebzig Kilometer von Wien, auf schlechten Straßen mitten durch die Sowjetzone. Karl Gruber, sein Fahrer und ich fuhren los. Natürlich besaßen wir Ausweise, von General Lebedenko, dem Stadtkommandanten von Wien, persönlich unterschrieben, wonach wir als Regierungsmitglied beziehungsweise dessen Mitarbeiter überall durchfahren könnten und von den lokalen Stellen der Roten Armee zu unterstützen seien. Aber wer konnte wissen, was so einem russischen Soldaten einfallen würde, wenn er plötzlich einen BMW sah.

Es war ein anstrengender Tag: erste Versammlung in Siegmundsherberg, zweite Versammlung in Horn, dritte Versammlung in Waidhofen a.d. Thaya, vierte Versammlung in Zwettl und dann am Abend die Hauptversammlung in Gmünd. Als wir dort eintrafen, war es schon dunkel. Wir

fuhren zu dem uns angegebenen Gasthof, einige wenige
Straßenlaternen erleuchteten mühsam die nach sechs Jahren
Krieg und Besatzung verwahrlosten Straßen und Plätze des
kleinen Städtchens, auf denen nirgends ein Einheimischer zu
sehen war. Alle Fenster und Türen der Häuser waren geschlossen, man konnte sich kaum vorstellen, daß irgend jemand zur Versammlung kommen würde. Das Wetter war
miserabel und russische Patrouillen stapften durch die Straßen. Bei dem Gasthaus angekommen, fanden wir im Extra-
zimmer einige ÖVP-Funktionäre, darunter auch den Bürgermeister der Stadt, mit ängstlichen Mienen unser harrend.
Gruber begrüßte die Herren und fragte, warum sie so traurig
dreinschauten.

Sie berichteten uns, der sowjetische Stadtkommandant habe heute bereits zweimal gefragt, wann denn der Dr. Gruber
aus Wien ankomme und die Versammlung stattfinden werde. Er habe dann am Nachmittag eine Ordonnanz herüber-
geschickt und gefordert, daß die ersten drei Reihen des Ver-
sammlungslokals für russische Soldaten reserviert werden
müßten. Er hatte ferner angekündigt, daß er selbst und sein
Stellvertreter auf dem Podium Platz nehmen würden, um die
Versammlung zu beobachten. Die Gmünder ÖVP-Funktionäre waren überzeugt, daß es am Abend zu einer Katastrophe kommen werde. Denn das konnte doch nur heißen, daß
die Sowjets vorhatten, die Versammlung aufzulösen und
womöglich alle Teilnehmer zu verhaften. Gruber meinte,
daß im allgemeinen nicht so heiß gegessen wie gekocht werde und man den Ablauf der Dinge einmal abwarten solle.
Hiezu ist zu bemerken, daß Gruber nicht der Typ war, der
sich vor russischen Stadtkommandanten fürchtete und außerdem in den vergangenen Wochen schon einiges mitgemacht hatte. Trotzdem schien auch mir die Situation recht
fragwürdig zu sein.

Am Abend begann die Bevölkerung von Gmünd wider
Erwarten in großer Menge in den Versammlungssaal zu
strömen. Der Saal war bald bis zum letzten Platz gefüllt, mit
Ausnahme der ersten drei Reihen, die selbstverständlich für
die sowjetischen Soldaten frei gehalten wurden. In der vierten Reihe saß – und auch das vergrößerte die Befürchtungen
der Gmünder ÖVP-Herren – die Stadtleitung der Kommunistischen Partei, fünf finster blickende Männer mit großen
kommunistischen Abzeichen. Was sollte das wiederum be-

deuten? Um halb acht Uhr war die Musikkapelle vollzählig erschienen und begann, frohe Märsche zu spielen, die keineswegs den Gemütszustand der ÖVP-Führung von Gmünd widerspiegelten.

Da öffnete sich das Haupttor, der Stadtkommandant von Gmünd, ein Oberst, zog mit einigen Offizieren und gefolgt von etwa sechzig sowjetischen Soldaten in voller Uniform und Bewaffnung in den Saal ein. Die an die zweihundertfünfzig bereits anwesenden Bürger der Stadt erhoben sich ängstlich, als befürchteten sie, sofort zu den nächsten Viehwaggons getrieben und nach Sibirien abgeschoben zu werden; doch die russischen Soldaten setzten sich brav in die ersten drei Reihen, der sowjetische Kommandant kletterte auf das Podium und nahm mit seinem Stellvertreter auf zwei für sie bereitgestellten Polstersesseln Platz. Nachdem es in diesem Gasthof nur zwei Polstersessel gab, mußten Gruber, der Gmünder Bürgermeister und ich, der ich in solchen Fällen, wenn niemand anderer nominiert war, als Vorredner zu fungieren hatte, auf einem kleinen Bankerl Platz nehmen.

Der sowjetische Oberst erhob sich, kam auf uns zu, schüttelte Gruber, dem Bürgermeister und mir die Hand und ging, ohne ein Wort zu sagen, wieder zurück zu seinem Polstersessel. Ich sprach also als erster, hielt meine Routinerede über die Notwendigkeit, das geteilte Österreich wieder zu vereinen und gemeinsam am Wiederaufbau teilzunehmen. Ich hatte allgemeine Phrasen zu dreschen und mußte die Pointen natürlich für den Hauptredner aufsparen. Nach mir kam, etwas stotternd und verschreckt, der ÖVP-Chef von Gmünd an die Reihe, der sich ununterbrochen in Richtung des sowjetischen Stadtkommandanten verbeugte, was auf die anwesende Bevölkerung sichtlich keinen besonderen Eindruck machte, denn der Applaus war eher lau.

Gruber begann dann die Hauptrede des Abends. Er sprach vom Krieg und von den Problemen, die sich für Österreich ergeben würden, von der Teilung des Landes, von der alliierten Besetzung und von den Zuständen in unseren Nachbarländern. Gruber ließ keinen Zweifel daran, daß er und die Volkspartei alles daransetzen würden, um Österreich eine demokratische und freie Verfassung und ein freies Leben für seine Bürger zu garantieren. Die Gmünder, im hintersten Winkel der Sowjetzone, verstanden seine Worte ausgezeichnet. Der Applaus nahm ständig zu, Hochrufe wurden laut und als Gruber schließlich endete mit: »So wählen Sie am 25. November ein freies Österreich und ein freies Gmünd, frei von den Nazis, aber frei auch von allem anderen Druck und Zwang«, da wollte der Jubel kein Ende nehmen. Gruber hatte nicht einmal mehr seinen Schlußsatz mit »ganze Arbeit« und »kein Geschrei« anbringen können.

Endlich ebbte der Applaus ab; der Bürgermeister wollte sich gerade erheben, um die Versammlung zu beenden, als sich plötzlich der sowjetische Oberst zum Rednerpult begab. Wir erstarrten und hatten keine Ahnung, was nun geschehen würde. Der Russe sprach in gebrochenem, aber durchaus verständlichem Deutsch: »Libe Birger von Gmind. Ich chabe die Ehre, im Namen der sowjetischen Besatzungsmacht demokratischen Politiker und Mitglied von demokratische Regierung von österreichische, demokratische Republik hirr in Gmind bei Wahlversammlung zu begrissen. Ich möchte Sie, meine liben Birger von Gmind, auffordern, die von Herrn Minister Gruber dargebrachten Thesen und Argumente wichtig zu betrachten und daher bei der kommenden Wahl Ihrer Pflicht als österreichische Birger und Demokraten Folge zu leisten und richtig demokratisch zu wählen. Ich fordere Sie auf, Herrn Minister Gruber bei der Wahl zu unterstitzen.« Der Applaus und die Begeisterung kannten keine Grenzen, zehn Minuten jubelte das Volk von Gmünd Gruber und dem russischen Stadtkommandanten zu, die Kapelle intonierte einen Tusch nach dem anderen, und lediglich die fünf Herren von der Stadtleitung Gmünd der Kommunistischen Partei verließen gesenkten Hauptes den Saal.

Stunden später, auf der Heimfahrt durch das nächtliche Niederösterreich, besprachen Gruber und ich, was wohl den russischen Oberst veranlaßt haben mochte, eine Wahlunterstützung namens der sowjetischen Besatzungsmacht für die Österreichische Volkspartei abzugeben. Es wurde uns bald klar. Der sowjetische Oberst, österreichische und westliche demokratische Verhältnisse natürlich in keiner Weise gewohnt, war ordnungsgemäß von der Bezirkshauptmannschaft verständigt worden, daß eine Wahlversammlung stattfinde und ein Regierungsmitglied aus Wien bei dieser Gelegenheit sprechen werde. Der Sowjetoberst wußte natürlich, daß diese Regierung von der sowjetischen Besatzungsmacht eingesetzt worden war und nahm daher an, daß jedes Mitglied dieser Regierung auch der sowjetischen Besatzungsmacht genehm sein müsse. In Anbetracht der sowjetischen Lesart von Demokratie mußte es ihm vollkommen ausgeschlossen erscheinen, daß ein Regierungsmitglied mitten in der Sowjetzone eine Rede halten könnte, die nicht den sowjetischen Intentionen entsprach. So hielt er es für seine Pflicht, mit einer Abordnung seiner Soldaten an der Versammlung teilzunehmen, und die Bürger von Gmünd aufzufordern, die Wahlempfehlungen des Ministers zu befolgen.

Eine so klare Wahlhilfe haben wir nirgends anders mehr bekommen, aber es muß doch festgehalten werden, daß die sowjetische Besatzungsmacht im Herbst 1945 die Wahlwerbung der nichtkommunistischen Parteien in keiner Weise behinderte. Wir waren in vielen kleinen und großen Orten der sowjetischen Besatzungszone, auch unten im südlichen Burgenland, wo sich die Füchse gute Nacht sagen, und wo man sich damals wirklich, wenn man von Dorf zu Dorf fuhr, fürchten mußte, von irgendwelchen Sowjetsoldaten behindert oder aufgehalten zu werden. Nirgends ist uns das Geringste passiert, im Gegenteil, man hatte den Eindruck, daß die sowjetischen Behörden eine Weisung aus ihrem Hauptquartier hatten, peinlichst alles zu vermeiden, was wie eine Einmischung aussehen könnte.

Die Sowjets waren, von den österreichischen Kommunisten falsch informiert, der Meinung, die Kommunistische Partei werde in ihrer Zone fünfundzwanzig bis dreißig Prozent der Stimmen erhalten. Generaloberst Scheltow, der Politchef der Sowjets, erklärte Figl in meiner Gegenwart noch wenige Wochen vor der Wahl, er glaube, das neue Parlament werde in etwa die Kräfteverhältnisse in der provisorischen Regierung, also für jede Partei ein Drittel der Stimmen, widerspiegeln. Am 25. November brachten die Wahlen allerdings ein völlig anderes Resultat. Die ÖVP erhielt fünfzig Prozent der Stimmen, die Sozialistische Partei fast fünfundvierzig Prozent, die Kommunistische Partei knapp fünf Prozent. Gruber hatte mit seinem Wahlplakattext recht behalten; die Österreicher hatten genug von Propaganda und Geschrei, sie wollten sich in Frieden und Freiheit an die Arbeit machen und wählten nach sieben Jahren NS-Diktatur und sieben Monaten sowjetischer Besatzungsherrschaft die beiden gemäßigten und demokratischen Parteien.

Die Volkspartei zog mit absoluter Mehrheit in das Parlament ein: Leopold Figl wurde Bundeskanzler, Adolf Schärf Vizekanzler und Karl Gruber Außenminister.

17. Kapitel
Land der Erbsen, Land der Bohnen

Oberstleutnant D., vom Stabe des Generalobersten Kurassow, begann ärgerlich zu werden. Man konnte es förmlich
durch das Telefon spüren, wie sein kräftiges Gesicht mit der
angriffslustigen Kartoffelnase noch röter als ohnehin wurde.
Er erklärte mir mit deutlich erhobener Stimme in seinem
durchaus flüssigen Deutsch, daß der Herr Minister für die
Auswärtigen Angelegenheiten (bei den Titeln waren die
Russen immer sehr genau) doch endlich zur Kenntnis nehmen möge, daß die sowjetische Besatzungsmacht im allgemeinen und die Dienststelle des Sowjetischen Hochkommissars für Österreich im besonderen mit der Verhaftung von
österreichischen Staatsbürgern nichts, aber schon gar nichts
zu tun hätten. Der Herr Generaloberst Kurassow habe ja
schon mehrfach Gelegenheit gehabt, den Herrn Minister
Gruber diesbezüglich aufzuklären. Schließlich erklärte mein
Gesprächspartner aus dem Wiener Hotel Imperial, dem Sitz
der sowjetischen Hochkommission, mit dem ich jetzt bereits
zwanzig Minuten telefonierte, daß aus all den angeführten
Gründen die Hochkommission die von uns überreichte No-
te, betreffend die angebliche Verhaftung und Entführung
von drei österreichischen Staatsbürgern, überhaupt nicht zur
Kenntnis nehmen könne. Wir sollten uns doch, meinte der
Herr Oberstleutnant D. abschließend mit deutlicher Ironie,
an die zuständigen Dienststellen im österreichischen Innenministerium wenden.

Der Tatbestand war relativ einfach: Drei österreichische
Kriegsgefangene waren von den Engländern Anfang Dezember aus einem Lager in Kärnten nach Wien entlassen worden. Die drei Mann waren Ausbildner bei einer, in der deutschen Wehrmacht eingesetzten Kosakendivision gewesen.
Die Entlassenen kehrten über den Semmering nach Wien
zurück, wurden von ihren Familien am Südbahnhof im
Triumph abgeholt und heimgebracht. So weit, so gut. Zwei
Wochen später wurden alle drei Männer von einem ihrer
ehemaligen Kameraden, einem Berliner Wachtmeister, der
schon 1944 in Gefangenschaft geraten war, angerufen. Er sei
aus dem Kriegsgefangenenlager in Bulgarien entlassen wor-

den und auf der Durchfahrt in Wien. Er würde die alten Kameraden gerne auf eine Pulle treffen und sich über die letzten Kriegsmonate der Division berichten lassen. Er lud die drei Freunde in ein damals prominentes Schwarzmarktlokal am Wiener Kohlmarkt ein. Man machte es sich zu einem ausgiebigen Abendessen bequem, kippte einen Wodka nach dem anderen und fühlte sich wohl. Dann erschienen – im Wiener ersten Bezirk, einer internationalen Zone, wechselten einander die Besatzungsmächte ab, und es war »russischer Monat« – vier sowjetische Militärpolizisten mit einem Offizier und nahmen unsere drei Heimkehrer fest.

Die Angehörigen der Entführten wandten sich zuerst an die Polizei, alle drei hatten in westlichen Sektoren Wiens gewohnt. Die Polizei wiederum wandte sich über das Innenministerium an die Sowjetkommandantur in Wien. Schließlich verhandelte Innenminister Helmer direkt mit dem Stadtkommandanten General Lebedenko. Lebedenko hatte natürlich nicht die geringste Ahnung und als ihm schließlich vom Innenminister alle Unterlagen überreicht wurden und er die Geschichte nicht mehr ganz als eine gemeine faschistische Unterstellung bezeichnen konnte, erklärte er plötzlich, die drei Entführten seien sowjetische Staatsbürger gewesen. Weder er noch die österreichischen Behörden könnten sich daher hier einmischen. Basta, Ende der Durchsage.

Dann wurden wir im Außenamt eingeschaltet, um den Hochkommissar zu überzeugen, daß die drei Männer alles, aber nur keine Russen sein konnten. In Wien geboren, waren sie alle seit Geburt österreichische Staatsbürger. In dieser Sache hatte Gruber schon vor acht Tagen erfolglos interveniert und als ich nun neuerlich urgierte, machte mir mein Kollege Oberstleutnant D. die geschilderte telefonische Mitteilung; erstens seien die drei Männer nie verhaftet worden, zweitens hätten die Sowjets nie von ihnen gehört und drittens siehe erstens. – So endeten damals nur allzu viele Interventionen dieser Art!

Solche mehr oder weniger erfolgreichen Bemühungen in »Sicherheitsangelegenheiten« füllten einen großen Teil meiner täglichen Arbeit im Sekretariat des Außenministers aus. »Sicherheitsangelegenheiten« war das feine und etwas schamhaft umschreibende Wort für den seit Sommer 1945 von den sowjetischen Besatzungsmachthabern und ihren kommunistischen Handlangern bei der österreichischen Po-

lizei laufend betriebenen Menschenraub. Seit meinem Amts-
antritt im frühen Oktober 1945 hatte ich erfahren, daß den
österreichischen Behörden fast täglich solche Fälle von Menschenraub gemeldet wurden. Die sowjetische Geheimpolizei
wandte dabei je nach Notwendigkeit und Zweckmäßigkeit
die verschiedensten Methoden an, um ihre nichtsahnenden
Opfer ins Netz zu kriegen.

Die primitivste, weil nachher nur mit der ehernen Stirn
meines Oberstleutnants D. (das nicht sein kann, was nicht
sein darf) abzuleugnende Methode war die der normalen
Verhaftung durch sowjetische Sicherheitsorgane. Eine etwas
feinere Art war schon die, daß die Sowjets über die von
ihnen eingesetzten, kommunistischen Polizeikapos österreichische Polizisten mit formell richtig ausgestellten Haft-
befehlen aussandten. Beide Methoden konnten natürlich nur
in der sowjetisch besetzten Zone durchgeführt werden. Die
so verhafteten Opfer kamen gewöhnlich zuerst in die sowjetischen Geheimpolizeigefängnisse im Wiener vierten Bezirk
oder gleich in das Untersuchungsgefängnis beim sowjetischen Hauptquartier in Baden bei Wien. Ein kleinerer Teil
der Verhafteten wurde dann nach etlichen Wochen oder
Monaten wieder freigelassen, die meisten aber, teils mit, teils
ohne Urteil, in verschiedene Lager in der Sowjetunion, häufig im Raume Workuta am Polarkreis, oder auch nach Sibirien abgeschoben. Durchschnittliche Lagerzeit: Vier bis
zehn Jahre.

Die dritte und infamste Methode, den Sowjets Unliebsame
unschädlich zu machen, außer Landes zu bringen und
manchmal auch schlicht zu liquidieren, war der offene oder
versteckte Menschenraub, bei dem im Gegensatz zu den zuerst erwähnten Methoden der Festnahme durch sowjetische
oder österreichische Organe, gar nicht der Versuch unternommen wurde, den Tatbestand der Entführung und des
Menschenraubes durch ein legales Mäntelchen zu verhüllen.
Diese dritte Methode wurde im allgemeinen von professio-
nellen Kriminellen, im Volksmund damals »Teppichwickler« genannt, angewandt. »Teppichwickler« deshalb, weil
man häufig die Opfer in Teppiche wickelte, wodurch sie
gleich auch mundtot gemacht wurden. Die so zumindest
temporär zum Schweigen Gebrachten wurden dann in großen Möbeltransportwagen mit russischen Militärkennzei-
chen, die von den österreichischen Grenzorganen natürlich

nicht kontrolliert werden durften, über irgendeine östliche Grenze in ein bereits gleichgeschaltetes Bruderland des sozialistischen Lagers gebracht. Diese Art des Menschenraubes konnte, da ja von vornherein illegal, also auch außerhalb der sowjetischen Zone erfolgen, doch bemühte man sich, um Schwierigkeiten zu vermeiden, die ausersehenen Opfer unter irgendwelchen Vorwänden in die sowjetisch besetzte Zone zu locken.

Die von uns in solchen und ähnlichen Fällen zu unternehmenden Interventionen waren besonders wegen der völlig mangelnden Sprachregelung äußerst schwierig und entbehrten trotz der Tragik der Fälle oft nicht einer gewissen Groteskkomik. Einmal passierte es uns, daß in der ›Prawda‹ und einige Tage später auch im offiziellen Organ der sowjetischen Besatzungsmacht, in der ›Österreichischen Zeitung‹, zu lesen war, daß der Saboteur X wegen Sabotage und Hochverrat von einem sowjetischen Militärgericht zu sechs Jahren Zwangsarbeit verurteilt worden sei. Es handelte sich allerdings ausgerechnet um denselben Herrn X, wegen dessen illegaler Verhaftung wir einige Monate vorher interveniert hatten, und dessen Festnahme oder auch nur Existenz von den zuständigen Herren der sowjetischen Hochkommission im Hotel Imperial ebenso indigniert wie kategorisch bestritten worden war.

Man mußte, um als österreichischer Beamter in diesen ersten Monaten der Besatzungszeit mit den Russen auszukommen, nicht nur gute Nerven haben, man mußte vor allem auch trinkfest sein. Denn die sowjetischen Beamten und Offiziere, von denen sehr viele persönlich durchaus sympathische und vernünftige Leute waren, pflegten längere Verhandlungen fast immer mit mittleren Wodkaorgien zu begleiten. Ob sie dabei annahmen, daß sie ihre Gesprächspartner – was häufig auch gelang – unter den Tisch trinken könnten oder ob sie ganz einfach die russische Gastfreundschaft zum Ausdruck bringen wollten, hat man nie ganz genau herausbekommen, aber auf jeden Fall, der Wodkakonsum bei Besuchen im Hotel Imperial war außerordentlich groß und die Katzenjammer am nächsten Tag ebenso.

In Sachen Wodkafestigkeit war Bundeskanzler Figl zweifellos der Größte. Es gab etliche Nächte, wo Figl und Gruber, also Kanzler und Außenminister, zusammen mit ihren Sekretären bis in die frühen Morgenstunden im »Imperial«

saßen. Figl und Gruber mit dem sowjetischen Hochkommissar und dessen politischen Beratern in einem großen Salon, und Figls Sekretär und ich in einem anderen kleineren Zimmer mit zwei oder drei sowjetischen Adjutanten. Wenn es dann schließlich zum Aufbruch kam, hatte Figl ohne größere Probleme eine und manchmal auch zwei Flaschen Wodka vertilgt. Es schien ihn überhaupt nicht zu stören, er war auch nicht im normalen Sinne betrunken, er war höchstens noch munterer als sonst, noch etwas freundlicher und in Debatten noch etwas kampflustiger.

Gruber brachte es fertig, fast nichts zu trinken, und die sowjetischen Gastgeber wagten es komischerweise bei ihm nicht, zu insistieren. Alkoholkonsum war übrigens nicht auf die Russen beschränkt. Der Bourbon-Whisky bei den Amerikanern, der Scotch-Whisky bei den Engländern spielte in den ersten Besatzungsjahren im gesellschaftlichen Verkehr ebenfalls eine recht wesentliche Rolle. Daß die österreichischen Gesprächspartner oder Gäste oft nicht durchhielten, ist wohl vor allem darauf zurückzuführen, daß sie jahrelang keine so starken Alkoholika zu Gesicht bekommen hatten und überdies durch die Bank unterernährt, ja ausgehungert waren und daher bei ihnen der Alkohol noch stärker zur Wirkung kam.

Dort, wo heute das feine Wiener Luxusrestaurant Drei Husaren für in- und ausländische Gäste abendlich seine Tore öffnet, befand sich ab Sommer 1945 die »Werkskantine« des Kanzleramtes und der Bundesregierung. Die Mitglieder der Regierung, die höchsten Beamten des Kanzleramtes und die Sekretäre und Mitarbeiter der einzelnen Kabinettsmitglieder konnten dort mittagessen. Wir mußten natürlich auch Marken abgeben, aber das Essen war doch ein wenig besser als in anderen Lokalen, denn – wie sich der Bauernführer und spätere Landeshauptmann von Niederösterreich, Steinböck, einmal ausdrückte – »mir können doch unsern Poldl in Wien net verhungern lassen«. In der Tat, der niederösterreichische Bauernbund ließ seinen Exdirektor und Bundeskanzler keineswegs verhungern. Selbst in Zeiten der größten Not wurden doch immer wieder ein Schwein oder auch ein Rind in die Kantine geliefert und wir haben niemals größere Mangelerscheinungen zu verzeichnen gehabt. Es ging uns aber hier wesentlich besser als dem Durchschnittsösterreicher in diesen Tagen.

»Normalverbraucher«, die weder Geld noch Beziehungen besaßen, waren im ersten Nachkriegsjahr schlecht dran. Die normale Tagesration im Herbst 1945 betrug etwa tausend Kalorien, zeitweise auch weniger. Hauptnahrungsmittel waren Erbsen und Bohnen. Diese stammten zum Teil aus der sogenannten »Russenspende«, das waren Zuteilungen aus Verpflegungslagern der Roten Armee. Brot war rar, wenn überhaupt gab es nur Roggenbrot; wie auch ausschließlich schwarzes Mehl, nie aber Weizenmehl zugewiesen wurde. Im Winter 1945/46 wurden dann auch die Kartoffeln, die es bis dahin in genügender Menge gegeben hatte, sehr knapp. Butter und Fleisch gab es monatelang überhaupt nicht, Milch erhielten nur stillende Mütter und Kleinkinder. Die ersten legalen Zigaretten nach Kriegsende gab es in Wien als Weihnachtsüberraschung: Zehn Stück für jeden Erwachsenen.

Alles hingegen konnte man im »Resselpark«, dem wichtigsten Zentrum des »Schwarzen Marktes« bei der Karlskirche, bekommen. Speck, Zigaretten, Schnaps, Kerzen, Benzin, Textilien, aber auch Medikamente, vor allem das heißbegehrte Penizillin, konnte man dort gegen gutes Geld – Valuten aller gängigen Währungen wurden ohne Schwierigkeit, wenn auch zu höchst ungünstigem Kurs eingetauscht – erwerben. Der amerikanische Dollar wurde um die Jahreswende 1945/46 zum Kurse von etwa 60 Schilling gehandelt. Im Resselpark wurde aber auch getauscht, so konnte man Leute mit einem Klavier dort auftauchen und schließlich mit einem Schwein wieder abmarschieren sehen.

Das einzige, wofür es bis Frühjahr 1946 keinen Schwarzmarkt gab, waren Abtreibungen. Wegen der Tausenden Vergewaltigungen, die im Zuge des Einmarsches der Roten Armee im Frühjahr und Sommer 1945 in Wien und Ostösterreich verübt wurden, hatte die provisorische Regierung verordnet, daß Abtreibungen an vergewaltigten Frauen und Mädchen kostenlos in den Spitälern durchgeführt wurden.

Der Nachschub von Waren auf dem Resselpark-Schwarzmarkt war schier unerschöpflich. Das war nicht zuletzt darauf zurückzuführen, daß das »Goldene Wienerherz« im Frühjahr 1945, als die Deutschen und die österreichischen Nazis fluchtartig die Stadt verließen, wieder einmal zugeschlagen hatte: Auf breiter Front wurde geplündert und gestohlen, was nur zu finden war. Pikanterweise waren es oft dieselben Leute, die 1938 als aufrechte »alte Kämpfer« bei den Juden arisiert hatten, die nun allerdings in der Zwischenzeit zu Kommunisten oder »Widerstandskämpfern« gemausert, in den Häusern der NS-Belasteten alles nicht Niet- und Nagelfeste ausräumten. Besonders gerne erschienen diese frischgebackenen Patrioten in Begleitung von sowjetischen Soldaten, wobei zu deren Ehre zu sagen ist, daß sich die »Iwans« oder »Muschiks«, wie die russischen Soldaten genannt wurden, stets korrekter verhielten als ihre österreichischen Begleiter. Die Russen hatten zwar eine verhängnisvolle Leidenschaft für Uhren und für Damen aller Jahrgänge, aber sie waren ansonsten im allgemeinen recht gutmütige und hilfsbereite Gesellen, die besonders den hungernden Wiener Kindern immer wieder etwas zukommen ließen.

Mein Dienst im Außenministerium am Ballhausplatz war in diesem Winter alles andere als eintönig, nicht nur hatte ich einen energischen und stets neue Ideen hervorsprudelnden Chef, sondern ich konnte auch den etwas hektisch vor sich gehenden Wiederaufbau der österreichischen Außenpolitik und des Außenamtes selbst beobachten. Schon nach zwei Monaten war es klar, daß Gruber mit einem Sekretär, noch dazu einem so wenig mit dem Amtsleben vertrauten wie ich es war, nicht sein Auslangen finden konnte. War ich doch weder in der Lage noch auch bereit, den Amtsschimmel, der sich zunehmend wieder auf seinen bürokratischen Weidegründen einfand, ernsthaft zur Kenntnis zu nehmen oder gar eine Dressur zu versuchen.

Der Generalsekretär für die Auswärtigen Angelegenheiten, der ehrwürdige und gleichzeitig sehr strenge Dr. Klemens Wildner, klein, zart und alt, stets hinter einem noch älteren Schreibtisch sitzend, der oben eine Art Holzrollo besaß, das er am Abend zusperren konnte, anscheinend, um die großen Geheimnisse der österreichischen Außenpolitik damit vor bösen Zugriffen zu schützen, hatte bereits sein strenges Auge auf mich geworfen. Er ließ mich mehrfach zu sich rufen und teilte mir mit, daß ich mich zu ändern hätte, wollte ich im Außenministerium Karriere machen. Eines Tages war es mir zu dumm, und ich meinte, vielleicht sollte sich lieber das Außenministerium ändern, damit waren die Beziehungen zwischen Wildner und mir vorerst einmal abgebrochen. Er konnte mich nicht umbringen, weil ich persönlicher Sekretär des Außenministers war, und zwar mit einem Sondervertrag, und daher seiner Jurisdiktion nur teilweise unterstand. Andererseits konnte er vieles tun, um mir das Leben zu erschweren.

Dr. Gruber, der sich ja selbst erst seit ein paar Monaten in der Bürokratie Österreichs umzusehen begonnen hatte und nun auf dem traditionsreichsten Posten aller österreichischen Regierungsstellen, am Ballhausplatz, saß, trat selbst oft genug ins Fettnäpfchen. So ließ er sich beispielsweise gern, wenn er mit Dr. Wildner oder anderen Spitzenfunktionären des Hauses eine Besprechung hatte, von mir in deren Gegenwart abweichende Meinungen sagen. Manchmal waren diese Meinungen dem, was Wildner gesagt hatte, total entgegengesetzt. Gruber pflegte mit einem Lineal auf den Tisch zu klopfen, Wildner anzusehen und ihm zu sagen: »Da sehen Sie ja, Herr Generalsekretär, Sie haben eben unrecht.« Man kann wohl verstehen, daß der hoch in den Sechzigern befindliche Generalsekretär Wildner sich ungern von einem einundzwanzigjährigen Lausbuben, dem er noch dazu bereits jede Eignung für den Dienst im Außenministerium abgesprochen hatte, korrigieren und richtigstellen ließ.

Trotzdem haben sich auch die Beziehungen zwischen Wildner und mir schließlich wieder verbessert; als ich nämlich eines Tages bei ihm erschien und ihm mitteilte, ich hätte mich entschlossen, den auswärtigen Dienst spätestens im April 1946 wieder zu quittieren, und mich als Journalist in der Zeitung ›Die Presse‹ zu betätigen, war er zuerst ganz erstaunt, weil es offensichtlich nur selten vorkam, daß ein einmal in die geheiligten Räume des Ballhausplatzes Aufgenommener bereit war, freiwillig diese auch wieder zu verlassen. Nun hatte er keinen Grund mehr, mich zu verfolgen, wurde plötzlich sehr freundlich und lud mich häufig zu Gesprächen ein.

In diesem Winter kuschelten wir uns in der Osterleitengasse zusammen, wie in einer warmen Höhle. Jeder versuchte, irgendwo Dinge, die für eine Verbesserung des außerordentlich bescheidenen Lebenskomforts geeignet waren, aufzutreiben. Papa brachte haufenweise Zeitungen nach Hause, nicht nur, damit man sie lesen, sondern vor allem, damit man sie verheizen und zur Abdichtung der Pappendeckelplatten, die die Fensterscheiben ersetzten, gegen die Kälte verwen-

380

den konnte. Otto bekam von seinen Schweizer College-Freunden von Saccharin bis Nescafé alle köstlichen Produkte der neutralen Schweiz geschickt. Ich hatte amerikanische CARE-Pakete, und Mama schließlich erhielt vom PEN-Club Päckchen mit schwedischen Lebensmitteln. So kamen wir alle zusammen ganz gut über die Runden. An den Abenden waren wir fast immer zusammen zu Hause, der eine oder der andere brachte Freunde mit, Mama las uns neue Arbeiten vor, kurz die Familie genoß, was sie sieben Jahre hatte entbehren müssen, ungestört, unbeschwert und ohne Furcht zusammensein zu können. Georg und Inge Zimmer-Lehmann, Wilfried Gredler oder Willy Thurn-Taxis tauchten da manchmal spätabends noch auf und berichteten von den ereignisschwerenWochen der Schlacht um Wien, als sie zusammen mit Hansi Eidlitz, Herbert Braunsteiner und anderen Freunden im Palais Auersperg für die Befreiung der Stadt wirkten und den russischen Einmarsch miterlebten.

Eines Abends berichtete Mama, daß sie vom neuen Unterrichtsminister Dr. Felix Hurdes angegangen worden sei, sich an einer Ausschreibung für den Text der neuen Bundeshymne zu beteiligen. Eine Jury hatte sich schon für eine Mozart-Melodie entschieden und trat nun an Österreichs Dichter mit der Aufforderung heran, geeignete Worte zu finden.

Die alte, schöne Haydn-Hymne, die alle Revolutionen und Kriege überdauert hatte, und noch in meiner Bubenzeit mit dem sympathischen Text von Ottokar Kernstock gesungen wurde, kam nach Meinung der Bundesregierung als österreichische Hymne leider nicht mehr in Frage. Denn nach dieser Haydn-Melodie war auch das Deutschlandlied, die Hymne des Dritten Reiches, gespielt und natürlich in der ganzen Welt mit Hitler identifiziert und als Nazihymne aufgefaßt worden.

Joseph Haydn hatte die Hymne ursprünglich für Kaiser Franz geschrieben. Und der Kaiser Franz war zweifelsfrei der erste Kaiser von Österreich gewesen, allerdings, das sei zugegeben, auch vorher letzter Kaiser des Heiligen Römischen Reiches deutscher Nation. Jedenfalls ist die Haydn-Hymne als offizielle österreichische Kaiserhymne unter dem Namen »Volkshymne« bis 1918 verwendet worden. Ihr Text begann mit den Worten: »Gott erhalte, Gott beschütze, unsern Kaiser, unser Land.« – Was übrigens schon 1919 von einem anonymen Spötter umgedichtet wurde; damals hieß es nämlich kurz nach Ausrufung der Republik im Wiener Volksmund: »Gott erhalte, Gott beschütze, unsern Renner, unsern Seitz, und für alle Fälle auch noch unsern Kaiser in der Schweiz.«

Mama war von diesem Hymnenauftrag nicht sonderlich begeistert. Nicht nur hatte sie nie an irgendwelchen Wettbewerben teilgenommen, sie hatte auch keine Beziehung zu dem getragenen Versmaß, das für die vorliegende Melodie notwendig war. Überdies hatte sie genügend anderes zu tun, arbeitete an ihrem neuen Romanzyklus und dachte, es würde schon jemand anderer einen geeigneten Text einschicken.

Aber Hurdes ließ nicht locker und nach mehrmaligem Urgieren setzte sich Mama hin und verfaßte eines Nachmittags einen Entwurf. Diesen las sie uns am selben Abend vor, und die männlichen Familienmitglieder befanden ihn für geeignet, obwohl weder Mama noch wir der Meinung waren, daß er ausgewählt werden würde. Mama sandte den Text an den Unterrichtsminister, und wir alle hatten die Geschichte bald vergessen.

Zwei Monate später – Mama war allein zu Hause – läutete es, und vor der Tür stand zu ihrem grenzenlosen Erstaunen der Bundesminister für Unterricht mit etlichen Sektionschefs und Kommissionsmitgliedern, um sie ganz feierlich davon in Kenntnis zu setzen, daß die Jury einstimmig beschlossen habe, ihren Entwurf zum offiziellen Text der neuen österreichischen Bundeshymne zu machen. Mama war zwar verlegen, aber andererseits doch sehr erfreut, servierte den Besuchern Kaffee und Cognac und teilte uns am Abend aufgeregt die Neuigkeit mit.

Papa, Otto und ich improvisierten ein kleines Fest für Mama. Man hat ja schließlich nicht alle Tage jemanden in der Familie, der den Text der Bundeshymne geschrieben hat. Außerdem gingen uns die Worte jetzt schon ganz gut ins Ohr. Mama setzte sich ans Klavier und sang uns mit ihrer lieben, kleinen Altstimme die erste Strophe vor:

Land der Berge, Land am Strome,
Land der Äcker, Land der Dome,
Land der Hämmer zukunftsreich!
Heimat bist du großer Söhne,
Volk begnadet für das Schöne,
Vielgerühmtes Österreich.

Nach dem Abendessen arbeitete Papa an einem Leitartikel für seine kürzlich wiedererstandene ›Presse‹, Mama setzte sich zu ihrem Manuskript, aber Otto und ich zwinkerten uns zu und beschlossen, völlig unehrerbietig die brandneue Bundeshymne zu persiflieren. Jeder nahm sich ein Blatt Papier und setzte sich in ein Eck. Während Otto noch an seiner vielstrophigen Hymne bastelte, war meine prosaische Kurzfassung bereits nach zehn Minuten fertig:

Land der Erbsen, Land der Bohnen,
Land der vier alliierten Zonen,
Wir verkaufen dich im Schleich,
Vielgeliebtes Österreich!
Und droben überm Hermannskogel
Flattert froh der Bundesvogel.

Ich legte das Blatt Mama auf ihr Manuskript, sie lachte Tränen, lehnte sich zurück und sah mir in die Augen:
»Fepolinski und Waschlapski aus der fernen Walachei! Was hast du wieder angestellt...« Und nach einer winzigen Pause: »Und die Hände, Feppchen, die Hände sind auch nicht auf dem Tisch.«

Damit geht der Bericht von Fepolinskis und Waschlapskis Erlebnissen, abenteuerlichen Reisen und Eindrücken auf dem berstenden Stern seinem Ende zu. Auf einem berstenden Stern hatten sich die beiden bewegt, auch in diesem Sinn der reichen Phantasie ihrer Mutter folgend. Denn Paula von Preradović war im Jahre 1951, als sie erkrankte und verstarb, gerade dabei, an einer Romantrilogie mit autobiographischem Hintergrund zu arbeiten, die den Titel tragen sollte ›Pelagia auf dem berstenden Stern‹. In diesem Werk wollte sie das Leben einer jungen Frau und ihren Weg durch die Wirrnisse einer auseinanderbrechenden, sich ändernden und sich schließlich neu gestaltenden Welt schildern. Pelagias Schicksal konnte Paula von Preradović der Nachwelt nicht mehr hinterlassen. Im Grunde aber sind Fepolinski und Waschlapski, eine Generation nach Pelagia, sicher nicht so graziös, bestimmt auch nicht so vollendet dargestellt, aber auf dem gleichen berstenden Stern, mit den gleichen Phänomenen einer verfallenden und sich neu entwickelnden Welt konfrontiert gewesen. Nun war ihre abenteuerliche Reise

über den weiten Märchenbogen ihrer Jugend, der sie schließlich wieder dorthin zurückführte, von wo sie ausgegangen
waren, nämlich in den Biedermeiersalon der Osterleitengasse, zu Ende. Vielleicht sollte Mama sie nun in einer der
vielen, kleinen Laden ihres altmodischen Damenschreibti-
sches aufbewahren, so wie früher schon das Hasi-Mandili
und den Elefanten Jakob. Mama würde sie hie und da herausnehmen, abstauben und wieder gut aufheben, damit später einmal die Kinder der Osterleitengasse am Abend vor
dem Schlafengehen auch immer ihre Geschichten haben
könnten. Dann würde Mama an ihren Bettchen sitzen, in
denen sie rein und weiß gekleidet liegen würden, und ihnen
erzählen vom Affen Jaromir, vom Elefanten Jakob, vom Hasi-Mandili und von Fepolinski und Waschlapski aus der fernen Walachei.

Register

Bei den mit einem * bezeichneten Namen handelt es sich um Deck- oder Tarnnamen.

Abs, Hermann, Dr. 79
Alexander, Sir Harold, Feldmarschall 265
Alexander, Richard, Stabschef 60
Alpenheim, Liesbeth 247
Andreatta, Dr. 333
Antonescu, Ion, Marschall 128
Arckel, Gerry van 227f., 250, 261, 265
Aslan, Raoul 59
Auer, Alexander 137
Auernheimer, Raoul 59, 109

Bacher, Eduard 45
Badoglio, Pietro, Marschall 176, 179
Baier, Robert (Robbi) 105, 125
Baldi, Franco* 186, 188f.
Barcata, Louis 60
Barneck, Poldo 163
Bauer, Otto 44, 70
Baumgartner, Kurt 182
Beck, Ludwig, Generaloberst 221
Becker, Hans, Dr. 244, 257, 294, 297
Benedikt, Ernst, Dr. 46f., 222
Benedikt, Ilse, Dr. 222
Benedikt, Moriz 45f.
Beneš, Edvard, Staatspräsident 102, 113
Berchthold, Leopold Graf 43
Berthold, Hans, Oberleutnant 250, 301, 313
Biedermann, Karl, Hauptmann 187, 244, 295, 297
Bismarck, Otto Fürst 21
Bleyleben, Alfred 90
Bleyleben, Karl-Anton 90
Bleyleben, Max, 88, 90
Bleyleben, Oktav Baron, Statthalter 88ff.
Bono, Emilio de, Marschall 180
Borghese, Junio Valerio Fürst 178
Brauer de Beaufort, Nam 226, 247f., 254, 292, 301, 315f., 318ff., 323
Braun, Felix 59

Braunsteiner, Herbert 345f., 381
Breitner, Hugo 19
Brentini, Luigi* 197ff., 207 (siehe auch: Molden, Fritz)
Brettwich, Hugo 152
Broda, Christian, Dr. 352f.
Bürckel, Josef, Gauleiter 78

Cabell, Charles P., General 305
Cadorna, Raffaele, General 180, 324
Canaris, Wilhelm, Admiral 173, 230, 247
Carossa, Hans 18
Chamberlain, Arthur Neville, Premierminister 102
Chapin, Howard, Colonel 276ff., 281, 305, 326f., 348
Charmatz, Richard 60
Chauvel, Jean de, General 269f.
Churchill, Winston, Premierminister 276, 290
Ciano, Galeazzo Graf, Außenminister 128, 180
Clam-Martinic, Heinrich Graf, Ministerpräsident 89
Clark, Mark, General 265, 277ff., 325, 340, 348, 360f.
Clemenceau, Georges, Ministerpräsident 35
Cles, Fernando 60
Corti, Egon Caesar Conte 59
Coundes, Mr. de* 203
Cvetković, Dragiša, Ministerpräsident 128

Daladier, Edouard, Ministerpräsident 102
Dall'Ollio, Camillo 198ff., 204
Demeti, Francesco 197
Dickmann, Fritz, Dr. 210f., 213, 215, 217, 223, 250, 252
Döbrentay, Beda, Pater 137, 244
Dollfuß, Engelbert, Dr., Bundes-

kanzler 16, 32 ff., 37, 73 f.,94, 99, 222, 245, 280
Dom Pedro, Kaiser von Brasilien 52
Donovan, William (Bill), General 276
Draskovich, Karl (Wuwu) 163
Dubrovic, Milan 60
Dulles, Allen Welsh 228 f., 250, 261 f., 264 f., 277, 279

Edlinger, Anton 92
Edlinger, Milli 92
Ehm, Anna 30, 38, 72
Eidlitz, Johannes (Hansi) 381
Eiffel, Alexandre 162
Eis, Maria 59
Eisenhower, Dwight D., General 266, 302
Eitner, Lorenz, Dr. 271
Elisabeth, Kaiserin von Österreich 132
Elon, Amos 46
Erb, Peter 145
Erhardt, John 325, 360 f.
Ezdorf, Josef Graf, Dr. 58, 141, 220, 257, 293 f., 297

Faccincani della Torre, Gianfranco 181 f.
Faccincani della Torre, Renata 182, 198, 201, 202 ff.,226, 232, 247, 292, 300, 315, 320 ff., 324
Falke-Lilienstein, Amalie Frhin. von 55, 241
Falke-Lilienstein, Gisela Frhin. von 55
Falke-Lilienstein, Hans Frh. von 55
Falke-Lilienstein, Helene Frhin. von 54
Falke-Lilienstein, Johann Frh. von 54, 364
Falke-Lilienstein, Lajos Frh. von 55
Falke-Lilienstein, Rosa Frhin. von 55
Feretti, Giovanni Mastai Graf 12 (siehe auch: Pius IX., Papst)
Figl, Leopold, Bundeskanzler 326, 350, 362, 366 f., 371 f., 376 f.
Fischer, Ernst, Staatssekretär 326, 357
Fischer, Rudolf, Dr. 67 f.
Fischer-Ledenice, Gerhard 137
Fleury, General 325, 361
Fontana, Carlo* 202, 207 (siehe auch: Molden Fritz)

Foussé, Leutnant 251
Franckenstein, Georg Frh. v. 272
Franckenstein, Josef 250, 272, 274, 312, 336 f. (siehe auch: Horneck, Joe)
Franz, Kaiser von Österreich 381
Franz Ferdinand, Erzherzog, Thronfolger 43, 53, 120
Franz Joseph I., Kaiser von Österreich, König von Ungarn 57 f., 89, 116 ff., 120, 182
Franz Salvator, Erzherzog 121
Frederiksen, Harald 99, 134, 246 f., 256, 290 f.
Friedjung, Heinrich 43
Friedrich II., König von Preußen 17
Fuchs, Felix 130
Fuchs, Martin, Dr. 295
Funk, Walther, Reichsminister 67
Fürstenberg, Georg (»Puka«) 163

Gaevernitz, Gero S. von 227 ff., 250, 261
Gaiswinkler, Albrecht 274
Galgoczy, Anton Frh. von, Feldzeugmeister 117 f.
Gatterburg, Egi Graf 97 f.
Gatterburg, Ferdinand Graf 87, 97
Gatterburg, Hunold Graf 97
Gatterburg-Stockhausen, Juliane Gräfin 87, 96 f., 167
Gaulle, Charles de, Général 267
Giannelia, Hans 247
Gisevius, Bernd 221
Glaise-Horstenau, Edmund, Dr., Vizekanzler 69
Gleissner, Heinrich, Dr. Landeshauptmann 350
Goebbels, Joseph, Dr., Reichsminister 80, 83, 109 f., 127, 172, 342
Goerdeler, Carl 221
Goethe, Johann Wolfgang von 185
Göring, Hermann, Reichsmarschall 80, 83, 110, 112
Görz, Willi, Dr. 342
Graf, Ferdinand 367
Graziani, Rodolfo, Marschall 179, 323 f.
Gredler, Wilfried, Dr. 381
Gregor, Nora 74
Grey, US-Diplomat 325, 361
Gries, Hans 13 f.

Grimm, Kurt, Dr. 217f., 222f., 227, 244, 261, 283f., 295
Grimm, Walter* 256 (siehe auch: Staretz, Dr.)
Grogger, Paula 59
Gruber, Karl, Dr., Bundesminister 332f., 335, 339, 341, 348f., 353, 356f., 361ff., 373, 376f., 379
Gschweidl, Fritz 31

Habsburg, Otto von 120, 219
Habsburg, Felix von 120
Hacha, Emil, Präsident 112
Hahn, Lucie 29
Hainisch, Michael, Bundespräsident 34
Hajek, Fr., Dr. 104
Handel-Mazzetti, Enrica von 59
Hansen-Löwe, Fritz 60, 134
Hansen-Löwe, Oge 134
Harris, Fred 276, 327
Harrison, Geoffrey 301
Hartl, Karl 220
Hartmann, Otto 137
Hassell, Ulrich von 220f.
Hastaba, Helmut 238
Haydn, Joseph 381
Heine, Heinrich 16
Heine, Werner, Major 333
Heintschel-Heinegg, Hans Georg 137
Helmer, Oskar, Bundesminister 348, 374
Heringer, Elli 123
Herz, Martin 275
Herzl, Theodor 46
Herzmanovsky-Orlando, Fritz von 56
Heuberger, Gertrud 238
Heuberger, Helmut 238f., 247, 313, 334, 335
Heuberger, Richard, Prof., Dr. 237f., 255
Heuberger, Wolfgang 238
Heydrich, Reinhard, SS-Obergruppenführer 112
Hiden, Rudolf 31
Himmler, Heinrich, Reichsführer SS 96, 234
Hitler, Adolf, Reichskanzler, 14, 33f., 40, 43, 47, 62f., 65, 67, 69ff., 74, 77f., 80ff., 94, 97f., 101f., 106, 108, 110, 112f., 120, 124, 126, 164, 167, 169, 172, 175ff., 179, 212, 220, 238, 263f., 273, 287, 323, 325, 381
Hochstätter, Ferdinand, Prof. 20
Hofer, Franz, Gauleiter 179, 263, 339
Höflinger, Karl, Dr. 247, 283
Hofmann, Leopold 31
Hofmannsthal, Hugo von 109, 163
Hohenberg, Ernst Fürst von 120
Hohenberg, Max Herzog von 120
Holzmeister, Clemens, Prof. 39
Honner, Franz, Staatssekretär 326
Horneck, Joe* 250, 272, 312, 316, 318f., 333ff., 338 (siehe auch: Franckenstein, Josef)
Horthy, Nikolaus von, Reichsverweser 128
Hudson, James (Jim) 276, 327, 341
Hurdes, Felix, Dr., Bundesminister 350, 381f.
Hussarek-Heinlein, Max von, Ministerpräsident 89

Igler, Wolfgang, Oberleutnant 244, 295, 304
Ilg, Ulrich 350
Innerhofer, Harald 87, 98, 124, 130, 134
Innitzer, Theodor, Kardinal 84, 99ff.
Issakides, Barbara 244

Jäger, Günther 185f., 188f.
Jerusalem, Camillo 31
Jicha, Richard 30
Joham, Josef, Dr. 79
Jörg, Helmuth 93
Josef, René 87
Jünger, Ernst 154
Jury, Hugo, Gauleiter 342

Kaltenbrunner, Ernst, Dr., SS-Obergruppenführer 234, 263
Karl, Kaiser von Österreich, König von Ungarn 90, 97, 120
Kastelic, Jakob, Dr. 137
Kernstock, Ottokar 381
Kesselring, Albert, Feldmarschall 178
Kessler, Fritz 60
Klein, Ludwig 218f.
Klemperer, Clemens von 87, 93, 135
Köchert, Gottfried 118
Koerber, Ernest von, Dr., Ministerpräsident 89

Koplenig, Johann, Staatssekretär 326
Koref, Ernst, Dr. 352
Kozurew, Sowjet-Diplomat 302 f.
Kralik, Grete 60
Kralik, Heinrich 60
Kraus, Karl 109
Krawarik, Johannes, Domkurat 101
Krummbach, Hilda 173
Krünes, Justine 145
Krünes, Monika 20 f., 145, 257
Krünes, Miez 21
Kurassow, W. W., Generaloberst 373

Lago, Pietro de* 201, 231, 316 (siehe auch: Molden, Fritz)
Laguardia, US-Captain 323
Lahousen, Erwin von, General 173 f., 185, 221, 248
Lambert, Jean*, Commandant 270, 285 (siehe auch: Lemberger, Ernst; Nowotny, Schütze)
Lammasch, Heinrich, Ministerpräsident 89
Laroche, Charles (Lolo) 98 f.
Lattre de Tassigny, Jean, General 267
Laval, Pierre, Ministerpräsident 167
Lebedenko, General 367, 374
Lederer, Karl, Dr. 137
Leeb, Marie 355
Le Fort, Gertrud von 154
Lemberger, Ernst 220, 223, 270, 272, 285 f., 290 f., 293 ff., 297 ff., 300 ff., 310, 348, 352 (siehe auch: Lambert, Jean; Nowotny, Schütze)
Lemberger, Bertha 285, 294
Leslie, Edge 261
Linder, Anton 216, 218 f., 284, 295
Lindlar, Geoffrey 261
Lothar, Ernst 59
Lueger, Karl, Dr. 109

Maasburg, Nikolaus 273
Maceovich, Hermine 25
Machu, Leo 31
Maier, Heinrich, Dr. 187
Mann, Thomas 59, 168
Manuel, General 269
Maria Theresia, Kaiserin 17, 23
Marogna-Redwitz, Rudolf Graf von, Oberst 221, 248
Masaryk, Jan, Außenminister 102
Matejka, Viktor, Dr. 223, 294
Matura, Herr und Frau Prof. 20

Mauer, Otto 33, 137
Maurig, Friedrich 257, 357
Maurig, Lela 357
Mauthe, Hans 60
May, Karl 21
Mayer, Fred 250, 271 f., 281, 333
Mayer-Gunthof, Franz Josef, Dr. 346
Meister, Doris 215
Menier, Jean 168, 268
Messner, Franz Josef Dr. 187, 244
Metternich, Clemens Fürst von 43, 221
Mitteis, Heinrich, Dr., Prof. 172
Mitteis, Lidi 172, 240
Mittermayer, Louis 249, 301
Molden, Andrea 21
Molden, Berthold, Hofrat 25, 43, 45 f., 364
Molden, Berthold, jun. 21
Molden, Ernst, Dr. 11 ff., 43 f. (siehe auch unter Papa)
Molden, Ernst, jun. 21
Molden, Fritz 11 ff. (siehe auch: Brentini, Luigi; Fepolinski & Waschlapski; Fontana, Carlo; Lago, Pietro de; Steindler, Hans; Steiner, Ernst; Steinhauser, Hans; Stummer, Peter; Wieser, Gerhard [»Jerry«])
Molden, Gabriella 21
Molden, Heinrich 86, 103
Molden, Laurence 18
Molden, Otto 13 f. (siehe auch: Steiger, Alfred)
Molden, Paula 21 (siehe auch unter: Preradović, Paula von)
Molden, Peter 21
Molden, Richard 21, 44, 237 f.
Molden, Sascha 21
Molden, Wilhelm 42 f.
Montenuovo, Alfred Fürst 56 ff., 118
Moser, Alfons 349
Moser, Josef 275, 333
Moser, Simon, Doz., Dr. 350
Mozart, Wolfgang Amadeus 381
Müller, Otto 123 ff.
Müller, Dr. 107
Müller, Stephan von, Dr. 47
Müller-Hartburg, Wolfgang 241
Mussolini, Benito 37, 73 f., 94, 128, 175 ff., 205, 320 f., 324
Mussolini, Rachele 321

Neeb, Fritz 60
Negedly Edle von Savenegg, Gabriele 33, 56 ff., 64, 140
Negedly Edler von Savenegg, Oskar, Dr. 33, 56 ff., 65
Neubacher, Hermann, Dr. 70
Neunteufel, Wirt 22
Neurath, Konstantin Frh. von, Reichsminister 112
Nováček, Karl* (Ernst) 250, 272, 281, 312, 316, 318 f., 334, 336
Novy, Franz 295
Nowotny, Schütze* 286, 290, 293, 298, 300 (siehe auch: Lemberger, Ernst; Lambert, Jean)

O'Donnell, Gräfin 27
Oprecht, Emil 227
Ortl, Norbert 130
Ostermann, Hugo 94, 238
Otting, Franz Graf 182, 201, 204, 226, 232, 301, 315 f., 318 f.

Palugyay, Josef, Dr., Prof. 143
Parisini, Luigi 87, 130
Parisini, Remi 130
Petacci, Clara 205, 321, 324
Pfaundler, Wolfgang 247, 335
Pfliegler, Michael, Dr. 38
Piazza, Carlo 232, 323
Pirquet, Silvio 29
Pius IX., Papst (»Pio Nono«) 12 (siehe auch: Feretti, Giovanni Mastai)
Planetta, Otto 32
Pollak, Oscar, Dr. 220
Polterauer, Ernst, Dr. 107
Ponte, Pave (Paula) de 49, 51, 91
Posch-Pastor, Riki Frh. von 163 ff., 169 f., 267
Possanner, Lori 26, 182, 202 f., 206, 318
Preradović, Dusan von 27, 45, 51 ff.
Preradović, Ivo von 26, 28, 52, 137
Preradović, Jela 54, 75
Preradović, Johann von 243
Preradović, Mara von 314
Preradović, Milica von 51
Preradović, Nikolaus von 25 f., 163
Preradović, Paula von 9, 11 f. (siehe auch unter: Mama und Paula Molden)
Preradović, Petar von 49 ff., 54, 90 f.

Preradović, Peter von 28, 124, 138, 314

Raab, Julius, Bundesminister 245
Radetzky, Joseph Wenzel Graf, Feldmarschall 91
Rainer, Friedrich, Dr., Gauleiter 179, 263
Rainer, Karl 31
Rappaport, A. von, Sektionschef 86, 103
Rehrl, Franz, Landeshauptmann 350
Reimann, Viktor, Dr. 137
Reinhardt, Max 30, 59
Reither, Josef, Landeshauptmann 33, 221
Rellier, Capitaine de* 250 f., 266 (siehe auch: Roquemorel, Guy Duc de)
Renner, Karl, Dr., Staatskanzler 34, 83 f. 325 f., 348, 351, 356, 358, 360 ff.
Reuter, Georg 259
Reut-Nicolussi, Eduard, Dr. 333
Ribbentrop, Joachim von, Reichsminister 67, 124, 342
Rilke, Rainer Maria 17, 154, 161, 274
Ripper, Rudolf Charles, Captain 250, 271 ff., 281
Rohan, Karl-Anton Prinz 121
Rohne, Hella 242 f.
Rohrhofer, Mia 21 f.
Rohrhofer, Josef (»Miamann«) 22
Roosevelt, Franklin D., Präsident 220, 276
Roquemorel, Guy Duc de 251, 267 (siehe auch: Rellier, Capitaine de)
Rosenberg, Alfred 110
Rottenberg, Franz, Hofrat, Dr. 79
Rudolf, Karl, Monsignore, Dr. 18, 33, 38, 137, 244, 292 f.
Rüdt von Kollenberg, Ulli 167 ff., 187, 258, 312
Rukavina, Neda 122, 187, 240 f., 243, 247, 258 ff., 291 f. 354, 356
Rusch, Paul, DDr., Bischof 95 f.

Sacken, Rupert 13 f.
Sackenheim, Jörg 333, 335
Sailer, Hans 295
Saurwein, Hubert 247
Schärf, Adolf, Dr. 293 f., 326, 352, 360, 372

Scheibelreiter, Ernst 59
Scheltow, Alexej, Generaloberst 371
Schirach, Baldur von, Reichsstatthalter 246, 289, 341
Schlegel, Spielwarengeschäft 21
Schlesinger, Generaldirektor 24
Schmaus, Willy 31
Schneider, Franz, Dr. 295
Schnitzler, Arthur 109, 163
Scholz, Roman 137
Schönerer, Ernst Ritter von 36, 109
Schöpf, Paula 27
Schörner, Ferdinand, Feldmarschall 263
Schromm, Franz 182, 201
Schulmeister, Otto, Dr. 60
Schuschnigg, Kurt, Dr., Bundeskanzler 34, 37, 60, 62ff., 69ff., 73f., 94, 120, 222, 244f., 280
Schwarzenberg, Johannes, Dr. 216, 218f., 342
Sedler, Obergefreiter* 188f., 196
Seidel, Ina 59
Seidler, Ernst von, Dr., Ministerpräsident 89
Seipel, Ignaz, Dr., Bundeskanzler 34
Seitz, Karl 19, 221
Seyß-Inquart, Arthur, Dr., Bundeskanzler, Reichsstatthalter 62, 68ff., 78, 83, 96, 137, 139, 240
Sforza, Gaetano Graf 322
Siccardsburg, August 116
Sindelar, Matthias 31
Skoda, Albin 59
Skorzeny, Otto 177
Smistik, Josef 31
Sperber, Dr., Rechtsanwalt 38
Speta, Karli 30f.
Spignese d'Elena, Oberst 201f.
Spitz, Heinrich Otto 245f., 256f.
Spitz, Karl 245
Spitz, Otto 245
Spitz, Steffi 245
Spitz, Willi 245, 294
Srbik, Heinrich 70
Stalin, Josef, Generalissimus 276, 359
Staretz, Dr. 256, 301 (siehe auch: Grimm, Walter)
Starhemberg, Ernst Rüdiger Fürst 74
Starhemberg, Fanny Fürstin 74
Staudinger, Much 87, 94, 238
Steffke, Leutnant* 184f., 188f.

Steiger, Alfred* 312 (siehe auch: Molden, Otto)
Steinböck, Johann 377
Steindler, Hans* 201, 242, 293, 297 (siehe auch: Molden, Fritz)
Steiner, Ernst, Feldwebel* 254 (siehe auch: Molden, Fritz)
Steiner, Ludwig, Leutnant 333
Steinhauser, Hans, Feldwebel* 114, 201, 230f., 233, 242, 316 (siehe auch: Molden, Fritz)
St. Genois, Mauricette 59
Stichhaller, Franz 247
Stillfried, Alfons Frh. von, Major 173, 184f., 187, 203, 221, 244, 256f., 294ff.
Stockhausen, Juliane von 59, 97 (siehe auch: Gatterburg-Stockhausen, Gräfin von)
Stolberg, Bernhard Graf 33, 121
Stolberg, Hedwig Gräfin (geb. Erzherzogin von Österreich) 121
Strasser, Rudolf 137
Straubinger, Karl, Dr. 33, 172f.
Streicher, Julius, Gauleiter 110
Stricker, Willibald, Dr. 310
Stumpf, Bäckerei 20
Stümpfl, Heinrich, Generalleutnant 239
Stummer, Alfons 246f., 292
Stummer, Peter* 201, 242 (siehe auch: Molden, Fritz)
Susloparow, Sowjetgeneral 302f., 359
Swatek, Zenzi 59
Szokoll, Karl, Major 244f., 295, 303

Taylor, Jack, Captain 271f.
Thalberg, Hans 216ff., 223, 249, 261, 284, 301
Thoma, Franz, Bundesminister 350
Thomas, James 271
Thönisen, General 166, 170
Thurn und Taxis, Willi 381
Tito, Josip Broz, Marschall 50f.
Tolbuchin, L. M., Marschall 304
Tončić-Sorinj, Lujo, Dr. 273
Torberg, Friedrich 38
Trott zu Solz, Adam von 221
Trentini, Giuseppe* 189 (siehe auch: Vecchio, Tito)
Treu, Emanuel, Dr. 218f., 301

Ulmer, Alfred 276f., 327f., 331f., 334f., 340f.
Unruh, Walter von, General 169f.
Unterrainer, Hans 87, 94, 238, 295
Ussner, Wilfried 87

Valerie, Erzherzogin 121
Van der Null, Eduard 116f.
Vanderstrike, Colonol 271
Vansittart, Robert, Sir 301
Vecchio, Tito* 189 (siehe auch: Trentini, Giuseppe)
Verdross, Alfred, Prof. Dr. 257
Vietinghoff, Heinrich von, Generaloberst 178, 331
Vimercati, Mario 232, 292, 300, 315

Waibel, Max, Oberst 209, 211, 213
Wallnöfer, Herwig 249, 301
Wandruszka, Adam, Prof. Dr. 60
Wantschura, Ferdinand, Dr. 143

Weber, Edmund, Hofrat 367
Weinheber, Josef 59
Werber, Dr., Rechtsanwalt 85
Werfel, Franz 109, 168
Werner, Oberstleutnant 254
Wieser, Gerhard (»Jerry«)* 201, 216, 276, 279, 302, 334 (siehe auch: Molden, Fritz)
Wildner, Klemens, Dr., Generalsekretär 362, 379f.
Wolf, Wilhelm, Dr., Bundesminister 69
Wolff, Karl, SS-Obergruppenführer 178, 254, 331
Würthle, Fritz 333

Zang, August 45
Zernatto, Guido, Bundesminister 33
Ziegler, Hubert 272
Zimmer-Lehmann, Georg, Dr. 381
Zimmer-Lehmann, Inge 381
Zweig, Stefan 59, 109, 168

Das Buch

Dies ist die spannend und hinreißend erzählte Geschichte
einer unruhigen Jugend in einer von Krieg und Terror ge-
beutelten Welt. Dabei fängt alles so idyllisch an: Fritz Molden wird hineingeboren in die Geborgenheit einer Wiener
patrizischen Familie, die bei aller Intellektualität – die Mutter ist Schriftstellerin, der Vater Journalist – noch ganz im
Glanz der einstigen Donaumonarchie steht. In die Unbe-
schwertheit der Kindertage bricht mit brutaler Gewalt zunächst der Bürgerkrieg, nach dem »Anschluß« 1938 der Terror der braunen Herrscher ein. Nach Tradition und Gesinnung steht die Familie Molden auf der Seite der Gegner des
neuen Regimes und bekommt bald zu spüren, was das heißt.
Auch der junge Fritz verschwindet mehrmals im Gefängnis.
Im Krieg steckt man ihn in ein Strafbataillon, in dem er in
Rußland nur knapp dem Tod entgeht. Durch Freunde bekommt er Kontakt mit der Widerstandsbewegung und damit
beginnt ein gewagtes Spiel: Mit der Unbedenklichkeit der
Jugend und durch weltläufige Vielsprachigkeit dazu präde-
stiniert, übernimmt er es noch als Soldat in Oberitalien, sowohl mit den Partisanen als auch mit den Amerikanern Verbindung aufzunehmen. Trotz größter persönlicher Gefähr-
dung gelingt ihm mit Hilfe gleichgesinnter Freunde, die verschiedenen österreichischen Widerstandsgruppen zu einigen
und deren Unterstützung durch die Alliierten zu erreichen.
Zurückgekehrt in das befreite Wien, findet er auch die Seinen wieder, doch ihre Welt ist für immer verändert.

Der Autor

Fritz Molden wurde am 8. April 1924 in Wien geboren. 1942
bis 1944 in der Deutschen Wehrmacht, dann bis Kriegsende
im Widerstand. Nach dem Krieg Studium in Wien und Innsbruck. Ab 1953 Herausgeber, später auch Chefredakteur der
Wiener ›Presse‹. 1964 Gründung des Verlages Fritz Molden.
Verleger bis 1982, seither freier Schriftsteller. Weitere Veröf-
fentlichungen u. a.: ›Ungarns Freiheitskampf‹ (1956), ›Beset-
zer, Toren, Biedermänner‹ (1980), ›Der Konkurs‹ (1984),
›Die Österreicher oder die Macht der Geschichte‹ (1986),
›Die Feuer in der Nacht‹ (1988).